财务会计类专业精品课程规划教材

企业财务会计

（第三版）

- 主　编　焦建平
- 副主编　钦祥永　吴菊香

苏州大学出版社
Soochow University Press

图书在版编目(CIP)数据

企业财务会计 / 焦建平主编. — 3 版. — 苏州：苏州大学出版社, 2023.1(2024.10重印)
ISBN 978-7-5672-4234-0

Ⅰ.①企… Ⅱ.①焦… Ⅲ.①企业管理-财务会计-高等职业教育-教材 Ⅳ.①F275.2

中国版本图书馆 CIP 数据核字(2022)第 248069 号

企业财务会计(第三版)
焦建平　主编
责任编辑　薛华强

苏州大学出版社出版发行
(地址：苏州市十梓街1号　邮编：215006)
扬州市文丰印刷制品有限公司印装
(地址：扬州北郊天山镇兴华路25号　邮编：225653)

开本 787 mm×1 092 mm　1/16　印张 25.50　字数 617 千
2023 年 1 月第 3 版　2024 年 10 月第 5 次印刷
ISBN 978-7-5672-4234-0　定价：68.00 元

若有印装错误，本社负责调换
苏州大学出版社营销部　电话：0512-67481020
苏州大学出版社网址　http://www.sudapress.com
苏州大学出版社邮箱　sdcbs@suda.edu.cn

第三版前言

教材的建设背景：学院规划立项、联盟推荐使用。教材建设是专业建设、课程改革的基础性工程。为了培养高素质技术技能型会计专业人才，按照"锤炼精品，改革创新"的建设思路，遵循"就业导向、能力本位、实践主线"的职教理念，我们对第二版教材进行全面修订，此为第三版。为契合专业教学标准，书名由《财务会计实务》改为《企业财务会计》。

教材的架构设计：按核算岗位确定项目、依岗位职责确定任务内容；以知识准备构建理论体系、用任务实施提升职业能力。本教材以"认知财务会计"为起点，以制造业企业会计核算岗位为"项目"，细分岗位职责为"任务"来确定教材架构；通过"知识准备"来讲述财务会计知识与原理，帮助"会计"构建系统化的理论体系；再通过"任务实施"进行训练，在体验中形成职业能力。

教材的特色亮点：

（1）注重价值引领，落实立德树人。本教材深入贯彻党的二十大精神，通过"核心素养""会计文化""企业案例分析"等内容，融入了习近平新时代中国特色社会主义思想，以及爱党爱国思政品德元素、遵纪守法社会公德元素、爱岗敬业职业道德元素等。

（2）呈现业务循环、讲透来龙去脉，养成会计思维。本教材对每一知识点均构建完整的"业务循环"，讲透业务的来龙去脉，形成知识体系、养成"会计思维"。坚持职业教育的特点，理论适度，"编以致用"，引入并提炼企业实际的岗位职责，将企业专家的实战经验与工作体悟融入教材。

（3）关注新技术的运用，契合最新专业目录要求。本教材在讲述核算方法与原理时，引入企业财务会计的最新技术成果，体现中国式"互联网+财会实践"的新变化、新要求、新趋势，引导使用大数据工具、锻炼大数据思维，契合最新专业目录要求。

（4）借鉴相关资源，实现"课证融合、课赛融合"。本教材的内容参考了初级会计师《初级会计实务》的内容，也参考了"1+财务共享证书"的内容，实现"课证融合"；同时结合教育主管部门举办的会计技能大赛,借鉴大赛试题资源,实现"课赛融合"。

(5)致力课程建设,丰富数字资源。本教材配备有多种数字化教学资源,配套有职业能力训练(习题实训),有助于学生课前预习、课后复习重要知识点,多渠道、多形式强化学生的学习和训练,巩固所学知识,提升动手能力,培养职业素养。

本次修订由江苏财会职业学院焦建平教授担任主编,江苏联合职业技术学院徐州财经分院钦祥永、常州旅游商贸分院吴菊香担任副主编。项目一、项目十二由焦建平编写;项目二、项目十四由江苏财会职业学院王语嘉编写;项目三、项目八、项目九由钦祥永编写;项目四、项目五、项目六、项目七由吴菊香编写;项目十、项目十一、项目十三由江苏联合职业技术学院南京财经分院史有萍编写;最后由焦建平总撰定稿。在编写过程中,得到了正大天晴药业集团财税高级总监徐静、苏亚金诚会计师事务所合伙人钱小祥等实务界朋友的大力支持,感谢他们提供的案例资源和编写建议。由于编者水平有限,加之时间仓促,书中难免存在疏漏和不足,敬请专家和读者批评指正。

编 者

2022 年 12 月

CONTENTS

目录

项目一　认知财务会计、明晰核算依据　001
    任务一　认知财务会计　关注核算岗位　001
    任务二　认知会计准则　明晰核算依据　005

项目二　记录货币资金、维护资金安全　014
    任务一　核算与保管库存现金　014
    任务二　核算与核对银行存款　024
    任务三　认知其他货币资金　030

项目三　认知结算方式、办理资金收付　033
    任务一　办理支票结算　035
    任务二　办理银行汇票结算　042
    任务三　办理银行本票结算　047
    任务四　办理商业汇票结算　050
    任务五　办理汇兑结算　060
    任务六　办理委托收款结算　063
    任务七　其他结算方式的办理　067

项目四　记录应收款项、厘清债权资产　072
    任务一　核算应收票据　073
    任务二　核算应收账款　079
    任务三　核算预付账款　083

  任务四 核算其他应收款 **085**
  任务五 核算应收账款减值 **087**

项目五 记录存货增减余、把握存货收发存 **095**

  任务一 认知存货的确认条件与计量方法 **095**
  任务二 原材料按实际成本计价的收发核算 **100**
  任务三 原材料按计划成本计价收发的核算 **113**
  任务四 核算周转材料 **117**
  任务五 核算委托加工物资 **123**
  任务六 核算库存商品 **125**
  任务七 核算存货的清查 **130**
  任务八 核算存货的减值准备 **133**

项目六 认知金融资产、计量对外投资 **136**

  任务一 核算交易性金融资产 **136**
  任务二 核算债权投资 **144**
  任务三 认知企业合并 **151**
  任务四 核算长期股权投资 **153**

项目七 记录固定资产增减变化、核算固定资产维修损耗 **170**

  任务一 认知固定资产 **171**
  任务二 核算固定资产的增加 **173**
  任务三 核算固定资产折旧 **181**
  任务四 核算固定资产后续支出 **187**
  任务五 核算固定资产的减少 **190**

项目八 核算其他长期资产、关注其他经济资源 **196**

  任务一 核算投资性房地产 **196**
  任务二 核算无形资产 **202**
  任务三 核算使用权资产 **210**
  任务四 核算长期待摊费用 **217**

项目九 记录各项负债、明确责任义务 **220**

  任务一 核算短期借款 **221**
  任务二 核算应付及预收款项 **224**

任务三　核算应付职工薪酬　　231
　　任务四　核算应交税费　　244
　　任务五　核算其他流动负债　　272

项目十　记录非流动负债、明确长期义务　　276
　　任务一　核算长期借款　　277
　　任务二　核算应付债券　　280
　　任务三　核算长期应付款　　287

项目十一　记录投入资本、核算留存收益　　289
　　任务一　核算实收资本和资本公积　　290
　　任务二　核算留存收益　　299
　　任务三　其他综合收益　　304

项目十二　确认收入、记录费用、结转利润　　309
　　任务一　确认、记录企业的收入　　310
　　任务二　核算企业的费用　　337
　　任务三　结转本年利润、进行利润分配　　341

项目十三　编制会计报表、呈现经营状况　　354
　　任务一　编制资产负债表　　355
　　任务二　编制利润表　　363
　　任务三　编制现金流量表　　368
　　任务四　编制所有者权益变动表　　374
　　任务五　编写附注　　379

项目十四　明晰非货币性资产交换、了解债务重组　　383
　　任务一　核算非货币性资产交换　　384
　　任务二　核算债务重组　　389

项目一

认知财务会计、明晰核算依据

 学习目标

能力目标
- 能说出现代会计的种类;
- 能说出《企业会计准则——基本准则》的基本内容;
- 能说出《企业会计准则》的基本内容;
- 能判断企业的类型;
- 能为企业选择执行何种"会计准则"。

素养目标
- 尊崇传统文化,坚定文化自信;
- 涵养会计职业操守,坚持准则不做假账;
- 增加职业认同,做好职业规划;
- 跟踪行业发展动态,运用新技术、培养终身学习习惯。

财务会计历史沿革

会计文化——会计探源

任务一 认知财务会计 关注核算岗位

▶ **任务导入**

在校园生活中,同学们经常听到×××学姐(长)在××公司财务科(处)里做"会计",而且是做"主管会计",工作环境不错,收入待遇也不错,职业发展前景一片光明,让同学们好生羡慕。那么,什么是会计?会计有哪些岗位?在企业里做会计,主要做哪些事情?从现在开始,让我们共同来认识它们、了解它们。

知识准备

一、会计及会计分类

会计是以货币为主要计量单位,反映和监督一个单位经济活动的一种经济管理工作。提到会计,大多数人的直接感觉好像就是做账。其实做账只是形式,其最终目的是提供信息。所以对于现代会计来说,会计是处理经济信息的一个信息系统,是通过一系列会计程序和方法,提供对决策有用的信息,并积极参与经营管理决策,提高企业经济效益,服务于市场经济健康有序发展的经济管理活动。

财务会计是现代会计的一个分支,它以企业会计准则为依据,运用确认、计量、记录和报告等程序对企业已经发生的交易或事项进行加工与处理,并以财务报告的形式向企业外部有关各方提供企业财务状况、经营成果与资金流量等方面财务信息的信息处理系统。

管理会计是从传统的会计系统中分离出来的,与财务会计并列,利用财务会计、统计及其他有关资料进行整理、计算、对比和分析并产生一系列信息,满足企业内部各级管理人员在编制计划、做出决策、控制经济活动等方面的信息需要,同时直接参与企业决策控制过程,以改善经营管理,提高经济效益。

二、财务会计的特点

财务会计作为一个信息处理系统,主要是提供有关企业的财务信息。它具有以下特点:

(1) 财务会计主要对企业已发生或已完成的、能用货币表现的交易或事项予以确认、计量、记录和报告,故财务会计提供的信息是历史的信息。

(2) 财务会计主要是对外部使用者提供财务信息。财务会计提供的信息虽可供企业外部和内部使用,但主要是作为企业外部的会计信息使用,如作为投资人、债权人、政府机构、职工、税务部门、证券管理部门和其他外部信息使用者进行投资决策、信贷决策、征税决策、证券上市许可和证券交易管理决策以及其他经济决策的依据。

(3) 财务会计提供的财务信息是主要由通用财务会计报告加以揭示的。财务会计提供财务信息的主要形式和对外传递的主要手段是财务报告,包括会计报表和附注(四表一注)。虽然企业外部会计信息使用者众多,其决策各不相同,对企业会计信息的要求也各不相同,但是财务会计不可能针对某个具体外部使用者的决策需求来提供财务报表,而是根据各个利益集团和人士的共同需要综合提供一套财务报告,即定期编制通用的财务报告,以满足所有外部会计信息使用者的共同决策需要。

(4) 财务会计提供的财务信息必须满足会计信息质量要求。由于财务会计的服务对象主要是企业外部的信息使用者,他们与企业管理当局有着不同的利益和信息要求,而且不同外界信息使用者也存在着不同的利益和要求,为了维护企业所有利害关系人的利益,财务会计的数据处理过程和财务报表的编制均要严格遵照会计信息质量要求。

(5)财务会计提供的信息不能保证绝对精确。财务会计处理的对象带有很大的不确定性,即使是可验证的历史信息,在其形成过程中也不能排除预测、估计和判断的成分,因此,财务会计产生的信息不能保证绝对精确。

三、会计的未来

"经济越发展,会计越重要。"随着经济的发展,会计职业领域已从传统的记账、算账、报账为主,拓展到内部控制、投融资决策、企业并购、价值管理、战略规划、公司治理、会计信息化等高端管理领域。但对于初学会计的人来说,应首先掌握记账、算账、报账的能力,即会计核算的能力。

四、会计核算岗位

财务会计在提供会计信息时,必须是以会计核算系统为基础。会计核算系统包括填制凭证—登记账簿—编制报表这样一个完整的账务处理体系。为提供会计信息,企业必须设置专职的会计机构、设置不同的会计岗位对企业的经济业务进行规范的核算。

会计改革与发展"十四五"规划纲要

(一)会计机构设置

我国《会计法》对中小企业设置会计机构有如下规定:大、中型企业均应设置会计机构;规模小的企业可以不单独设置会计机构,可以将会计业务并入其他职能部门,或者进行代理记账。

一个单位的规模,往往决定了这个单位内部职能部门的设置,也决定了会计机构的设置与否。一般来说,大中型企业和具有一定规模的行政事业单位,以及财务收支数额较大、会计业务较多的社会团体和其他经济组织,都应单独设置会计机构,如会计(或财务)处、部、科、股、组等,以便及时组织本单位各项经济活动和财务收支的核算,实行有效的会计监督,保证会计工作的效率和会计信息的质量。

(二)会计岗位划分

会计岗位是指从事会计工作、办理会计事项的具体职位。

会计岗位的划分,要从本单位的会计业务量和会计人员配备的实际情况出发,按照效益和精简的原则进行。会计人员的工作岗位一般可分为:总会计师(或行使总会计师职权)岗位;会计机构负责人(会计主管)岗位;出纳岗位;稽核岗位;资本、基金核算岗位;收入、支出、债权债务核算岗位;工资核算、成本费用核算、财务成果核算岗位;财产物资的收发、增减核算岗位;总账岗位;对外财务会计报告编制岗位;会计电算化岗位;会计档案管理岗位;等等。如下页表所示。这些岗位可以一人一岗、一人多岗或一岗多人,各单位可以根据自身特点具体确定。需要注意的是,为贯彻内部控制中"钱、财、物分管"的原则,出纳人员不得兼管稽核、会计档案保管及收入、费用、债权债务账目的登记工作。对于企业的会计人员,应有计划地进行岗位轮换,以便使其能够比较全面地了解和熟悉各项会计工作,提高业务水平。

会计岗位设置

会计岗位名称	会计岗位系统
资金管理系统	资金核算岗位
	往来结算岗位
	工资核算岗位
	出纳岗位
资产管理系统	存货核算岗位
	固定资产核算岗位
转账管理系统	成本会计岗位
	税务会计岗位
	财务成果核算岗位
管理控制系统	会计主管岗位
	稽核岗位
	总账报表岗位
	预算管理岗位
	会计电算化管理岗位
	档案管理岗位

财务转型"猛于虎" 管理会计成"香饽饽"

CFO眼中未来十年财务变化

任务实施

任务实施一：企业应如何设置会计机构？

步骤一：知晓《会计法》的相关规定。

《会计法》第三十六条规定：各单位应当根据会计业务的需要，设置会计机构，或者在有关机构中设置会计人员并指定会计主管人员；不具备设置条件的，应当委托经批准设立从事会计代理记账业务的中介机构代理记账。

步骤二：根据本企业的业务规模、会计业务量，确定本企业会计机构的设置。

规模较大的企业，应单独设置会计机构；中小企业可单独设置会计机构，也可在办公室、总务科等机构内设置会计人员，也可委托"会计公司"代理记账。

任务实施二：中小企业应设置哪些会计核算岗位？

步骤一：知晓会计岗位设置的规定。

一般情况下，企业应该设置会计主管、出纳、固定资产核算、材料物资核算、工资核算、成本核算、收入利润核算、资金核算、总账报表和稽核等会计岗位。

步骤二：根据企业业务的多少，设置会计岗位。

中小企业的任务量较小，可以适当合并减少会计岗位设置，例如，可设出纳、总账报表和明细分类核算等会计岗位。甚至可以只设置出纳和会计两个岗位，出纳负责货币资金（现金、银行存款）的收付及日记账的登记；会计负责其他所有的账务核算。

任务二　认知会计准则　明晰核算依据

任务导入

会计人员在进行具体的会计业务核算时，应依据什么来进行核算？不同规模的企业，所遵循的"准则"是否相同？不同类型的业务所遵循的"准则"是否相同？如果出现了新的业务，在现有的"准则"中没有具体规定，又应当如何处置？

知识准备

企业会计核算的依据是企业会计准则。

我国的企业会计准则制定始于1988年，于1992年1月1日发布了我国第一个企业会计准则，并于1993年7月1日开始施行。1997年开始至1999年，财政部共发布了16个具体会计准则（称为旧会计准则）。

2006年2月15日，财政部发布了包括1个《基本准则》和38个具体准

认知会计准则
（微课）

则在内的《企业会计准则》体系(称为新会计准则)。该准则体系自2007年1月1日起首先在上市公司施行,力争在不长的时间内在所有大中型企业执行。根据财政部在2011年6月对全国31个省、市、自治区、直辖市,5个计划单列市和新疆生产建设兵团进行的调查,全国大中型企业中超过90%已经执行了《企业会计准则》。

2011年10月18日,为了规范小企业会计确认、计量和报告行为,促进小企业可持续发展,发挥小企业在国民经济和社会发展中的重要作用,财政部发布了《小企业会计准则》(财会〔2011〕17号)。《小企业会计准则》自2013年1月1日起在小企业范围内施行,鼓励小企业提前执行。

2014年1月,财政部对《企业会计准则》进行全面修订,并增加了第39号《公允价值计量》、第40号《合营安排》、第41号《在其他主体中权益的披露》。

2016年根据市场经济的发展需要,为了与国际会计准则进一步趋同,财政部又修订部分会计准则,并新增了第42号《持有待售的非流动资产、处置组和终止经营》。

2017年对第14号《收入》、第16号《政府补助》进行了修订。

2018年对第21号《租赁》进行了修订。

2019年对第7号《非货币资产交换》、第12号《债务重组》进行了修订。

会计准则的修订是个持续的过程。

目前,我国企业会计准则分为两个层次:第一层次为《基本准则》;第二层次为《企业会计准则》和《小企业会计准则》。《基本准则》是准则体系的理论支撑,是准则的准则,在整个会计准则体系中,具有"统领左右、沟通前后、把握全局"的地位。

《企业会计准则》和《小企业会计准则》是《基本准则》框架下的两个子系统,分别适用于大中型企业和小企业。

一、《企业会计准则——基本准则》

(一)《基本准则》的作用

《基本准则》在企业会计准则体系中具有重要地位,主要体现在以下两个方面:一是统驭作用。《基本准则》规范了包括财务报告目标、会计基本假设、会计信息质量要求、会计要素的定义及其确认、计量原则、财务报告等在内的基本问题,是制定《企业会计准则》《小企业会计准则》的基础,可以确保各准则的内在一致性。二是理论支撑。《基本准则》为会计实务中出现的、《企业会计准则》尚未规范的新问题提供会计处理依据。在会计实务中,由于经济交易事项的不断发展、创新,一些新的交易或者事项在《企业会计准则》中尚未规范但又急需处理,处理时应当严格遵循《基本准则》的要求,尤其是《基本准则》关于会计要素的定义及其确认与计量等方面的规定。因此,《基本准则》不仅扮演着《企业会计准则》制定依据的角色,也为会计实务中出现的、《企业会计准则》尚未做出规范的新问题提供了会计处理依据,从而确保了会计准则体系对所有会计实务问题的规范作用。

企业会计准则
——基本准则

(二)《基本准则》的内容

《基本准则》的制定吸收了当代财务会计理论研究的最新成果,反映了当前会计实务发展的内在需要,体现了国际上财务会计概念框架的发展动态,构建起完整、统一的财务会计概念体系,从不同角度明确了整个会计准则需要解决的基本问题。

《基本准则》的内容主要包括以下方面:

1. 关于财务报告目标

《基本准则》明确了我国财务报告的目标是向财务报告使用者提供决策有用的信息,并反映企业管理层受托责任的履行情况。

2. 关于会计基本假设

《基本准则》强调了企业会计确认、计量和报告应当以会计主体、持续经营、会计分期和货币计量为会计基本假设。

(1) 会计主体。会计主体假设是指假设会计所核算的是一个特定的企业或单位的经济活动,而不是漫无边际的。尽管现代企业归投资者所有,但企业的会计核算不包括该企业投资者或债权人的经济活动,或其他单位的经营活动。一般地,经济上独立或相对独立的企业、公司、事业单位等都是会计主体。甚至只要有必要,任何一个组织都可以成为一个会计主体,典型的会计主体是经营性企业。

应注意,会计主体与经济上的法人不是同一概念,一般来说,会计主体可以是法人,也可以不是,如独资及合伙企业。

即学即思 假设宏达公司经过一段时间的发展后,拥有10家子公司,宏达公司和其10家子公司均属于不同的法律主体。

问:至少可以有多少个会计主体?请说明其理由。

(2) 持续经营。持续经营是假设企业正常的生产经营活动能永远地进行下去,即在可以预见的将来,企业不会倒闭,也不会大规模削减业务。这虽然是一种假设,但基本符合人们的思维习惯,有利于企业组织会计核算工作。

(3) 会计分期。会计核算的基本任务是向有关方面提供信息,而企业盈亏等信息是非常重要的会计信息。按持续经营假定,企业的正常生产将无定期地进行下去,要绝对正确地核算盈亏,理论上应当从企业成立开始经营起,到企业终止经营止,将企业存续期间全部收支相抵才能确定盈亏。如果真的这样,会计信息就没有什么价值了。因此,为了及时提供企业生产经营信息,我们假定企业正常生产经营活动可以人为地分割为若干相等的、较短的时间段落,这就是会计期间。可见,会计期间假设是持续经营假定的一个必要补充,是对会计核算时间范围的规定。

会计期间通常以"年"来表示,称为会计年度。《企业会计准则》规定了我国以日历年度为企业会计年度,即从公历1月1日起到12月31日止。此外,还有会计中期。会计中期,是指短于一个完整的会计年度的报告期间。有了会计期间假定,才有了企业"某年盈利多少""某年亏损多少"等说法。

即学即思 请列举我国的会计中期。

小 知 识 有些国家或地区的会计年度不是采用日历年度。例如,日本、法国等国家的会计年度是从4月1日至次年的3月31日。

(4)货币计量。货币计量是指企业在会计核算中要以货币为统一的主要的计量单位,记录和反映企业生产经营过程和经营成果。此会计核算前提规定了会计核算的内容,即会计主要核算企业生产经营活动中能用货币计量的那一部分,而不是企业生产经营活动的全部。会计法规定会计核算以人民币为记账本位币,业务收支以人民币以外的货币为主的单位,可以选定其中一种作为记账本位币,但是编报的财务会计报表应当折算为人民币。

即学即思 在以货币作为主要计量单位的同时,是否有必要也应当以实物量度和劳动量度作为补充?

> **提醒你**
> 在有些情况下,统一采用货币计量也有缺陷,某些影响企业财务状况和经营成果的因素,如企业经营战略、研发能力、市场竞争力等,往往难以用货币来计量,但这些信息对于使用者决策来讲也很重要,企业可以在财务报告中补充披露有关非财务信息来弥补上述缺陷。

3. 关于会计信息质量要求

《基本准则》建立了企业会计信息质量要求体系,包括可靠性、相关性、可理解性、可比性、实质重于形式、重要性、谨慎性和及时性八个方面。

(1)可靠性要求企业应当以实际发生的交易或者事项为依据进行确认、计量和报告,如实反映符合确认和计量要求的各项会计要素及其他相关信息,保证会计信息真实可靠、内容完整。

为了贯彻可靠性要求,企业应当做到:

① 以实际发生的交易或者事项为依据进行确认、计量,将符合会计要素定义及其确认条件的资产、负债、所有者权益、收入、费用和利润等如实反映在财务报表中,不得根据虚构的、没有发生的或者尚未发生的交易或事项进行确认、计量和报告。

② 在符合重要性和成本效益原则的前提下,保证会计信息的完整性,其中包括应当编报的报表及其附注内容等应当保持完整,不能随意遗漏或者减少应予披露的信息,与使用者决策相关的有用信息都应当充分披露。

③ 包括在财务报告中的会计信息应当是中立的、无偏的。

(2)相关性要求企业提供的会计信息应当与投资者等财务报告使用者的经济决策需要相关,有助于投资者等财务报告使用者对企业过去、现在或者未来的情况做出评价或者预测。

会计信息是否有用,是否具有价值,关键是看其与使用者的决策需要是否相关,是否有助于决策或者提高决策水平。相关的会计信息应当能够有助于使用者评价企业过去的决策,证实或者修正过去的有关预测,因而具有反馈价值。相关的会计信息还应当具有预测价值,有助于使用者根据财务报告所提供的会计信息预测企业未来的财务状况、经营成果和现金流量。例如,区分收入和利得、费用和损失,区分流动资产和非流动资产、流动负债和非流动负债以及适度引入公允价值等,都可以提高会计信息的预测价值,进而提升会计信息的相关性。

根据会计信息质量的相关性要求,企业在确认、计量和报告会计信息的过程中,应充分考虑使用者的决策模式和信息需要。但是,相关性是以可靠性为基础的,两者之间并不矛盾,不应将两者对立起来。也就是说,会计信息在可靠性前提下,应尽可能地做到相关性,以满足投资者等财务报告使用者的决策需要。

(3) 可理解性要求企业提供的会计信息应当清晰明了,便于投资者等财务报告使用者理解和使用。

企业编制财务报告、提供会计信息的目的在于使用,而要使使用者有效使用会计信息,就应当让其了解会计信息的内涵,弄懂会计信息的内容,这就要求财务报告所提供的会计信息清晰明了,易于理解。只有这样,才能提高会计信息的有用性,实现财务报告的目标,满足向投资者等财务报告使用者提供决策有用信息的要求。

(4) 可比性要求企业提供的会计信息应当相互可比。这主要包括两层含义:

① 同一企业不同时期可比。为了便于投资者等财务报告使用者了解企业财务状况、经营成果和现金流量的变化趋势,比较企业在不同时期的财务报告信息,全面、客观地评价过去、预测未来,从而做出决策,会计信息质量的可比性要求同一企业不同时期发生的相同或者相似的交易或事项,应当采用一致的会计政策,不得随意变更。但是,满足会计信息可比性要求,并非表明企业不得变更会计政策,如果按照规定或者在会计政策变更后可以提供更可靠、更相关的会计信息,则可以变更会计政策。有关会计政策变更的情况,应当在附注中予以说明。

② 不同企业相同会计期间可比。为了便于投资者等财务报告使用者评价不同企业的财务状况、经营成果和现金流量及其变动情况,会计信息质量的可比性要求不同企业同一会计期间发生的相同或者相似的交易或事项,应当采用规定的会计政策,确保会计信息口径一致、相互可比,以使不同企业按照一致的确认、计量和报告要求提供有关会计信息。

(5) 实质重于形式要求企业应当按照交易或者事项的经济实质进行会计确认、计量和报告,而不仅仅以交易或者事项的法律形式为依据。

企业发生的交易或事项在多数情况下,其经济实质和法律形式是一致的。但在有些情况下,会出现不一致。例如,以融资租赁方式租入的资产虽然从法律形式上来讲企业并不拥有其所有权,但是由于租赁合同中规定的租赁期相当长,接近于该资产的使用寿命,租赁期结束时承租企业有优先购买该资产的选择权,在租赁期内承租企业有权支配资产并从中受益等,因此,从其经济实质来看,企业能够控制融资租入资产所创造的未来经济利益,在会计确认、计量和报告上就应当将以融资租赁方式租入的资产视为企业的资产,列入企业的资产负债表。

课后探究 请查阅相关资料,说出一些体现实质重于形式原则的会计处理方法。

(6) 重要性要求企业提供的会计信息应当反映与企业财务状况、经营成果和现金流量有关的所有重要交易或者事项。

在实务中,如果会计信息的省略或者错报会影响投资者等财务报告使用者据此做出决策的,该信息就具有重要性。重要性的应用需要依赖职业判断,企业应当根据其所处环境和实际情况,从项目的性质和金额大小两方面加以判断。

（7）谨慎性要求企业对交易或者事项进行会计确认、计量和报告时应当保持应有的谨慎，不应高估资产或者收益、低估负债或者费用。

在市场经济环境下，企业的生产经营活动面临着许多风险和不确定性，如应收款项的可收回性、固定资产的使用寿命、无形资产的使用寿命、售出存货可能发生的退货或者返修等。根据会计信息质量的谨慎性要求，当企业在面临不确定性因素的情况下做出有关判断时，应当保持应有的谨慎，充分估计到各种风险和损失，既不高估资产或者收益，也不低估负债或者费用。例如，要求企业对可能发生的资产减值损失计提资产减值准备、对售出商品可能发生的保修义务等确认预计负债等，就体现了会计信息质量的谨慎性要求。

谨慎性的应用也不允许企业设置秘密准备，如果企业故意低估资产或收益，或者故意高估负债或费用，将不符合会计信息的可靠性和相关性要求，会损害会计信息质量，扭曲企业实际的财务状况和经营成果，从而对使用者的决策产生误导，这是不符合会计准则要求的。

课后探究 请查阅相关资料，说出一些体现谨慎性原则的会计处理方法。

（8）及时性要求企业对于已经发生的交易或者事项，应当及时地进行确认、计量和报告，不得提前或者延后。

会计信息的价值在于帮助所有者或者其他方面做出经济决策，具有时效性。即使是可靠、相关的会计信息，如果不及时提供，就会失去时效性，对于使用者的效用就会大大降低甚至不再具有实际意义。在会计确认、计量和报告过程中贯彻及时性原则，一是要求及时收集会计信息，即在经济交易或者事项发生后，及时收集整理各种原始单据或者凭证；二是要求及时处理会计信息，即按照会计准则的规定，及时对经济交易或者事项进行确认或者计量，并编制出财务报告；三是要求及时传递会计信息，即按照国家规定的有关时限，及时地将编制的财务报告传递给财务报告使用者，便于其及时使用和决策。

4. 关于会计核算基础的确定

《基本准则》规定，企业会计的确认、计量和报告应当以权责发生制为基础。权责发生制要求，凡是当期已经实现的收入和已经发生或应当负担的费用，无论款项是否收付，都应当作为当期的收入和费用，计入利润表；凡是不属于当期的收入和费用，即使款项已在当期收付，也不应当作为当期的收入和费用。

在实务中，企业交易或者事项的发生时间与相关货币收支时间有时并不完全一致。例如，款项已经收到，但销售并未实现；或者款项已经支付，但并不是为本期生产经营活动而发生的。为了更加真实、公允地反映特定会计期间的财务状况和经营成果，《基本准则》明确规定，企业在会计确认、计量和报告中应当以权责发生制为基础。

收付实现制是与权责发生制相对应的一种会计基础，它是以收到或支付的现金作为确认收入和费用等的依据。目前，我国的行政单位会计采用收付实现制，事业单位会计除经营业务可以采用权责发生制外，其他大部分业务采用收付实现制。

5. 关于会计要素分类及其确认、计量原则

《基本准则》将会计要素分为资产、负债、所有者权益、收入、费用和利润六个要素，同时对各要素进行了严格定义。会计要素在计量时以历史成本为基础，可供选择的计量属性包括历史成本、重置成本、可变现净值、现值、公允价值等。

（1）历史成本。历史成本又称为实际成本，就是取得或制造某项财产物资时所实际支

付的现金或者其他等价物。在历史成本计量下,资产按照其购置时支付的现金或者现金等价物的金额,或者按照购置资产时所付出的对价的公允价值计量。负债按照其因承担现时义务而实际收到的款项或者资产的金额,或者承担现时义务的合同金额,或者按照日常活动中为偿还负债预期需要支付的现金或现金等价物的金额计量。

（2）重置成本。重置成本又称现行成本,是指按照当前市场条件,重新取得同样一项资产需支付的现金或现金等价物金额。在重置成本计量下,资产按照现在购买相同或者相似资产所需支付的现金或者现金等价物的金额计量;负债按照现在偿付该项债务所需支付的现金或者现金等价物的金额计量。

（3）可变现净值。可变现净值是指在正常生产经营过程中以预计售价减去进一步加工成本和销售所必需的预计税金、费用后的净值。在可变现净值计量下,资产按照其正常对外销售所能收到现金或者现金等价物的金额扣减该资产至完工时估计尚需发生的成本、销售费用以及相关税费后的金额计量。

（4）现值。现值是指对未来现金流量以恰当的折现率进行折现后的价值,是考虑货币时间价值因素等的一种计量属性。在现值计量下,资产按照预计从其持续使用和最终处置中所产生的未来净现金流入量的折现金额计量;负债按照预计期限内需要偿还的未来净现金流出量的折现金额计量。

（5）公允价值。公允价值是指在公平交易中,熟悉情况的交易双方自愿进行资产交换或者债务清偿的金额。在公允价值计量下,资产和负债按照在公平交易中,熟悉情况的交易双方自愿进行资产交换或者债务清偿的金额计量。

在各种会计要素计量属性中,历史成本通常反映的是资产或者负债过去的价值,而重置成本、可变现净值、现值以及公允价值通常反映的是资产或者负债的现时成本或者现时价值,是与历史成本相对应的计量属性。

6. 关于财务报告

《基本准则》为了实现财务报告目标,明确了财务报告的基本概念、应当包括的主要内容和应反映信息的基本要求等。

二、《企业会计准则——具体准则》

《企业会计准则——具体准则》是按照《基本准则》的要求,针对各类经济业务做出的具体规定。它的特点是操作性强,可以根据其直接组织相关业务的会计核算。我国目前适用于大中型企业执行的《企业会计准则》的内容包括42个具体准则及应用指南和企业会计准则解释(目前15个)两大部分。

（一）具体会计准则及其应用指南

具体会计准则及其应用指南,主要规范了五大类业务的会计处理标准:

第一类:通用业务的会计准则(19个),主要规范各行业共同业务如存货、固定资产、无形资产、职工薪酬、借款费用等业务的会计处理标准。

第二类:特殊业务的会计准则(7个),主要规范一些特殊业务如外币业务、租赁业务、套期保值等业务的会计处理标准。

第三类：特殊行业的会计准则（4 个），主要规范一些特殊行业如保险、油气等行业中特殊业务的会计处理标准。

第四类：财务报告业务的会计准则（11 个），规范企业主要会计报表编制方法和信息披露的处理标准。

第五类：新旧会计标准衔接的会计准则（1 个），主要规范首次执行企业会计准则处理标准。

（二）企业会计准则解释

在企业具体会计准则实际执行过程中提出了一些需要解释和进一步明确的问题，为此财政部从 2007 年起陆续制定发布了 16 个企业会计准则解释。企业会计准则解释以财政部文件的形式发布，其效力等同于企业具体会计准则正文及其应用指南。

小企业会计准则

三、《小企业会计准则》

小企业会计准则体系由《小企业会计准则》和附件两部分组成。《小企业会计准则》主要规范小企业通常发生的交易或事项的会计处理原则，为小企业处理会计实务问题提供具体而统一的标准；附件主要规定会计科目的设置、主要账务处理、财务报表的种类、格式编制说明，为小企业执行《小企业会计准则》提供操作性规范。两者相辅相成，相得益彰，共同构成较为完整的小企业会计准则体系。

中小企业划型标准规定

《小企业会计准则》的适用范围

《小企业会计准则》第二条规定，本准则适用于在中华人民共和国境内依法设立的，符合《中小企业划型标准规定》所规定的小型企业标准的企业。

下列三类小企业除外：
(1) 股票或债券在市场上公开交易的小企业。
(2) 金融机构或其他具有金融性质的小企业。
(3) 企业集团内的母公司和子公司。

朱镕基：诚信为本、操守为重、遵循准则、不做假账

任务实施

确定江苏环宇公司应执行什么样的《会计准则》

江苏环宇公司成立于 2018 年 1 月 18 日，注册资本为 2 000 万元，主营食品加工机械的设计、生产与销售。根据企业的工艺流程与设备状况，需要聘请员工 2 000 人，年预计销售额为 1 500 万元。

步骤一：对照划型标准，确定公司类型。

对照《中小企业划型标准规定》，江苏环宇公司不属于"小型企业"。

步骤二：综合相关信息，进行抉择。

因为江苏环宇公司资产规模较大，从业人员多，销售额也较多，所以应当选择执行《企业会计准则》。

行业发展动态——
华为财务共享中心

职业能力提升——
会计行业人才发展规划
（2021—2025年）

项目二

记录货币资金、维护资金安全

 学习目标

能力目标
- 能说出现金的使用范围；
- 能简约描绘现金内部控制的方法；
- 能处理有关货币资金收支的业务并登记现金日记账和银行存款日记账；
- 能说出货币资金支付程序；
- 能讲述银行存款账户使用的有关规定；
- 能编制银行存款余额调节表。

素养目标
- 严谨细致办业务、廉洁自律守底线；
- 日清日结账目清、强化内控防风险。

会计岗位职责——出纳　　　会计文化——会计析义

货币资金是指在企业生产经营过程中处于货币形态的那部分资金。按其形态和用途不同可分为：库存现金、银行存款和其他货币资金。它是企业中最活跃的资金，流动性强，是企业的重要支付手段和流通手段。

任务一　核算与保管库存现金

▶ **任务导入**

小李从某中专会计专业毕业后，应聘到一家小型制造业企业做第一份"会计"工

作——出纳。怀揣职业梦想的小李,和所有"会计人"一样,从"出纳"岗位开始了职业生涯。

上班的第一天,财务科长就告诉小李"出纳"岗位的工作内容与工作职责。包括:根据记账凭证收付现金;按规定每日登记现金日记账;每日负责盘点库存现金,核对现金日记账;按规定程序保管现金,保证库存现金及有价证券安全;保管好各种空白支票、票据、印鉴等。

同学们,你的第一份"会计"工作也很可能是"出纳",主要的工作内容也就是"记录与保管库存现金"等。下面就一起开始我们的专业知识的学习与专业技能的训练吧。

知识准备

一、库存现金

会计上的现金有狭义和广义之分。

狭义的现金是指企业的库存现金;广义的现金是指除了库存现金之外,还包括银行存款和其他符合现金定义的票证等。

本章所说现金是指狭义的现金,即库存现金,它是企事业单位为了满足经营过程中零星支付需要而保留的、由出纳人员保管的、存放于财会部门的现钞,包括人民币现金和外币现金。

> ☞ 提醒你
>
> 由相关业务部门借支用于本部门零星开支并由相关业务部门自行保管的,或商业零售企业各营业柜组备作找零的款项属于"备用金"项目,不是会计核算上所讲的现金。

二、库存现金的管理制度

(一)现金的收支范围

1. 企业可以用现金收入的款项(即现金收入的范围)
(1) 单位和个人交回剩余差旅费和备用金等。
(2) 收取不能转账的单位或个人的销售收入。
(3) 不足转账起点的定额收入等。
除上述项目可以直接收入现金外,其余收款业务原则上都应通过银行转账结算。
2. 企业可以用现金支出的款项(即现金支出的范围)
(1) 职工工资、津贴、奖金和各种劳保福利费。

库存现金管理
(微课)

（2）个人劳务报酬。

（3）根据国家规定发给个人的科学技术、文化艺术、体育等奖金。

（4）各种劳保、福利以及国家规定的对个人的其他支出。

（5）向个人收购农副产品和其他物资的价款。

（6）出差人员必须随身携带的差旅费。

（7）结算起点1 000元以下的零星支出。

（8）中国人民银行确定需要支付现金的其他支出。

现金管理暂行条例

（二）库存现金限额

库存现金限额是根据企业的规模、日常现金付出量和企业与银行的距离远近等情况,由开户银行与企业共同商定的企业库存现金的最高限额。库存现金限额一般不超过3~5天的日常零星开支量;离银行较远、交通不便的,不超过15天的零星开支量。企业对超过限额的现金,必须当日或次日送存银行。

（三）货币资金支付业务办理程序

1. 支付申请

单位有关部门或个人用款时,应当提前向审批人提交货币资金支付申请,注明款项的用途、金额、预算、支付方式等内容,并附有效经济合同或相关证明。

2. 支付审批

审批人根据其职责、权限和相应程序对支付申请进行审批。对不符合规定的货币资金支付申请,审批人应当拒绝批准。

3. 支付复核

复核人应当对批准后的货币资金支付申请进行复核,复核货币资金支付申请的批准范围、权限、程序是否正确,手续及相关单证是否齐备,金额计算是否准确,支付方式、支付单位是否妥当,等等。复核无误后,交由出纳人员办理支付手续。

4. 办理支付

出纳人员应当根据复核无误的支付申请,按规定办理货币资金支付手续,及时登记现金和银行存款日记账。

单位对于重要货币资金支付业务,应当实行集体决策和审批,并建立责任追究制度,防范贪污、侵占、挪用货币资金等行为。

（四）现金管理的内部控制制度

1. 现金收入的内部控制

现金收入主要来源于企业销售商品、产品或提供劳务,所以现金收入的内部控制应把注意力放在这些环节上。具体来说,应该做到以下几点:

（1）控制收据和发票的数量与编号。收据和发票的领用须登记数量与收讫编号;收据和发票存根要回收,妥善保管;空白收据、发票要定期核对。

（2）不相容职务的分开,即签发收款凭证与收款的职务应分开。例如,企业由销售部门经办销售手续的人员填制发票和单据,由财会部门出纳员据以收款,记账人员据以记账。

> **知识链接**
>
> 不相容职务是指那些如果由一个人担任既可能发生错误和舞弊行为,又可能掩盖其错误和舞弊行为的职务。不相容职务分离的核心是"内部牵制",它要求每项经济业务都要经过两个或两个以上的部门或人员处理,使得单个人或部门的工作必须与其他人员或部门的工作相一致或相联系,并受其监督和制约。

（3）一切现金收入都应开具收款收据,企业内部经办人员经手的零星现金收入,如废品收入、报刊退款等,财会部门也应开收据给交款人。

2. 现金支出的内部控制

（1）不相容职务的分开,即出纳、记账、采购三方面的工作,应由三人分别担任,不能由一人兼任,签发发票和付出款项应由两人分别签章。

（2）付款业务都应有原始凭证,并经主管人员和会计人员审核同意后,出纳方可付款。有关付款凭证付款后,应分别加盖"现金付讫""银行付讫"戳记,并应定期装订成册,由专人保管。

（3）付出保证金、押金、暂付款或备用金等应收暂付款项,都应定期清理核对,到期要及时收回。

> **知识链接**
>
> 现金管理工作的"十不准"
>
> 1. 不准坐支现金;
> 2. 不准以白条顶替现金;
> 3. 不准挪用现金;
> 4. 不准私人借用公款;
> 5. 不准单位之间套换现金;
> 6. 不准假造用途套取现金;
> 7. 不准将单位收入的现金以个人名义存储;
> 8. 不准用银行账户代其他单位存入或支取现金;
> 9. 不准用任何票证代替人民币;
> 10. 不准超库存限额存留现金。

三、核算库存现金应设置的会计科目与账簿

（一）"库存现金"科目

（1）定义:用于核算企业的库存现金收支及结存情况。

（2）核算内容:借方反映企业库存现金的增加;贷方反映库存现金的减少;余额在借方,反映库存现金实有数额。

（3）明细账的设置：有外币现金的企业，应分别就人民币和各种外币设置"库存现金日记账"进行明细核算。

（二）"库存现金"账簿

1. 用于序时核算的库存现金日记账

"库存现金日记账"，由出纳员根据现金收款凭证、付款凭证和涉及现金的银行存款付款凭证按照业务发生的先后顺序逐笔登记。每日终了，应结出账面余额，并与实际库存额核对相符。"库存现金日记账"账页格式有三栏式和多栏式，一般采用三栏式。库存现金日记账见下表。

库存现金日记账

2019年		凭证编号	摘 要	对方科目	借 方	贷 方	借或贷	余 额
月	日				百十万千百十元角分	百十万千百十元角分		百十万千百十元角分
11	2		承前面		3 6 9 2 3 5 8	4 5 1 3 6 7 0	借	1 3 4 7 8 2
	2		提取现金		1 7 0 0 0 0 0		借	1 8 3 4 7 8
	2		徐良借差旅费			1 0 0 0 0 0	借	1 7 3 4 7 8 2

2. 用于总分类核算的库存现金总分类账

"库存现金总分类账"是根据"库存现金"总分类账户设置的、用来总括地反映企业库存现金增减变化的、提供总括性的会计核算资料的账户。总账账页的格式一般是采用"三栏式"，如下表。

总账账户名称：库存现金

年		凭证编号	摘 要	借 方	贷 方	借或贷	余 额
月	日			百十万千百十元角分	百十万千百十元角分		百十万千百十元角分

"总分类账"可以直接根据各种记账凭证逐笔登记，也可以把各种记账凭证先行汇总，编制成汇总记账凭证或科目汇总表后再据以进行登记。

四、备用金

(一)备用金的定义

备用金是企事业单位或其他经济组织等拨付给非独立核算的内部单位或工作人员备作差旅费、零星采购、零星开支等用的款项。

(二)备用金的管理方式

一种是"一次性备用金",它的特点是"先借后用、用后报销"。预借备作差旅费、零星采购等用的备用金,一般采用"一次性备用金"。

另一种是"定额备用金"。定额备用金是指企业内部的某一用款部门按定额持有的备用金。实行这种制度,通常是根据用款部门的实际需要,由财会部门会同有关用款部门核定备用金定额并拨付款项,同时规定其用款和报销期限,待用款部门实际支用后,凭有效单据向财会部门报销,财会部门根据报销数用现金补足备用金定额。报销数和拨补数都不再通过"其他应收款"账户核算。这种方法便于企业对备用金的使用进行控制,并可减少财会部门日常的核算工作,一般适用于有经常性费用开支的内部用款单位。

(三)核算备用金的会计科目——"其他应收款"

(1)定义:核算企业除应收账款、应收票据、预付账款以外的其他各种应收、暂付款项,包括各种赔款、罚款、备用金、应向职工收取的各种垫付款等。

(2)核算内容:借方登记其他应收款的增加数;贷方登记其他应收款的减少数;期末余额在借方,反映企业其他应收款的结余数。

(3)明细账的设置:按其应收、暂付的单位、个人设置明细科目。

五、库存现金的清查

为避免库存现金收支出现差错,防止工作中的错弊,保证做到账实相符,企业出纳和会计主管、内部稽核人员应定期或不定期对库存现金进行核对和清查。

库存现金清查
(微课)

(一)库存现金盘点清查的方法

(1)出纳人员每日终了要对库存现金进行清点,并将清点确认的库存现金实有数(不包括借条、收据等白条)与现金日记账的每天余额核对相符;如发现账款不符,产生现金溢余或短缺,要及时查明原因,按有关规定进行处理。

(2)会计主管人员或企业内部稽核人员应定期或不定期对现金进行清点,清查时,出纳人员必须在场,清查后,应填写"库存现金清查盘点报告单",并签章确认。

(二)核算财产盘盈、盘亏和毁损的会计科目

根据《小企业会计准则》,财产盘盈、盘亏和毁损的核算应通过"待处理财产损溢"科目。

（三）"待处理财产损溢"账户

（1）定义：核算小企业在清查财产过程中查明的各种财产盘盈、盘亏和毁损的价值。物资在运输途中发生的非正常短缺与损耗，也通过本科目核算。

（2）核算内容：借方登记盘亏、毁损的各项资产损失的价值及结转的盘盈的净收益；贷方登记盘盈的各项资产的价值及结转的盘亏的净损失；期末一般没有余额。

（3）明细账的设置：按待处理流动资产损溢和待处理固定资产损溢进行明细核算。

（四）库存现金盘点的业务节点与账务处理

业务节点	账务处理
发现现金溢余	按现金溢余金额借记"库存现金"，贷记"待处理财产损溢——待处理流动资产损溢"（盘盈什么就借记什么，以实现账实相符）
经批准，处理现金溢余	属于应支付给有关人员或单位的，转入"其他应付款——应付现金溢余"账户；属于无法查明原因的现金溢余，经批准后，转入"营业外收入——现金溢余"
发现现金短缺	按现金短缺金额借记"待处理财产损溢——待处理流动资产损溢"，贷记"库存现金"（盘亏什么就贷记什么，以实现账实相符）
经批准，处理现金短缺	属于应由责任人赔偿的部分，转入"其他应收款——应收现金短缺"账户；属于企业多付或少收其他单位或个人的，应先转入"其他应收款"，并及时向对方收回；属于无法查明的其他原因，根据管理权限，经批准后转入"管理费用"账户

任务实施

任务实施一：提取现金，以作备用

2019年11月2日，江苏环宇公司财务部出纳小李填写现金支票，提取现金17 000元备用。

步骤一：填写现金支票、加盖预留印鉴（注：填写方法与加盖印鉴的方法见项目三）。

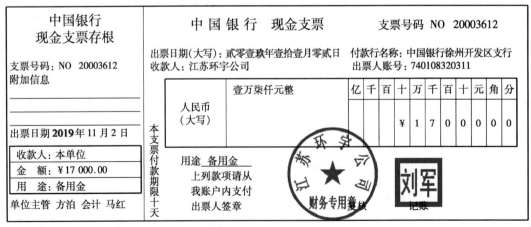

注意：在现金支票的背面也要加盖预留的印鉴。

步骤二:到银行提取现金。

步骤三:进行提现现金的账务处理(节点、原始凭证、会计分录)。

步骤四:登记"库存现金日记账"。

任务实施二：一次性备用金

2019年11月2日,江苏环宇公司办公室徐良因出差向财务部预借差旅费1 000元,财务部门审核后,以库存现金支付。

2019年11月15日,徐良报销差旅费1 200元。

步骤一:2019年11月2日,审核"借款单",付出"库存现金"。

借　　　　据

2019年11月2日

借款单位	厂部办公室徐良		
用途	出差预借差旅费		
金额(大写)人民币壹仟元整			¥1 000.00
还款计划	2019年11月2日		
领导批准	张定忠	借款人签字(盖章)	徐　良

步骤二:进行付出现金的账务处理(节点、原始凭证、会计分录)。

步骤三:登记"库存现金日记账"。

步骤四:2019年11月15日,徐良来财务部门报销差旅费时,审核"报销单"。

(设徐良出差,支付住宿费时,取得专用发票价税合计700元,其中价660.38元,增值税39.62元)

出差费用报销单

填报日期:2019 年 11 月 15 日

出差人员		徐良		部门		厂部办公室		事由			公务活动		
月/日	起止时间		起讫地点	车船费		途中补贴	住勤补贴		误餐补贴			住宿费	市内交通费	其他
				车次	金额	金额	天数	金额	中	晚	金额			
11/2	午 时 分		徐州至上海		80							700		
	午 时 分													
11/15	午 时 分		上海至徐州		70		14	280					70	
	午 时 分													
支 出 小 计					150			280				700	70	
预借金额	1 000		支出(报销)金额	1 200			应付(退)		200					
领导审核	张定忠		报销人签章	徐良			说明							

步骤五:进行结算应收徐良的借款的账务处理(节点、原始凭证、会计分录)。

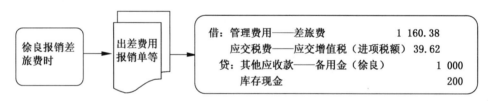

借：管理费用——差旅费　　　　　　　　　　1 160.38
　　应交税费——应交增值税（进项税额）　　　39.62
　　贷：其他应收款——备用金（徐良）　　　　1 000
　　　　库存现金　　　　　　　　　　　　　　200

注：此笔业务可以这样理解,财务部门在办理徐良报销业务时,收到了 1 200 元的经审核后的单据,应作为企业的"管理费用"处理,增加"管理费用";同时徐良是用经审核后的单据来偿还借款的,故应减少"其他应收款——备用金（徐良）"1 000 元,结清徐良的债务;最后,因徐良只借了 1 000 元,而实际报销的是 1 200 元,则财务部门还要付给徐良 200 元,财务部门减少库存现金 200 元。

步骤六：登记管理费用、其他应收款明细账及库存现金日记账。

税法链接

"住宿费"专用发票,都能抵扣吗？

1. 公司员工出差,收到小规模纳税人酒店自行开具的"住宿费"专用发票,可以按 3% 进行抵扣。

2. 公司员工出差,收到一般纳税酒店自行开具的"住宿费"专用发票,可以按 6% 进行抵扣。

3. 如果是员工探亲、公司组织员工旅游、公司年会、招待客户等用于职工福利或个人消费取得的住宿费专用发票,则不能用于抵扣。

任务实施三：定额备用金

江苏环宇公司的后勤管理部实行定额备用金制度。11月6日，财会部门根据核定的备用金定额2 000元，开出现金支票拨付。11月26日，后勤管理部向财会部门报销日常办公用品费1 530元，财会部门经审核有关单据后，同意报销，并以现金补足定额。

步骤一：11月6日，根据公司决议，开出现金支票后，进行付出定额备用金的会计处理（节点、原始凭证、会计分录）。

步骤二：11月26日，进行费用报销及补足定额的会计处理（节点、原始凭证、会计分录）。（注：所报销费用单据不是增值税专用发票）

步骤三：登记相关账户。

任务实施四：库存现金的盘亏

2019年9月15日，财务负责人对库存现金清查盘点后，发现盘亏350元；11月19日，查明短缺原因，其中250元因出纳员李梅工作失职造成，应由其负责赔偿；另外100元无法查明原因，经批准后转作管理费用。

步骤一：填写、审核"库存现金清查盘点报告单"。

库存现金清查盘点报告单

单位名称：江苏环宇公司　　　　2019年9月15日　　　　　　　　　　金额单位：元

实存金额	账面余额	盘盈	盘亏	备注
850	1 200		350	

盘点人：××　　　监盘人：××　　　制表人：××　　　出纳员：××

步骤二：对库存现金盘亏进行账务处理（节点、原始凭证、会计分录）。

步骤三：根据盘亏资产处理决定进行会计处理。

步骤四:登记相关账户。

任务实施五:库存现金的盘盈

2019年10月28日,财务负责人对库存现金清查盘点后,发现现金溢余20元,原因待查;10月31日,无法查明现金溢余原因,经批准后转作"营业外收入"。

步骤一:填写、审核"库存现金清查盘点报告单"。
步骤二:对库存现金盘盈进行账务处理(节点、原始凭证、会计分录)。

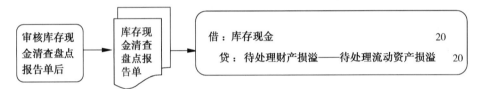

步骤三:根据盘盈资产处理决定进行会计处理(节点、原始凭证、会计分录)。

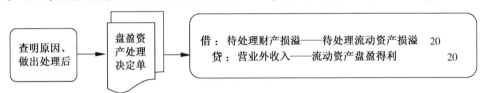

步骤四:登记相关账户。

注:因登记相关账户是根据记账凭证(会计分录)进行的,较为简单明了,在以后项目的任务实施中,将不再标示此步骤。

所得税税前扣除
管理办法

任务二 核算与核对银行存款

▶ **任务导入**

"出纳工作"包括现金出纳与银行出纳两个方面,在大型企业中,它可能是两个岗位,由两人或更多人员承担;但在中小企业中,一般是由一个人来完成的。所以,小李的科长就告诉小李:出纳工作除了"保管与记录库存现金"外,还有一块就是"记录与核对银行存款"。小李你要知悉国家有关银行账户的使用政策,每天到银行办理资金的收付业务,拿取各种结算单据,记录与核对银行存款。

知识准备

一、银行存款

银行存款是指企业存入银行或其他金融机构的货币资金。广义的银行存款包括银行结算户存款、其他货币资金等一切存入银行或其他金融机构的货币资产。狭义的银行存款仅指银行结算户存款,简称为银行存款,包括人民币存款和外币存款。本书讲的银行存款均是指结算户存款。

二、企业银行结算账户的开立

银行结算账户,是指银行为存款人开立的办理资金收付结算的人民币活期存款账户。银行结算账户按存款人分为单位银行结算账户和个人银行结算账户。

凡是独立核算的企业都必须在当地银行开设账户,以办理存款、取款和支付结算。企业在银行开设的存款账户分为基本存款账户、一般存款账户、临时存款账户和专用存款账户。

(1)基本存款账户是存款人因办理日常转账结算和现金收付需要开立的银行结算账户。基本存款账户是存款人的主办账户。存款人日常经营活动的资金收付及其工资、奖金和现金的支取,应通过该账户办理。

(2)一般存款账户是存款人因借款或其他结算需要,在基本存款账户开户银行以外的银行营业机构开立的银行结算账户。用于办理存款人借款转存、借款归还和其他结算的资金收付。该账户可以办理现金缴存,但不得办理现金支取。

(3)临时存款账户是存款人因临时需要并在规定期限内使用而开立的银行结算账户。临时存款账户用于办理临时机构以及存款人临时经营活动发生的资金收付。

(4)专用存款账户是存款人按照法律、行政法规和规章,对其特定用途资金进行专项管理和使用而开立的银行结算账户。

> ☞ 提醒你
>
> 企业可以自主选择银行,银行也可以自愿选择存款人。但一个企业只能选择一家银行的一个营业机构开立一个基本存款账户,不得在多家银行机构同时开立基本存款账户;不得在同一家银行的几个分支机构同时开立一般存款账户。

> ☞ 税法链接
>
> **《税收征管法》**
>
> 第十七条 从事生产、经营的纳税人应当按照国家有关规定,持税务登记证件,在银行或者其他金融机构开立基本存款账户和其他存款账户,并将其全部账号向税务机关报告。

税收征管法

三、银行存款的内部控制

（1）单位应当严格按照《支付结算办法》等国家有关规定，加强银行账户的管理，严格按照规定开立账户，办理存款、取款和结算业务。单位应当定期检查、清理银行账户的开立及使用情况，发现问题，及时处理。单位应当加强对银行结算凭证的填制、传递及保管等环节的管理与控制。

（2）单位应当严格遵守银行结算纪律，不准签发没有资金保证的票据或远期支票，套取银行信用；不准签发、取得和转让没有真实交易和债权债务的票据，套取银行和他人资金；不准无理拒绝付款，任意占用他人资金；不准违反规定开立和使用银行账户。

（3）单位应当指定专人定期核对银行存款账户，每月至少核对一次，编制银行存款余额调节表，使银行存款账面余额与银行对账单余额调节相符，如调节不符，应查明原因，及时处理。需要特别强调的是，为了加强对银行存款风险的管制，银行存款余额调节表应由出纳以外的人员编制。

（4）单位应当加强与货币资金相关的票据的管理，明确各种票据的购买、保管、领用、背书、转让、注销等环节的职责权限和程序，并专设登记簿进行记录，防止空白票据的遗失和被盗用。

（5）单位应当加强银行预留印鉴的管理。财务专用章应由专人保管，个人名章必须由本人或其授权人员保管。严禁一人保管支付款项所需的全部印章。按规定需要有关负责人签字或盖章的经济业务，必须严格履行签字或盖章手续。

（6）支付银行存款时，应按支付申请、支付审批、支付复核、办理支付等程序办理。

四、记录银行存款时使用的账户

（一）总分类账户

为了总括反映银行存款的收支和结存情况，企业应设置"银行存款"总分类账户（见下表），进行总分类核算。

银行存款的记录与核算（微课）

账户名称：银行存款

年		凭证编号	摘要	借方									贷方									借或贷	余额								
月	日			百	十	万	千	百	十	元	角	分	百	十	万	千	百	十	元	角	分		百	十	万	千	百	十	元	角	分

它可以直接根据涉及库存现金、银行存款的记账凭证逐笔进行登记,也可以把记账凭证先行汇总,编制成汇总记账凭证或科目汇总表后再据以进行登记。

(二) 银行存款序时核算

为了随时掌握银行存款的收支和结存余额,为合理调度资金,组织货币资金的收支平衡提供信息资料,要求一切有资金结算业务的单位,都要设置银行存款日记账,对银行存款进行序时核算。

企业应按开户银行、其他金融机构、存款种类及货币种类分别设置银行存款日记账,逐日逐笔记录一个单位银行存款收支及结存情况。

银行存款日记账的账页格式大致可分为"三栏式""多栏式"和"收付分页式"三种,实际工作中普遍采用"三栏式"账页。其格式与登记要求与"库存现金日记账"相同。

五、银行存款的核对

在生产经营过程中,企业所发生的资金收付,绝大部分是通过银行以转账结算方式进行的,因此,银行存款的存取业务非常频繁;而且企业与银行的凭证传递和记账时间往往不一致,为及时发现记账错误和银行存款收付业务中存在的问题,查明银行存款的实有数,保证企业的主要货币资金的安全完整,应定期或不定期组织银行存款的核对。

(一) 银行存款核对的内容

银行存款的核对包括银行存款的账证核对、账账核对和账单核对。

(1) 银行存款的账证核对,是指将银行存款日记账与银行存款收、付款凭证进行核对。检查记账金额、记账方向是否一致,避免发生重记、漏记、记错方向、记错数字的现象,做到账证相符。这一核对工作应在登记银行存款日记账时进行。

(2) 银行存款的账账核对,是指将银行存款日记账与银行存款总账进行核对。这两种账簿是由不同人员分别登记的,银行存款日记账是由出纳人员根据银行存款收、付凭证和库存现金付款凭证登记的,而银行存款总账一般是由其他会计人员根据汇总收付款凭证或科目汇总表登记的,在记账或汇总过程中,可能会产生差错,所以期末应进行账账核对,检查银行存款日记账同总账的期末余额、借方发生额合计数及贷方发生额合计数是否相符。

(3) 银行存款的账单核对,即将银行存款日记账与开户银行开出的银行对账单进行核对。企业把款项存入银行,企业要逐笔逐日登记银行存款日记账;银行接受企业的存款,也要逐笔逐日登记分户账。银行所登记的分户账每月至少给企业一张用以对账,这就是我们常说的银行对账单。所以,银行对账单实际上就是银行接受企业的存款所记的账。企业的银行存款日记账与银行的对账单所记的内容是相同的,都是企业的银行存款,因此,它们的收支变动的情况和结果应该相同。企业银行存款的清查,不能像现金那样采用实地盘点的方法,只能进行账单核对,即用企业的银行存款日记账与银行转来的银行对账单核对。账单核对每月至少一次。核对时,应将每笔银行存款收支业务的凭证种类、编号、摘要内容、方向、金额等逐项进行检查,经核对相符的,在对账单上分别做出"√"标记。如有未达账项,导致账单余额不符的,应通过编制银行存款余额调节表进行调节,调整完未达账项后的余额应当相符。如果未达账项调整完后余额还不相符,则说明企业和开户银行某一方或双方账目发生错误。属于开户银行错误的,应当与银行核查更正;属于企业错误的,应划出错误所在,区分漏记、重记、错记或串户等情况,采用正确的方法进行更正。

(二) 未达账项

未达账项是指由于凭证传递时间先后顺序不同,造成企业和银行之间的记账时间不一致,即一方已经接到凭证并已经记账,而另一方未接到凭证尚未记账的款项。未达账项是银行存款收付结算业务中的正常现象。

未达账项有以下四种情况:

第一,银行代企业收款,已经收妥并已记账,而企业尚未收款记账。如企业委托银行收款,银行已收妥并已记账,而收账通知尚未转到企业,企业尚未记账。

第二,银行代企业付款,款项已付出并已记账而企业尚未付款记账。如电业、电信、自来水等单位委托银行向企业收取款项,银行已办理付款转账手续,企业未接到付款通知,未记账。

第三,企业已收款记账而银行尚未收款记账。如企业收到外来转账支票送存银行,银行尚未办理转账手续。

第四,企业已付款记账而银行尚未付款记账。如企业开出支票并已记账,而接受单位未及时送存银行,银行未记账。

(三) 银行存款余额调节表的编制

银行存款余额调节表(微课)

如前所述,企业银行存款日记账与银行对账单所记录的是同一事项:企业银行存款的收支及结余。在记账过程中,企业银行存款日记账与银行对账单应是同增同减,而且余额也是相等的。银行存款余额调节表(见下表)的编制方法,一般采用"补缺法",就是在企业银行存款日记账与银行对账单账面余额的基础上,各自加上对方已收、本单位未收账款数额,减去对方已付、本单位未付账款数额,以调整双方余额使其一致的一种调节方法。

银行存款余额调节表

项目	金额	项目	金额
银行存款日记账余额		银行对账单余额	
企业银行存款日记账余额+银行已收企业未收的款项-银行已付企业未付的款项		银行对账单余额+企业已收银行未收的款项-企业已付银行未付的款项	
调节后银行存款余额		调节后银行存款余额	

调节后银行存款余额如果相等,则说明双方账目一般没有错误,如果调节后余额不相等,则可能是银行记账有错误,也可能是企业记账有错误,应查明原因并予以更正。

提醒你

银行存款余额调节表中调节后的存款余额,既不是企业账面余额,也不是银行账面余额,而是对账日包括未达账项在内的企业存款实有数额,是企业可以动用的银行存款实际数额,但是,企业不应也不需要根据调节后的余额调整银行存款日记账的余额,因为未达账项不是记账错误。对于银行已入账而企业尚未入账的未达账项,企业应该等待,应在收到有关结算凭证后再进行有关账务处理。也就是说,"银行存款余额调节表"不能作为记账依据。

任务实施

编制银行存款余额调节表

内部控制漏洞之出纳编制银行存款余额调节表

资料:江苏环宇公司2019年12月31日银行存款日记账账面余额为95 200元,银行对账单的余额为96 700元。两者余额不相符,应编制银行存款余额调节表。

账户名称:银行存款日记账

2019年		结算凭证		摘要	借方	贷方	余额
月	日	种类	号数				
12	17			承前页	2 356 890.70	1 678 653.35	380 500.00
				略			
	29	特转	1902#	存款利息	350.00		91 300.00
	30	银行汇票	9107#	收销货款	5 500.00		96 800.00
	31	转账支票	3605#	支付货款		1 600.00	95 200.00
12	31			月末余额			95 200.00

银行对账单

开户单位:江苏环宇公司　　　　　　　　　　　　　　　　　　　　单位:元

2019年		结算凭证		摘要	借方	贷方	余额
月	日	种类	号数				
12				略			
				略			
	29	特转	1902#	存款利息		350.00	91 300.00
	30	电汇凭证	9107#	代收销货款		5 800.00	97 100.00
	31	委托收款凭证	3605#	支付电话费	400.00		96 700.00
12	31			月末余额			96 700.00

步骤一:逐笔核对银行存款日记账和银行对账单,找出双方存在的未达账项。

(1) 银行已将一笔委托收款 5 800 元收到入账,而企业尚未接到收款通知;
(2) 银行已支付购货款 400 元,而企业尚未接到付款通知;
(3) 企业送存银行的销货款 5 500 元,银行尚未入账;
(4) 企业签发转账支票一张,票面金额为 1 600 元,持票人尚未到银行办理转账手续。

步骤二:编制银行存款余额调节表(如下表)。

银行存款余额调节表

2019 年 12 月 31 日

项目	金额	项目	金额
企业"银行存款日记账"余额	95 200	银行对账单余额	96 700
加:银行已收款入账而企业尚未收款入账的款项	5 800	加:企业已收款入账而银行尚未收款入账的款项	5 500
减:银行已付款入账而企业尚未付款入账款项	400	减:企业已付款入账而银行尚未付款入账的款项	1 600
调整后的存款余额	100 600	调整后的存款余额	100 600

任务三　认知其他货币资金

☞ 任务导入

小李在出纳工作中,除了库存现金的收付、银行存款的收付外,还经常办理银行汇票、银行本票、信用卡、信用证等方式的结算,也曾把款项汇往企业外地的办事机构开设的临时账户,形成"外埠存款"。以上这些就是货币资金的第三种表现形式——"其他货币资金"。

知识准备

一、其他货币资金的定义

其他货币资金是指企业除现金、银行存款以外的其他各种货币资金。包括外埠存款、银行汇票存款、银行本票存款、信用卡存款、信用证保证金存款以及存出投资款等。

其他货币资金
(微课)

二、其他货币资金的种类

外埠存款是企业到外地进行临时零星采购时,汇往采购地银行开立采购专户的款项;

银行汇票存款是企业为取得银行汇票按照规定存入银行的款项；

银行本票存款是企业为取得银行本票按照规定存入银行的款项；

信用卡存款是指企业为取得信用卡按照规定存入银行的款项；

信用证存款是企业存入银行作为信用证保证金专户的款项；

存出投资款是指企业已经存入证券公司但尚未购买股票、基金等投资对象的款项。

三、核算其他货币资金的会计科目——"其他货币资金"

（1）定义：核算企业的外埠存款、银行本票存款、银行汇票存款、信用卡存款、信用证存款和存出投资款及备用金的增减变动和结存情况。

（2）核算内容：借方登记其他货币资金的增加数；贷方登记其他货币资金的减少数；期末余额在借方，反映企业其他货币资金的结余数。

（3）明细账的设置：按其种类设置"外埠存款""银行本票""银行汇票""信用卡""信用证保证金"和"存出投资款"及"备用金"等明细科目。

任务实施

计算确定"其他货币资金"的金额

资料：2019年10月31日，江苏环宇公司财会部门保管的有价证券等财物有：

（1）从银行购入的空白现金支票（编号：20003612至20003650）和空白转账支票（编号：200078089至200078100）；

（2）向银行申请办理的银行汇票2张，金额分别为200 000元和150 000元；

（3）向银行申请办理的信用卡，信用卡余额为36 000元；

（4）南京东方公司签发并承兑的商业汇票一张，面值金额80 000元，到期日为2020年3月31日；

（5）从购货单位风华公司接收的"转账支票"一张，签发日期为2019年10月30日，金额为117 000元，收款人为本公司。

步骤一：对以上票据进行分析，确定各自的属性。

空白现金支票和空白转账支票是企业重要的空白凭证，虽具有资产属性，但一般都是直接列作费用；外单位签发并承兑的商业汇票属于"应收票据"资产；从购货单位接收的"转账支票"在办理进账手续后会增加企业的"银行存款"；向银行申请办理的"银行汇票"和"信用卡"符合"其他货币资金"的定义。

步骤二：确定"其他货币资金"的明细科目及金额。

向银行申请办理的银行汇票应确认为："其他货币资金——银行汇票存款"，金额为350 000元。

向银行申请办理的信用卡应确认为："其他货币资金——信用卡存款"，金额为36 000元。

> **知识链接**
>
> **出纳员三字经**
>
> 出纳员,很关键;静头脑,清杂念。业务忙,莫慌乱;情绪好,态度谦。取现金,当面点;高警惕,出安全。收现金,点两遍;辨真假,免赔款。支现金,先审单;内容全,要会签。收单据,要规范;不合规,担风险。账外账,甭保管;违法纪,又罚款。长短款,不用乱;平下心,细查点。借贷方,要分清;清单据,查现款。月凭证,要规整;张数明,金额清。库现金,勤查点;不压库,不挪欠。现金账,要记全;账款符,心坦然。

【企业案例研究】

昔日标兵落泥沼　以身试法葬前程

——陕西省汉中市洋县鹮岛酒店财务部原出纳杨某挪用资金案警示

杨某,男,汉族,1995年9月生,大专文化,陕西洋县人。2016年7月毕业于陕西财经职业技术学院,2016年8月通过应聘进入洋县鹮岛酒店财务部担任出纳,期间获得两次优秀员工称号。2019年3月鹮岛酒店未能按时给员工发放工资,因杨某解释内容与银行回复不符,副总经理丁某某查询酒店账户余额,发现账面缺失363万元人民币,酒店联系杨某的同时报案至洋县公安局,杨某到酒店承认其挪用酒店300余万元的事实后被洋县公安局工作人员带走接受调查,该案随后移送至洋县监察委员会。杨某利用其担任国有控股企业洋县鹮岛酒店财务部出纳的便利,从2017年3月13日至2019年3月6日期间,先后多次在办理正常业务时,趁印章保管人将财务印章交于其使用,私自在其保管的空白现金支票上加盖财务专用章,后根据自己需要私自填写时间、金额、用途等信息,并加盖其保管的法人代表高某某印章,到银行凭支票取现,从其管理的洋县鹮岛酒店出纳账户挪用现金共计4 134 499.85元,归个人使用,数额巨大。其中,200 000元用于网上理财进行营利活动,其余3 934 499.85元用于非法网络彩票投注,进行非法活动。2019年9月26日,杨某因犯挪用资金罪,被判处有期徒刑八年。

思考:一名"小"出纳是如何做到"大"算计的?企业在人员教育、内部控制、关键岗位监督方面该如何加强?

行业发展动态——
电子报账系统

职业提升之道

项目三

认知结算方式、办理资金收付

学习目标

能力目标
- 能说出支票结算方式的流程，能正确地填写支票，能处理支票结算所形成的会计业务与事项；
- 能说出银行汇票结算方式的流程，能办理银行汇票，能处理银行汇票结算所形成的会计业务与事项；
- 能说出办理商业汇票结算方式的流程，能处理商业汇票结算所形成的会计业务与事项；
- 能说出办理委托收款、信用卡、信用证等结算方式的流程，能处理所形成的会计业务与事项；
- 能根据不同的业务类型、信用政策选择结算方式。

素养目标
- 守关把口责任重、资金使用要权衡；
- 流程审批环环扣、重要票据妥保管；
- 业财一体要前置，结算方式应恰当。

会计岗位职责——资金结算员

会计文化——理财名相管仲

结算是指企业、事业、机关等单位之间因商品交易、劳务供应或资金调拨等原因所发生的货币资金收、付业务的清算。它分为现金结算和支付结算两种。支付结算是指单位、个人在社会经济活动中使用票据、信用卡和汇兑、托收承付、委托收款等结算方式进行货币支付及资金清算的行为。

中国人民银行发布的《支付结算方法》规定的国内人民币的支付结算方式，包括支票、银行本票、银行汇票、商业汇票、信用卡、托收承付、委托收款、汇兑、信用证九种；另外还有国内信用证结算方式等。

以上结算方式按是否通过票据来进行,分为票据结算方式与银行其他结算方式。银行票据结算方式是指通过《票据法》规定的支票、本票和汇票等工具来结清资金的结算方式;银行其他结算方式是指银行票据结算方式之外的结算方式,一般包括汇兑、委托收款、异地托收承付等。

以上结算方式按照适用区域分类,可以分为同城结算和异地结算两种。同城结算是指结算双方在同一票据交换区域的转账结算(不仅限同一城市),银行本票和支票结算方式适用于同城结算;异地结算是指结算双方不在同一票据交换区域内的转账结算,汇兑和托收承付结算方式限于异地结算使用。银行汇票、商业汇票、委托收款、信用证、信用卡等结算方式既可用于同城结算,又可用于异地结算。

结算方式的分类拓扑如下所示。

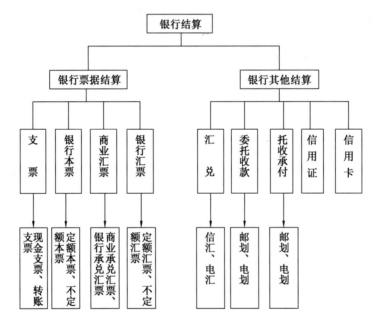

结算方式分类拓扑图

结算方式分类拓扑图

项目三 认知结算方式、办理资金收付

任务一 办理支票结算

☞ 任务导入

业务部门的老王要出差了,经领导审批预借"差旅费"8 000 元。老王来到财务科,找出纳小李"拿钱",小李说:"王经理,实在对不起,现在没有那么多现金,要不给您开一张现金支票,您去银行自己提现!"这边老王刚走,业务员小赵又来了:"给,这是远东集团开给我们的转账支票,我好不容易把钱要来了。"

这样的情景每天都在上演,支票是一种最为常见的结算方式,如何保管、如何签发、如何核算是每一个初级会计从业人员所必须掌握的。

知识准备

一、支票的概述

你会使用支票吗?
(微课)

(一)支票的定义

支票是单位或个人签发的,委托办理支票存款业务的银行在见票时无条件支付确定的金额给收款人或持票人的票据。支票其实是存款人签发给银行的一种付款通知书,通知其存款银行把款项付给收款人的一种付款通知凭证。

(二)支票的种类

支票共有四种,分别为现金支票、转账支票、普通支票与划线支票。支票上印有"现金"字样的为现金支票,现金支票只能用于支取现金;支票上印有"转账"字样的为转账支票,转账支票只能用于转账,转账支票可以根据需要在票据交换区域内背书转让;支票上未印有"现金"或"转账"字样的为普通支票,普通支票可以用于支取现金,也可以用于转账;在普通支票左上角划两条平行线的,为划线支票,划线支票只能用于转账,不得用于支取现金。目前,实际工作中常用的是现金支票、转账支票。

(三)支票使用的相关规定

(1)使用范围:单位及个人在同一票据交换区域的各种款项的结算。
(2)支票一律记名。
(3)金额起点为 100 元。
(4)支票的提示付款期限为自出票日起 10 日内,中国人民银行另有规定的除外;超过提示付款期限的,持票人开户银行不予受理,付款人不予付款。

(四)支票的票样

(1)现金支票的票样:

现金支票正面

现金支票背面

(2) 转账支票的票样：

转账支票正面

附加信息：	被背书人：	被背书人：	被背书人：	根据《中华人民共和国票据法》等法律法规的规定，签发空头支票由中国人民银行处以票面金额5%但不低于1 000元的罚款
	背书人签章： 年　月　日	背书人签章： 年　月　日	背书人签章： 年　月　日	

转账支票背面

（五）签发支票的要求

（1）应使用碳素墨水或墨汁填写支票。

（2）禁止签发空头支票，不得签发与其预留银行签章不符的支票；使用支付密码的，出票人不得签发支付密码错误的支票。

（3）出票日期应为大写，小写无效。规则为：月份为1、2和10的前加"零"，分别写为零壹月、零贰月、零壹拾月。日为1～9、10、20、30的前加"零"，如1日为零壹日，20日为零贰拾日，30日为零叁拾日；日为11～19的前加"壹"，如11日写成壹拾壹日，依此类推。

（4）大写金额与"人民币"字样之间不得留有空白，小写金额前应加"￥"符号。"收款人""出票日期"和金额不得更改，更改则无效，发生错误时只能作废重开，作废支票的存根和正本部分应一并保存。

正确填写票据和结算凭证的基本规定

(5)"付款行名称"应填写本支票对应的开户银行名称;"出票人账号"应填写本支票对应的开户银行账号;"用途"根据实际用途填写。

(6)小写金额下的方框为密码区,应根据支付密码器生成的密码填写。

(7)出票人签章一般应使用两枚预留银行的签章,通常一枚是单位的财务专用章,另一枚是单位法定代表人的个人名章。

二、办理支票结算业务流程

(一)现金支票结算业务流程

(1)开户单位用现金支票提取现金时,由单位出纳人员签发现金支票,经由财会部门负责人审核并加盖银行预留印鉴后,到开户银行提取现金。

(2)开户单位用现金支票向外单位或个人支付现金时,由付款单位出纳人员签发现金支票,经由财会部门负责人审核并加盖银行预留印鉴和注明收款人后交收款人,收款人持现金支票到付款单位开户银行提取现金,并按照银行的要求交验相关证件。

(二)转账支票结算业务流程

(1)转账支票由付款人签发给收款人以办理结算,其流程如下图。

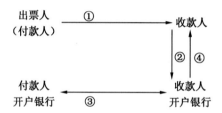

转账支票结算流程图

说明:

① 出票人(付款人)签发支票给收款人。

② 收款人填写一式三联进账单后,连同支票一并送交开户银行,银行受理,退回进账单的回单联。

③ 银行之间结算:收款人开户银行向付款人开户银行传递凭证,付款人开户银行将款项划出。

④ 收款人开户银行通知收款人款项收讫。

(2)转账支票由付款人签发给自己的开户银行,委托银行将款项直接支付给收款人,其流程如下图。

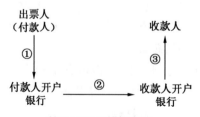

转账支票结算流程图

说明：
① 出票人签发支票后代收款人填写进账单，一并送交银行。
② 银行之间清算。
③ 通知收款人款项收妥。

三、办理支票结算业务的账务处理

业务节点	账务处理
企业签发支票支付款项	根据支票存根和有关原始凭证（收款人开出的收据或发票等）借记有关科目，贷记"银行存款"科目
企业收到支票	应填写进账单并把支票和进账单送交开户银行，根据银行盖章退回的进账单和有关原始凭证（销货发票记账联等）借记"银行存款"科目，贷记有关科目
如果转账支票由付款人签发给收款人的开户银行，委托银行将款项直接支付给收款人	付款人应根据支票存根和有关原始凭证，借记有关科目，贷记"银行存款"科目；收款人则根据银行转来的收款通知和有关原始凭证（销货发票记账联等）借记"银行存款"科目，贷记有关科目

任务实施

任务实施一：签发现金支票提取现金

江苏环宇公司财务部出纳小李于2019年9月12日签发现金支票并提取现金3 600元备用。

步骤一：按规定填写支票。

步骤二：到财务经理或指定的专人处加盖预留银行的印鉴。不管收款人是谁，正面都要加盖预留银行的印鉴。如果收款人是本单位，则支票背面收款人签章处一定要加盖银行预留印鉴；如果收款人是其他单位或个人则不用加盖。

中国工商银行 现金支票存根 BB10321772 02	中国工商银行 现金支票 BB10321772 02												
附加信息 _____	出票日期（大写）贰零壹玖年玖月壹拾贰日			付款行名称：工行和平分行									
_____	收款人：江苏环宇公司			出票人账号：680394184-89									
出票日期 2019年9月12日	本支票付款期限十天	人民币 （大写）	叁仟陆佰元整	千	百	十	万	千	百	十	元	角	分
收款人：江苏环宇公司							¥	3	6	0	0	0	0
金　额：¥3600.00		用途 备用金											
用　途：备用金		上列款项请从 我账户支付 出票人签章			复核								
单位主管　　会计													

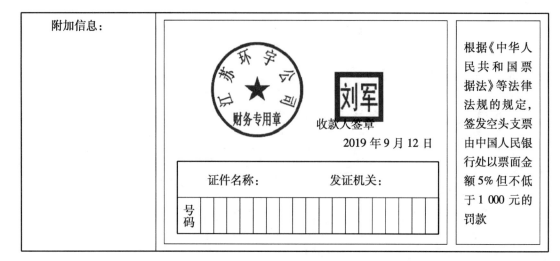

步骤三:到银行提取现金。到银行提取现金时,要在支票的背面写上提取人的身份证的相关信息并注意安全。

步骤四:对提取现金进行账务处理(时间节点、原始凭证、会计分录)。

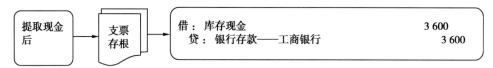

提取现金后 → 支票存根 → 借:库存现金　　　　　　　　　　　　　　3 600
　　　　　　　　　　　　　　贷:银行存款——工商银行　　　　　　　　3 600

任务实施二:签发现金支票用于支付购货款或偿还债务

步骤一:按规定填写现金支票。

步骤二:到财务经理或指定的专人处加盖预留银行的印鉴。因为收款人是其他单位或个人,现金支票的背面则不用加盖预留银行的印鉴。

步骤三:把填写好的现金支票交付给收款人,并要求收款人在支票的存根上签名,以证明支票已交付对方。

步骤四:对签发现金支票用于支付购货款或偿还债务进行账务处理:

借:管理费用——办公费或其他应付款——XX 单位、个人
　　应交税费——应交增值税(进项税额)
　贷:银行存款——工商银行

任务实施三:签发转账支票用于支付购货款或偿还债务

2019 年 9 月 15 日江苏环宇公司开出转账支票支付采购 A 材料的货款,增值税专用发票注明数量 20 吨,单价 800 元/吨,价款 16 000 元,增值税 2 080 元,材料已入库。

步骤一:按规定填写转账支票。

步骤二:到财务经理或指定的专人处加盖预留银行的印鉴。

步骤三:把填写好的现金支票交付给收款人,并要求收款人在支票的存根上签名,以证明支票已交付对方。

步骤四:对采购付款业务进行账务处理(时间节点、原始凭证、会计分录)。

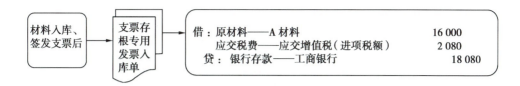

任务实施四：收到转账支票

向江苏黄海公司销售 A 产品，开出增值税专用发票，注明数量 50 台，单价 1 000 元/台，价款 50 000 元，增值税 6 500 元，收到对方开出转账支票，金额 56 500 元。

步骤一：根据转账支票记载的内容填写进账单（一式三联）。

中国工商银行　进账单（受理回单）　1　第 087456 号

2019 年 9 月 24 日

付款人	全称	江苏黄海公司	收款人	全称	江苏环宇公司	收此款联人是的收回款单人或开收户账银通行知交给
	账号	593937076-68		账号	680394184-89	
	开户银行	工行云龙分行		开户银行	工行和平分行	
人民币（大写）	伍万陆仟伍佰元整				亿 千 百 十 万 千 百 十 元 角 分 　　　　　¥ 5 6 5 0 0 0 0	
票据种类						

步骤二：将填写好的进账单和转账支票送交开户银行，并拿回回单联。

步骤三：对销售收款进行账务处理（时间节点、原始凭证、会计分录）。

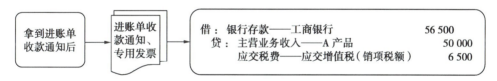

提醒你

收受支票应注意：

（1）填写不正确、不规范的支票不能收。

（2）没有签名盖章的支票不能收。鉴章空白的支票是"不完全票据"，这种票据无法律效力，必须请出票人补盖印鉴方可接收。

（3）出票签名或盖章模糊不清的支票不能收，这种鉴章不清楚或不明的支票经常被银行退票。

企业财务会计(第三版)

任务二　办理银行汇票结算

 任务导入

公司的副总经理要到外地采购一批原材料,因是第一次与对方打交道,双方还不太了解,而这批材料又是公司急需的,"一手交钱、一手交货"是对方成交的条件。副总经理问出纳小李怎么办才妥当,小李说:"您放心,这好办,我给您办一张银行汇票带着就OK了。"

 知识准备

一、银行汇票的概述

银行汇票
(微课)

(一)银行汇票的定义

银行汇票是出票银行签发的,由其在见票时按照实际结算金额无条件支付给收款人或者持票人的票据。

(二)银行汇票使用的相关规定

(1) 使用范围:不论同城、异地还是单位和个人的各种款项的结算均可采用。

(2) 一律记名。

(3) 没有金额起点的限制。

(4) 付款期为1个月,不分大月、小月一律按次月对日计算,到期日遇节假日顺延。

(5) 银行汇票可以用于转账,填明"现金"字样的银行汇票也可以用于支取现金。申请人或者收款人为单位的,不得在"银行汇票申请书"上填明"现金"字样。

(三)银行汇票的联次与票样

银行汇票一式四联,第一联为卡片,由签发行结清汇票时作汇出汇款付出传票;第二联为银行汇票,与第三联解讫通知一并由汇款人自带,在兑付行兑付汇票后此联作联行往来账付出传票;第三联是解讫通知,在兑付行兑付后随报单寄签发行,由签发行作余款收入传票;第四联是多余款通知,在签发行结清后交汇款人。银行汇票第二联和银行汇票第四联见下图。

项目三 认知结算方式、办理资金收付

中国工商银行银行汇票 2

汇票号码 第0364号

付款期限 壹个月

代理付款行：工商银行梁溪城南支行 　行号：480

出票日期（大写）贰零壹玖年玖月壹拾伍日

收款人：河南华中公司　　账号：100100156312001

出票金额人民币（大写）壹拾贰万元整　　￥120 000.00

实际结算金额人民币（大写）壹拾壹万陆仟元整　　￥116 000.00（千百十万千百十元角分）

申请人：江苏环宇公司　　账号或住址：680394184-89

出票行：中国工商银行徐州市分行　　行号：00002

备注：货款

凭票付款

密押：

多余金额（千百十万千百十元角分）

出票行签章 何丽 曾仪 王小华　　复核　记账

本汇票和解讫通知一并由汇款人自带，兑付行兑付汇票后此联作联行往来账借方凭证附件

银行汇票第二联

中国工商银行银行汇票 4
（多余款收款通知）

汇票号码 第0364号

付款期限 壹个月

代理付款行：工商银行梁溪城南支行 　行号：480

出票日期（大写）贰零壹玖年玖月壹拾伍日

收款人：河南华中公司　　账号：100100156312001

出票金额人民币（大写）壹拾贰万元整　　￥120 000.00

实际结算金额人民币（大写）壹拾壹万陆仟元整　　￥116 000.00

申请人：江苏环宇公司　　账号或住址：680394184-89

出票行：工行和平分行

备注：货款

代理付款行盖章

复核　　经办

多余金额（千百十万千百十元角分）￥4 000.00

科目（贷）_____
对方科目（借）_____
转账日期：2019年9月15日
复核　记账

银行汇票第四联

二、办理银行汇票结算业务流程

银行汇票结算业务流程见下图。

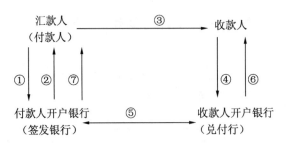

银行汇票结算业务流程图

说明：

① 汇款人(付款人)填写"银行汇票委托书"一式三联递交银行申请签发银行汇票；

② 银行受理后，签发银行汇票一式四联，退回申请书回单联(第一联)、银行汇票(第二联)、银行汇票解讫通知(第三联)；

③ 汇款人持银行汇票和银行汇票解讫通知办理结算付款，并取得收款人出具的有关凭证；

④ 收款人填写进账单连同银行汇票、解讫通知递交开户行；

⑤ 银行清算；

⑥ 银行收妥款项后，通知收款人；

⑦ 付款人开户行把多余款退回给汇款人。

三、办理银行汇票结算业务账务处理

业务节点	账务处理
申请办理银行汇票	向银行提交"银行汇票委托书"并将款项交存开户银行，取得汇票后，根据银行盖章退回的委托书存根联，借记"其他货币资金——银行汇票"科目，贷记"银行存款"科目
使用银行汇票支付采购款	应根据发票账单及开户行转来的银行汇票有关副联等凭证，经核对无误后借记"原材料""应交税费——应交增值税(进项税额)"等科目，贷记"其他货币资金——银行汇票"科目
收到银行汇票多余款	如实际采购支付后银行汇票有余额，应在收到银行的多余款收账通知后，借记"银行存款"科目，贷记"其他货币资金——银行汇票"科目
银行汇票因超过付款期限或其他原因未曾使用而退还款项	应借记"银行存款"科目，贷记"其他货币资金——银行汇票"
销售商品收到银行汇票	应按规定向银行办理收款手续，根据进账单的收款通知联，应借记"银行存款"科目，贷记"主营业务收入""应交税费——应交增值税(销项税额)"科目

任务实施

任务实施一：申请签发银行汇票，办理货款支付

2019年9月15日，江苏环宇公司向其开户银行申请签发银行汇票，银行审核、划出款项后签发了一份120 000元的银行汇票；18日，江苏环宇公司采购员持上述银行汇票和解讫通知单向河南华中公司办理购买乙材料的货款结算，取得增值税专用发票一张，货款为100 000元，增值税额为13 000元，材料已入库；26日，江苏环宇公司收到开户银行转来的"多余款收账通知"，金额为7 000元。

步骤一：9月15日，填写银行汇票申请书，向银行申请办理银行汇票：

<u>中国工商银行</u>**银行汇票申请书**　　（存　根）

申请日期 2019 年 9 月 15 日　　　　　　　第　号

申请人	江苏环宇公司	收款人	河南华中公司
账　号或住址	680394184-89	账　号或住址	100100156312001
用　途	货款	代理付款行	
汇款金额	人民币（大写） 壹拾贰万元整	百十万千百十元角分 ¥1 2 0 0 0 0 0 0	
备　注		科目_____ 对方科目_____ 财务主管　复核　经办	

此联由汇款单位或个人留存代替记账凭证

步骤二：9月15日，取得银行汇票，根据退回的申请书，进行取得银行汇票的账务处理：

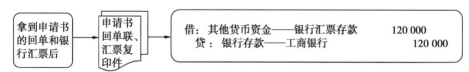

```
借：其他货币资金——银行汇票存款    120 000
    贷：银行存款——工商银行              120 000
```

> **提醒你**
>
> 银行汇票的第二联和第三联应交付业务部门，但实际工作中，财会人员一般都会复印银行汇票，并把复印件作为记账凭证的附件，以更好地证明银行汇票的取得。

步骤三：9月18日，进行使用银行汇票购买原材料的会计处理：

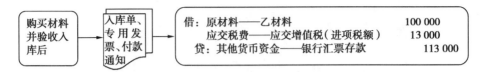

步骤四：9月26日，进行收到"多余款"的账务处理：

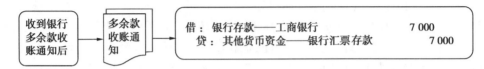

任务实施二：销售商品，收到对方交付的银行汇票，办理进账手续

江苏环宇公司于2019年9月23日销售A产品一批，价格5 000元，增值税650元，收到对方给付的银行汇票一张，金额5 650元。

步骤一：对收到的银行汇票进行审查，审查的主要内容为收款人是否为本单位、银行汇票是否过期、背书是否连续等。

步骤二：将审核无误的银行汇票第二联及第三联上的实际结算金额与多余金额填写完整。"实际结算金额"的填写应遵循实际结算金额与出票金额孰低原则，如果实际结算金额小于出票金额，则按实际结算金额填写，"多余金额"按差额填写；如果实际结算金额大于出票金额，则按出票金额填写。

步骤三：到银行办理进账手续。在银行汇票第二联的背面，持票人向银行提示付款签章处加盖银行预留印鉴，同时填制进账单后到本单位开户银行办理进账手续。

银行汇票第二联的背面：

被背书人：	被背书人：
背书人签章： 2019 年 9 月 23 日	背书人签章： 年　月　日
持票人向银行 提示付款签章 （环宇公司财务专用章）（刘军）	身份证件名称： 号　　码： 发证机关：

步骤四:对销售收款进行账务处理。

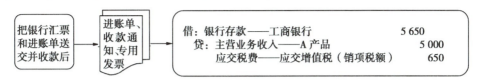

任务三 办理银行本票结算

☞ **任务导入**

初入"商海"的人经常会问道:哪种"票据"信用最高,让人不容置疑,让人最为放心!答案就是"银行本票"了。那么如何办理、如何核算"银行本票"也是会计从业人员必须知晓的了!

 知识准备

一、银行本票的概述

(一)银行本票的定义

银行本票是出票人签发的并承诺在见票时无条件支付确定金额的票据。签发本票的出票人必须是经过人民银行当地分支行批准办理银行本票业务的银行机构。我国没有商业本票,一般的企业单位不能签发本票。

(二)银行本票使用的相关规定

(1)使用范围:单位和个人在同一票据交换区域需要支付各种款项,均可以使用银行本票。

(2)银行本票可以用于转账,注明"现金"字样的银行本票可以用于支取现金。

(3)银行本票可分为定额本票和不定额本票两种,定额本票的面额分为1 000元、5 000元、10 000元和50 000元4种。

(4)银行本票一律记名,允许背书转让。

(5)银行本票的提示付款期限自出票日起最长不得超过2个月(不论大月、小月均按到期月份对日计算;到期日遇节假日顺延)。

(三)银行本票的票样

银行本票的正面和背面见下图。

中国工商银行
银行本票

| 付款期限 贰个月 | | 本票号码 第 0364 号 |

签发日期(大写)　　年　　月　　日

收款人：	申请人：
凭票即付人民币(大写)	
转账　现金	
备注	
出票行签章：	出纳：　复核：　经办：

银行本票的正面

被背书人：	被背书人：
背书人签章： 年　月　日	背书人签章： 年　月　日
持票人向银行 提示付款签章	身份证件名称： 号　　码： 发证机关：

银行本票的背面

二、银行本票结算业务流程

银行本票结算业务流程见下图。

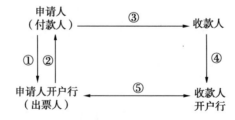

银行本票结算业务流程

说明：
① 申请人申请签发银行本票,填写一式三联"银行本票申请书"或向银行直接交存现金。

② 银行受理并签发本票,退申请人申请书回单联和银行本票。
③ 付款人用银行本票,办理付款结算。
④ 收款人收到银行本票后填写进账单,一并交存银行,办理进账手续。
⑤ 银行之间清算资金。

三、银行本票结算业务的账务处理

业务节点	账务处理
申请取得银行本票	企业向银行提交"银行本票申请书"并将款项交存银行,收到银行签发的银行本票后,应根据银行盖章退回的申请书存根联,借记"其他货币资金——银行本票"科目,贷记"银行存款"科目
用银行本票支付购货款	应根据发票账单等有关凭证,借记"原材料""应交税费——应交增值税(进项税额)"等科目,贷记"其他货币资金——银行本票"科目
企业因本票超过付款期限等原因未曾使用而要求银行退款	应填制进账单,连同本票一并交给银行,然后根据银行收回本票时盖章退回的进账单第一联,借记"银行存款"科目,贷记"其他货币资金——银行本票"科目
销售产品收到银行本票	应填制进账单,连同本票一并交给银行,然后根据银行收回本票时盖章退回的进账单第一联,借记"银行存款"科目,贷记"主营业务收入""应交税费——应交增值税(销项税额)"

任务实施

任务实施一:使用"银行本票",办理贷款的结算

江苏环宇公司2019年10月9日填写银行本票申请书向银行申请签发银行本票,银行受理签发7 684元的银行本票;取得银行本票。10月15日,公司采购员用上述银行本票支付购买乙种原材料,交给财务部门增值税专用发票、原材料入库单。专用发票注明买价6 800元,增值税884元。

步骤一:10月9日,填写银行本票申请书,向银行申请办理银行本票。

步骤二:10月9日,取得银行本票,根据退回的申请书,进行取得银行本票的账务处理:

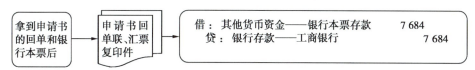

步骤三:10月15日,对使用银行本票购买乙种原材料业务进行账务处理:

任务实施二：收到银行本票，办理进账手续或进行背书

江苏环宇公司 2019 年 10 月 10 日向江淮公司销售一批 A 产品，开出增值税专用发票，价款 100 000 元，增值税 13 000 元，收到对方交来的一张银行本票，金额 113 000 元。

步骤一：填制进账单并连同银行本票一并送交银行，办理收款事项。
步骤二：对销售产品、收取银行本票、办理收款业务进行账务处理：

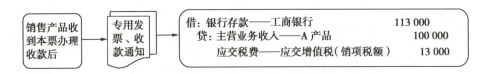

> **☞ 提醒你**
>
> 如果江苏环宇公司将收到的银行本票背书给河南华中公司以偿还欠款，则：
> 借：应付账款——华中公司　　　　　　　　　　　　113 000
> 　　贷：主营业务收入——A 产品　　　　　　　　　　　100 000
> 　　　　应交税费——应交增值税(销项税额)　　　　　 13 000

任务实施三：银行本票超过付款期没有使用，向签发银行办理退款

2019 年 10 月 15 日，江苏环宇公司一张金额为 5 000 元的银行本票超过付款期没有使用，企业办理退款。

步骤一：企业填写进账单，连同本票送交银行要求办理退款。
步骤二：对办理银行本票退款业务进行账务处理：

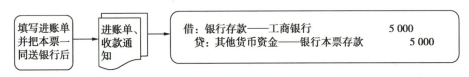

任务四　办理商业汇票结算

> **☞ 任务导入**
>
> 公司寻找到一个很好的"商机"，而这项交易完成的时间也就只需 3～5 个月，但受因于没有资金先行投入。公司老总问财务经理有没有办法。财务经理建议与对方商谈结算方式时，选用"商业汇票"结算方式，可以解决这个难题。这样的话，我们也应掌握"商业汇票"的使用情形、签发方式、核算方法。

知识准备

一、商业汇票的概述

（一）商业汇票的定义

商业汇票是指由付款人或存款人（或承兑申请人）签发，由承兑人承兑，并于到期日向收款人或被背书人支付款项的一种票据。所谓承兑，是指汇票的付款人愿意负担起票面金额的支付义务的行为，通俗地讲，就是他承诺到期将无条件地支付汇票金额的行为。

（二）商业汇票的种类

商业汇票按其承兑人的不同，可以分为商业承兑汇票和银行承兑汇票两种。商业承兑汇票是指由收款人签发，经付款人承兑，或者由付款人签发并承兑的汇票；银行承兑汇票是指由付款人或承兑申请人签发，并由承兑申请人向开户银行申请，经银行审查同意承兑的汇票。

（三）商业汇票的使用规定

（1）办理商业汇票必须以真实的交易关系和债权债务关系为基础，出票人不得签发无对价的商业汇票用以骗取银行或其他票据当事人的资金。

（2）商业汇票的出票人，应为在银行开立存款账户的法人以及其他组织，与付款人（即承兑人）具有真实的委托付款关系，并具有支付汇票金额的可靠资金来源。

（3）签发商业汇票必须依《支付结算办法》第七十八条规定，详细记载必须记载事项。

（4）我国使用的商业承兑汇票和银行承兑汇票所采用的都是定日付款形式，出票人签发汇票时，应在汇票上记载具体的到期日。

（5）商业汇票在同城、异地均可使用。

（6）商业汇票付款期限由交易双方商定，但最长不超过 6 个月，付款提示期限自汇票到期日起 10 日内。

（7）商业汇票可以背书转让。如是分期付款，应一次签发若干张不同期限的商业汇票。

（四）办理商业汇票结算业务应设置会计科目

1."应收票据"科目

（1）定义：核算企业因销售商品（产成品或材料，下同）收到的商业汇票，包括商业承兑汇票和银行承兑汇票。

（2）核算内容：借方登记收到的汇票金额；贷方登记兑现或转让的汇票金额；余额在借方，表示企业持有尚未到期的商业汇票的金额。

（3）明细账：按开出、承兑商业汇票的单位进行明细核算。

2. "应付票据"科目

（1）定义：核算企业因购买商品（产成品或材料，下同）签发并承兑或申请银行承兑的商业汇票，包括商业承兑汇票和银行承兑汇票。

（2）核算内容：贷方登记开出、承兑的汇票金额；借方登记付款的金额；余额在贷方，表示企业有尚未清偿的汇票金额。

（3）明细账：按债权人的单位进行明细核算。

二、银行承兑汇票

（一）银行承兑汇票的联次与票样

银行承兑汇票共三联，第一联为承兑行留存备查到期支付票款时作借方凭证附件；第二联为收款人开户行随托收凭证寄付款方作借方凭证附件；第三联为出票人存查。银行承兑汇票第一联、银行承兑汇票第二联正面、银行承兑汇票第二联背面、银行承兑汇票第三联见下图。

中国工商银行银行承兑汇票（卡片） 1

出票日期（大写）贰零壹玖年柒月壹拾壹日　　汇票号码：00311892

出票人全称	江苏环宇公司	收款人	全 称	连云港市正信公司
出票人账号	680394184-89		账 号	100100156123001
付款行全称	工行徐州市和平分行		开户银行	工行连云港市分行营业部
汇票金额	人民币 壹拾壹万陆仟元整（大写）	千百十万千百十元角分　¥ 1 1 6 0 0 0 0 0		
汇票到期日（大写）	贰零壹玖年玖月贰拾伍日	付款行	行号	00002
承兑协议编号	银2019第31号		地址	徐州市和平路25号
本汇票请你行承兑，此项汇票款我单位按承兑协议于到期日前足额交存你行，到期请予以支付　出票人签章　2019年7月11日		备注：	复核　　记账	

此联签发行留存备查到期支付票款时作借方凭证附件

银行承兑汇票第一联

中国工商银行银行承兑汇票　　2

出票日期（大写）**贰零壹玖年 柒月壹拾壹日**　　汇票号码：00311892

出票人全称	江苏环宇公司	收款人	全称	连云港市正信公司	此联收款人开户行随托收凭证寄付款行作借方凭证附件
出票人账号	680394184-89		账号	100100156123001	
付款行全称	工行徐州市和平分行		开户银行	工商银行连云港市分行	
汇票金额	人民币（大写）**壹拾壹万陆仟元整**			千百十万千百十元角分　¥ 1 1 6 0 0 0 0 0	
汇票到期日（大写）	贰零壹玖年玖月贰拾伍日	付款行	行号	00002	
承兑协议编号	银 2019 第 31 号		地址	徐州市建设路 25 号	
本汇票请你行承兑，到期无条件支付票款 （江苏环宇公司财务专用章） 出票人签章 2019年7月11日		本汇票已承兑，到期日由本行付款 （刘军）（中国工商银行汇票专用章01） 承兑行签章 承兑日期 2019 年 07 月 11 日		复核　　记账	

银行承兑汇票第二联正面

被背书人：	被背书人：	被背书人：
背书人签章： 年　月　日	背书人签章： 年　月　日	背书人签章： 年　月　日

银行承兑汇票第二联背面

中国工商银行银行承兑汇票(存根)　3

出票日期(大写)贰零壹玖年柒月壹拾壹日　　汇票号码:00311892

出票人全称	江苏环宇公司	收款人	全　称	连云港市正信公司
出票人账号	680394184-89		账　号	100100156123001
付款行全称	工行徐州市和平分行		开户银行	工行连云港市分行营业部
汇票金额	人民币(大写)　壹拾壹万陆仟元整			千百十万千百十元角分 ¥ 1 1 6 0 0 0 0 0
汇票到期日(大写)	贰零壹玖年玖月贰拾伍日	付款行	行号	00002
承兑协议编号	银2019第31号		地址	徐州市建设路25号
		备注:	复核　　记账	

此联作出票人存查

银行承兑汇票第三联

（二）银行承兑汇票结算业务流程

银行承兑汇票结算业务流程见下图。

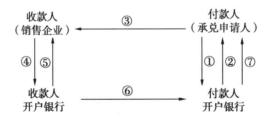

银行承兑汇票结算业务流程

说明：

① 承兑申请人提交一式三联"银行承兑协议"、一式四联"银行承兑汇票"及购销合同。

② 付款人开户银行同意承兑,转回汇票第二、三、四联和承兑协议第一联,留下汇票第一联和承兑协议第二、三联。

③ 付款人用汇票与收款人办理结算,向收款人提交汇票第二、三联,留存第四联。

④ 汇票到期收款人把汇票第二联和第三联(解讫通知)连同一式两联"进账单"交其开户银行办理进账。

⑤ 银行受理,退回进账单第一联。

⑥ 银行之间清算:收款人开户银行寄送汇票第三联,留存汇票第二联;付款人开户银行划转款项。

⑦ 付款人开户银行提交"特种转账传票"通知付款人付款或转逾期贷款。

（三）银行承兑汇票结算业务账务处理

业务节点	账务处理
签发银行承兑汇票，经开户银行承兑，应交纳承兑手续费	根据银行转来的收款单据，借记"财务费用"科目，贷记"银行存款"科目
将银行承兑汇票交给销货企业	根据采购原材料的专用发票的发票联、入库单等原始单据，借记"原材料""应交税费——应交增值税（进项税额）"等科目，贷记"应付票据"科目
银行承兑汇票到期，收到银行支付到期汇票的付款通知	根据银行转来的付款通知，借记"应付票据"科目，贷记"银行存款"科目
销售产品收到对方交给的银行承兑汇票	根据银行承兑汇票的复印件和销售发票等单据，借记"应收票据"科目，贷记"主营业务收入""应交税费——应交增值税（销项税额）"等科目。（银行承兑汇票单独保管）
银行承兑汇票到期，将到期的汇票连同进账单送交开户银行办理转账收款时	根据银行转来的收款单据，借记"银行存款"科目，贷记"应收票据"科目

三、商业承兑汇票

（一）商业承兑汇票的联次与票样

商业承兑汇票共三联，第一联为承兑人留存备查；第二联为持票人开户行随托收凭证寄付款方开户行作借方凭证附件；第三联为出票人存查。

商业承兑汇票第二联正面、第二联背面及第三联见下图。

商 业 承 兑 汇 票　2

出票日期（大写）		年　　月　　日	汇票号码：	
付款人	全　称		收款人	全　称
	账　号			账　号
	开户银行	行号		开户银行　行号
出票金额	人民币（大写）		千百十万千百十元角分	
汇票到期日（大写）			交易合同号码	
本汇票已经承兑，到期无条件支付票款			本汇票请予以承兑到期日付款。	
承兑人签章　承兑日期：　年　月　日			出票人签章	

商业承兑汇票第二联正面

被背书人：	被背书人：	被背书人：
背书人签章： 年　月　日	背书人签章： 年　月　日	背书人签章： 年　月　日

商业承兑汇票第二联背面

商业承兑汇票（存　根）　　3

出票日期(大写)　　　年　月　日　　汇票号码：

出票人全称		收款人	收款人	
出票人账号			账号或地址	
付款行全称			开户银行	
出票金额	人民币(大写)		千百十万千百十元角分	此联由出票人查存
汇票到期日(大写)		付款人	行号	
承兑协议编号			地址	
		备注：		

商业承兑汇票第三联

（二）商业承兑汇票结算业务流程

由付款人签发并承兑的商业承兑汇票结算流程见下图。

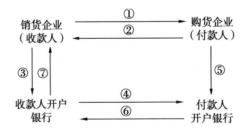

商业承兑汇票结算流程

说明：

① 销货企业(收款人)向购货企业销售商品,并约定采用商业承兑汇票结算。

② 购货企业(付款人)签发并承兑商业汇票交收款人。

③ 汇票到期,收款人委托开户银行收款。

④ 银行之间传递凭证。
⑤ 购货企业(付款人)付款。
⑥ 银行之间清结。
⑦ 收款人开户银行通知款项收妥入账。

(三) 商业承兑汇票结算业务账务处理

业务节点	账务处理
企业采购材料,签发、承兑商业汇票并交给销货企业	应根据对方开来的专用发票的记账联等单据,借记"原材料""应交税费——应交增值税(进项税额)"等科目,贷记"应付票据"科目
商业承兑汇票到期,票款划给销货企业或贴现银行	应根据银行转来的付款通知,借记"应付票据"科目,贷记"银行存款"科目
商业承兑汇票到期,没有支付承兑的票款	应根据与对方签订的协议,借记"应付票据"科目,贷记"应付账款"科目

任务实施

任务实施一:签发"银行承兑汇票",由银行承兑后,用于采购原材料

江苏环宇公司向连云港市正信公司采购甲材料一批,双方约定采用"银行承兑汇票"结算。同时,江苏环宇公司又与承兑银行签订"银行承兑汇票承兑协议",约定江苏环宇公司交纳 50 000 元保证金,银行承兑 113 000 元的商业汇票;另外支付承兑手续费 2 000 元。2019 年 10 月 19 日,江苏环宇公司交纳保证金及承兑手续费后,签发"银行承兑汇票"交由银行承兑,并取得"银行承兑汇票"。10 月 20 日,向正信公司交付汇票后,取得购买原材料专用发票,价款 100 000 元,增值税 13 000 元,材料已验收入库。11 月 19 日,汇票到期,把款项交存银行偿还票款。

步骤一:10 月 19 日,对交纳承兑保证金及承兑手续费进行账务处理:

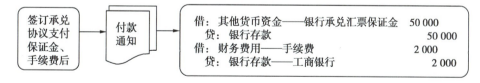

步骤二:10 月 20 日,对使用商业承兑汇票购买原材料的业务进行账务处理:

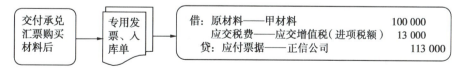

步骤三:11 月 19 日,汇票到期,对偿还汇票款项的业务进行账务处理:

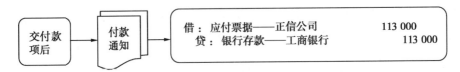

步骤四:11月19日,汇票到期,对收回保证金的业务进行账务处理:

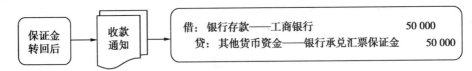

步骤五:登记相关账户。

任务实施二:销售产品,收到对方交付的"银行承兑汇票"

2019年10月10日,江苏环宇公司向江苏红星公司销售A产品一批,价款80 000元,增值税10 400元,收到江苏红星公司签发并由银行承兑的"银行承兑汇票",面值90 400元,2019年12月10日到期。2019年12月10日企业委托银行收取款项;12月11日收到银行的收款通知。

步骤一:对销售产品、收到"银行承兑汇票"经济业务进行账务处理:

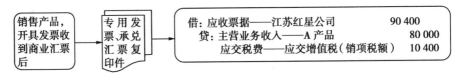

> ☞ **提醒你**
>
> 实际工作中,企业在收到"银行承兑汇票"后,一般都会进行复印,把复印件作为记账凭证的附件处理。"银行承兑汇票"是重要的有价票据,应单独保管。

步骤二:2019年12月10日,企业委托银行收取款项,在银行承兑汇票第二联背面的背书人签章处写明"委托收款"字样并加盖预留银行印鉴、在被背书人处写收款人开户银行名称后,填制托收凭证,办理进账手续。并根据委托收款凭证(收款通知)编制会计分录。

第二联背面:

被背书人:工行徐州市和平分行	被背书人:	被背书人:
委托收款。 背书人签章: 2019年12月10日	背书人签章: 年 月 日	背书人签章: 年 月 日

步骤三：审核收款通知，对收款业务进行账务处理。

委托收款 凭证（收款通知） 4 第 号

委托日期 2019 年 12 月 10 日　　委托号码

收款人	全　称	江苏环宇公司	付款人	全　称	江苏红星公司
	账号或地址	680394184-89		账　号	1001001561240089
	开户银行	工行徐州市和平分行		开户银行	工行连云港市分行营业部

委托金额	人民币（大写）	玖万零肆佰元整				千	百	十	万	千	百	十	元	角	分
					¥			9	0	4	0	0	0	0	0

款项内容	银行承兑汇票到期	委托收款凭证名称	银行承兑汇票	附寄单证张数	1

备注：

款项收妥日期　　　　　　　　　　收款人开户银行盖章　　12 月 11 日
2019 年 12 月 11 日

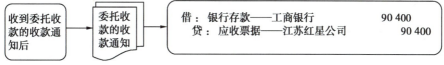

> **☞ 提醒你**
>
> 如果银行承兑汇票到期前，企业把汇票背书转让给别的企业，用于偿还债务、预付账款或购买材料，应在银行承兑汇票第二联背面的背书人签章处加盖预留银行印鉴，在被背书人处写被背书人名称。根据相关单据编制会计分录：
>
> 　借：应付账款或预付账款等　　　　　　　　　　　　　　90 400
> 　　贷：应收票据——江苏红星公司　　　　　　　　　　　　90 400

任务实施三：签发并承兑商业汇票，采购原材料

2019 年 11 月 20 日，江苏环宇公司向江苏红河公司采购甲材料一批，增值税专用发票注明：价款 40 000 元，增值税 5 200 元。江苏环宇公司签发并承兑一张面值 45 200 元、期限 3 个月的商业承兑汇票给江苏红河公司，原材料已验收入库。假设 2020 年 2 月 20 日，江苏环宇公司接到银行的付款通知，偿付了到期的商业承兑汇票。

步骤一：2019 年 11 月 20 日，对采购业务进行账务处理：

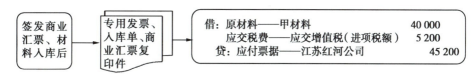

步骤二：假设到了 2020 年 2 月 20 日，对企业偿付"商业承兑汇票"票款业务进行账

务处理：

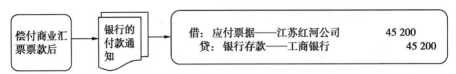

> **提醒你**
> 2020年2月20日，当江苏环宇公司开户行没有足够的存款偿还商业承兑汇票款项时，应与收款人协商。根据签订的协议编制会计分录：
> 借：应付票据——江苏红河公司　　　　　　　　　　45 200
> 　　贷：应付账款——江苏红河公司　　　　　　　　　　45 200

任务实施四：销售产品时，收到对方签发并承兑的商业承兑汇票

相关业务处理同"银行承兑汇票"，只是在汇票到期时，存在收不到款项的可能。如到期未收到款项，则应根据相关的协议编制会计分录：借记"应收账款"，贷记"应收票据"。

> **提醒你**
> 商业汇票是重要的有价证券，企业应加强对商业汇票的管理，应指定专人负责管理商业汇票，对应收、应付票据都应在有关的明细账中或备查登记簿中进行详细的记录。

任务五　办理汇兑结算

> **任务导入**
> 上月，公司资金紧张，从与公司有业务往来的上海银星公司赊购一批材料。现在，公司的货款回笼了，财务经理让"出纳小李"把款项付给上海银星公司，并要求当天就到对方的账上。"出纳小李"答应后，填写了一张"结算业务申请书"，找相关人员加盖预留银行印鉴后就上银行办理。

 知识准备

一、汇兑的概述

（一）汇兑的定义

汇兑是指汇款人委托银行将其款项支付给收款人的结算方式。

汇兑分为信汇、电汇两种。信汇是指汇款人委托银行通过邮寄方式将款项划转给收款人;电汇是指汇款人委托银行通过电报将款项划给收款人。这两种汇兑方式由汇款人根据需要选择使用。

(二)汇兑结算方式的特点

(1)单位和个人的各种款项的结算,均可使用汇兑结算方式。
(2)特别便于汇款人向异地的收款人主动付款,简便、灵活。

二、汇兑结算业务流程

汇兑结算方式流程见下图。

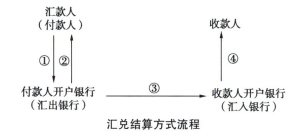

汇兑结算方式流程

说明:
① 汇款人填写一式四联"结算业务申请书",选择"电汇",委托银行汇款。
② 付款人开户银行受理并退回回单联(结算业务申请书第二联)。
③ 银行之间办理结算,汇出银行划款。
④ 汇入银行通知收款人收款。

三、汇兑结算业务的账务处理

业务节点	账务处理
付款单位(汇款人)委托银行把款项汇给收款人时	应根据银行受理汇兑业务退回的信汇或电汇凭证的回单进行账务处理。如果汇款属于清偿前欠债务,应借记"应付账款""其他应付款"等科目,贷记"银行存款"科目
采用汇兑方式把款项汇到外地开立临时或零星采购专户	应根据银行受理汇兑业务退回的信汇或电汇凭证的回单,借记"其他货币资金——外埠存款"科目,贷记"银行存款"科目
收到外地采购点用外埠存款采购的材料	应根据采购材料的专用发票记账联、材料入库单等单据,借记"原材料""应交税费——应交增值税(进项税额)"等科目,贷记"其他货币资金——外埠存款"科目
收款单位收到银行转来对方通过汇兑方式还来的款项时	根据银行转来的信汇凭证第四联(电汇凭证第三联),借记"银行存款"科目,贷记"应收账款"科目

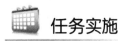

任务实施

任务实施一：通过汇兑方式，偿付前欠货款

2019年12月19日，江苏环宇公司填写一式二联的"结算业务申请书"，选择"电汇"方式，委托银行汇款给外地的太原钢铁公司，用于偿还前欠的购货款100 000元。

步骤一：填写"结算业务申请书"，选择"电汇"方式，并加盖预留的银行印鉴。

步骤二：拿回"结算业务申请书"的回单联。

中国工商银行　结算业务申请书（回　单）　2

委托日期 2019 年 12 月 19 日　　　　第 0364257 号

业务类型		银行汇票	银行本票		电汇 √	转账	现金
汇款人	全　称	江苏环宇公司		收款人	全　称	太原钢铁公司	
	账　号	680394184-89			账　号	466760248-11	
	汇出行名称	工行和平分行			汇入行名称	工行解放分行	

金额　人民币（大写）　壹拾万元整　　￥100000 0

上列款项请在本人的账户内支付，并按照汇兑结算规定汇给收款人。

（江苏环宇公司 财务专用章）　（刘军）

申请人签章

支付密码：

附加信息及用途：

复核　　记账

此联是汇出银行给汇款单位的回单

步骤三：对偿还货款业务进行会计处理。

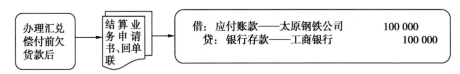

办理汇兑偿付前欠货款后 → 结算业务申请书、回单联

借：应付账款——太原钢铁公司　　100 000
　　贷：银行存款——工商银行　　　　　100 000

任务实施二：通过汇兑方式，把款项汇到外地设立采购专户

2019年12月23日，江苏环宇公司填写"结算业务申请书"，选择"电汇"方式，委托银行汇出120 000元到外地设立采购专户。12月30日，财务人员收到采购人员的"原材料收购凭证"，注明收购甲原材料100 000元，增值税13 000元。12月31日，收到开户银行转来余额收账通知。

步骤一：12月23日，填写"结算业务申请书"，选择"电汇"方式，委托银行汇款。

步骤二：12月23日，拿回"结算业务申请书"回单联，对"汇到外地设立采购专户的款项"业务进行会计处理。

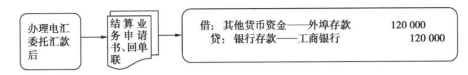

步骤三：12月30日，对原材料采购业务进行会计处理。

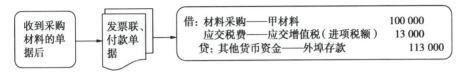

步骤四：12月31日，对收回尾数款业务进行会计处理。

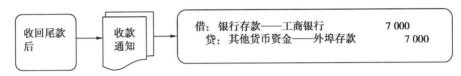

任务六　办理委托收款结算

☞ 任务导入

企业在签订商品购销合同时，可以事先商定采用某一种结算方式来清算货款。如果双方业务频繁、相互信任，收款方一般会选择委托银行代理收款，即委托收款结算方式。同时，通信公司、自来水公司、供电公司、燃气公司等公用事业单位在向企业单位收取电话费、电费、水费、燃气费时，一般都是通过委托银行收款的。

 知识准备

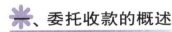

（一）委托收款的定义

委托收款是收款人委托银行向付款人收取款项的结算方式。委托收款结算方式，按款项划转方式不同，可分为邮寄划回和电报划回两种，这两种方式由收款人选用。

（二）使用范围及特点

委托收款适用于在银行或其他金融机构开立账户的单位和个体经济户的商品交易、劳务款项以及其他应收款项的结算。常用于水电、电信等公用事业单位劳务款项的结算。

委托收款除适用范围广泛的特点外，也没有规定金额的起点，不受是否签订经济合同或是否发货的限制。只要收款人委托收款，付款人没有异议，银行即可办理划款。

(三) 委托收款凭证的联次与样式

委托收款凭证共五联,第一联为收款人开户银行给收款人的受理回单,第二联为收款人开户银行作贷方凭证,第三联为付款人开户银行作借方凭证,第四联为付款人开户银行凭以汇款或收款人开户银行作收账通知,第五联为付款人开户银行给付款人的按期付款通知。

委托收款凭证的第四联见下图(其他联次格式一样)。

委托收款 凭证(收款通知) 4 第 号				
		委托日期 年 月 日	委托号码	
收款人	全 称		付款人	全 称
	账 号 或地址			账 号
	开户银行			开户银行
委托金额	人民币(大写)		千百十万千百十元角分	
款项内容		委托收款凭证名称		附寄单证张数
备注:		款项收妥日期 年 月 日	收款人开户银行盖章 月 日	

委托收款凭证第四联

二、委托收款结算业务的流程

委托收款结算方式流程见下图。

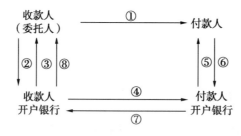

委托收款结算方式流程

说明:
① 收款人发运商品或提供劳务。
② 委托银行收款,填写一式五联"委托收款凭证"和发票账单递交开户银行。
③ 银行受理并退回回单(委托收款凭证第一联)。
④ 收款人开户行向付款人开户行寄送委托收款凭证三、四、五联及发票账单,留存委托收款凭证第二联。

⑤ 付款人开户行通知付款人付款,转交委托收款凭证第五联及发票账单。
⑥ 付款人承付或拒付。
⑦ 付款人开户银行寄回委托收款凭证第四联并划款项,留存委托收款凭证第三联。如果拒付,寄回所有单证及拒付理由书。
⑧ 通知收款人收账(送交委托收款凭证第四联)或通知收款人拒付。

三、委托收款结算业务的账务处理

业务节点	账务处理
发出产品或提供服务后,委托银行收款	根据委托收款结算凭证回单联(第一联)和销售发票,借记"应收账款"科目,贷记"主营业务收入""应交税费——应交增值税(销项税额)"等科目
收到银行通知,委托收取的款项已到账	根据委托收款结算凭证通知联(第四联),借记"银行存款"科目,贷记"应收账款"科目
购货单位收到银行转来的委托收款结算凭证付款通知联(第五联)及所附发票账单	根据银行转来发票和付款通知等单据,借记"原材料""应交税费——应交增值税(进项税额)"或者"管理费用"等科目,贷记"银行存款"科目

任务实施

任务实施一:办理支付电话费的业务

2019年12月11日,江苏环宇公司收到开户银行转来"委托收款"电话费7 340.4元的付款通知。

委托收款 凭证(付款通知) 2 第 号

委托日期 2019年12月9日　　　　　　　　　　　　委托号码

收款人	全　　称	中国电信徐州分公司	付款人	全　　称	江苏环宇公司
	账　号或地址	545620458-47		账　号	680394184-89
	开户银行	工行中华分行		开户银行	工行和平分行

委托金额	人民币(大写)	柒仟叁佰肆拾元肆角整			千	百	十	万	千	百	十	元	角	分
									¥	7	3	4	0	4	0

款项内容	电信服务费	委托收款凭证名称		附寄单证张数	

备注:
　　　　　　　　　　款项收妥日期
　　　　　　　　　　　　年　月　日　　　收款人开户银行盖章　　月　日

江苏增值税专用发票

No 6079247

1100073140

开票日期：2019 年 12 月 9 日

购货单位	名　　称：江苏环宇公司 纳税人识别号：9132084722000E 地　址、电　话：徐州市南阳路290号　63585788 开户行及账号：工行和平分行　680394184-89	密码区	+*81/27>13<18473-4<5> +->**7<-8+*->74>14723 06>18373/++522*<88901 -2+/<3*>>0<91*100>>41	加密版本：01 1100073140 60792471

货物或应税劳务名称	规格型号	单位	数量	单价	金额	税率	税额
电信增值服务					3 840	6%	230.4
合计					￥3 840		￥230.4

价税合计（大写）	肆仟零柒拾元肆角整	（小写）￥4 070.4

销货单位	名　　称：中国电信徐州分公司 纳税人识别号：913204453612588D 地　址、电　话：徐州市中华路188号　78956238 开户行及账号：工行中华分行　545620458-47	备注	（中国电信徐州分公司 发票专用章）

收款人：×××　　复核：×××　　开票人：庄明　　销货单位：（章）

第二联　抵扣联　购货方抵扣凭证

江苏增值税专用发票

No 60792471

1100073141

开票日期：2019 年 12 月 9 日

购货单位	名　　称：江苏环宇公司 纳税人识别号：913208722000E 地　址、电　话：徐州市南阳路290号　63585788 开户行及账号：工行和平分行　680394184-89	密码区	+*81/27>13<18473-4<5> +->**7<-8+*->74>14723 06>18373/++522*<88901 -2+/<3*>>0<91*100>>41	加密版本：01 1100073140 60792471

货物或应税劳务名称	规格型号	单位	数量	单价	金额	税率	税额
电信基础服务					3 000	9%	270
合计					￥3 000		￥270

价税合计（大写）	叁仟贰佰柒拾元整	（小写）￥3 270

销货单位	名　　称：中国电信徐州分公司 纳税人识别号：913204453612588D 地　址、电　话：徐州市中华路188号　78956238 开户行及账号：工行中华分行　545620458-47	备注	（中国电信徐州分公司 发票专用章）

收款人：×××　　复核：×××　　开票人：庄明　　销货单位：（章）

第二联　抵扣联　购货方抵扣凭证

步骤一：审核结算凭证。
步骤二：对支付电话费业务进行会计处理：

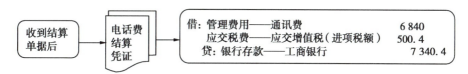

任务实施二：销售产品，采用"委托收款"结算方式收取货款

2019年12月17日，江苏环宇公司向江苏时代公司销售产品一批，发票注明价款95 000元，增值税12 350元，双方约定采用"委托收款"结算方式，江苏环宇公司销货后办妥委托收款手续。12月21日，收到银行转来的"委托收款结算凭证"收款通知，收到江苏时代公司货款107 350元。

步骤一：12月17日，江苏环宇公司销货后向银行办理委托收款手续。
步骤二：12月17日，对销售及委托收款业务进行会计处理：

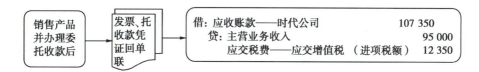

步骤三：12月21日，对收款业务进行会计处理：

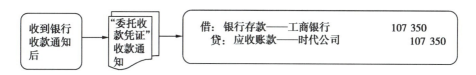

任务七 其他结算方式的办理

> **任务导入**
>
> 公司总经理经常要招待重要客户，招待费用很高，每次用现金结账比较麻烦。公司为其办理了一张信用卡，先消费再还款，还款时用网银转账即可。"信用卡""网银"是随着经济发展出现的新型结算方式，会计人员应掌握这些新事物。

知识准备

一、认知信用卡结算方式

（一）信用卡的概念

信用卡是银行向个人和单位发行的，凭此向特约单位购物、消费和向银行存取现金，具有消费信用的特制载体卡片。其形式是一张正面印有发卡银行名称、有效期、号码、持卡人姓名等内容，背面有磁条、签名条的卡片。信用卡是一种非现金交易付款的方式，是简单的信贷服务。持卡人持信用卡消费时无须支付现金，待结账日时再行还款。

> **☞ 知识链接**
>
> **信用卡关键词**
>
> 信用额度：银行在批准信用卡的时候给予信用卡一个最高透支的限额，超过了这个额度就无法正常刷卡消费。
>
> 交易日：持卡人实际用卡交易的日期。
>
> 记账日：又称入账日，是指持卡人用卡交易后，发卡银行将交易款项记入其信用卡账户的日期，或发卡银行根据相关约定将有关费用记入其信用卡账户的日期。
>
> 账单日：发卡银行每月定期对持卡人的信用卡账户当期发生的各项交易、费用等进行汇总，并结计利息、计算持卡人当期应还款项的日期。
>
> 免息还款期：对非现金交易，从银行记账日起至到期还款日之间的日期为免息还款期。免息还款期最短20天，最长56天。在此期间，只要全额还清当期对账单上的本期应还金额，便不用支付任何非现金交易由银行代垫资金的利息（预借现金则不享受免息优惠）。
>
> 到期还款日：发卡银行规定的持卡人应该偿还其全部应还款或最低还款额的最后日期。

（二）企业办理信用卡流程

凡在中国境内金融机构开立基本账户的企业可申领单位卡。企业申领信用卡，应按规定填制申请表，连同有关资料一并送交发卡银行。符合条件并按银行要求交存一定金额的备用金后，银行为申领人开立信用卡存款账户，并发给信用卡。

企业卡可申领若干张，持卡人资格由申领单位法定代表人或其委托的代理人书面指定和注销，持卡人不得出租或转借信用卡。企业卡账户的资金一律从其基本存款账户转账存入，在使用过程中，需要向其账户续存资金的，也一律从其基本存款账户转账存入，不得交存现金，不得将销货收入的款项存入其账户。

（三）信用卡结算的业务节点与账务处理

业务节点	账务处理
办理信用卡	小企业应填制"信用卡申请表"，连同支票和有关资料一并送存发卡银行，根据银行盖章退回的进账单第一联，借记"其他货币资金——信用卡存款"科目，贷记"银行存款"科目
使用信用卡	小企业用信用卡购物或支付有关费用，收到开户银行转来的信用卡存款的付款凭证及所附发票账单，借记"管理费用"等科目，贷记"其他货币资金——信用卡存款"科目
信用卡还款	借记"其他货币资金——信用卡存款"科目，贷记"银行存款"科目
注销信用卡	企业的持卡人如不需要继续使用信用卡，应持信用卡主动到发卡银行办理销户销卡，单位卡科目余额转入企业基本存款户，不得提取现金，借记"银行存款"科目，贷记"其他货币资金——信用卡存款"科目

二、认知网上银行结算方式

（一）网银的概念

网上银行又称网络银行、在线银行，是指银行利用 Internet 技术，通过 Internet 向客户提供开户、查询、对账、行内转账、跨行转账、信贷、网上证券、投资理财等传统服务项目，使客户可以足不出户就能够安全便捷地管理活期和定期存款、支票、信用卡及个人投资等。可以说，网上银行是在 Internet 上的虚拟银行柜台。它不受时间、空间限制，能够在任何时间（Anytime）、任何地点（Anywhere）以任何方式（Anyway）为客户提供金融服务。

网上企业银行除了要担负起传统网上金融服务的经营职能外，更将成为新经济模式下银企合作的纽带，是新型的服务和营运模式。

（二）企业网银的运用

企业网银是银行面向企业用户开发的一种网上银行服务，企业网银这个不容小觑的电子渠道，正快速发展成为对企业现有运营模式的革新力量，是帮助客户稳步进入电子贸易新时代的强而有力的助推器，也是帮助客户以及他们的贸易伙伴在贸易过程中实现效益最大化和资源最优化的有效金融工具。

相对于个人网银而言，企业网银拥有更高的安全级别，更多针对企业的功能等。企业银行服务一般提供账户余额查询、交易记录查询、总账户与分账户管理、转账、在线支付各种费用、透支保护、储蓄账户与支票账户资金自动划拨、商业信用卡等服务。此外，还包括投资服务等，部分网上银行还为企业提供网上贷款业务。

（三）企业网银的账务处理

企业网银的账务处理就是银行存款的账务处理，不同点在于原始凭证取得方式不一样。网上银行交易回单的取得方式有两种：一是直接打印电子回单，然后拿到银行盖章；二是定期到银行回单柜取回银行出的回单。企业拿到回单后正常进行业务处理。

任务实施

任务实施一：信用卡结算业务

2019年12月8日，总经理报销业务招待费2 800元，刷信用卡支付。12月18日，出纳开出转账支票18 000元偿还信用卡欠款。

步骤一：12月8日，审核招待费发票和信用卡账单。

步骤二：12月8日，对发生的业务招待费进行会计处理：

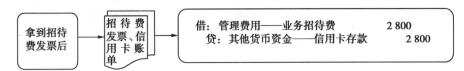

步骤三：12月18日，对偿还信用卡欠款业务进行会计处理：

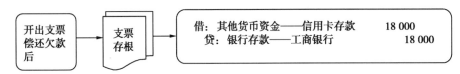

任务实施二：支付网银费用

2019年12月25日，银行扣取江苏环宇公司网上银行年费600元，增值税36元。

步骤一：12月25日，审核付款通知。

步骤二：对网上银行年费业务进行会计处理：

支付结算办法

【企业案例研究】

票据付款人就变造票据错误付款，可主张不当得利

案情简介：2014年2月，门窗公司通过其开户行向银行托收承兑汇票，银行按票面记载向门窗公司兑付500万元。后发现该票据金额系由"1万元"变造成了"500万元"。2014年3月，门窗公司经股东会决议解散，股东徐某等人就公司清算后剩余资产360万余元进行分配后，办理注销工商登记。同年8月，银行诉请徐某等人作为门窗公司股东返还500万元不当得利。

法院认为：① 门窗公司持有的系变造票据，银行作为付款人可拒绝付款，其向门窗公司的付款实际上是向无权受领持票人进行了支付，导致其受损499万元，门窗公司受益499万元。门窗公司受益与银行受损之间有因果关系。银行可依据不当得利要求门窗公司返还。因门窗公司已注销，徐某等人应在清算后剩余财产分配利益范围内予以返还。② 银行未能识别出变造票据而错误付款，应自行承担门窗公司剩余财产不足以抵偿损失的风险。本案中，徐某等人认为银行未能识别出变造票据，存在重大过失，应依《中华人民共和国票据法》第57条第2款规定，自行承担责任，银行只能向票据变造人追究责任意见其实是对各方法律关系的一种误读。依最高人民法院《关于审理票据纠纷案件若干问题的规定》第69条规定，银行未能识别出变造票据确实属重大过失，但其承担的责任系其向门窗公司付款不能认定为有效消灭票据关系的付款，其仍需向真实票据持票人付款。在银行与门窗公司之间，系付款人与变造票据持票人之间关系，银行本可行使票据抗辩中的对物抗辩，门窗公司因银行错误付款而获益，银行可依据不当得利要求门窗公司予以返还。门窗公司在返还不当得利后，可依《票据法》第14条规定向票据上的其他签章人主张权利。判决徐某等人以其分配所得剩余财产向银行承担返还责任。

实务要点：票据付款人未能识别出以"小票套大票"方式变造金额的票据而错误付款的，属《中华人民共和国票据法》第57条规定的"重大过失"，票据付款人仍需向真实"大票"持票人付款。变造票据持票人获得的大于原票据金额的付款属不当得利，票据付款人可请求返还。

行业发展动态——
支付创新业务有哪些？

职业提升之道——
资金集中管理会计处理应用案例

项目四

记录应收款项、厘清债权资产

 学习目标

能力目标
- 能说出应收及预付款项的定义及内容；
- 能描述商业汇票的有关管理规定；
- 能计算带息应收票据的利息；
- 能说出应收及预付款项核算的科目设置及账户结构；
- 能写出应收款项业务所涉及科目之间的对应关系；
- 能独立完成应收及预付款项的业务核算。

素养目标
- 理解销售收款业务循环，培养会计系统思维；
- 深入业务前沿，调查客户信用，合理确定信用额度；
- 恰当选择结算方式，防范坏账损失。

会计岗位职责——往来结算岗

会计文化——上计制度

应收及预付款项，是指企业在日常生产经营活动中发生的各项债权。包括：应收票据、应收账款、应收股利、应收利息、其他应收款等应收款项和预付账款。应收及预付款项应当按照发生额入账。

项目四 记录应收款项、厘清债权资产

任务一 核算应收票据

☞ 任务导入

在激烈的市场竞争中,企业为拓展产品市场、扩大销售,通常会采用赊销的方式,此时,企业会形成一种债权资产。如江苏环宇公司于2019年10月18日销售商品并收到一张面值为100 000元、期限为90天、利率为9%的商业承兑汇票。该企业因急需资金,持此票据到银行贴现,贴现率为12%。如何处理此类业务?财会人员应知悉应收票据(商业汇票)相关知识、计量原则,应能较好地把握应收票据增加、减少的业务流程及会计核算方法。

 知识准备

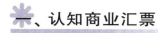 认知商业汇票

商业汇票是由出票人签发、委托付款人在指定日期无条件支付确定金额给收款人或者持票人的票据。

(一)商业汇票按承兑人的不同可分为商业承兑汇票和银行承兑汇票

(1)商业承兑汇票是由购货人签发并承兑的商业汇票,承兑人是购货人即付款人。商业承兑汇票见下图。

商业承兑汇票 2

出票日期(大写) 贰零壹玖年壹拾贰月零壹拾日

付款人	全 称	镇江市江海贸易公司		收款人	全 称	江苏环宇公司										
	账 号	704567181345			账 号	740108320311										
	开户银行	工行镇扬分理处			开户银行	中国银行徐州开发区支行										
出票金额	人民币(大写)	壹佰壹拾伍万捌仟叁佰元整				亿	千	百	十	万	千	百	十	元	角	分
							¥	1	1	5	8	3	0	0	0	0
汇票到期日(大写)	贰零贰零年零肆月零壹拾日			付款人开户行	账号											
					地址											
交易合同号:																
本汇票已经承兑,到期无条件支付票款。 出票人签章																

073

（2）银行承兑汇票，是购货人（出票人）签发，由承兑银行承兑的商业汇票，承兑人是承兑银行。银行承兑汇票见下图。

银行承兑汇票

出票日期（大写）贰零壹玖年壹拾壹月壹拾叁日　　汇票号码：03983943

付款人	全　称	武汉华中有限公司	收款人	全　称	江苏环宇公司
	账　号	86282235－59		账　号	740108320311
	开户银行	中行武汉友谊分行		开户银行	中行徐州开发区支行

出票金额	人民币（大写）	贰佰贰拾贰万叁仟元整	千	百	十	万	千	百	十	元	角	分
		¥		2	2	2	3	0	0	0	0	0

汇票到期日（大写）	贰零贰零年零壹月壹拾叁日	付款行	行号	34256
承兑协议编号	2019 苏银承字第 003883 号		地址	武汉市

本汇票已经承兑，到期无条件支付票款　　　　本汇票已经承兑，到期日由本行付款　　　　密押

承兑人签章　　　　　　　备注：　　　　　　　　复核　　　　记账
承兑日期：2019 年 11 月 13 日

就债权人而言，更愿意接受银行承兑汇票，因为在商业汇票到期，付款人无力支付款项时，承兑银行要负连带付款责任。银行承兑汇票的风险很小，收款人到期一般都能收回款项。

（二）商业汇票按照是否计息分为带息商业汇票和不带息商业汇票

（1）带息商业汇票是指票据上注明利率及付息日期，承兑人按票面金额加上票面利息向收款人或被背书人付款的商业汇票。

带息商业汇票的到期价值 = 票面金额 + 票面利息

票面利息 = 票据面值 × 票面利率 × 票据承兑期限

上式中，"票面利率"指的是商业汇票上注明的利率，"票据承兑期限"指签发日（出票日）至到期日的间隔期。

（2）不带息商业汇票，是票据上没有注明利率，商业汇票到期时，承兑人只按票面金额（即面值）向收款人或被背书人付款的商业汇票。

不带息商业汇票的到期值 = 票面金额

二、认知应收票据

应收票据作为一种债权凭证，是指企业因销售商品、产品，提供劳务等而收到的，还没有

到期的,尚未兑现的商业汇票。

三、结算工具与债权资产

销售方式	结算工具	债权资产
现销	现金	库存现金
现销	现金支票、转账支票	银行存款
现销	银行汇票	银行存款
现销、赊销	汇兑	银行存款或应收账款
赊销	委托收款	应收账款
赊销		应收账款
赊销	商业汇票	应收票据

四、记录与管理应收票据的科目与账簿

(一)"应收票据"科目

(1)定义:核算企业因销售商品、产品,提供劳务等而收到的商业汇票,包括银行承兑汇票和商业承兑汇票。

(2)核算内容:借方登记收到承兑的商业汇票的面值;贷方登记票据到期时收到款项而结转的应收票据的账面价值,或因付款人无力支付票款而转入应收账款的应收票据的账面价值;期末借方余额反映企业持有的商业汇票的票面价值。

(3)明细账的设置:按开出、承兑商业汇票的单位进行明细核算。

(二)"应收票据"备查簿

应收票据除设置常规的三栏式总分类账和三栏式明细分类账以外,应当设置"应收票据备查簿"。该备查簿逐笔登记每一商业汇票的种类、号数、出票日期、票面金额、交易合同号,付款人、承兑人、背书人的姓名或单位名称,到期日期和利率以及收款日期与收回金额等资料,商业汇票到期结清票款后,应在备查簿内逐笔注销。应收票据备查簿见下图。

应收票据备查簿

年		摘要	交易合同号	票据基本情况				付款人单位及名称	承兑人及单位名称	背书人及单位名称	贴 现			承 兑			背书转让日
月	日			票据号码	签发日期	到期日期	票面金额	票面利率				贴现日期	贴现利率	贴现净额	承兑日期	受理单位	票面金额	实收金额	

五、应收票据的业务节点与账务处理

(一) 应收票据取得与到期时业务节点与账务处理

业务节点	账务处理
销售商品,取得商业汇票	按其票面价值,借记"应收票据"科目,按发生的交易额和应收取的增值税额分别贷记"主营业务收入"和"应交税费——应交增值税(销项税额)"等科目
票据到期	应收票据到期收到款项时,借记"银行存款",贷记"应收票据——××企业",如是商业承兑汇票到期未能收到款项的,转为应收账款,借记"应收账款——××企业",贷记"应收票据——××企业" 注:如是银行承兑汇票,因为有银行作为付款承兑人,一般不存在到期不能收款的情况

(二) 应收票据转让的账务处理

应收票据转让是指持票人因偿还他人货款等原因而将未到期的商业汇票背书后转让给其他单位或个人的业务活动。

应收票据转让的业务节点与账务处理。

业务节点	账务处理
应收票据的转让	企业将持有的应收票据背书转让,以取得所需的物资时,按购入物资成本的价值,借记"在途物资""原材料"等科目,按取得的增值税专用发票上注明的增值税额借记"应交税费——应交增值税(进项税额)"科目,按应收票据的账面价值,贷记"应收票据"科目,如有差额借记或贷记"银行存款"等科目

六、应收票据质押借款

应收票据的质押借款是企业在向银行借款时,把应收票据作为抵押品质押给银行,向银行取得借款的行为。应收票据作为抵押品质押给银行后,应收票据所有权上的风险与报酬并没有转移,企业不能终止确认该项资产,此时,企业只需记录向银行取得借款的账务。作为抵押品的应收票据可以是银行承兑汇票,也可以是商业承兑汇票。

七、应收票据的贴现

(一) 贴现的概念

贴现(微课)

贴现是指持票人(贴现申请人)因急需资金将未到期的商业汇票背书转让给银行,贴现银行收取一定贴现利息后将剩余票款付给贴现申请人的业务活动。票据贴现时,持票人必须在票据上"背书"。所谓"背书",是指票据的持票人在票据背面签名将其权利转让给他人的行为。贴现分为附追索权的贴现和不附追索权的贴现两种。附追索权的贴现本质上就是应收票据的质押借款,按应收票据的质押借款进行会计处理;不附追索权的贴现则是真正的贴现。

（二）贴现额的计算

票据到期价值 = 面值 + 面值 × 票面利率 × 票据期限
贴现利息 = 票据到期价值 × 贴现率 × 贴现期
贴现实收金额 = 票据到期价值 − 贴现利息

贴现期的计算：

贴现期：从贴现日至商业汇票到期日的时间天数。

贴现期一般是按实际天数，采用算头不算尾或算尾不算头的方法计算。另外，根据支付结算办法的规定，异地托收的加 3 天资金在途；到期日遇节假日要加天调整，如遇周六加两天。

（三）应收票据贴现的业务节点与账务处理

业务节点	账务处理
附追索权的贴现	这其实是一项应收票据的质押，申请贴现的企业在与贴现银行签订借款协议以应收票据为质押品，取得贴现资金后，按借款协议上的借款金额，贷记"短期借款"科目，按实际收到的金额借记"银行存款"，按实际收到的金额与借款金额之间的差额确认"财务费用"
不附追索权的贴现	申请贴现的企业贴现时，应按应收票据的到期值贷记"应收票据"科目，按实际收到的金额借记"银行存款"，按实际收到的金额与票据的到期值之间的差额确认"财务费用"

任务实施

任务实施一：销售商品，结算方式为商业汇票

2019 年 2 月 12 日，江苏环宇公司销售甲产品 50 台给镇江市江海贸易公司，价款 990 000 元，增值税 128 700 元，收到镇江江海开出的商业承兑汇票一张，面值 1 118 700 元，期限 3 个月。5 月 12 日，镇江江海的商业汇票到期，款已收存银行。

步骤一：2 月 12 日，审核销售发票和收到的"商业承兑汇票"，并对"商业承兑汇票"进行复印。

步骤二：2 月 12 日，对销售产品、收到商业汇票业务进行账务处理：

步骤三：向银行办理收款业务（具体方法见项目三任务四任务实施二）。
步骤四：5 月 12 日，对收到票款业务进行账务处理：

> ☞ **提醒你**
>
> 若该商业承兑汇票到期,付款人镇江江海贸易公司无力支付货款 1 118 700 元,则根据相关协议等做如下处理:
>
> 借:应收账款——镇江江海　　　　　　　　　　1 118 700
> 　贷:应收票据——镇江江海　　　　　　　　　　　　　1 118 700

任务实施二:办理商业汇票贴现

2019 年 12 月 30 日,江苏环宇公司持一张签发日期为 2019 年 11 月 20 日,到期日期为 2020 年 1 月 30 日,票面金额为 128 700 元的银行承兑汇票向银行进行贴现,贴现利率 12‰。根据与银行的协议,此贴现业务为不附追索权的贴现。

步骤一:计算贴现利息和贴现实收金额。

票据到期价值 = 128 700(元)(注:此票据为不带息票据)

贴现期:一个月

贴现利息 = 128 700 × 12‰ = 1 544.4(元)

贴现实收金额 = 128 700 − 1 544.4 = 127 155.6(元)

步骤二:审核贴现凭证(收账通知)。

贴现凭证(收账通知)

2019 年 12 月 30 日　　　　　　　　　　　　　　NO 24578

申请人	名　称	江苏环宇公司	贴现汇票	种　类	银行承兑汇票	号码	SC02587
	账　号	740108320311		发票日	2019 年 11 月 20 日		
	开户银行	中国银行徐州开发区支行		到期日	2020 年 1 月 30 日		
汇票承兑人(或银行)	名称	广州市机械厂	账号	824031694122	开户银行	工行广州市支行	

汇票金额	人民币(大写)	壹拾贰万捌仟柒佰元整	百	十	万	千	百	十	元	角	分
			¥		1	2	8	7	0	0	0

贴现率(每月)	12‰	贴现利息	万	千	百	十	元	角	分	实付贴现金额	百	十	万	千	百	十	元	角	分
			¥		1	5	4	4	0		¥		1	2	7	1	5	5	6	0

上列款项已入你单位账户 此致	备注:
银行盖章 2019 年 12 月 30 日	

步骤三：对贴现收款业务进行账务处理：

> **提醒你**
>
> 如果是附追索权的贴现，根据"实质重于形式原则"，应确认为"质押借款"，做如下会计处理：
>
> 　　借：银行存款　　　　　　　　　　　　127 155.6
> 　　　　财务费用　　　　　　　　　　　　　1 544.4
> 　　　　贷：短期借款　　　　　　　　　　　　　　128 700

任务实施三：转让应收票据

2019年1月20日，江苏环宇公司从四方钢厂购入 A 材料一批，增值税专用发票上记载的货款为 50 000 元，增值税 6 500 元。江苏环宇公司用收到的东方公司交来的商业汇票付讫，商业汇票票面金额为 56 500 元，款项材料已验收入库。

步骤一：审核购货与付款协议，审核增值税发票、收料单。
步骤二：把商业汇票"背书"转让给四方钢厂。
步骤三：对购买材料、转让商业汇票业务进行账务处理：

任务二　核算应收账款

> **任务导入**
>
> 江苏环宇公司6月12日销售一批商品给徐州东来公司，货款未收，7月10日才收到徐州东来公司的货款。在这期间，如何记录客户的前欠货款？在企业的日常活动中，为了吸引客户，常常采用赊销的方式——先销售商品，后收货款，这就形成应收账款。财会人员应知悉应收账款相关知识、计量原则，应能较好地把握应收账款增加、减少的业务流程及会计核算方法。

知识准备

 一、认知应收账款

应收账款是指企业因销售产品、提供劳务等业务,应向购货单位或接受劳务单位收取的款项。企业在生产经营活动中,因销售产品、提供劳务等业务的结算方式不同,必然会有一部分资金被购货单位和接受劳务单位所占用,从而形成应收账款。

应收账款通常应按实际发生额计价入账,包括销售货物或提供劳务的价款、增值税,以及代购货方垫付的包装费、运杂费等。它是一年以内或长于一年的一个经营周期内可望收回的应收款项。

二、认知应收账款计价方法

（一）商业折扣

商业折扣是指对商品价目表中所列的商品价格,根据批发、零售、特约经销等不同销售对象,给予一定的折扣优惠。商业折扣通常用百分数来表示,如 5%、10%、15% 等,商场中的打折促销就属于商业折扣,扣减商业折扣后的价格才是商品的实际销售价格。如某企业生产 A 产品,价目表中标明的零售价为 360 元/件,并规定购买 100 件以上可享受 10% 的折扣,环宇公司购买了 200 件 A 产品,则实际的成交价格为 64 800 元(200×360×90%)。

商业折扣一般在交易发生时即已确定,它仅仅是确定实际销售价格的一种手段,不需要在买卖双方任何一方的账上反映。因此,在存在商业折扣的情况下,企业应收账款的入账价值应按扣除商业折扣后的净额确认。

（二）现金折扣

现金折扣是指债权人为鼓励债务人在规定的期限内提前付款,而向债务人提供的债务扣除。现金折扣通常发生在以赊销方式销售商品或提供劳务的交易中。现金折扣一般用符号"折扣率/付款期限"表示。

例如,甲公司赊销产品时,给出的付款条件为"2/10,1/20,N/30"。即买方在 10 天内付款,企业可按应收价款给买方 2% 的折扣,用符号"2/10"表示;买方在 11 天至 20 天内付款,企业可按应收价款给买方 1% 的折扣,用符号"1/20"表示;买方在 21 天至 30 天内付款,则不给买方折扣,用符号"N/30"表示。

在新收入准则下,现金折扣属于可变对价范畴,现金折扣不计入收入,而是作为一项负债处理。企业应当按照期望值或最可能发生金额确定可变对价的最佳估计数。企业在确认收入时,现金折扣应从"主营业务收入"中扣减出计入"合同负债",在实际发生现金折扣时,再冲减"合同负债"。

三、记录与管理应收账款的科目与账簿

（一）"应收账款"科目

（1）定义：核算企业因销售商品、提供劳务等经营活动应收取的款项。

（2）核算内容：借方登记应收账款的发生额；贷方登记应收账款的收回数和确认的坏账损失数；期末余额一般在借方，表示尚未收回的应收账款，期末如为贷方余额表示企业预收的货款。

（3）明细账的设置：本账户应按不同的购货或接受劳务单位设置明细科目。

（二）"应收账款"账簿

应收账款应设置三栏式总分类账和三栏式明细分类账。

四、应收账款的业务节点与账务处理

业务节点	账务处理
赊销货物时	借记"应收账款"科目，贷记"主营业务收入""其他业务收入""应交税费——应交增值税（销项税额）"等科目
企业代购货单位垫付的包装费、运杂费等费用	借记"应收账款"科目，贷记"银行存款"科目
收回款项时	借记"银行存款"科目，贷记"应收账款"科目
应收账款改用商业汇票结算	收到承兑的商业汇票时，借记"应收票据"科目，贷记"应收账款"科目

任务实施

任务实施一：应收账款结算业务

2019年5月3日，江苏环宇公司采用委托收款结算方式向徐州大吉公司销售一批乙产品，货款90 000元，增值税额11 700元，以存款代垫运输费600元，增值税54元，已办妥托收手续。5月4日收到银行收款通知，徐州大吉公司的前欠货款已收妥入账。

步骤一：审核增值税发票和委托收款凭证。

步骤二：对销售产品、委托收款业务进行账务处理：

步骤三：审核银行的收款通知。
步骤四：对收到徐州大吉公司的前欠货款进行账务处理：

任务三　核算预付账款

☞ **任务导入**

在采购业务中，可能会因为一些原因，出现先向供货单位预付货款情况，即形成企业的另一项债权资产——预付账款。如7月5日江苏环宇公司向供货单位预付货款5万元，7月26日收到供货单位发来的材料11.7万元，7月30日，结清货款。故财会人员应掌握核算预付货款应设置的科目、相关业务流程及账务处理。

知识准备

预付账款（微课）

一、认知预付账款

预付账款是指企业按照合同规定预付的款项，包括根据合同规定预付的购货款、租金以及对在建工程预付的工程价款等。

二、核算预付款项的科目——"预付账款"

（1）定义：核算企业按照合同规定预付的款项。
（2）核算内容：借方登记预付给供货单位的货款，以及补付的货款；贷方登记收到订购材料物资的增值税发票所列的总金额、供货方代垫的款项，以及退回多付的金额；期末借方余额反映企业向供货单位预付的货款，如为贷方余额，反映企业尚未补付的款项。
（3）明细账的设置：按供货单位设置明细账进行明细核算。

☞ **提醒你**

预付账款不多的企业，可以不设置"预付账款"账户，而将预付的款项直接计入"应付账款"账户的借方。

三、预付账款的业务节点与账务处理

业务节点	账务处理
预付款项时	借记"预付账款——××企业",贷记"银行存款"
收到发来的订购材料,材料验收入库	借记"原材料""应交税费——应交增值税(进项税额)",贷记"预付账款——××企业"
补付款项	借记"预付账款——××企业",贷记"银行存款"

任务实施

任务实施:预付款方式采购原材料

江苏环宇公司向江苏南方机电公司购买材料,双方商定采用预付货款方式进行结算。2019年4月2日,预付购料款50 000元给江苏南方机电公司;

4月6日,收到江苏南方机电公司发来的订购材料,增值税专用发票上注明价款100 000元,增值税13 000元,材料已验收入库;

4月12日,通过银行支付所欠江苏南方机电公司余款63 000元。

步骤一:4月2日,收集、整理、审核购货协议、付款凭证,并对预付款业务进行账务处理:

步骤二:4月6日,收集、整理、审核购货发票、入库单,并对购货业务进行账务处理:

步骤三:4月12日,收集、整理、审核购货协议、付款单据,并对补付款业务进行账务处理:

任务四　核算其他应收款

> **☞ 任务导入**
>
> 江苏环宇公司为了赶制一批商品,向平阳设备租赁公司租用两台设备,并支付10 000元押金。这笔押金如何进行会计处理?企业在生产经营活动中,除应收票据、应收账款、预付账款等三项债权资产外,还存在一些其他的债权,如备用金,存出保证金,应收的各种赔款、罚款等。这些其他的债权也是企业的资产,企业也应对其进行会计核算。熟悉其设置的科目和相关业务流程,正确进行账务处理是财会人员的任务之一。

知识准备

其他应收款（微课）

一、认知其他应收款

其他应收款是指企业除应收票据、应收账款、预付账款以外的其他应收、暂付款项。

其他应收款主要包括:

(1) 应收的各种赔款、罚款。如因企业财产遭受意外损失而应向有关保险公司收取的赔款,或因职工失职或过失而应向该职工收取的赔款等。

(2) 应收出租包装物的租金。

(3) 存出保证金,如租入、借入包装物暂付的押金。

(4) 应向职工收取的各种垫付款项。如为职工垫付的水电费,应由职工负担的医药费、房租费等。

(5) 不属于上述各项的其他应收款项。

二、核算其他应收款的科目——"其他应收款"

(1) 定义:核算企业除应收票据、应收账款、预付账款、应收股利、应收利息、长期应收款等以外的其他各种应收及暂付款项。

(2) 核算内容:企业发生其他各种应收、暂付款项时,借记本科目,贷记"银行存款""固定资产清理"等科目;收回或转销各种款项时,借记"库存现金""银行存款"等科目,贷记本科目;期末借方余额,反映企业尚未收回的其他应收款项。

企业出口产品或商品按照税法规定应予退回的增值税款,也通过本科目核算。

(3) 明细账的设置:按对方单位(或个人)进行明细核算。

三、其他应收款的业务节点与账务处理

业务节点	账务处理
发生赔款、罚款时	借记"其他应收款"科目,贷记"库存现金""银行存款""营业外收入""待处理财产损溢"等科目
支付押金时	借记"其他应收款"科目,贷记"库存现金"等科目
为职工代垫各种款项时	借记"其他应收款"科目,贷记"库存现金""银行存款""应付职工薪酬""管理费用"等科目
收回其他应收款时	借记"库存现金""银行存款""应付职工薪酬""管理费用"等科目,贷记"其他应收款"科目

任务实施

任务实施一：核算包装物押金

2019年7月5日,江苏环宇公司从丁企业借入100个包装桶,以银行存款向丁企业支付押金2 000元;8月5日,如数归还丁企业100个包装桶,收到丁企业退还的押金2 000元,存入银行。

步骤一：7月5日,收集、整理、审核借入包装物的协议、对方出具的收取押金的收据,对支付包装物押金业务进行账务处理：

```
借：其他应收款——存出保证金    2 000
    贷：银行存款                      2 000
```

步骤二：8月5日,收集、整理、审核退还押金的收款单据,并对收回押金业务进行账务处理：

```
借：银行存款                   2 000
    贷：其他应收款——存出保证金       2 000
```

任务实施二：罚款的核算

2019年8月6日,车间刘力因操作违规,被罚款300元;8月12日,收到刘力交来的现金300元。

步骤一：8月6日,收集、整理、审核罚款处理决定,并对罚款事项进行账务处理：

步骤二：8月12日，收集、整理、审核收到罚款的收款收据并对收款业务进行账务处理：

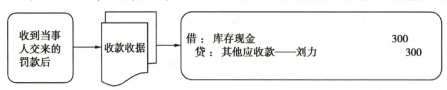

任务五　核算应收账款减值

📌 任务导入

在生产经营活动中，企业持有的应收票据、应收账款、预付账款、其他应收款等债权资产，或因债务人资金短缺，或因债务人恶意拖欠，或因其他的经济纠纷，造成回收困难甚至收不回来的状况，最终成为坏账，产生坏账损失。如何防范坏账损失？如何判断坏账损失？如何估算坏账损失？如何核算坏账损失？这是财会人员的任务之一。

坏账准备（微课）

📄 知识准备

❋ 一、坏账及坏账损失的认知

企业的各项应收款项，可能会因债务人拒付、破产、死亡等信用缺失原因而使部分或全部无法收回。这类无法收回的应收款项通常被称为坏账。企业因坏账而遭受的损失称为坏账损失。应收款项减值有两种核算方法，即直接转销法和备抵法。我国《小企业会计准则》规定，应收款项减值采用直接转销法。《企业会计准则》规定，应收款项减值的核算应采用备抵法。

❋ 二、直接转销法

（一）定义

直接转销法是指小企业在日常核算中，对应收款项可能发生的坏账损失不进行会计处理，只在实际发生坏账时，才作为坏账损失计入当期损益（营业外支出）。

（二）坏账损失的确认

小企业应收及预付款项符合下列条件之一的，减除可收回的金额后确认的无法收回的应收及预付款项，作为坏账损失：

（1）债务人依法宣告破产、关闭、解散、被撤销，或者被依法注销、吊销营业执照，其清算财产不足清偿的；

（2）债务人死亡，或者依法被宣告失踪、死亡，其财产或者遗产不足清偿的；

（3）债务人逾期3年以上未清偿，且有确凿证据证明已无力清偿债务的；

（4）与债务人达成债务重组协议或法院批准破产重整计划后，无法追偿的；

（5）因自然灾害、战争等不可抗力导致无法收回的；

（6）国务院财政、税务主管部门规定的其他条件。

（三）账务处理

按照《小企业会计准则》规定，确认应收账款实际发生的坏账损失，应当按照可收回的金额，借记"银行存款"等科目，按照其账面余额，贷记"应收账款"等科目，按照其差额，借记"营业外支出——坏账损失"科目。

三、备抵法

（一）定义

备抵法是采用一定的方法按期确定预期信用损失并计入当期损益，作为坏账准备，待坏账损失实际发生时，冲销已计提的坏账准备和相应的应收款项。采用这种方法，需要对预期信用损失进行复杂的评估和判断，履行预期信用损失的确定程序。

（二）预期信用损失

预期信用损失，是指以发生违约的风险为权重的金融工具信用损失的加权平均值。信用损失，是指企业按照实际利率折现的、根据合同应收的所有合同现金流量与预期收取的所有现金流量之间的差额。

企业按照实际利率折现的、根据合同应收的所有合同现金流量	企业按照实际利率折现的、预期收取的所有现金流量
这个现金流量，一般就是应收账款的账面余额。因为《企业会计准则——收入》规范的应收账款都是短期的、在一年内应收回的应收账款（超过一年的应确认为含重大融资成分）。短期的、在一年内应收回的应收账款，一般不计算现值，直接按合同（发票）金额入账	这个现金流量一般是要经过折现计算的，是在未来某一时点收回应收账款按实际利率计算的现值，是预计未来现金流量的现值

企业在确定某项某类应收账款或某一组合应收账款自初始确认后信用风险显著增加时，应计算确认信用损失。

在备抵法下，企业应在资产负债表日采用"预期信用损失法"对应收账款进行评估，应收账款发生减值的，应当将该应收账款的账面价值减记到预计未来现金流量现值，减记的金额确认为减值损失,同时计提坏账准备。

例如,甲公司 2023 年 9 月 10 日,按合同销售产品,价税合计 200 000 元,合同约定 45 天后(10 月 25 日)结清货款。设实际利率为 10%。

(1) 甲公司 2023 年 9 月 10 日,应收账款的入账金额为 200 000 元。不需要把 45 天后收回的 200 000 元,折算为现值。

(2) 2023 年 12 月 31 日,此应收账款尚未收回,其账面余额还是 200 000 元,但该应收账款信用风险自初始确认后已经显著增加。经过催讨、协商,并评估各种因素,设甲公司判断在 2024 年 12 月 31 日能收回 120 000 元。

(3) 2023 年 12 月 31 日,计算的预计未来现金流量现值 = 120 000 × (P/F,10%,1) = 109 080(元)。

(4) 计算确定的预期信用损失 = 200 000 - 109 080 = 90 920(元)。

企业在判断某项某类应收账款或某一组合应收账款自初始确认后信用风险是否显著增加时,应考虑以下信息:

(1) 债务人未能按合同到期日支付款项的情况;
(2) 已发生的或预期的债务人的外部或内部信用评级的严重恶化;
(3) 已发生的或预期的债务人经营成果的严重恶化;
(4) 现存的或预期的技术、市场、经济或法律环境变化,并将对债务人对本企业的还款能力产生重大不利影响。

(三) 预期信用损失的确定方法

按照《企业会计准则第 22 号——金融工具确认和计量》规定,企业对于《企业会计准则第 14 号——收入》规范的交易形成且不含重大融资成分的应收款项,始终按照相当于整个存续期内预期信用损失的金额计量其损失准备。

但在实务中通常按照应收款项的账面余额和预计可收回金额的差额确定预计信用减值损失。即按照在应收款项初始确认时所确定的预计存续期内的违约概率与该应收款项在资产负债表日所确定的预计存续期内的违约概率,来判定应收款项信用风险是否显著增加。实际工作中,应收账款坏账准备可以分项分类计算确定,也可以以组合为基础计算确定。

1. 按应收账款的项目或类别(分项分类)计算确定坏账损失

它是指对应收账款分项分类估计确定可能发生坏账的比例,以此来确认计量期末应有的坏账准备。实际工作中也称其为余额百分比法。

单位:万元

类别		期末金额			账面价值(预计可收回金额)
		账面余额	坏账准备		
			计提比例/%	金额	
按单项计提坏账准备的应收票据	银行承兑汇票	500	0	0	500
	商业承兑汇票	550	5	27.5	522.5
按单项计提坏账准备的应收账款	—	—			
合计		1 050	—	27.5	1 022.5

2. 按应收账款的组合为基础计算确定坏账损失

它是指把不同项目(类别)的应收账款组合在一起,按其账龄为标准划分为不同的账龄,并针对每一账龄的应收账款确认计量期末应有的坏账准备。实际工作中也称其为账龄分析法。

单位:万元

期限	期末金额			
	账面余额	计提比例/%	坏账准备	账面价值(预计可收回金额)
1年以内	9 000	5	450	8 550
1—2年	240	10	24	216
2—3年	45	30	13.5	31.5
3—4年	21	50	10.5	10.5
4—5年	13	80	10.4	2.6
5年以上	1	100	1	0
合计	9 320	—	509.4	8 810.6

(四)坏账损失的业务节点与账务处理

业务节点	账务处理
资产负债表日,企业提取坏账准备时	即把可能发生或应补记的坏账损失计入"信用减值损失——计提的坏账准备",同时形成坏账准备。借记"信用减值损失——计提的坏账准备",贷记"坏账准备"
发生坏账损失时	应注销相应应收账款的金额,同时减少坏账准备。借记"坏账准备",贷记"应收账款"
已确认并转销的坏账以后又收回时	借记"应收账款",贷记"坏账准备";同时,借记"银行存款",贷记"应收账款"

直接转销法与备抵法不同。

	直接转销法	备抵法
适用范围	执行《小企业会计准则》的企业	执行《企业会计准则》的企业
核算原则	日常核算中对可能发生的坏账损失不进行会计处理,只在实际发生坏账时,才作为坏账损失计入当期损益	采用一定的方法按期确定预期信用损失并计入当期损益,作为坏账准备,待坏账损失实际发生时,冲销已计提的坏账准备和相应的应收款项
优点	账务处理简单	符合权责发生制和谨慎性原则
缺点	不符合权责发生制,导致资产和各期收益不实	预期信用损失的估计繁琐,对会计职业判断的要求较高,并带有一定的主观性

任务实施一

某小企业 2016 年发生的一笔 20 000 元应收账款,因债务人财务状况原因长期未能收回,于 2020 年未经催收收回 2 000 元,其余款项确实无法收回确认为坏账。

该小企业 2020 年年末的会计分录:

借:银行存款　　　　　　　　　　　　　　　　　　　　　　2 000
　　营业外支出——坏账损失　　　　　　　　　　　　　　　18 000
　　贷:应收账款　　　　　　　　　　　　　　　　　　　　　　　20 000

任务实施二

江苏环宇公司 2019 年"坏账准备"账户期初贷方余额为 300 元,按分项分类计算确定坏账准备,估计坏账损失率为 3‰,年末应收账款余额为 700 000 元。2020 年 12 月 31 日,确认应收大华机电公司的货款为坏账损失,金额 2 700 元;2020 年年末应收账款余额为 720 000 元。2021 年 1 月 18 日,收回以前确认并转销的坏账损失 1 800 元,2021 年年末应收账款余额为 750 000 元。

步骤一:2019 年 12 月 31 日,计算确定 2019 年应计提的"坏账准备":

坏账准备	
	期初余额 300
	本期提取数 1 800
	期末余额 2 100

2019 年年末估计的坏账损失数 = 700 000 × 3‰ = 2 100(元)
(年末坏账准备应该的余额数)

2019 年应提取的坏账准备 = 2 100 - 300 = 1 800(元)

步骤二:对 2019 年 12 月 31 日应计提的坏账准备进行账务处理:

步骤三:2020 年 12 月 31 日,收集、整理、审核和确认坏账报告。

确认坏账报告

江苏环宇公司董事会:
　　大华机电公司 2019 年 11 月 20 日欠我公司货款 2 700 元,其经营不善濒临破产,经多方催收无效。现报请领导批准转作坏账损失处理。

　　　　　　　　　　　　　　　　　　　　　　　　　　　　会计主管:方泊
　　　　　　　　　　　　　　　　　　　　　　　　　　　　2020 年 12 月 31 日

经 2020 年 12 月 31 日董事会批准,同意按坏账损失处理。

　　　　　　　　　　　　　　　　　　　　　　　　　　江苏环宇公司董事长:刘军
　　　　　　　　　　　　　　　　　　　　　　　　　　2020 年 12 月 31 日

步骤四：对确认的坏账损失进行账务处理：

步骤五：2020 年 12 月 31 日，计算确认应补提或冲减的坏账准备：

坏账准备	
	期初余额 2 100
本期坏账 2 700	
计提前余额 600	
	本期提取数 2 760
	期末余额 2 160

2020 年年末估计的坏账损失数 = 720 000 × 3‰
　　　　　　　　　　　　= 2 160（元）
（年末坏账准备应该的余额数）
2020 年年末应计提的坏账准备 = 2 160 - (-600)
　　　　　　　　　　　　= 2 760（元）

步骤六：对 2020 年 12 月 31 日应计提的坏账准备进行账务处理：

步骤七：2021 年 1 月 18 日，审核收回以前确认并转销为坏账损失的应收账款的收款单据并对此业务进行账务处理：

步骤八：2021 年 12 月 31 日，确认应补提或冲减的坏账准备。

坏账准备	
	期初余额 2 160
	收回已确认并转销的坏账 1 800
	计提准备前余额 3 960
冲减多计提 1 710	
	期末余额 2 250

2021 年年末估计的坏账损失数
= 750 000 × 3‰ = 2 250（元）
（年末坏账准备应该的余额数）
2021 年年末应计提坏账准备
= 2 250 - (2 160 + 1 800)
= -1 710（元）

步骤九：对 2021 年 12 月 31 日应计提的坏账准备进行账务处理：

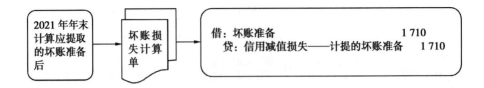

🖙 提醒你

采用备抵法核算坏账损失时应注意以下几个问题：

1. 应收账款期末余额，既不是"应收账款"账户的期末借方余额，也不是"应收账款"账户所属各明细账户的期末借方余额之和，而是资产负债表中"应收账款"项目的期末数，即"应收账款"科目与"预收账款"账户所属各明细账户的期末借方余额之和。

2. 企业分项分类计算确定应收账款坏账准备时，"坏账准备"账户的期末贷方余额，是各项各类应收账款期末余额和坏账准备提取比例的乘积之和；企业以组合为基础计算确定应收账款坏账准备时，"坏账准备"账户的期末贷方余额，是不同账龄段应收账款按不同计提比例计算确定的坏账准备之和。

3. 已确认并核销的坏账损失如果以后又收回，可做两笔分录：一是借记"应收账款"科目，贷记"坏账准备"科目；二是借记"银行存款"科目，贷记"应收账款"科目。也可合并作一笔会计分录，借记"银行存款"，贷记"坏账准备"。

4. 企业应当定期或者至少每年年度终了，分析各项应收及预付款项（包括应收票据、应收账款、其他应收款和预付款项）的可收回性，预计可能产生的坏账损失，对没有把握能够收回的应收款项，应计提坏账准备。

🖙 知识链接

应收及预付款项的内控制度

为了防止差错，降低风险，消除营私舞弊，企业必须建立一个良好的应收及预付款项的内部控制制度，其主要内容是：

1. 职责分工制度。例如，记账人员、开具销货发票人员不应兼任出纳员；票据保管人员不得经办会计记录；各级人员都应有严密的办事手续制度。

2. 严格的审批制度。例如，各种赊销预付，接受顾客票据或票据的贴现换新，都应按规定的程序批准。

3. 健全的凭证保管、记录和审核制度。客户的借款凭证必须妥善地审查保管，做好明细记录并及时登记入账，凭证的收入和支出必须经过审查。

4. 及时的货款对账、清算和催收制度。对应收及预付账款应及时进行排队分析，针对逾期账款采取不同措施，努力促使账款的及时足额清算和回收。对经办人员建立责任制度，加强各项账款的催收工作。

5. 严格的审查和管理制度。对预付账款的协议、合同应严格审查，对销货退回和折让、票据贴现和坏账转销应加强审核和管理。

【企业案例研究】

*ST 盐湖：2019 年度业绩快报
青海盐湖工业股份有限公司 2019 年度业绩快报

一、2019 年度主要财务数据和指标

单位：万元

项目	本报告期	上年同期	增减变动幅度/%
营业总收入	1 975 280.21	1 788 973.57	−10.41
营业利润	−4 481 364.14	−331 504.22	−1 251.83
利润总额	−4 858 668.62	−335 185.60	−1 349.55
归属于上市公司股东的净利润	−4 581 284.83	−344 661.27	−1 229.21
基本每股收益(元)	−16.421 9	−1.237 1	−1 227.45
加权平均净资产收益率	−	−17.27	−

二、经营业绩和财务状况情况说明

(一) 生产经营情况(略)

(二) 主要亏损原因

报告期公司被法院裁定进入破产程序，管理人根据经公司重整案第一次债权人会议表决通过的《青海盐湖工业股份有限公司重整案财产管理及变价方案》推进重整进程，对公司化工分公司的固定资产、在建工程、无形资产、存货及所持对控股子公司盐湖镁业的全部股权、应收债权，所持对控股子公司海纳化工的全部股权、应收债权(前述拟处置资产统称"盐湖股份资产包")通过协议转让方式予以变现处置。目前公司管理人已通过协议转让的方式完成了盐湖股份资产包的处置。因处置上述盐湖股份资产包预计产生的损失对利润的影响金额约 417.35 亿元(具体影响金额以公司 2020 年 4 月 30 日披露的《2019 年度报告》为准)。

讨论：

1. 这种以"财务大洗澡"般的"让我一次亏个够"计提减值，是否涉嫌滥用会计政策？
2. 如何监管这种行为？

行业发展动态——
RPA 技术在财务领域的应用

职业能力提升——
数据采集、挖掘能力

项目五

记录存货增减余、把握存货收发存

 学习目标

能力目标
- 能说出原材料按实际成本和计划成本计价收发核算的科目设置;
- 能对原材料收、发、存业务流程每一环节进行总分类核算和明细分类核算;
- 能对周转材料业务流程每一环节进行账务处理;
- 能对库存商品业务流程每一环节进行账务处理;
- 能对委托加工物资业务流程每一环节进行账务处理;
- 能说出存货的清查与期末计价核算的科目设置;
- 能对存货的清查与期末计价进行账务处理。

素养目标
- 理解采购付款业务循环,做到核算方法合理;
- 秉持工匠精神,加强库存存货管理,确保账实相符;
- 创新存货管理方法,提高企业经济效益。

会计岗位职责——存货岗

会计文化——"统一会计制度"思想

任务一 认知存货的确认条件与计量方法

☞ **任务导入**

2019年2月,小王来到江苏环宇公司顶岗实习,被安排在存货核算岗位。会计主管先向小王强调了存货核算的重要性,接着介绍了公司存货核算岗位的职责,公司的存

货范围,存货的日常管理及收、发、存等业务核算。面对这一系列存货业务,小王首先从认知存货开始。

知识准备

一、存货的认知

(一)存货的含义

存货是指企业在日常活动中持有以备出售的产成品或商品,处在生产过程中的在产品,在生产过程或提供劳务过程中耗用的材料、物料等。

企业持有存货的最终目的主要是为了出售,这是存货区别于固定资产等非流动资产最基本的特征。

存货一般在一年内或超过一年的一个营业周期内不断被销售或耗用,然后重置,处于经常的流动中,属于企业的流动资产。

(二)存货的分类

1. 存货按其经济用途不同分类

(1)原材料:指企业在生产过程中经加工改变其形态或性质,构成产品主要实体的各种原料及主要材料、辅助材料、外购半成品、修理用备件、包装材料、燃料等。

(2)在产品:指企业正在制造尚未完工的产品,包括正在生产加工中的产品、已加工完成尚未检验或已检验尚未办理入库手续的产品。

即学即思 在一些生产工艺比较复杂、生产周期较长的制造业企业,经常会存在"在产品"这种实物资产,但在企业的会计账簿体系内,并没有"在产品"这个科目,我们应到哪里去找与"在产品"相关的信息?

(3)半成品:指经过一定生产过程并已检验合格,交付半成品仓库保管,但尚未制造完工成为产成品,仍需进一步加工的中间产品。

(4)产成品:指工业企业已经完成全部生产过程并验收入库,可以按照合同规定的条件送交订货单位,或者可以作为商品对外销售的产品。

企业接受外来原材料加工制造的代制品和为外单位加工修理的代修品,制造和修理完成验收入库后应视同企业的产成品。

(5)商品:指商品流通企业外购或委托加工完成验收入库,用于销售的各种商品。

(6)周转材料:指企业能够多次使用但不符合固定资产定义的材料。如为了包装本企业商品而储备的各种包装物,各种工具、管理用具、玻璃器皿、劳动保护用品以及在经营过程中周转使用的容器等低值易耗品和建造承包商的钢模板、木模板、脚手架等其他周转材料。

2. 存货按其存放地点不同分类

(1) 库存存货:指企业已验收入库的各种材料、商品、自制半成品和产成品等。

(2) 在途存货:指企业已支付货款或已签订购货合同,正在运输途中,或已到达企业但尚未验收入库的各种存货,包括运入在途存货和运出在途存货。

(3) 加工中的存货:指企业自行生产加工,以及委托其他企业加工,尚未完工的各种存货。

(4) 发出存货:指存货已发运给购货方,但货物所有权并未同时转移,仍应作为销货方存货的发出商品、委托代销商品等。

> ☞ 提醒你
>
> 以下两项不作为存货核算:
> (1) 为建造固定资产等各项工程而储备的各种物质。
> (2) 企业的特种储备、国家指令性专项储备。

二、存货确认条件的认知

存货同时满足以下两个条件时,才能予以确认:

(一) 与该存货有关的经济利益很可能流入企业

通常情况下,取得存货的所有权是判断与该存货有关的经济利益很可能流入企业的一个重要标志。只要企业对该项存货具有了法定所有权,与该项存货所有权相关的风险与报酬就已转移到本企业,而不管该项存货的存放地点以及是否收付款。

业绩越好越没钱?
这家药企"花"
48 亿囤人参

(二) 存货的成本能够可靠地计量

存货的成本能够可靠地计量必须以取得确凿、可靠的证据为依据,且具有可验证性。如果存货成本不能可靠计量,则不能确认为一项存货。

即学即思 判断下列存货是否属于本企业的存货,并说明原因:

(1) 根据销售合同已售出的存货(款已收到,货物尚未运走);

(2) 委托商场代销的商品;

(3) 在外展览的商品;

(4) 企业订货合同中拟购的货物。

三、存货计量的认知

企业取得存货应当按照成本进行计量。不同方式取得的存货,成本的组成不同。

（一）外购存货的采购成本

企业的外购存货主要包括原材料和商品。外购存货的采购成本，指企业存货从采购到入库前所发生的全部支出，包括购买价款、相关税费、运输费、装卸费、保险费以及其他可归属于存货采购成本的费用。

（1）购买价款。指企业购入存货的发票账单上列明的价款，不包括按规定可以抵扣的增值税进项税额。

（2）相关税费。是指企业购买、自制或委托加工存货所发生的进口关税、消费税、资源税和不能抵扣的增值税进项税额等应计入存货采购成本的税费。

（3）其他可归属于存货采购成本的费用。包括存货在采购过程中发生的运输费、装卸费、保险费、包装费、仓储费、运输途中的合理损耗、入库前的挑选整理费用等。不包括按规定可以抵扣的增值税进项税额。

> ☞ **相关链接**
>
> 存货采购发生增值税的处理办法：
>
> （1）小规模纳税人企业外购存货，无论是否取得增值税专用发票，增值税一律计入存货的采购成本。
>
> （2）一般纳税人企业购买货物时，在发票或完税证明中支付的增值税，应作为进项税单独入账，不计入存货采购成本；用于简易计税、免税项目以及未能取得增值税专用发票或完税证明的，其支付的增值税应计入存货的采购成本。
>
> （3）一般纳税人企业采购的农产品，可按其买价的9%计算增值税进项税额，扣除这部分进项税额后的价款应计入存货的采购成本。

（二）加工存货的制造成本

加工存货的制造成本包括原材料的采购成本和存货的加工成本，存货的加工成本是指在存货的加工过程中发生的追加费用，包括直接人工以及按照一定方法分配的制造费用。

制造业产成品（库存商品）的制造成本＝原材料的采购成本＋加工成本（直接人工、制造费用）

（三）其他方式取得存货的成本

企业取得存货的其他方式主要包括接受投资者投资、非货币性资产交换、债务重组、企业合并等。

1. 投资者投入存货的成本

投资者投入存货的成本应当按照投资合同或协议约定的价值确定，但合同或协议约定价值不公允的除外。在投资合同或协议约定价值不公允的情况下，按照该项存货的公允价值作为其入账价值。

2. 盘盈存货的成本

盘盈的存货应按其重置成本作为入账价值。

> **税法链接**

《企业所得税法实施条例》

第七十二条　企业所得税法第十五条所称存货,是指企业持有以备出售的产品或者商品、处在生产过程中的在产品、在生产或者提供劳务过程中耗用的材料和物料等。

存货按照以下方法确定成本:

(一)通过支付现金方式取得的存货,以购买价款和支付的相关税费为成本;

(二)通过支付现金以外的方式取得的存货,以该存货的公允价值和支付的相关税费为成本;

(三)生产性生物资产收获的农产品,以产出或者采收过程中发生的材料费、人工费和分摊的间接费用等必要支出为成本。

任务实施

任务实施一:确定材料的采购成本

江苏环宇公司2019年6月18日购入甲种原材料800千克,取得购买材料增值税专用发票注明买价8 000元,增值税1 040元;运输费专用发票注明运费500元,增值税45元。在把材料验收入库时,发现合理损耗2千克,实际入库798千克。确定该批材料的采购成本。

步骤一:明确商品的采购成本的组成范围:购买价款、相关税费、其他可归属于存货采购成本的费用。

步骤二:收集、整理、审核各专用发票、原材料入库单;请示确认合理损耗的处理办法及批准手续(设上级管理人员批准运输途中的合理损耗计入材料的采购成本)。

步骤三:计算确认甲种原材料采购总成本 = 8 000 + 500 = 8 500(元)

甲种原材料单位成本 = 8 500元/798千克 = 10.651 629(元/千克)

任务实施二:确定进口商品的采购成本

江苏环宇公司2019年6月19日进口A种商品一批,根据进口协议,该商品的到岸价为20 000美元,当日的市场汇率为1美元:6.126 5人民币元,该商品的进口关税率为10%,消费税率为20%,增值税率为13%。计算确认该批商品的采购成本。

步骤一:明确商品的采购成本的组成范围:购买价款、相关税费、其他可归属于存货采购成本的费用。

步骤二:收集、整理、审核商品购买合同、报送单、关税申报缴纳书、消费税申报缴纳书、增值税申报缴纳书。

步骤三：计算确认 A 种商品采购总成本 = 买价 + 关税 + 消费税
$$= 122\ 530 + 12\ 253 + 33\ 695.75$$
$$= 168\ 478.75(元)$$

[注：关税 $= 122\ 530 \times 10\% = 12\ 253(元)$

消费税 $= \dfrac{(122\ 530 + 12\ 253)}{1 - 20\%} \times 20\% = 33\ 695.75(元)$]

任务二　原材料按实际成本计价的收发核算

任务导入

小王在江苏环宇公司存货岗位实习第一天，在主管会计的介绍中了解到，公司的存货采用实际成本法计价，也就是说对材料的日常收发及结存，无论进行总分类核算还是明细分类核算，均按照实际成本计价。在实际成本法下，小王该如何设置存货会计科目？如何核算存货的收发？如何确定实际成本核算的适用范围？

 知识准备

实际成本法
（微课）

第一部分：原材料增加的核算

一、按实际成本计价核算原材料应设置的会计科目

（一）"在途物资"科目

（1）定义：核算企业采用实际成本（或进价）进行材料、商品等物资的日常核算，货款已付、尚未验收入库的在途物资的采购成本。

（2）核算内容：借方登记企业购入在途物资的实际成本；贷方登记在途物资运抵企业并验收入库的实际成本；期末借方余额，反映企业购入尚未验收入库的材料或商品的实际成本。

（3）明细分类账的设置：可按供货单位和物资品种进行明细分类核算。

（二）"原材料"科目

（1）定义：核算企业库存的各种原料及主要材料、辅助材料、外购半成品（外购件）、修理用备件（备品备件）、包装材料、燃料等的实际成本。

（2）核算内容：借方登记验收入库原材料的实际成本；贷方登记领用发出材料的实际成本；期末借方余额，反映企业期末库存原材料的实际成本。

（3）明细分类账的设置：可按照材料的保管地点、类别、品种和规格进行明细分类核算。

二、业务节点与账务处理

(一) 外购原材料的业务节点与账务处理

购入材料时,由于采用的货款结算方式不同,材料验收入库时间与付款时间可能一致也可能不一致,核算时应当区分以下情况分别进行处理:

业务类型	业务节点与账务处理
单货同到	对于发票账单与材料同时到达的采购业务,款已支付,材料已入库,应按其实际成本,借记"原材料——×材料"科目,按增值税专用发票上注明的可抵扣的进项税额,借记"应交税费——应交增值税(进项税额)"科目,按实际支付的金额,贷记"银行存款"等科目
单到货未到	① 对于已经付款但材料尚未到达或尚未验收入库的采购业务,应按其实际成本,借记"在途物资——×材料"科目,按增值税专用发票上的税额,借记"应交税费——应交增值税(进项税额)"科目,按实际支付的金额,贷记"银行存款"等科目。② 待材料到达,验收入库后,再根据收料单上的实收金额,借记"原材料——×材料"科目,贷记"在途物资——×材料"科目
货到单未到	对于材料已经到达并验收入库但结算单据未到的,一般先不进行账务处理,等结算单据到了以后才进行账务处理,但是:① 对于材料先到,月末发票账单仍未到达,无法确定其实际成本时,月末应对原材料按暂估价值入账,借记"原材料——×材料"科目,贷记"应付账款——暂估应付账款(×单位)"科目。② 下月初做相反的分录予以冲回,借记"应付账款——暂估应付账款(×单位)"科目,贷记"原材料——×材料"科目。③ 下月待收到发票账单时,再按照发票上金额,借记"原材料——×材料""应交税费——应交增值税(进项税额)"科目,按实际支付的金额,贷记"银行存款"科目
预付货款方式	① 采用预付货款的方式采购材料,应在预付材料价款时,按照实际预付金额,借记"预付账款——×单位"科目,贷记"银行存款"科目。② 已经预付货款的材料验收入库时,应根据发票账单等所列的价款、税额,借记"原材料——×材料"科目"应交税费——应交增值税(进项税额)"科目,贷记"预付账款——×单位"科目。③ 预付金额与实际结算金额差额的处理:当预付金额小于实际结算金额,需补付货款时,应按补付金额,借记"预付账款——×单位"科目,贷记"银行存款"科目。当预付金额大于实际结算金额,需对方退回多付的款项时,应按收到对方退回的金额,借记"银行存款"科目,贷记"预付账款——×单位"科目

即学即思 对于材料先到,至月末时发票账单仍未到达的情况,为何先要在月末对原材料按暂估价入账,下月初再予以冲回?

(二) 外购原材料短缺与损耗的业务节点与账务处理

企业购入材料验收入库时,如发现短缺和毁损必须认真查明原因,分清经济责任,区别不同情况进行处理。

外购材料短缺原因		账务处理
途中合理损耗		如由于自然损耗等原因而发生的短缺,应当计入验收入库材料的实际成本中,相应地提高入库材料的实际单位成本,不再另做账务处理
尚待查明原因和需要经批准才能转销的损失	尚待查明原因时	应先转入"待处理财产损溢"科目核算,借记"待处理财产损溢——待处理流动资产损溢",贷记"在途物资——×材料"
	查明原因后,经批准进行处理	1. 属于应由供应单位、运输机构、保险公司或其他过失人负责赔偿的损失,借记"应付账款""其他应收款"等科目,贷记"待处理财产损溢——待处理流动资产损溢""应交税费——应交增值税(进项税额转出)"科目; 2. 属于非常原因造成的损失,应将扣除残料价值和过失人、保险公司赔款后的净损失,借记"营业外支出——非常损失"科目,贷记"待处理财产损溢——待处理流动资产损溢"科目。 3. 属于无法收回的其他损失,借记"管理费用",贷记"待处理财产损溢——待处理流动资产损溢""应交税费——应交增值税(进项税额转出)"科目

(三)自制材料入库的业务节点与账务处理

业务节点	账务处理
自制材料完工入库时	企业基本生产车间或辅助生产车间自制的材料,验收入库时,应填制"材料交库单",月末,根据材料交库单,按实际成本借记"原材料——×材料"科目,贷记"生产成本——基本生产成本"科目

任务实施

任务实施一:核算购买原材料(货单同到,钱货两清)

2019年6月7日,江苏环宇公司从江苏南方机电公司购入A材料,价款50 000元,增值税6 500元。

步骤一:6月7日,会计人员收集、整理、审核发票、支票存根、收料单等原始凭证。

江苏增值税专用发票

No 004893596

1100073140

开票日期：2019 年 6 月 7 日

购货单位	名　　　称：	江苏环宇公司		密码区	+*81/27>13<18473-4<5> +->**7<-8+*-74>14723 06>18373/++522*<88901 -2+/<3*>>0<91*100>>41		加密版本:01 1100073140 60792471
	纳税人识别号：	9132084722000E					
	地　址、电话：	徐州市南阳路 290 号 63585788					
	开户行及账号：	工行和平分行 680394184-89					

货物或应税劳务名称	规格型号	单位	数量	单价	金额	税率	税额
A 材料	M1	件	1 000	50	50 000.00	13%	6 500.00
合计					50 000.00		6 500.00

价税合计(大写)	伍万陆仟伍佰元整		(小写) ￥56 500.00	
销货单位	名称	江苏南方机电公司	备注	(江苏南方机电公司 2402021679933 发票专用章)
	纳税人识别号	2402021679933		
	地址、电话	徐州市西安路 109 号(电话略)		
	开户银行及账号	工商银行新区支行 4222304131		

收款人：张灿　　　复核：李琴　　　开票人：谭胜　　　销货单位：(章)

中国银行
转账支票存根

支票号码：NO 20003602

附加信息

出票日期 2019 年 6 月 7 日

收款人：江苏南方机电公司
金额：￥56 500.00
用途：购材料

单位主管　方泊　　会计　马红

收 料 单

材料科目:原材料　　　　　　　　　　　　　　　　　　　　　　　　编号:136
材料类别:原料及主要材料
收料仓库:4号仓库
供应单位:江苏南方机电公司　　　　2019年6月7日　　　　发票号码:004893596

材料编号	材料名称	规格	计量单位	数量		实际成本			
				应收	实收	单价	发票金额	运杂费	合计
	A材料		件	1 000	1 000	50	50 000.00		50 000.00
备注:									

采购员:　　　　　　检验员:白云　　　　　记账员:　　　　　保管员:张群

步骤二:6月7日,对购买材料业务进行账务处理:

任务实施二:核算购买原材料（单到货未到，付款在先，收货在后）

2019年6月12日,江苏环宇公司从恒昌公司购入B材料,价款40 000元,增值税5 200元。发票已到并已签发支票付款,材料尚未入库。6月17日,B材料到达,仓库保管员对材料验收入库,开具收料单。

步骤一:6月12日,收集、整理、审核购货发票、支票存根,并对采购付款业务进行账务处理:

步骤二:6月17日,收集、整理、审核收料单,并对材料入库业务进行账务处理:

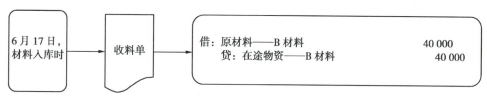

任务实施三:核算购买原材料（材料已入库，发票未到未付款，即收料在前，付款在后）

2019年6月20日,江苏环宇公司从盛佳公司购入C材料,并验收入库,尚未接到有关结算单证,款项尚未支付;6月30日仍未收到发票等结算凭证,按暂估价 600 000 元入账;7月1日,做红字分录予以冲回上月末暂估分录;7月5日收到发票账单,价款 600 000元,增值税 78 000 元,签发转账支票支付。

步骤一:6月20日,收集、整理、审核入库单,暂不进行账务处理。

步骤二:6月30日,仍未收到发票等结算凭证,按暂估价对入库原材料进行账务处理:

步骤三:7月1日,做红字分录予以冲回上月末暂估账务:

步骤四:7月5日,收集收料单,审核增值税专用发票、转账支票存根、收料单等原始凭证,对材料入库业务进行账务处理:

任务实施四:核算购买原材料(预付账款方式)

2019 年 7 月 5 日,江苏环宇公司签发转账支票向博远公司预付 200 000 元,用于购买 A 材料;7 月 20 日,江苏环宇公司收到博远公司发来的 A 材料,发票上列明货款 200 000 元,增值税 26 000 元,材料验收入库;7 月 23 日,江苏环宇公司签发转账支票,补付博远公司款项 26 000 元。

步骤一:7月5日,收集、整理、审核采购协议、转账支票存根,并对付款业务进行账务处理:

步骤二:7月20日,收集、整理、审核增值税专用发票、收料单等原始凭证,并对收料业务进行账务处理:

步骤三：7月23日,根据转账支票存根,编制会计分录:

任务实施五：核算外购材料途中合理损耗

2019年7月28日,江苏环宇公司购入一批C材料,1 000千克,单价10元,价款为10 000元,增值税额为1 300元,款项以转账支票方式支付,材料到达验收入库,发现短缺1千克,属定额内损耗。

步骤一：收集、整理、审核专用发票、收料单、支票存根等原始凭证,请示定额内损耗处置决定,对采购业务进行账务处理：

步骤二：会计人员根据上述记账凭证登记C材料明细账时,入库数量应填写999千克。

注：这批C材料总成本仍为10 000元,但单位成本提高到10.01元/千克(即:10 000÷999)。

任务实施六：自制材料入库

2019年10月20日,江苏环宇公司一车间的自制B材料验收入库,"材料交库单"上显示B材料100千克,入库实际成本为10 500元。

收集、整理、审核材料交库单,对材料入库业务进行账务处理：

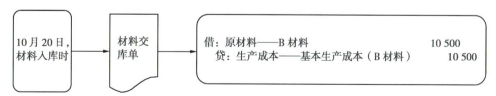

第二部分：原材料发出的账务处理

 知识准备

企业发出材料不管其用途如何，均应办理必要的领发料手续和填制材料领发凭证，据以进行发出材料的核算。

 一、原材料发出的计价

原材料的取得一般分批、分次进行，而每次取得材料的单价往往会由于种种原因而有所变动，因而在原材料发出时，就不可避免地产生了如何确定发出原材料单价、成本的问题。企业应当根据材料的实物流转方式、企业管理的要求、材料的性质等实际情况，合理地选择发出材料成本的计算方法，以合理确定当期发出材料的实际成本。

（一）个别计价法

个别计价法亦称个别认定法、具体辨认法、分批实际法。该方法假设存货的实物流转与成本流转相一致，逐一辨认发出存货和期末存货所属的购进批次或生产批次，分别按其购入或生产时所确定的单位成本计算各批发出存货和期末存货成本。此种方法下，是把每一种存货的实际成本作为计算发出存货成本和期末存货成本的基础。

> ☞ **提醒你**
>
> 个别计价法下，存货成本计算准确，符合实际情况，但在存货收发频繁的情况下，其发出存货成本分辨的工作量较大。因此，这种方法适用于一般不能替代使用的存货、为特定项目专门购入或制造的存货以及提供的劳务，如珠宝、名画等贵重物品。

（二）先进先出法

先进先出法是指以"先购入的存货先发出"这样一种存货流动假设为前提，对发出存货进行计价的一种方法。采用这种方法，先购入的存货成本在后购入存货成本之前转出，据此确定发出存货和期末存货的成本。

具体方法是：收入存货时，逐笔登记收入存货的数量、单价和金额；发出存货时，按照先进先出的原则逐笔登记存货的发出成本和结存金额。

采用先进先出法可以随时结转存货发出成本，但较烦琐，如果存货收发业务较多且存货单价不稳定时，其工作量较大。

（三）月末一次加权平均法

月末一次加权平均法是指以本月进货数量与月初结存数量之和作为权数,去除本月全部进货成本与月初存货成本之和,计算出存货的加权平均单位成本,以此为基础计算本月发出存货的成本和期末结存存货成本的一种方法。计算公式如下：

$$存货加权平均单位成本 = \frac{月初库存存货的实际成本 + \sum(本月各批进货的单位成本 \times 本月各批进货数量)}{月初库存存货数量 + 本月各批进货数量之和}$$

本月发出存货的成本 = 本月发出存货的数量 × 加权平均单位成本

月末结存存货的成本 = 月末结存存货的数量 × 加权平均单位成本

> ☞ 提醒你
>
> 值得注意的是,日常工作中,计算存货单位成本时往往不能整除,计算的结果必须四舍五入,为了保持账面之间的平衡关系,实务中月末结存存货的成本用倒挤的方式得到。计算公式如下：
>
> 月末结存存货的成本 = 月初结存存货成本 + 本月收入存货成本 − 本月发出存货成本

采用月末一次加权平均法,只在月末计算一次加权平均单价,比较简单,有利于简化成本计算工作,但由于平时无法在账上提供发出和结存存货的单价及金额,因此不利于存货成本的日常管理与控制。

（四）移动加权平均法

移动加权平均法是指以本次进货的成本与本次进货前库存存货成本之和,除以本次进货数量与本次进货前库存存货数量之和,据以计算移动加权平均单位成本,作为在下次进货前计算发出存货成本依据的一种方法。计算公式如下：

$$存货移动加权平均单位成本 = \frac{本次进货的实际成本 + 进货前库存存货的实际成本}{本次进货数量 + 本次进货前库存存货数量}$$

本次发出存货的成本 = 本次发出存货数量 × 当前移动加权平均单位成本

月末结存存货成本 = 月末结存存货的数量 × 本月最后一次移动加权平均单位成本

或：月末结存存货成本 = 月初库存存货的实际成本 + 本月收入存货的实际成本 − 本月发出存货的实际成本

采用移动加权平均法能够使企业管理层及时了解存货的结存情况,计算的平均单位成本以及发出和结存的存货成本比较客观。但由于每次购货都要计算一次新的平均单价,计算工作量较大,对收发货较频繁的企业不适用。

☞ **提醒你**

发出材料实际成本的确定,可以由企业在上述个别计价法、先进先出法、月末一次加权平均法、移动加权平均法等方法中选择。计价方法一经确定,不得随意变更。如需变更,应在财务报表附注中予以说明。

☞ **税法链接**

《企业所得税法实施条例》

第七十三条　企业使用或者销售的存货的成本计算方法,可以在先进先出法、加权平均法、个别计价法中选用一种。计价方法一经选用,不得随意变更。

二、原材料发出的总分类核算

企业发出材料,应根据"领料单"或"限额领料单"编制记账凭证,并登记入账。由于企业各生产单位及有关部门领用的材料种类繁多、业务频繁,为了简化日常材料核算工作,企业平时可不直接根据领发料凭证填制记账凭证,而是在月末根据当月的领发料凭证,按领用部门和用途进行归类汇总,编制"发料凭证汇总表",据以进行材料发出的总分类核算。

业务节点	账务处理
发料时	根据"领料单""限额领料单"或"发料凭证汇总表"中材料的不同用途,分别借记"生产成本——基本生产成本——×产品""制造费用""管理费用""销售费用"等科目,按发出材料的实际成本,贷记"原材料——×材料"科目

任务实施

任务实施七:按个别计价法计算发出材料的成本

江苏环宇公司2019年6月甲材料的收发明细资料如下表所示,发出材料采用个别计价法计价。

原材料明细账

材料类别:原料及主要材料　　　　　　　　　　　　　　　　　　　　计量单位:千克
材料编号:24001　　　　　　　　　　　　　　　　　　　　　　　　最高储备量:1 200
材料名称及规格:甲材料3mm　　　　　　　　　　　　　　　　　　　最低储备量:50

2019年		摘要	收入			发出			结存		
月	日		数量	单价	金额	数量	单价	金额	数量	单价	金额
6	1	月初余额							200	52	10 400
	8	购入	500	54	27 000				200 500	52 54	10 400 27 000
	17	领用				200 300	52 54	10 400 16 200	200	54	10 800
	23	购入	700	50	35 000				200 700	54 50	10 800 35 000
	28	领用				600	50	30 000	200 100	54 50	10 800 5 000
	31	本月合计	1 200		62 000	1 100		56 600	200 100	54 50	10 800 5 000

若6月17日发出的500千克材料系月初结存的200千克和6月8日购入的300千克,6月28日发出的600千克材料系6月23日购入的600千克,则:

本月发出材料成本 = 200×52 + 300×54 + 600×50 = 56 600(元)

月末结存材料成本 = 200×54 + 100×50 = 15 800(元)

任务实施八:按先进先出法计算发出材料的成本

仍用任务实施七的资料,采用先进先出法计价,见下表。

原材料明细账

材料类别:原料与主要材料　　　　　　　　　　　　　　　　　　　　计量单位:千克
材料编号:24001　　　　　　　　　　　　　　　　　　　　　　　　最高储备量:1 200
材料名称及规格:甲材料3mm　　　　　　　　　　　　　　　　　　　最低储备量:50

2019年		摘要	收入			发出			结存		
月	日		数量	单价	金额	数量	单价	金额	数量	单价	金额
6	1	月初余额							200	52	10 400
	8	购入	500	54	27 000				200 500	52 54	10 400 27 000
	17	领用				200 300	52 54	10 400 16 200	200	54	10 800
	23	购入	700	50	35 000				200 700	54 50	10 800 35 000
	28	领用				200 400	54 50	10 800 20 000	300	50	15 000
	31	本月合计	1 200		62 000	1 100		57 400	300	50	15 000

本月发出材料成本 = 200×52 + 300×54 + 200×54 + 400×50
                  = 57 400
月末结存材料成本 = 300×50 = 15 000

任务实施九：按月末一次加权平均法计算发出材料的成本

仍用任务实施七的资料，采用月末一次加权平均法计价，见下表。

原材料明细账

材料类别：原料与主要材料　　　　　　　　　　　　　　计量单位：千克
材料编号：24001　　　　　　　　　　　　　　　　　　最高储备量：1 200
材料名称及规格：甲材料3mm　　　　　　　　　　　　　最低储备量：50

2019年		摘要	收入			发出			结存		
月	日		数量	单价	金额	数量	单价	金额	数量	单价	金额
6	1	月初余额							200	52	10 400
	8	购入	500	54	27 000				700		
	17	领用				500			200		
	23	购入	700	50	35 000				900		
	28	领用				600			300		
	31	结转成本				1 100	51.714 3	56 885.71			
	31	本月合计	1 200		62 000	1 100	51.714 3	56 885.71	300	51.714 3	15 514.29

材料加权平均单位成本 = (10 400 + 62 000) ÷ (200 + 1 200) ≈ 51.714 3（元）
期末结存材料成本 ≈ 300×51.714 3 = 15 514.29（元）
本月发出材料成本 = 10 400 + 62 000 − 15 514.29 = 56 885.71（元）

任务实施十：按移动加权平均法计价计算发出材料的成本

仍用任务实施七的资料，采用移动加权平均法计价，见下表。

原材料明细账

材料类别：原料与主要材料　　　　　　　　　　　　　　计量单位：千克
材料编号：24001　　　　　　　　　　　　　　　　　　最高储备量：1 200
材料名称及规格：甲材料3mm　　　　　　　　　　　　　最低储备量：50

2019年		摘要	收入			发出			结存		
月	日		数量	单价	金额	数量	单价	金额	数量	单价	金额
6	1	月初余额							200	52	10 400
	8	购入	500	54	27 000				700	53.428 6	37 400.00
	17	领用				500	53.428 6	26 714.3	200	53.428 6	10 685.70
	23	购入	700	50	35 000				900	50.761 9	45 685.70

续表

2019年		收　入			发　出			结　存		
月	日	摘　要	数量	单价	金额	数量	单价	金额	数量	单价	金额
	28	领用				600	50.761 9	30 457.14	300	50.761 9	15 228.56
	31	本月合计	1 200		62 000	1 100		57 171.44	300	50.761 9	15 228.56

6月8日购货后材料单位成本 = (10 400 + 27 000) ÷ (200 + 500) ≈ 53.428 6(元)
6月17日发出材料的成本 ≈ 500 × 53.428 6 = 26 714.3(元)
6月23日购货后材料单位成本 = (10 685.72 + 35 000) ÷ (200 + 700) ≈ 50.761 9(元)
6月28日发出材料的成本 ≈ 600 × 50.761 9 = 30 457.14(元)
本月发出材料成本 ≈ 26 714.3 + 30 457.14 = 57 171.44(元)
期末结存材料成本 = 10 400 + 62 000 - 57 171.44 = 15 228.56(元)

任务实施十一：原材料发出的会计处理

步骤一：2019年9月30日，收集、整理、审核当月的领料单等原始单据，编制"发料凭证汇总表"。

发料凭证汇总表
2019年9月　　　　　　　　　　　　　　　　　　　　　　　　　单位：元

会计科目	领用部门和用途	A 材料	B 材料	合　计
生产成本——基本生产成本	甲产品	180 000	150 000	330 000
	乙产品	200 000	160 000	360 000
	小　计	380 000	310 000	690 000
生产成本——辅助生产成本	机修车间	60 000	30 000	90 000
制造费用	一车间	20 000		20 000
	二车间	15 000		15 000
	小　计	35 000		35 000
管理费用		5 000		5 000
销售费用		4 000		4 000
合　计		484 000	340 000	824 000

步骤二：9月30日，对发出材料业务进行账务处理：

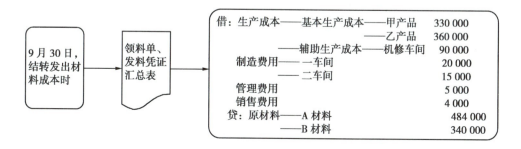

企业财务会计(第三版)

任务三 原材料按计划成本计价收发的核算

> **☞ 任务导入**
>
> 小王在江苏环宇公司存货核算岗位实习了一段时间后,熟悉了存货按实际成本计价的核算方法,接着,又和会计主管探讨计划成本法和实际成本法有何不同,适用于什么样的企业。主管会计告诉她,计划成本主要适用于存货品种繁多、收发频繁且计划资料较为健全和准确的企业,如大中型企业中的各种原材料、低值易耗品等。那么,计划成本法下,需要设置哪些账户?计划成本与实际成本之间的差异怎么处理?如何核算存货发出的实际成本?

知识准备

、认知原材料按计划成本计价收发核算

计划成本法
(微课)

材料采用计划成本核算时,材料的收、发及结存,无论是总分类核算还是明细分类核算,均按计划成本计价。月末,计算本月发出材料应负担的成本差异并进行分摊,根据领用材料的用途计入相关资产的成本或当期损益,从而将发出材料的计划成本调整为实际成本。

二、按计划成本计价核算原材料应设置的会计科目

(一)"原材料"科目

(1)定义:核算企业库存的各种材料,包括原料及主要材料、辅助材料、外购半成品、修理用备件、包装材料、燃料等的计划成本。

(2)核算内容:在原材料按计划成本计价核算时,借方登记入库材料的计划成本;贷方登记发出材料的计划成本;期末余额在借方,反映企业库存材料的计划成本。

(3)明细分类账的设置:可按照材料的保管地点、类别、品种和规格进行明细分类核算。

(二)"材料采购"科目

(1)定义:核算企业采用计划成本进行材料日常核算而购入材料的采购成本。

(2)核算内容:借方登记采购材料的实际成本,贷方登记入库材料的计划成本。实际成本大于计划成本表示超支,从本科目贷方转入"材料成本差异"科目的借方;计划成本大于实际成本表示节约,从本科目借方转入"材料成本差异"科目的贷方。期末为借方余额,反映企业未入库材料(即在途物资)的实际成本。

(3)明细分类账的设置:可按照供货单位或材料类别进行明细分类核算。

（三）"材料成本差异"科目

（1）定义：核算企业采用计划成本进行日常核算的材料计划成本与实际成本的差额，该科目是"原材料"科目的调整科目。

（2）核算内容：借方登记超支差异及发出材料应负担的节约差异，贷方登记节约差异及发出材料应负担的超支差异。期末如为借方余额，反映库存材料实际成本大于计划成本的超支差异；如为贷方余额，反映企业库存材料实际成本小于计划成本的节约差异。

（3）明细分类账的设置：本科目可分别"原材料""周转材料"等按照类别或品种进行明细分类核算。

三、原材料收发的业务节点与账务处理

在计划成本法下，取得材料时，不论何种情况，均先要通过"材料采购"科目进行核算，材料实际成本与计划成本的差异，通过"材料成本差异"科目进行核算。具体的核算流程一般分三步：一付款（按实际成本付款）；二入库（按计划成本入库）；三结转差异。发出材料的核算流程一般分两步：一是发出材料（按计划成本发出）；二是结转发出材料应负担的差异。

业务节点		账务处理
购入材料	截至月末，材料和账单均已到达	① 采购材料时，按实际采购成本，借记"材料采购——×材料"科目，按增值税专用发票上可抵扣的进项税额，借记"应交税费——应交增值税（进项税额）"科目，按实际支付的金额，贷记"银行存款"科目。 ② 验收入库时，按计划成本借记"原材料——×材料"科目，贷记"材料采购——×材料"科目。 ③ 结转材料成本差异时： 若实际成本小于计划成本（节约差异），按节约差异额，借记"材料采购——×材料"科目，贷记"材料成本差异——×材料"科目。 若实际成本大于计划成本（超支差异），按超支差异额，借记"材料成本差异——×材料"科目，贷记"材料采购——×材料"科目。 （可平时逐笔办理验收入库，同时结转材料成本差异，也可月末集中办理入库，并结转材料成本差异）
	截至月末，货到单未到	① 月末发票账单仍未到达，应根据收料凭证，按计划成本暂估入账，借记"原材料——×材料"科目，贷记"应付账款——暂估应付账款（×单位）"科目。 ② 下月初做相反分录予以冲回，借记"应付账款——暂估应付账款（×单位）"科目，贷记"原材料——×材料"科目。 ③ 待下月收到发票账单时，再做购进和入库处理
发出材料	月末，结转发出原材料的计划成本	月末，根据领料单等编制"发料凭证汇总表"，根据材料的用途，分别按其计划成本，借记"生产成本""制造费用""销售费用""管理费用"等科目，贷记"原材料——×材料"科目

续表

业务节点		账务处理
发出材料	月末计算发出材料应负担的成本差异	月末,对本月发出材料的计划成本应通过材料成本差异的结转,调整为实际成本。 材料成本差异率 = $\dfrac{月初结存材料的成本差异 + 本月收入材料的成本差异}{月初结存材料的计划成本 + 本月收入材料的计划成本}$ 发出材料应负担的成本差异 = 发出材料的计划成本 × 材料成本差异率 结存材料应负担的成本差异 = 结存材料的计划成本 × 材料成本差异率 注:① 月初结存材料的成本差异如为贷方余额,则是节约差异,金额前用"－"表示;如为借方余额,则是超支差异。 ② 差异(率)计算结果若为正数表示超支差异;若为负数表示节约差异
	结转发出材料应负担的成本差异	① 若为超支差异,则借记"生产成本""制造费用""销售费用""管理费用"等科目,按超支差异金额贷记"材料成本差异"科目。 ② 若为节约差异,则借记"材料成本差异"科目,贷记"生产成本""制造费用""销售费用""管理费用"等科目

任务实施:原材料按计划成本计价的核算

江苏环宇公司对原材料按计划成本计价进行收发核算。2019 年 7 月 1 日,"原材料——A 材料"月初借方余额 116 000 元,"材料成本差异"月初贷方余额 1 000 元。7 月 10 日,从锐驰公司购入 A 材料 2 000 千克,单价 40 元,价款 80 000 元,增值税 10 400 元。材料验收入库,款项已签发转账支票支付。该材料计划单位成本为 42 元。

步骤一:7 月 10 日收集、整理、审核增值税专用发票、支票存根等原始凭证,对采购付款业务进行账务处理:

步骤二:收集、审核收料单,对材料入库业务进行账务处理:

步骤三:编制、审核材料成本差异计算表,对材料成本差异进行账务处理:

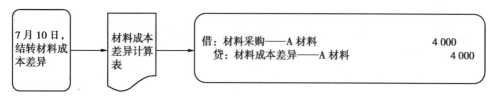

☞ **提醒你**

材料入库及结转材料成本差异在实际工作中一般是在月末集中汇总进行。

步骤四:7月31日,编制审核本月发出材料情况汇总表,并对发出材料进行账务处理:

发料凭证汇总表

2019 年 7 月

会计科目	领用部门和用途	A 材料		
		计划成本	差异率	节约差异额
生产成本——基本生产成本	甲产品	60 000		1 500
	乙产品	40 000		1 000
	小 计	100 000		2 500
生产成本——辅助生产成本	机修车间	15 000		375
制造费用	一车间	7 000		175
	二车间	5 000		125
	小 计	12 000		300
管理费用	企业管理部门	4 000		100
销售费用	专设销售机构	3 000		75
合 计		134 000	−2.5%	3 350

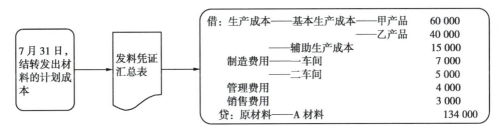

步骤五:计算发出材料应负担的成本差异并进行账务处理:

材料成本差异率 = [−1 000 + (40 −42) × 2 000] ÷ (116 000 + 42 × 2 000) = −2.5%

发出材料应负担的成本差异

领用部门和用途	A 材料		
	计划成本	差异率	节约差异额
甲产品	60 000	−2.5%	1 500
乙产品	40 000	−2.5%	1 000
小 计	100 000	−2.5%	2 500
机修车间	15 000	−2.5%	375

续表

领用部门和用途	A 材料		
	计划成本	差异率	节约差异额
一车间	7 000	-2.5%	175
二车间	5 000	-2.5%	125
小　计	12 000	-2.5%	300
企业管理部门	4 000	-2.5%	100
专设销售机构	3 000	-2.5%	75
合　计	134 000		3 350

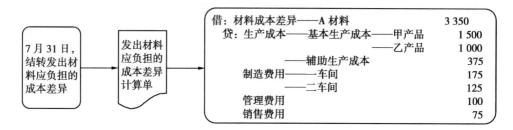

任务四　核算周转材料

▶ **任务导入**

小王在实习中发现,江苏环宇公司为了保证日常的生产经营,经常会用到一些价值较低但可以多次使用的周转材料,如包装物、低值易耗品等。对于这类存货,与原材料收、发、存的核算有何区别？该如何进行账务处理？

知识准备

一、周转材料的认知

周转材料是指企业能够多次使用,逐渐转移其价值但仍保持原有形态,不确认为固定资产的材料,如一般企业的包装物、低值易耗品以及其他周转材料等。

（一）包装物

包装物是指为了包装本企业商品而储备的各种包装容器,如桶、箱、瓶、坛、袋等。其核算内容包括：

（1）生产过程中用于包装产品作为产品组成部分的包装物；

（2）随同商品出售而不单独计价的包装物；

(3) 随同商品出售而单独计价的包装物；
(4) 出租或出借给外单位使用的包装物。

 企业专门用于储存和保管商品、产品、材料而不对外销售与出租、出售的大型包装物，应根据其价值大小和使用时间长短，分别作为固定资产或低值易耗品进行管理。以销售为目的而生产或购进的包装物，如麻袋厂生产的麻袋，购入用于销售的木箱等，应作为库存商品核算。

（二）低值易耗品

低值易耗品是指不能作为固定资产核算的各种用具物品，如工具、管理用具、玻璃器皿，以及在经营过程中周转使用的包装容器等。它与固定资产一样，也属于劳动资料，但其单位价值较低，或使用期限较短，容易损坏。鉴于这些特点，低值易耗品通常被视作存货，作为流动资产进行核算和管理。可划分为一般工具、专用工具、替换设备、管理用具、劳动保护用品、其他用具等。

二、周转材料的摊销方法

（一）一次摊销法

一次摊销法是指在领用周转材料时，将其全部账面价值一次计入相关资产的成本或者当期损益的方法。这种方法比较简单，但周转材料的成本从账上一次转出，不利于财物的保管，费用负担也不够均衡，主要适用于一次领用数量不多、价值较低、极易损坏或使用期限较短的周转材料的摊销。为加强实物管理，应当在备查簿中进行登记，以便于对使用中的低值易耗品进行监督管理。

（二）分次摊销法

分次摊销法是将周转材料的账面价值分次平均摊销计入相关成本或者当期损益。分次摊销法适用于可供多次反复使用的低值易耗品。

三、"周转材料"会计科目

(1) 定义：核算企业周转材料的计划成本或实际成本，包括包装物、低值易耗品，以及企业(建造承包商)的钢模板、木模板、脚手架等。

(2) 核算内容：借方登记周转材料的增加；贷方登记周转材料的减少；期末余额在借方，通常反映企业在库周转材料的计划成本或实际成本以及在用周转材料的摊余价值。

(3) 明细分类账的设置：

一次摊销法	分次摊销法
周转材料——包装物	周转材料——包装物——库存包装物 　　　　　　　　　——出租包装物 　　　　　　　　　——出借包装物 　　　　　　　　　——包装物摊销 "周转材料——包装物——包装物摊销"是一个备抵账户,其用途、性质相当于固定资产的"累计折旧"
周转材料——低值易耗品	周转材料——低值易耗品——在库 　　　　　　　　　　——在用 　　　　　　　　　　——摊销 "周转材料——低值易耗品——摊销"是一个备抵账户,其用途、性质相当于固定资产的"累计折旧"

四、周转材料收发的业务节点与账务处理

(一) 包装物的业务节点与账务处理

业务类型		业务节点与账务处理
购入包装物		属于原材料的购入,核算方法与"原材料"一样;也存在按实际成本计价收发核算与按计划成本计价收发核算,核算过程中,只需要把"原材料"替换成"周转材料——包装物"(一次摊销法)或"周转材料——包装物——库存包装物"(分次摊销法)即可
领用	生产过程中领用	领用时:按照领用包装物的实际成本,借记"生产成本"科目,贷记"周转材料——包装物"科目。如果是按计划成本计价进行收发核算,还应分摊"材料成本差异——包装物"
	随同商品出售领用	(1) 随同商品出售不单独计价的包装物,应按其实际成本,借记"销售费用"科目,贷记"周转材料——包装物"科目。如果是按计划成本计价进行收发核算,还应分摊"材料成本差异——包装物"。 (2) 随同商品出售单独计价的包装物,应按其实际成本,借记"其他业务成本"科目,贷记"周转材料——包装物"科目;同时,按取得的金额,借记"银行存款"科目,按其销售收入,贷记"其他业务收入——包装物"科目,按专用发票上的增值税,贷记"应交税费——应交增值税(销项税额)"科目。 如果是按计划成本计价进行收发核算,还应分摊"材料成本差异——包装物"
	出租领用	一次摊销法: (1) 收取押金:借记"银行存款"科目,贷记"其他应付款——×单位"科目。 (2) 收取租金:借记"银行存款"科目,贷记"其他业务收入""应交税费——应交增值税(销项税额)"科目。 (3) 发出包装物,将其全部成本一次摊销:借记"其他业务成本"科目,贷记"周转材料——包装物"科目;如果是按计划成本计价进行收发核算,还应分摊"材料成本差异——包装物"。 (4) 租赁期满,收回包装物,退回押金: 一是包装物重新验收入库,但只记备查账(收发登记簿),下次出租时也只记备查账。 二是退还押金:借记"其他应付款——×单位"科目,贷记"银行存款"等科目。 如没有收回包装物,则按没收的押金:借记"其他应付款——×单位"科目,贷记"其他业务收入""应交税费——应交增值税(销项税额)"科目。 (5) 出租包装物发生修理费用等支出:借记"其他业务成本"科目,贷记"库存现金""原材料""应付职工薪酬"等科目。 (6) 出租的包装物报废时,收回的残值,借记"原材料"科目,贷记"其他业务成本"科目。

续表

业务类型		业务节点与账务处理
领用	出租领用	分次摊销法： (1) 收取押金时,账务处理同上。 (2) 收取租金时,账务处理同上。 (3) 发出包装物,将其全部成本分次摊销： 一是把"库存"转为"出租"： 借记"周转材料——包装物——出租包装物",贷记"周转材料——包装物——库存包装物"。 二是按次分摊成本： 借记"其他业务成本"科目,贷记"周转材料——包装物——包装物摊销"科目。 (4) 租赁期满,收回包装物,退回押金。 一是收回包装物,重新入库,即把"出租"转回为"库存"： 借记"周转材料——包装物——库存包装物",贷记"周转材料——包装物——出租包装物"。 二是退还押金或没收押金:账务处理同上。 (5) 出租包装物发生修理费用等支出:账务处理同上。 (6) 收回的出租的包装物报废并收回残值： 一是注销出租包装物摊销：借记"周转材料——包装物——包装物摊销",贷记"周转材料——包装物——出租包装物"。 二是残料入库：借记"原材料"科目,贷记"其他业务成本"科目
	出借领用	与出租有两个地方不同：一是没有租金收入；二是出借包装物主要是为了便利销售产品,其摊销的费用计入"销售费用"

> ☞ **税法链接**
>
> 《关于印发〈增值税若干具体问题的规定〉的通知》(国税发[1993]154号)
>
> ……
>
> 二、计税依据
>
> (一) 纳税人为销售货物而出租出借包装物收取的押金,单独记账核算的,不并入销售额征税。但对因逾期未收回包装物不再退还的押金,应按所包装货物的适用税率征收增值税。
>
> (二) 纳税人采取折扣方式销售货物,如果销售额和折扣额在同一张发票上分别注明的,可按折扣后的销售额征收增值税；如果将折扣额另开发票,不论其在财务上如何处理,均不得从销售额中减除折扣额。
>
> 《关于增值税若干征管问题的通知》(国税发[1996]155号)
>
> 一、对增值税一般纳税人(包括纳税人自己或代其他部门)向购买方收取的价外费用和逾期包装物押金,应视为含税收入,在征税时换算成不含税收入并入销售额计征增值税。
>
> ……

（二）低值易耗品的业务节点与账务处理

业务节点		账务处理
一次摊销法	购入时	账务处理同"原材料"采购，借记"周转材料——低值易耗品""应交税费——应交增值税（进项税额）"，贷记"银行存款"等
	领用时	按其实际成本，一次计入成本费用，借记"生产成本""制造费用"等科目，贷记"周转材料——低值易耗品"科目
	报废时	按报废低值易耗品的残料价值，借记"原材料"等科目，贷记"制造费用"等科目
分次摊销法	购入时	账务处理同"原材料"采购，借记"周转材料——低值易耗品（在库）""应交税费——应交增值税（进项税额）"，贷记"银行存款"等
	领用并第一次摊销时	一是由"在库"转为"在用"：借记"周转材料——低值易耗品（在用）"，贷记"周转材料——低值易耗品（在库）"。 二是进行第一次摊销：借记"制造费用"，贷记"周转材料——低值易耗品（摊销）"
	其后再次或再再次进行摊销	借记"制造费用"，贷记"周转材料——低值易耗品（摊销）"
	最后报废并收回的残值	一是注销"周转材料——低值易耗品（在用）"与"（摊销）"的明细账：借记"周转材料——低值易耗品（摊销）"，贷记"周转材料——低值易耗品（在用）"。 二是残料入库：借记"原材料"科目，贷记"制造费用"科目

任务实施

任务实施一：包装物出租的账务处理

2019年6月8日，江苏环宇公司出租给宝来公司库存未用包装箱100个，每个成本10元，采用一次摊销法摊销，每个包装箱收取押金12元、租金8元存入银行，增值税率为13%。12月8日，租赁期满，收回包装箱80个，经检查已不能使用，按规定报废，残值80元验收入库，尚有20个包装箱未能收回，按合同规定没收其押金。

步骤一：6月8日，收集、整理、审核包装物出租协议、出库单，对发出包装物进行账务处理：

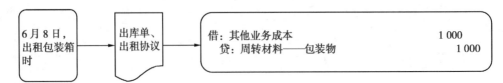

步骤二：6月8日，收集、整理、审核进账单、收据、出租协议等原始凭证，对收取的押金进行账务处理：

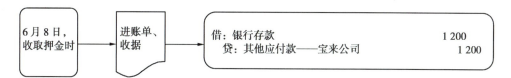

步骤三：6月8日，收集、整理、审核进账单、收据、出租协议等原始凭证，对收取的租金进行账务处理：

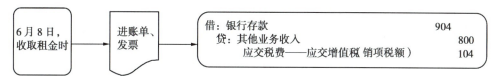

步骤四：12月8日，收集、整理、审核出租协议、付款单据等原始凭证，对退回、没收押金进行账务处理：

步骤五：12月8日，收集、整理、审核残料入库单，对残料入库进行账务处理：

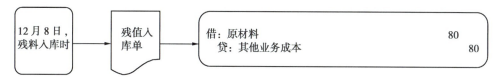

任务实施二：生产车间领用专用工具的账务处理

江苏环宇公司对低值易耗品采用计划成本核算和分次摊销法进行摊销。2019年6月1日，基本生产车间领用专用工具一批，计划成本为100 000元。该专用工具的估计使用次数为4次（4个月），其材料成本差异率为1%。9月30日该专用工具报废，残料400元入库。

第一步：6月1日，领用并进行第一次摊销、分摊材料成本差异：

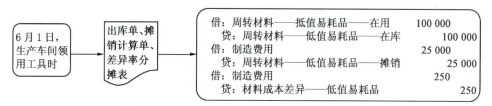

第二步：7月1日、8月1日、9月1日，进行第二、三、四次摊销并分摊差异：

第三步：9月30日，该专用工具报废，结平"周转材料——低值易耗品"明细账，同时残料入库：

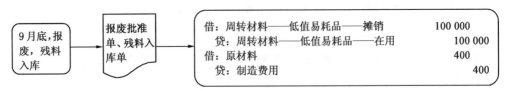

> ☞ **提醒你**
>
> 采用一次摊销法，当收回包装物时，不进行账务处理，即包装物重新入库，但账上没有记录，这样就会造成账外资产，不利于对账外资产的实物管理，为了弥补这一缺陷，应为账外资产设置"备查登记簿"，以便进行实物监督。

任务五　核算委托加工物资

> ☞ **任务导入**
>
> 江苏环宇公司有时因其自身不具备特定的生产能力，需要将自有的产品交付给外单位进行加工，到期支付加工费，加工完成收回后以供继续加工生产或出售，此类存货就是委托加工物资。虽然委托加工物资改变了实物所在地，但它仍由企业所控制，所以仍属于企业的存货。会计主管告诫小王对需要交纳消费税的委托加工物资应重点关注，熟悉其完整业务流程的账务处理。

 知识准备

 一、认知委托加工物资

委托加工物资（微课）

委托加工物资是指企业委托外单位加工的各种材料、商品等物资。

企业委托外单位加工物资的成本包括：加工中实际耗用物资的成本、支付的加工费用及应负担的运杂费等；支付的税金，包括委托加工物资所应负担的消费税（指属于消费税应税范围的加工物资）等。

需要交纳消费税的委托加工物资，加工物资收回后直接用于销售的，由受托方代收代交的消费税应计入加工物资成本；如果收回的加工物资用于继续加工应税消费品的，由受托方代收代交的消费税应先记入"应交税费——应交消费税"科目的借方，以抵扣加工完成后的消费品销售后所负担的消费税。

二、"委托加工物资"会计科目

（1）定义：核算企业委托外单位加工的各种材料、商品等物资的实际成本。

（2）核算内容：借方登记发给外单位加工的物资成本、支付的加工费用及应负担的运杂费、支付的税金等；贷方登记加工完成验收入库的物资和剩余的物资成本；期末借方余额，反映企业委托外单位加工尚未完成物资的实际成本。

（3）明细分类账的设置：可按照加工合同、受托加工单位以及加工物资的品种设置明细账，进行明细分类核算。

三、委托加工物资的业务节点与账务处理

业务节点	账务处理
发出加工物资时	企业向外单位发出加工物资时，根据发出物资的实际成本，借记"委托加工物资"科目，贷记"原材料"等科目。如果采用计划成本或售价核算的，还应同时结转材料成本差异或商品进销差价，贷记或借记"材料成本差异"科目，或借记"商品进销差价"科目
支付加工费、运杂费、增值税时	企业向受托加工单位支付加工费、运杂费等时，根据实际支付金额，借记"委托加工物资"科目、"应交税费——应交增值税（进项税额）"科目，贷记"银行存款"科目
交纳消费税时	需要交纳消费税的委托加工物资，消费税由受托方代收代交：(1) 若收回后直接用于销售，则按实际应交消费税额借记"委托加工物资"科目，贷记"应付账款"等科目；(2) 若收回后用于继续加工，则按实际应交消费税额借记"应交税费——应交消费税"科目，贷记"应付账款"等科目
加工完成验收入库时	企业收回加工完成验收入库的物资和剩余的物资，按加工收回物资的实际成本和剩余物资的实际成本，借记"库存商品"等科目，贷记"委托加工物资"科目

> **☞ 税法链接**
>
> 关于《消费税暂行条例实施细则》有关条款的解释（财法 2012 年 8 号）
>
> 《中华人民共和国消费税暂行条例实施细则》（财政部令第 51 号）第七条第二款规定："委托加工的应税消费品直接出售的，不再缴纳消费税。"现将这一规定的含义解释如下：
>
> 委托方将收回的应税消费品，以不高于受托方的计税价格出售的，为直接出售，不再缴纳消费税；委托方以高于受托方的计税价格出售的，不属于直接出售，需按照规定申报缴纳消费税，在计税时准予扣除受托方已代收代缴的消费税。

任务实施

任务实施：委托加工物资的账务处理

2019年8月15日，江苏环宇公司根据加工合同发出A材料一批委托加工成甲产品，A材料成本6 000元。8月20日，环宇公司用银行存款支付加工费2 000元，增值税260元，支付消费税1 000元，甲产品收回后直接用于销售。8月29日，委托加工的甲产品收回并验收入库。

步骤一：8月15日，收集、整理、审核出库单、委托加工协议等原始凭证，对发出材料进行账务处理：

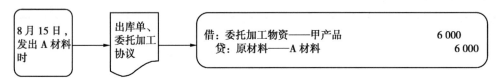

8月15日，发出A材料时 → 出库单、委托加工协议 → 借：委托加工物资——甲产品　6 000
　　　　　　　　　　　　　　　　　　　　　贷：原材料——A材料　6 000

步骤二：8月20日，收集、整理、审核专用发票、转账支票存根等原始凭证，对支付加工费、增值税、消费税进行账务处理：

8月20日，支付加工费、增值税、消费税时 → 发票、支票存根 → 借：委托加工物资——甲产品　3 000
　　　　　　　　　　　　　　　　　　　　　　　　　　　　　　应交税费——应交增值税（进项税额）　260
　　　　　　　　　　　　　　　　　　　　　　　　　　　　贷：银行存款　3 260

步骤三：8月29日，编制"委托加工材料成本计算单"，收集审核入库单，对委托加工商品的入库业务进行账务处理：

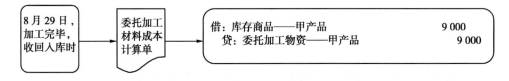

8月29日，加工完毕，收回入库时 → 委托加工材料成本计算单 → 借：库存商品——甲产品　9 000
　　　　　　　　　　　　　　　　　　　　　　　　　　　　贷：委托加工物资——甲产品　9 000

任务六　核算库存商品

☞ **任务导入**

小王在江苏环宇公司实习了一个月，知道了原材料自车间领用投入生产，经过生产工人在生产线上的加工制造，终于生产出合格的产成品，验收入库后以备对外销售。主管会计告诉她，对工业企业而言产成品也就是库存商品，在存货中占有较大的比例，是存货的一项重要内容。那么，工业企业和商品流通企业发出库存商品的计价方法有何异同？应设置哪些会计科目？如何进行核算？

项目五 记录存货增减余、把握存货收发存

 知识准备

一、库存商品的认知

库存商品是指企业已完成全部生产过程并已验收合格,可以按照合同规定的条件送交订货单位,作为商品对外销售的产品,以及外购或委托加工完成验收入库用于销售的各种商品。

库存商品具体包括库存产成品、外购商品、存放在门市部准备出售的商品、发出展览的商品、寄存在外的商品、接受来料加工制造的代制品和为外单位加工修理的代修品等。

> ☞ 提醒你
>
> 已完成销售手续但购买单位在月末尚未提取的产品,不应作为企业的库存商品,而应作为代管商品处理,单独设置代管商品备查簿进行登记。

二、"库存商品"会计科目

(1)定义:核算企业库存的各种商品的实际成本(或进价)或计划成本(或售价)。

(2)核算内容:借方登记验收入库的库存商品成本;贷方登记发出的库存商品成本;期末借方余额,反映企业期末库存商品的实际成本或计划成本。

(3)明细分类账的设置:本科目可按照库存商品的种类、品种和规格进行明细分类核算。

三、制造业企业"库存商品"收发的业务节点与账务处理

业务节点	账务处理
产品生产完工验收入库时	当库存商品生产完成并验收入库时,应按实际成本,借记"库存商品——×商品"科目,贷记"生产成本——基本生产成本"科目
商品发出时	企业销售商品结转成本时,应按其销售成本,借记"主营业务成本——×商品"科目,贷记"库存商品——×商品"科目

 任务实施

任务实施一:产品生产完工,验收入库

2019年8月31日,江苏环宇公司生产的乙产品600件全部完工,验收入库,生产成本

30 000 元。收集、整理、审核产品成本计算单、产品入库单等单据,对产品进行账务处理:

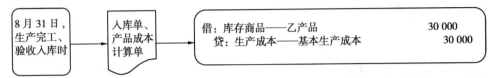

任务实施二:对外销售产品,结转销售成本

2019 年 9 月 30 日,江苏环宇公司销售乙产品 400 件,单位产品成本 500 元,收集、整理、审核产品出库单等原始凭证,进行产品成本结转:

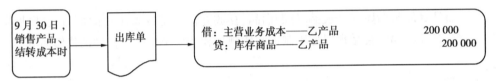

四、商品流通企业库存商品(发出)的核算

(一)库存商品发出(结转已销库存商品的成本)的计价方法

商品流通企业发出存货,通常采用毛利率法和售价金额核算法进行核算。

1. 毛利率法

它是指根据本期销售净额乘以上期实际(或本期计划)毛利率,匡算本期销售毛利,并据以计算发出存货和期末结存存货成本的一种方法。

计算公式:

上期毛利率 = 上期销售毛利/上期销售收入净额 × 100%

本期销售毛利 = 本期销售收入净额 × 上期毛利率

其中:本期销售收入净额 = 本期商品销售收入 - 本期销售退回与折让

本期销售成本 = 本期销售收入净额 - 本期销售毛利

期末存货成本 = 期初存货成本 + 本期购货成本 - 本期销售成本

任务实施三:

惠客批发商行上月销售收入净额 120 万元,销售成本 90 万元;本月期初存货 60 万元,本月购入商品 110 万元,销售收入净额 150 万元。试计算本月销售成本和月末存货成本。

上月毛利率 = (120 - 90)/120 × 100% = 25%

本月销售毛利 = 150 × 25% = 37.5(万元)

本月销售成本 = 150 - 37.5 = 112.5(万元)

本月期末存货成本 = 60 + 110 - 112.5 = 57.5(万元)

> ☞ 提醒你
>
> 这一方法是商品流通企业尤其是商业批发企业常用的计算本期商品销售成本和期末库存商品成本的方法。商品流通企业由于经营商品的品种繁多,如果分品种计算

商品成本,工作量将大大增加,而且,一般来讲,商品流通企业同类商品的毛利率大致相同,采用这种存货计价方法既能减轻工作量,也能满足对存货管理的需要。

2. 售价金额核算法

它是指平时商品的购入、加工收回、销售均按售价记账,售价与进价的差额通过"商品进销差价"科目核算,期末计算进销差价率和本期已销商品应分摊的进销差价,并据以调整本期销售成本的一种方法。

计算公式:

$$商品进销差价率 = \frac{期初库存商品进销差价 + 本期购进商品进销差价}{期初库存商品售价 + 本期购进商品售价} \times 100\%$$

本期销售商品应分摊的进销差价 = 本期商品销售收入 × 商品进销差价率

本期销售商品的成本 = 本期商品销售收入 − 本期已销售商品应分摊的商品进销差价

期末结存商品的成本 = 期初库存商品的进价成本 + 本期购进商品的进价成本 − 本期销售商品的成本

任务实施四:

悦佳商店2021年6月初存货成本为100 000元,售价总金额为120 000元;本期进货成本为500 000元,售价总额为730 000元;本期销售收入为600 000元。试计算本月销售成本。

$$商品进销差价率 = \frac{(120\,000 - 100\,000) + (730\,000 - 500\,000)}{120\,000 + 730\,000} \times 100\% = 29.41\%$$

本期销售商品应分摊的商品进销差价 = 600 000 × 29.41% = 176 460(元)

本期销售商品的成本 = 660 000 − 176 460 = 483 540(元)

期末结存商品的成本 = 100 000 + 500 000 − 483 540 = 116 460(元)

☞ **提醒你**

企业的商品进销差价率各期之间比较均衡的,也可以采用上期商品进销差价率计算分摊本期的商品进销差价。年度终了,应对商品进销差价进行核实调整。对于从事商业零售业务的企业,由于经营的商品种类、品种、规格等繁多,而且要求按商品零售价格标价,采用其他成本计算结转方法均较困难,因此广泛采用这一方法。

(二)商品流通企业库存商品收发的业务节点与账务处理

业务节点	账务处理
购入商品时	零售企业购入商品时,按其实际进价借记"在途物资""应交税费——应交增值税(进项税额)"科目,贷记"银行存款"等科目
柜组验收商品时	商品交柜组验收时,按其售价借记"库存商品——×柜组",按其进价,贷记"在途物资——×柜组"科目,其差额贷记"商品进销差价——×柜组"科目

续表

业务节点	账务处理
取得销货收入、结转销货成本时	(1) 取得销货收入时,按其售价借记"银行存款"科目,贷记"主营业务收入——×柜组"科目; (2) 结转销货成本时,按其售价借记"主营业务成本——×柜组",贷记"库存商品——×柜组"科目
进行价税分离时	将含税收入分解为不含税销货收入,按分解出的增值税额,借记"主营业务收入——×柜组"科目,贷记"应交税费——应交增值税(销项税额)"科目
月末分摊商品进销差价时	按本月已销商品应分摊的进销差价,借记"商品进销差价——×柜组"科目,贷记"主营业务成本——×柜组"科目

任务实施五:

惠民百货商场采用售价金额核算法,2021年8月初有关资料为:副食组"库存商品"科目余额5 960元,"商品进销差价"科目余额960元,8月份发生以下经济业务:

本月购入膨化食品一批,计进价10 000元,售价12 000元,增值税税率为13%。取得的增值税专用发票上注明的价款为10 000元,增值税1 300元,款项以转账支票付讫,商品由副食组验收。本月副食组该商品的销货款为9 040元。收入的现金全部送存银行,惠民百货商场的账务处理如下:

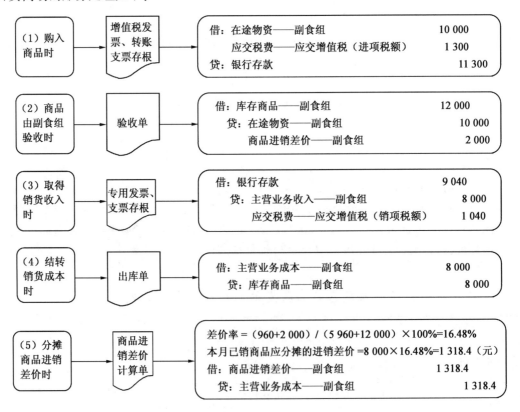

项目五 记录存货增减余、把握存货收发存

任务七 核算存货的清查

☞ 任务导入

月末,江苏环宇公司主管会计带着存货核算岗位实习生小王,参加公司存货的盘点。主管会计告诉她,为了加强存货的安全管理,提高其使用效率,公司每月对存货进行清查,以保证账实相符。清查中出现存货的盘盈盘亏,会计人员应及时查明原因,按照规定程序报批处理。

知识准备

一、认知存货清查

存货清查是指通过对存货的实地盘点,确定存货的实有数量,并与账面结存数核对,从而确定存货实存数与账面结存数是否相符的一种方法。

由于存货种类繁多、收发频繁,在日常收发过程中可能发生计量错误、计算错误、自然损耗,还可能发生损坏变质以及贪污、盗窃等情况,造成账实不符,形成存货的盘盈、盘亏。对于存货的盘盈、盘亏,应填写"存货盘点报告表"(账存实存对比表),及时查明原因,按照规定程序报批处理。

二、"待处理财产损溢"会计科目

(1)定义:核算企业在清查财产过程中查明的各种财产盘盈、盘亏和毁损的价值。物资在运输途中发生的非正常短缺与损耗,也通过本科目核算。

(2)核算内容:借方登记财产的盘亏、毁损数额及盘盈的转销数额;贷方登记财产的盘盈数额及盘亏的转销数额;本科目处理前的借方余额反映企业尚未处理财产的净损失,本科目处理前的贷方余额反映企业尚未处理财产的净溢余。处理完毕后,本科目应无余额。

(3)明细分类账的设置:按待处理财产的类别进行明细核算。

待处理财产损溢——待处理流动资产损溢
　　　　　　　——待处理固定资产损溢

三、一般账务处理

(一) 存货盘盈的业务节点与账务处理

业务节点	账务处理
存货盘盈,批准处理前	企业发生存货盘盈时,在查明原因、报经批准之前应按盘盈金额,借记"原材料"等科目,贷记"待处理财产损溢——待处理流动资产损溢"科目
批准处理后	在报经批准后应按盘盈金额,借记"待处理财产损溢——待处理流动资产损溢"科目,贷记"管理费用"等科目

(二) 存货盘亏及毁损的业务节点与账务处理

业务节点	账务处理
存货盘亏、毁损,批准处理前	企业发生存货盘亏时,在报经批准前应按盘亏金额,借记"待处理财产损溢——待处理流动资产损溢"等科目,贷记"原材料"科目。若材料系非正常损失的部分,还应将所承担的增值税进项税额予以转出
批准处理后	在报经批准后,对于入库的残料价值,借记"原材料"等科目;对于应由保险公司和过失人支付的赔款,借记"其他应收款"科目;扣除残料价值和应由保险公司、过失人赔款后的净损失,属于一般经营损失的部分,借记"管理费用"科目,属于非正常损失的部分,借记"营业外支出——非正常损失"科目;按盘亏金额,贷记"待处理财产损溢——待处理流动资产损溢"科目

☞ **税法链接**

《企业资产损失所得税税前扣除管理办法》

第二十六条 存货盘亏损失,为其盘亏金额扣除责任人赔偿后的余额,应依据以下证据材料确认:

(一) 存货计税成本确定依据;
(二) 企业内部有关责任认定、责任人赔偿说明和内部核批文件;
(三) 存货盘点表;
(四) 存货保管人对于盘亏的情况说明。

任务实施

任务实施一：存货盘盈的处理

2019年6月20日,江苏环宇公司月末进行盘点,发现盘盈A材料30千克,金额60元。6月30日,经查明是由于企业内部计量原因,经领导批准作为管理费用处理。

步骤一:6月20日,收集、整理、审核存货盘点报告表,对盘盈A材料进行账务处理:

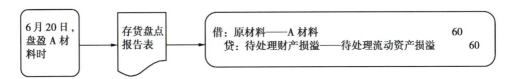

步骤二:6月30日,收集、审核存货盘点结果处理意见书,对盘盈A材料的处置进行账务处理:

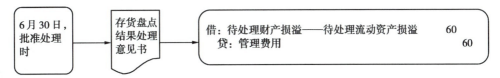

任务实施二:存货盘亏的处理

2019年7月20日,江苏环宇公司B材料因洪水毁损一批,其实际成本为40 000元。7月30日,保险公司同意赔偿损失21 000元,产品残料估价2 000元入库,其余的损失,经批准计入营业外支出。

步骤一:7月20日,收集、整理、审核存货盘点报告表,对材料毁损事项进行账务处理:

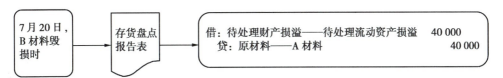

步骤二:7月30日,收集、整理、审核理赔单、入库单、存货盘点结果处理意见书,对毁损事项处理结果进行账务处理:

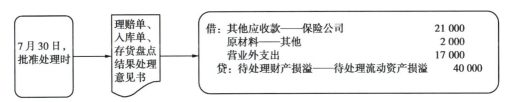

☞ 提醒你

《增值税暂行条例实施细则》所称非正常损失,是指因管理不善造成被盗、丢失、霉烂变质的损失。它们的进项税额是要求转出的,而自然灾害所造成的损失不属于非正常损失,进项税额不需要转出。

任务八　核算存货的减值准备

☞ 任务导入

实习生小王,在参加公司存货盘点时发现,有些存货的进价是 28 元/千克,而最新的市场价格只有 24 元/千克,每千克足足赔了 4 元。对于这样的因市场价格下跌而引起的损失,企业应如何进行核算呢?这是我们会计人员应掌握的知识与技能。

知识准备

存货跌价准备
(微课)

一、认知存货的减值

存货的减值是指因各种原因,存货的价值发生了下降,可变现净值已低于其取得成本。

二、可变现净值

可变现净值是指在正常生产经营过程中,以存货的估计售价减去至完工估计将要发生的成本、估计的销售费用以及相关税金后的金额。

三、成本与可变现净值孰低法

成本与可变现净值孰低法,指对期末存货按照成本与可变现净值两者之中较低者计价的方法。即当成本低于可变现净值时,期末存货按成本计价;当可变现净值低于成本时,期末存货按可变现净值计价。此时应当计提存货跌价准备,计入当期损益。

四、"存货跌价准备"会计科目

(1)定义:核算存货计提的存货跌价准备。
(2)核算内容:贷方登记存货可变现净值低于成本的差额;借方登记转回已计提的存货跌价准备恢复的金额;本科目的贷方余额反映已计提但尚未转销的存货跌价准备。
(3)明细分类账的设置:可按存货项目或类别进行明细核算。

五、计提存货减值业务节点与账务处理

期末比较存货的成本与可变现净值,计算出应计提的存货跌价准备金,然后将其与"存

货跌价准备"账户的余额进行比较。

业务节点	账务处理
期末存货成本低于可变现净值时	若期末存货的成本低于可变现净值时,无须进行账务处理
期末存货成本高于可变现净值时	当存货成本高于其可变现净值时,应按照存货可变现净值低于成本的差额,借记"资产减值损失——计提的存货跌价准备"科目,贷记"存货跌价准备"科目
	转回已计提的存货跌价准备金时,按恢复增加的金额,借记"存货跌价准备"科目,贷记"资产减值损失——计提的存货跌价准备"科目
	企业结转存货销售成本时,对于已计提存货跌价准备的,冲减已计提的存货跌价准备和主营业务成本,借记"存货跌价准备"科目,贷记"主营业务成本"等科目

任务实施：核算存货的减值准备

江苏环宇公司采用"成本与可变现净值孰低法"进行存货的计价核算,假设该公司2019年3月购入的某项存货的年末账面成本为380 000元,预计可变现净值为350 000元;2020年6月30日,该存货仍在仓库,预计可变现净值为340 000元;假设2020年年末该存货还在仓库,但可变现净值有所恢复,预计可变现净值为365 000元。

步骤一：2019年年末,收集、整理商品报价单,编制可变现净值计算表,对发生的存货跌价损失进行账务处理：

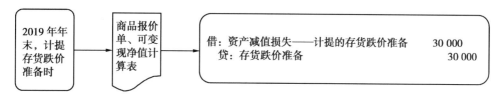

步骤二：2020年6月30日,收集整理商品报价单,编制可变现净值计算表,对发生的存货跌价损失进行账务处理：

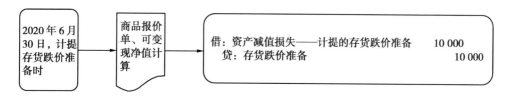

步骤三：2020年年末,收集、整理商品报价单,编制可变现净值计算表,对发生的存货跌价损失进行账务处理：

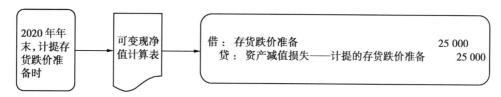

【企业案例研究】

獐子岛集团股份有限公司人为调整利润、掩饰交易或事实警示

企业会计准则
第1号——存货

2019年7月9日,中国证监会对獐子岛下发《中国证券监督管理委员会行政处罚及市场禁入事先告知书》。经中国证监会调查显示,之前獐子岛公告声称的扇贝绝收只是其财务舞弊行为的掩饰,其财务舞弊手法主要包括:

(1) 虚增、虚减营业成本

调查发现,獐子岛公司2016年度账面结转捕捞面积较实际捕捞面积少13.93万亩,致使公司虚减营业成本6 002.99万元;2017年度账面结转捕捞面积较实际捕捞区域面积多5.79万亩,由此,獐子岛公司2017年度虚增营业成本6 159.03万元。

(2) 虚减营业外支出

獐子岛2016年年初和2017年年初库存图显示,部分2016年有记载的库存区域虽然在2016年未显示采捕轨迹,但公司在2016年年底重新进行了底播,部分2016年有记载的库存区域虽然在2016年、2017年均未显示采捕轨迹,但公司在2017年年底重新进行了底播,上述两部分区域应重新核算成本,并对既往库存成本作核销处理,分别致使2016年、2017年账面虚减营业外支出7 111.78万元、4 187.27万元,进而虚增当年相应金额的资产和利润。

(3) 虚增资产减值损失

獐子岛未如实反映扇贝核销及计提存货跌价准备的客观情况。2018年公司对107.16万亩虾夷贝库存进行核销,对24.30万亩虾夷贝库存进行减值。然而调查显示,核销海域中,2014年、2015年、2016年底播虾夷贝分别有20.85万亩、19.76万亩和3.61万亩已在以往年度采捕,致使虚增营业外支出24 782.81万元,占核销金额的42.91%;减值海域中,2015年、2016年底播虾夷贝分别有6.38万亩、0.13万亩已在以往年度采捕,致使虚增资产减值损失1 110.52万元,占减值金额的18.29%。

(4) 虚增、虚减利润总额

综上,獐子岛公司2016年度虚增利润13 114.77万元,占当期披露利润总额的158.15%;2017年度虚减利润27 865.09万元,占当期披露利润总额的38.57%。

(5) 掩饰交易或事实

通过对年报、相关财务明细、采捕面积测算数据等资料的调查,证监会确认獐子岛没有对其2017年全年业绩与预期存在较大差距的情况进行及时披露。2018年1月初,本应在情况察觉2日内披露的信息,獐子岛迟至2018年1月30日才予以披露,涉嫌未及时披露信息。

证监会决定对獐子岛集团股份有限公司给予警告,并处以60万元罚款;对相关责任人员给予警告并合计罚款141万元。

思考: 獐子岛集团股份有限公司通过什么财务舞弊手法人为调整利润总额?企业在存货管理中应采取哪些措施加强管理?

项目五 记录存货增减余、把握存货收发存

行业发展动态——
业财一体化

职业能力提升——
存货管理

项目六

认知金融资产、计量对外投资

 学习目标

能力目标
- 能说出交易性金融资产核算的科目设置；
- 能对交易性金融资产业务流程各个环节进行会计核算；
- 能说出企业合并的类型；
- 能说出长期股权投资初始投资成本的内容；
- 能说出控制、共同控制与重大影响三者之间的关系；
- 能对长期股权投资成本法与权益法的账务进行会计处理；
- 能描述长期股权投资的减值迹象；
- 能说出股票股利的处理。

素质目标
- 投资有风险，理财需谨慎；
- 术业有专攻，职业有操守。

会计岗位职责——资金管理岗

会计文化——"帐"与"账"

任务一　核算交易性金融资产

☞ **任务导入**

　　企业在生产经营过程中，会有一些暂时闲置的资金存放在银行里。如何获取超过银行活期存款利率更高的收益？如何让暂时闲置的资金产生更大的收益？在金融市场日臻完善的今天，市场上确实存有很多机会，把握机会，在二级市场购入股票、债券、基金等金融资产是实现资金收益最大化的选项之一。如何正确地确认、计量企业以赚取差价为目的购入的股票、债券、基金也是我们应学习、掌握的内容之一。

知识准备

金融资产,是指企业持有的现金、其他方的权益工具以及符合下列条件之一的资产:

(1) 从其他方收取现金或其他金融资产的合同权利。例如,企业的银行存款、应收账款、应收票据和贷款等均属于金融资产。再如,预付账款不是金融资产,因其产生的未来经济利益是商品或服务,不是收取现金或其他金融资产的权利。

(2) 在潜在有利条件下,与其他方交换金融资产或金融负债的合同权利。例如,企业持有的看涨期权或看跌期权等。

(3) 将来须用或可用企业自身权益工具进行结算的非衍生工具合同,且企业根据该合同将收到可变数量的自身权益工具。

(4) 将来须用或可用企业自身权益工具进行结算的衍生工具合同,但以固定数量的自身权益工具交换固定金额的现金或其他金融资产的衍生工具合同除外。其中,企业自身权益工具不包括应当按照《企业会计准则第 37 号——金融工具列报》分类为权益工具的可回售工具或发行方仅在清算时才有义务向另一方按比例交付其净资产的金融工具,也不包括本身就要求在未来收取或交付企业自身权益工具的合同。

在企业全部资产中,库存现金、银行存款、应收账款、应收票据、贷款、其他应收款、应收利息、债权投资、股权投资、基金投资及衍生金融资产等统称为金融资产。

企业应当根据管理金融资产的业务模式和金融资产的合同现金流量特征,对金融资产进行合理分类。《企业会计准则第 22 号——金融工具确认和计量》(2017) 将金融资产划分为以下三类。

1. 以摊余成本计量的金融资产

企业应当将同时符合下列条件的金融资产分类为以摊余成本计量的金融资产:(1) 管理该金融资产的业务模式是以收取合同现金流量为目标。(2) 该金融资产的合同条款规定,在特定日期产生的现金流量,仅为对本金和以未偿付本金金额为基础的利息的支付。如债权投资的合同现金流量包括投资期间各期应收的利息和到期日收回的本金等;其他属于以摊余成本计量的金融资产性质的资产还有"贷款""应收账款"等。

2. 以公允价值计量且其变动计入其他综合收益的金融资产

企业应当将同时符合下列条件的金融资产分类为以公允价值计量且其变动计入其他综合收益的金融资产:(1) 管理该金融资产的业务模式,既以收取合同现金流量为目标又以出售该金融资产为目标。(2) 该金融资产的合同条款规定,在特定日期产生的现金流量,仅为对本金和以未偿付本金金额为基础的利息的支付,如其他债权投资。

3. 以公允价值计量且其变动计入当期损益的金融资产

企业应当将除上述分类为以摊余成本计量的金融资产和以公允价值计量且其变动计入其他综合收益的金融资产之外的金融资产,分类为以公允价值计量且其变动计入当期损益的金融资产。

对金融资产的分类一经确定,不得随意变更。

金融资产(微课)

一、以公允价值计量且其变动计入当期损益金融资产的认知

未划分为以摊余成本计量的金融资产和以公允价值计量且其变动计入其他综合收益的金融资产之外的金融资产,应分类为以公允价值计量且其变动计入当期损益的金融资产,其主要表现为交易性金融资产。

(一)交易性金融资产

满足以下条件之一的金融资产,应当划分为交易性金融资产:

(1)取得该金融资产的目的,主要是为了近期内出售。例如,企业以赚取差价为目的从二级市场购入的股票、债券和基金等。

(2)属于进行集中管理的可辨认金融工具组合的一部分,且有客观证据表明企业近期采用短期获利方式对该组合进行管理。在这种情况下,即使组合中有某个组成项目持有的期限稍长也不受影响。

(3)属于衍生工具。如国债期货、远期合同。

> **扩展知识**
>
> 衍生工具:由另一种证券(股票、债券、货币或者商品)构成或衍生而来的交易。衍生工具包括远期合同、期货合同、互换和期权,以及具有远期合同、期货合同、互换和期权中一种或一种以上特征的工具。期权是一种最典型的衍生工具。

(二)直接指定为以公允价值计量且其变动计入当期损益的金融资产

企业不能随意将某项金融资产直接指定为以公允价值计量且其变动计入当期损益的金融资产。只有在满足一定的条件时,企业才能将某项金融资产直接指定为以公允价值计量且其变动计入当期损益的金融资产。在一般的工商企业里,这类金融资产很少出现,故不多叙述。

企业会计准则第22号—金融工具确认和计量

二、核算交易性金融资产会计科目

(一)"交易性金融资产"科目

(1)定义:核算企业为交易目的所持有的债券投资、股票投资、基金投资等交易性金融资产的公允价值。

(2)核算内容:借方登记企业取得交易性金融资产的公允价值和资产负债表日交易性金融资产的公允价值高于其账面余额的差额;贷方登记资产负债表日交易性金融资产的公允价值低于其账面余额的差额和出售交易性金融资产时结账的账面余额;期末借方余额,反映企业持有的交易性金融资产的公允价值。

(3)明细分类账的设置:按交易性金融资产的类别和品种,分别对"成本""公允价值变动"等进行明细核算。如:

交易性金融资产——××股票(成本)
　　　　　　　　——××股票(公允价值变动)
　　交易性金融资产——××债券(成本)
　　　　　　　　——××债券(公允价值变动)

(二)"公允价值变动损益"科目

(1)定义:核算企业交易性金融资产、交易性金融负债,以及采用公允价值模式计量的投资性房地产、衍生工具、套期保值业务等公允价值变动形成的应计入当期损益的利得或损失。

(2)核算内容:贷方登记资产负债表日企业交易性金融资产的公允价值高于其账面余额的差额;借方登记资产负债表日企业交易性金融资产的公允价值低于其账面余额的差额;期末,应将本科目余额转入"本年利润"科目,结转后本科目无余额。

(3)明细分类账的设置:可按交易性金融资产、交易性金融负债、投资性房地产等进行明细核算。如:公允价值变动损益——交易性金融资产
　　　　　　　　　　　　　——交易性金融负债
　　　　　　　　　　　　　——投资性房地产

(三)应收利息

(1)定义:核算企业交易性金融资产、债权投资、其他债权投资资产等应收取的利息,但企业购入的一次还本付息的持有至到期投资持有期间取得的利息,在"债权投资"科目核算。

(2)核算内容:借方登记企业因购买并持有交易性金融资产、债权、其他债权投资期间,根据合同或协议规定应向债务人收取的利息;贷方登记实际收到的利息;期末借方余额,反映企业尚未收回的利息。

(3)明细分类账的设置:按被投资单位或借款人进行明细核算。如:应收利息——××公司债券。

(四)应收股利

(1)定义:核算企业应收取的现金股利和应收取其他单位分配的利润。

(2)核算内容:借方登记企业购买并持有交易性金融资产、其他权益工具投资或其他对外投资应向被投资单位收取的现金股利;贷方登记实际收到的股利;期末借方余额,反映企业尚未收回的现金股利或利润。

(3)明细分类账的设置:可按被投资单位进行明细核算。如:应收股利——××公司。

小知识　公允价值:公允价值亦称公允市价、公允价格,是指熟悉情况的买卖双方在公平交易的条件下所确定的价格,或无关联的双方在公平交易的条件下一项资产可以被买卖的成交价格。

二、交易性金融资产的业务节点与账务处理

　　企业初始确认金融资产和金融负债,应当按照公允价值计量。对于以公允价值计量且其变动计入当期损益的金融资产和金融负债,相关交易费用应当直接计入当期损益;对于其

他类别的金融资产和金融负债,相关交易费用应当计入初始确认金额。

交易费用,是指可直接归属于购买、发行或处置金融工具的增量费用。增量费用是指企业没有发生购买、发行或处置相关金融工具的情形就不会发生的费用,包括支付给代理机构、券商、证券交易所、政府有关部门等的手续费、佣金、相关税费以及其他必要支出。

企业取得金融资产所支付的价款中包含的已宣告但尚未发放的现金股利或已到付息期但尚未领取的利息,应当单独确认为应收项目处理。

业务节点	账务处理
取得时	企业取得交易性金融资产,按其公允价值,借记"交易性金融资产"科目(成本),所付的价款中包含的已宣告但尚未发放的现金股利或已到付息期但尚未领取的债券利息,应当单独确认为应收项目,借记"应收股利(利息)";按实际支付的金额,贷记"其他货币资金——存出投资款"等科目。 对于发生的交易费用,借记"投资收益"科目,按支付交易费用取得增值税专用发票注明的增值税,借记"应交税费——应交增值税(进项税额)";按实际支付的金额,贷记"其他货币资金——存出投资款"等科目
持有期间,被投资单位宣告发放股利或出现已到付息期但尚未领取的债券利息时	(1) 如交易性金融资产是股票,则持有期间被投资单位宣告发放的现金股利,借记"应收股利",贷记"投资收益"。 (2) 如交易性金融资产是分期付息、一次还本的债券,则要在资产负债表日按债券投资的票面利率计算的利息,借记"应收利息"科目,贷记"投资收益"科目。 注:企业只有在同时满足三个条件时,才能确认交易性金融资产所取得的股利或利息收入并计入当期损益:一是企业收取股利或利息的权利已经确立(例如被投资单位已宣告发放);二是与股利或利息相关的经济利益很可能流入企业;三是股利或利息的金额能够可靠计量
持有期间的资产负债表日,交易性金融资产公允价值发生变动时	资产负债表日,不管是股票还是债券,如交易性金融资产的公允价值高于其账面余额的差额,借记"交易性金融资产(公允价值变动)"科目,贷记"公允价值变动损益"科目;公允价值低于其账面余额的差额做相反的会计分录
出售时	出售交易性金融资产,应按实际收到的金额,借记"其他货币资金——存出投资款"等科目,按该金融资产的账面余额的成本部分,贷记"交易性金融资产——成本"科目,按照该金融资产的账面余额的公允价值变动部分,贷记或借记"交易性金融资产——公允价值变动"科目,按照其差额,贷记或借记"投资收益"科目
转让金融商品应交增值税	根据"全面营改增"的要求,金融商品转让按照卖出价扣除买入价(不需要扣除已宣告未发放现金股利和已到付息期未领取的利息)后的余额作为销售额计算增值税,即转让金融商品盈亏相抵后的余额为销售额。 转让金融资产当月月末,如产生转让收益,则按应纳税额,借记"投资收益"等科目,贷记"应交税费——转让金融商品应交增值税"科目;如产生转让损失,则按可结转下月抵扣税额,借记"应交税费——转让金融商品应交增值税"科目,贷记"投资收益"等科目。 年末,如果"应交税费——转让金融商品应交增值税"科目有借方余额,说明本年度的金融商品转让损失无法弥补,且本年度的金融资产转让损失不可转入下年度继续抵减转让金融资产的收益,应将"应交税费——转让金融商品应交增值税"科目的借方余额转出,借记"投资收益"等科目,贷记"应交税费——转让金融商品应交增值税"科目

小知识 已到付息期但尚未领取的利息:它是分期付息、到期一次还本的债券,由于利息的到期日与支付日不一致所造成的。

例:设 ABC 公司 2018 年 1 月 1 日发行"面值 1 000 000 元、期限 3 年、票面利率 6%、每年付息一次"的债券,约定利息在第二年的 1 月 5 日支付。该债券 2018 年的利息到期日为 12 月 31 日,支付日则是 2019 年 1 月 5 日。如果某企业在 2019 年 1 月 3 日按 1 060 000 元价格购入该债券,则购买人不仅取得该债券,而且还取得收取该债券 2018 年利息的权利,买价中就存在已到付息期但尚未领取的利息 60 000 元。

购买价款中包含的已到付息期但尚未领取的利息,单独确认为应收项目,而不构成金融资产的初始入账金额。

已宣告但尚未发放的现金股利:它是指上市公司股东大会已审核通过并对外宣告向股东发放现金股利,但由于宣告日、股权登记日、除权除息日与股利支付日不一致,导致投资者在宣告日与除权除息日之间购买股票时,不仅取得了股票,而且还取得收取股利的权利,支付的买价中就包含了已宣告但尚未发放的现金股利。

例:ABC 公司于 2018 年 3 月 3 日召开股东大会,审核通过向股东发放 0.8 元/股现金股利并对外宣告,约定股权登记日是 3 月 23 日、除权除息日是 3 月 24 日、股利支付日是 3 月 27 日。如果某企业在 3 月 3 日至 3 月 23 日之间的某一个交易日按 11.8 元/股的价格购入 ABC 公司股票 10 000 股,则买价中就包含了已宣告但尚未发放的现金股利 8 000 元。

购买价款中包含的已宣告但尚未发放的现金股利单独确认为应收项目,而不构成金融资产的初始入账金额。

任务实施

任务实施一:核算从二级市场购入以赚取差价为目的的股票

2019 年 5 月 12 日,江苏环宇公司从上海证券交易所购入 AB 公司发行的股票 100 000 股,作为交易性金融资产,取得时公允价值为每股 10.6 元(含已宣告但尚未发放的现金股利为 0.6 元),另支付交易费用 1 000 元,专用发票注明增值税 60 元。

5 月 23 日,收到最初支付价款中所含现金股利。

6 月 30 日,该股票公允价值为每股 13 元。

8 月 15 日,将该股票全部处置,每股 15 元,相关税费 3 000 元(含专用发票注明增值税 120 元)。

8 月 31 日,设江苏环宇公司只有一笔出售"交易性金融资产——股票"的业务,计征"转让金融商品应交增值税"。

步骤一:2019 年 5 月 12 日,收集、整理、审核公司投资决议和交割单等原始凭证。

交 割 单

营业部名:华泰证券有限责任公司
股东姓名:江苏环宇公司
资金账户:588983333
当前币种:人民币

成交日期	证券代码	证券名称	操作	成交数量	成交均价	成交金额	手续费	印花税	其他杂费	发生金额	账户	市场名称
2019.5.12	007654	AB公司	买入	100 000	10.6	1 060 000	1 000			1 061 000	A003267	上海A股

步骤二:对购入交易性金融资产业务进行账务处理:

借:交易性金融资产——AB公司(成本)　1 000 000
　　应收股利　　　　　　　　　　　　　　60 000
　　投资收益　　　　　　　　　　　　　　 1 000
　　应交税费——应交增值税(进项税额)　　　60
　贷:其他货币资金——存出投资款　　　　1 061 060

步骤三:2019年5月23日,收集、整理、审核现金股利交割单据,对收到现金股利业务进行账务处理:

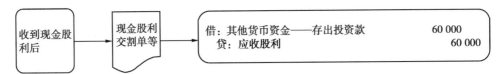

借:其他货币资金——存出投资款　　60 000
　贷:应收股利　　　　　　　　　　　60 000

步骤四:2019年6月30日,收集AB公司在市场上的收盘价格,编制公允价值变动损益计算表,确认公允价值变动损益:

公允价值变动损益计算表
2018年6月30日

股票名称	账面价值	公允价值	公允价值变动损益
AB公司	1 000 000	1 300 000	300 000

步骤五:对确认公允价值变动损益进行账务处理:

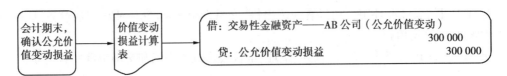

借:交易性金融资产——AB公司(公允价值变动)
　　　　　　　　　　　　　　　　　　300 000
　贷:公允价值变动损益　　　　　　　300 000

步骤六:2019年8月15日,收集、整理、审核出售交易性金融资产决议、交割单据等原始单据,对出售交易性金融资产业务进行账务处理:

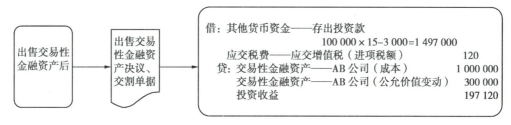

步骤七:2019年8月31日,计征转让金融商品应交增值税:

任务实施二:核算二级市场购入以赚取差价为目的的债券

2019年1月2日,兴隆公司从二级市场支付价款1 020 000元购入BE公司发行的债券,(含已宣告但尚未发放的利息20 000元),另发生交易费用20 000元,专用发票注明增值税1 200元。该债券面值1 000 000元,剩余期限为2年,票面年利率为4%,每半年付息一次,兴隆公司将其划分为交易性金融资产。

2019年1月5日,收到该债券2018年下半年利息。

2019年6月30日,该债券的公允价值为1 150 000元(不含利息)。

2019年7月5日,收到2018年上半年债券利息。

2019年9月3日,将该债券出售,价格1 182 000元,手续费2 000元(含增值税的)。

步骤一:2019年1月2日,收集、整理、审核投资决议或授权书、交割单等单据,并对购入债券业务进行账务处理:

步骤二:2019年1月5日,收集、整理、审核利息收入交割单,并对收到的利息和按贷款服务项目计征的增值税进行账务处理:

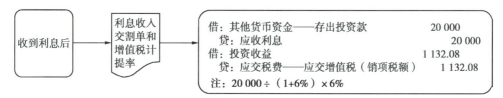

步骤三:2019年6月30日,编制、审核利息计算单和公允价值变动损益计算表,确认计量债券的利息收入及应交增值税,同时确认公允价值变动的损益,并进行账务处理:

步骤四：2019 年 7 月 5 日，收集、整理、审核利息收入交割单，并对收到的 2019 年上半年的利息进行账务处理：

步骤五：2019 年 9 月 3 日，收集、整理、审核投资决议或授权书、交割单等单据，并对出售交易性金融资产业务进行账务处理：

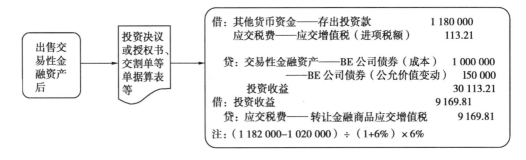

任务二　核算债权投资

▶ 任务导入

企业为规避风险，追求稳定的收益，使用闲置的资金经常购入一些政府、企业债券，并持有至到期。对于这类业务，也应进行会计核算。会计人员应对企业的投资进行分类确认，确定设置哪些会计科目，明确相关的计量原则，掌握完整的业务流程的核算。

知识准备

一、债权投资的认知

债权投资是企业购入并管理以收取合同现金流量为目标，而且在特定日期收取的现金流量仅是本金和以未偿付本金金额为基础计算的利息的金融资产。

（一）债权投资的特点

1. 企业管理该金融资产的业务模式是以收取合同现金流量为目标

企业投资目的,是收取相关合同所规定的现金流量;而且相关的合同,明确规定了投资者在确定的时间内获得或应收取现金流量(例如,投资本金和利息)的金额和时间。

2. 该金融资产的合同条款规定,在特定日期产生的现金流量,仅为对本金和以未偿付本金金额为基础的利息的支付

企业收取的现金流量,仅仅是投资的本金和以未偿付投资本金金额为基础计算的利息。

3. 债权投资应按摊余成本计量

摊余成本是在某金融资产初始成本金额的基础上,按下列调整后的结果确定：（1）扣除已偿还的本金。（2）加上或减去采用实际利率法将该初始确认金额与到期日金额之间的差额进行摊销形成的累计摊销额。（3）扣除累计计提的信用减值准备。

（二）债权投资种类

债权投资作为一种收取合同现金流量投资,其主要表现形式是购买债券,其购买的债券有分期付息、一次还本债券和到期一次还本付息债券。两种不同债券所实现的现金流量略有不同。

（1）分期付息、一次还本债券又称附息债券或息票债券,是在债券到期以前按约定的日期分次按票面利率支付利息,到期再偿还债券本金。分次付息一般分按年付息、半年付息和按季付息三种方式。其现金流量是持有期间定期收回利息,到期收回本金。

（2）到期一次还本付息的债券是指在债务期间不支付利息,只在债券到期后按规定的利率一次性向持有者支付利息并还本的债券。其现金流量是持有期没有现金流入,在债券到期时一并收回本金和利息。

二、核算债权投资的会计科目

按《企业会计准则》规定,核算债权投资的会计科目是"债权投资",用于核算企业持有至到期投资的摊余成本。而对于不同的债券,仅仅是其所设置的明细科目不同。

小知识 一般情况下,债权投资的摊余成本就是其账面价值。

（一）核算分期付息、到期一次还本债券投资的明细分类账的设置

按债权投资的类别和品种,分别对"成本""利息调整"进行明细核算。

债权投资——××公司债券(成本)

　　　　——××公司债券(利息调整)

（二）核算到期一次还本付息债券投资的明细分类账的设置

按债权投资的类别和品种,分别对"成本""利息调整""应计利息"进行明细核算。

债权投资——××公司债券(成本)
　　　　　　　　　　(利息调整)
　　　　　　　　　　(应计利息)

> ☞ 提醒你
>
> 应收利息与应计利息的不同：
> "应收利息"：是核算已到付息期但尚未领取的利息，它存在于分期付息、一次还本的债券。
> "应计利息"：其英文为：accrued interest。亦称待付利息，是到期一次还本付息债券发行之后，按票面金额和票面利率计算的从发行日开始计算的债券该付未付的利息。到期一次还本付息债券，由于其约定的是到期(一次还本)付息，在债券的持有期间，没有已到付息期但尚未领取的利息，只有未到期的利息，即应计利息。

三、核算债权投资的业务节点与账务处理

(一) 分期付息、到期一次还本债券投资的业务节点与账务处理

业务节点	账务处理
取得时	企业取得的债权投资，按取得时支付的购买价款和相关税费作为成本进行初始计量，即按该投资的面值，借记"债权投资——成本"科目，按支付交易费用取得的专用发票注明的增值税，借记"应交税费——应交增值税(进项税额)"科目，按实际支付的金额，贷记"银行存款"等科目，按其差额，借记或贷记"债权投资——利息调整"科目。如实际支付的金额中包含了已到付息期但尚未支付的利息，应计入"应收利息"科目。 注：购买债券支付的手续费计入债权投资的初始成本
持有期间	资产负债表日，债权投资为分期付息、一次还本债券投资的，应按票面利率计算确定的应收未收利息，借记"应收利息"科目，按债权投资摊余成本和实际利率计算确定的利息收入，贷记"投资收益"科目，按其差额，借记或贷记"债权投资——利息调整"科目。 应收利息 = 债券面值 × 票面利率 × 期限(名义利息收入) 利息收入(投资收益) = 债权投资摊余成本(该年债权投资总账的年初余额) × 实际利率 × 期限 同时，对利息收入按贷款服务项目计提增值税，借记"投资收益"科目，贷记"应交税费——应交增值税(销项税额)"科目
持有至到期	如持有至到期，企业应收回本金和最后一期的利息，按债券面值和最后一期的利息，借记"银行存款"等科目，按账面余额，贷记"债权投资——成本、应收利息"科目。(在债券到期时，"债权投资——利息调整"应摊销完毕，没有余额。)同时，对利息收入按贷款服务项目计提增值税，借记"投资收益"科目，贷记"应交税费——应交增值税(销项税额)"科目
如持有期间重分类	将债权投资重分类为其他债权投资的，应在重分类日按其公允价值，借记"其他债权投资——成本"科目，按其账面余额，贷记"债权投资——成本、利息调整、应计利息"科目，按其差额，借记或贷记"其他综合收益"科目。已计提减值准备的，还应同时结转减值准备，借记"债权投资减值准备"科目，贷记"其他综合收益"科目。

续表

业务节点	账务处理
出售债权投资	如持有期间出售债权投资,应按实际收到的金额,借记"银行存款"等科目,按其账面余额,贷记"债权投资——成本、利息调整、应计利息"科目,按其差额,贷记或借记"投资收益"科目。同时,对利息收入按贷款服务项目计提增值税,借记"投资收益"科目,贷记"应交税费——应交增值税(销项税额)"科目。已计提减值准备的,还应同时结转减值准备。

(二)到期一次还本付息债券投资的业务节点与账务处理

业务节点	账务处理
取得时	按该投资的面值,借记"债权投资——成本"科目,按支付交易费用取得的专用发票注明的增值税,借记"应交税费——应交增值税(进项税额)"科目,按实际支付的金额,贷记"银行存款"等科目,按其差额,借记或贷记"债权投资——利息调整"科目
持有期间	资产负债表日,债权投资为到期一次还本付息债券投资的,应按票面利率计算确定的应收未收利息,借记"债权投资——应计利息"科目,按债权投资摊余成本和实际利率计算确定的利息收入,贷记"投资收益"科目,按其差额,借记或贷记"债权投资——利息调整"科目。 债权投资——应计利息 = 债券面值×票面利率×期限(名义利息收入) 利息收入(投资收益) = 债权投资摊余成本(该年债权投资的年初余额)×实际利率×期限
持有至到期	如持有至到期,企业应收回本金和利息,按债券面值和利息,借记"银行存款"等科目,按账面余额,贷记"债权投资——成本""债权投资——应计利息"科目。同时结转"待转销项税额",借记"应交税费——待转销项税额"科目,贷记"应交税费——应交增值税(销项税额)"科目

☞ **拓展知识**

企业购入的在活跃市场上有报价的五年期的债券,既不是以赚取差价为目的准备近期内出售,也不准备作为债权投资,则可确认为其他债权投资。

企业购入的在活跃市场上有报价的股票,既不是以赚取差价为目的准备近期内出售,也不具备对被投资单位实施控制、共同控制和施加重大影响,也应确认为其他权益工具投资。

任务实施

任务实施一:核算分期付息、一次还本债券的投资

江苏环宇公司发生债权投资的业务(不考虑所得税、减值损失等因素)如下:

2018年1月1日,支付价款1 000.06元(含交易费用,其中交易费用专用发票注明增值税0.06元)从活跃市场上购入AO公司5年期债券,面值1 250元,票面利率4.72%,按年

支付利息(即每年59元),本金最后一次支出。注:经计算,实际利率 r 为 10%。

步骤一:2018 年 1 月 1 日,收集、整理、审核投资授权书(投资决定)、债券交易交割单等单据,对购入债券进行账务处理:

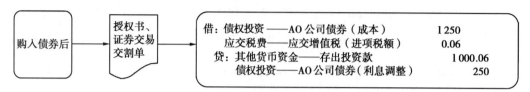

步骤二:2018 年 12 月 31 日,编制利息收入计算表,收集、整理、审核债券交易(利息收入)交割单,计算实际利息收入和应交增值税,确认收到的利息并进行账务处理。

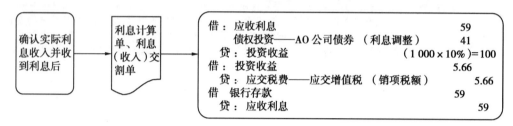

2018 年债权投资年初摊余成本		债权投资	
18 年 1 月 1 日 1 250	18 年 1 月 1 日 250	18 年 1 月 1 日	1 000
18 年 1 月 1 日 1 000		18 年 12 月 31 日	41
		18 年 12 月 31 日	1 041

应收利息(名义的利息收入) = 债券面值 × 票面利率
投资收益 = 债权投资摊余成本(该年持有至到期投资总账的年初余额) × 实际利率
利息调整 = 应收利息与投资收益的差额

步骤三:2019 年 12 月 31 日,编制利息收入计算表,收集、整理、审核债券交易(利息收入)交割单,计算实际利息收入和应交增值税,确认收到的利息并进行账务处理:

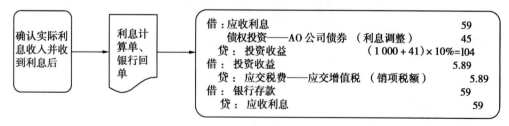

步骤四:2020 年 12 月 31 日,编制利息收入计算表,收集、整理、审核债券交易(利息收入)交割单,计算实际利息收入和应交增值税,确认收到的利息并进行账务处理:

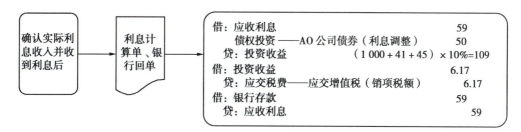

步骤五：2021 年 12 月 31 日，编制利息收入计算表，收集、整理、审核债券交易（利息收入）交割单，计算实际利息收入和应交增值税，确认收到的利息并进行账务处理：

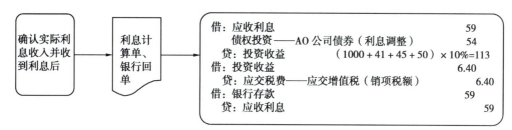

步骤六：2022 年 12 月 31 日，收集、整理、审核债券交易交割单，计算实际利息收入，确认收回本金和利息及应交增值税，并进行账务处理：

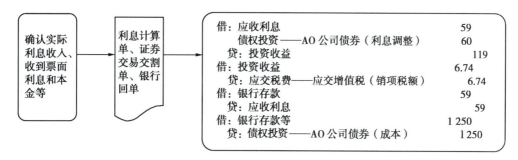

任务实施二：核算到期一次还本付息债券的投资

仍用任务实施一的资料，假定江苏环宇公司购买的债券不是分次付息，而是到期一次还本付息，且利息是以单利计算。经计算得知，债券的实际利率 r≈9.05%。

步骤一：2018 年 1 月 1 日，收集、整理、审核投资授权书（投资决定）、债券交易交割单等单据，对购入债券进行账务处理：

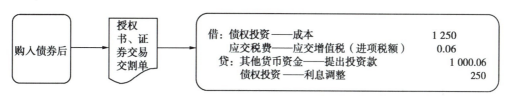

步骤二：2018 年 12 月 31 日，编制、审核利息收入计算表，确认"待转销项税额"并进行账务处理：

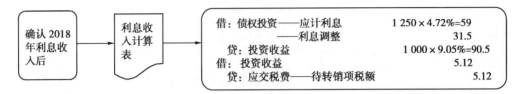

步骤三：2019 年 12 月 31 日，编制、审核利息收入计算表，确认"待转销项税额"并进行账务处理：

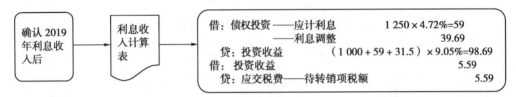

步骤四：2020 年 12 月 31 日，编制、审核利息收入计算表，确认"待转销项税额"并进行账务处理：

步骤五：2021 年 12 月 31 日，编制、审核利息收入计算表，确认"待转销项税额"并进行账务处理：

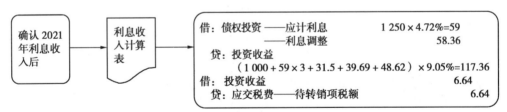

步骤六：2022 年 12 月 31 日，编制、审核利息收入计算表，结转"待转销项税额"，收集、整理、审核债券交易交割单，确认收回本金和利息，并进行账务处理：

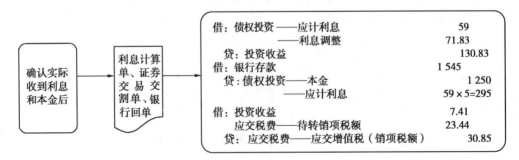

任务三 认知企业合并

任务导入

企业合并是经济快速发展时期较为常见的交易事项,而控股合并所形成的长期股权投资是企业一项重要的资产。在竞争日益激烈的今天,企业客观上需要拓宽生产经营渠道,开辟新的投资领域或市场,合并与股权投资也成为企业会计核算的重要内容之一。企业合并的动机是什么?企业合并的形式有哪些?合并后会计核算如何进行?

知识准备

企业合并,是指将两个或者两个以上单独的企业合并形成一个报告主体的交易或事项。从企业合并的定义看,是否形成企业合并,关键要看有关交易或事项发生前后,是否引起报告主体的变化。只要两个或两个以上单独的企业合并在一起,形成了新的报告主体,就是企业合并。

一、企业合并的动机

(一)扩大生产规模,达到快速扩张的目的

假设某公司通过自行购建厂房、设备的方式来扩大生产规模,不仅需要大量的资金,而且需要很长的时间,则采用企业合并的方式可以使该公司得到迅速发展。

(二)节约企业扩展的成本,缓解现金压力

以企业合并的方式扩大企业规模,不仅可以迅速获取规模经济效益,而且可以缓解资金压力,降低融资成本。尤其对资金暂时短缺的企业来说,效益更明显。

(三)提高管理人员的社会地位和市场价值

成功的企业合并能够提高企业管理人员在经理人市场中的社会地位和市场价值。

(四)防止兼并

在激烈的市场竞争中,为了防止被大企业吞并,有些公司采用先下手为强的方法通过吸收合并并购其他企业,达到保护自己、保存竞争优势的目的。

二、企业合并的形式

(一) 以合并方式为基础对企业合并的分类

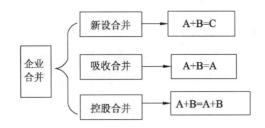

1. 新设合并

它是指企业合并中注册成立一家新的企业,由其持有原参与合并各方的资产、负债在新的基础上经营。原参与合并各方在合并后均注销其法人资格。

2. 吸收合并

它是指合并方在企业合并中取得被合并方的全部净资产,并将有关资产、负债并入合并方自身的账簿和报表进行核算。企业合并后,注销被合并方的法人资格,由合并方持有合并中取得的被合并方的资产、负债,在新的基础上继续经营。

3. 控股合并

它是指合并方(或购买方,下同)通过企业合并交易或事项取得对被合并方(或被购买方,下同)的控制权,能够主导被合并方的生产经营决策,从而将被合并方纳入其合并财务报表范围形成一个报告主体的情形。控股合并中,被合并方在企业合并后仍保持其独立的法人资格继续经营,合并方在合并中取得的是被合并方的股权。合并方在其账簿及个别财务报表中应确认对合并方的长期股权投资,合并中取得的被合并方的资产和负债仅在合并财务报表中确认。

合并方式	购买方(合并方)	被购买方(被合并方)
控股合并	取得控制权体现为"长期股权投资"	保持独立、成为子公司
吸收合并	取得对方资产并承担负债	解散
新设合并	由新成立企业持有参与合并各方资产负债	参与合并各方均解散

(二) 以是否在同一控制下进行企业合并为基础对企业合并的分类

以是否在同一控制下进行企业合并为基础,企业合并可分为同一控制下企业合并和非同一控制下的企业合并。

1. 同一控制下的企业合并

参与合并的企业在合并前后均受同一方或相同的多方最终控制且该控制是非暂时性的,为同一控制下的企业合并。

2. 非同一控制下的企业合并

参与合并的各方合并前后不受同一方或相同的多方最终控制的,为非同一控制下的企业合并。

《企业会计准则——企业合并》规定:同一控制下的企业合并以被合并方各项资产、负债的账面价值作为核算基础,一般不确认损益;非同一控制下的企业合并以被合并方各项资产、负债的公允价值作为核算基础,一般需要确认损益。

企业会计准则第20号——企业合并(微课)

任务实施

在现实生活中,企业为了扩大生产规模,常采用的方式有哪些?收集一些企业合并的案例,结合企业筹资的渠道和企业合并的相关知识,思考企业合并的动机及形式。

任务四 核算长期股权投资

> **任务导入**
>
> 江苏环宇公司准备取得A公司70%的股权,取得长期股权投资后,如何计量长期股权投资的初始投资成本?同一控制下的企业合并形成的长期股权投资如何进行账务处理?非同一控制下的企业合并形成的长期股权投资如何处理?企业合并以外的方式取得的长期股权投资如何进行会计核算?在取得长期股权投资以后,应如何进行后续的核算?会计人员应明确,在什么情况下采用长期股权投资的成本法,在什么情况下采用长期股权投资的权益法,如何运用成本法与权益法对企业长期股权投资的每一环节进行会计核算。

第一部分:长期股权投资的初始计量与核算

知识准备

长期股权投资是指投资方对被投资单位实施控制、共同控制或重大影响的权益性投资。这里所指长期股权投资包括:

(1)企业持有的能够对被投资单位实施控制的权益性投资,即对子公司投资。

(2)企业持有的能够与其他合营方一同对被投资单位实施共同控制的权益性投资,即对合营企业投资。

(3)企业持有的能够对被投资单位施加重大影响的权益性投资,即对联营企业投资。

投资方对被投资单位不具有控制、共同控制和重大影响的长期股权投资,无论是否具有活跃市场、公允价值能否可靠确定,均属于《CAS22:金融

母公司、子公司、分公司

工具确认和计量》的规范范围。

对于投资方对被投资单位不具有控制、共同控制和重大影响,且在活跃市场无报价,公允价值不能可靠确定的长期投资,作为"其他权益工具投资"核算。

一、长期股权投资初始计量原则

长期股权投资在取得时,应按初始投资成本入账。长期股权投资的初始投资成本,应分为企业合并和非企业合并两种情况确定。企业合并又分同一控制下企业合并和非同一控制下的企业合并两种情况。

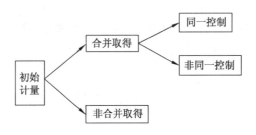

二、企业合并形成的长期股权投资的初始计量与会计核算

(一) 同一控制下的企业合并形成的长期股权投资的初始计量与会计核算

同一控制下企业合并实质是集团内部资产的重新配置与账面调拨,仅涉及集团内部不同企业间资产和所有者权益的变动,不具有商业实质,不应产生经营性损益和非经营性损益。同一控制下的企业合并形成的长期股权投资,按照取得的被合并方所有者权益在最终控制方合并财务报表中的账面价值的份额作为长期股权投资的初始投资成本。

长期股权投资
(微课)

(1) 合并方以支付现金、转让非现金资产或承担债务方式作为合并对价的,应在合并日按取得被合并方所有者权益在最终控制方合并财务报表中的账面价值的份额,借记"长期股权投资"科目(投资成本),按支付的合并对价的账面价值,贷记或借记有关资产、负债科目,按其差额,贷记"资本公积——资本溢价或股本溢价"科目;如为借方差额,借记"资本公积——资本溢价或股本溢价"科目,资本公积(资本溢价或股本溢价)不足冲减的,应依次借记"盈余公积""利润分配——未分配利润"科目。

(2) 合并方以发行权益性证券作为合并对价的,应当在合并日按取得被合并方所有者权益在最终控制方合并财务报表中的账面价值的份额,借记"长期股权投资"科目(投资成本),按照发行股份的面值总额,贷记"股本"科目,按其差额,贷记"资本公积——资本溢价或股本溢价"科目;如为借方差额,借记"资本公积——资本溢价或股本溢价"科目,资本公积(资本溢价或股本溢价)不足冲减的,应依次借记"盈余公积""利润分配——未分配利润"科目。

合并方发生的审计、法律服务、评估咨询等中介费用以及其他相关管理费用,于发生时计入当期损益。与发行债务性工具作为合并对价直接相关的交易费用,应当计入债务性工具的初始确认金额。与发行权益性工具作为合并对价直接相关的交易费用,应当冲减资本公积(资本溢价或股本溢价),资本公积(资本溢价或股本溢价)不足冲减的,依次冲减盈余公积和未分配利润。

支付对价方式	账务处理
以支付现金、转让非现金资产或承担债务方式作为合并对价的	借：长期股权投资——成本(被合并方所有者权益在最终控制方合并财务报表中的账面价值的份额) 　　贷：相关资产、负债(账面价值) 借或贷：资本公积(股本溢价)
以发行权益性证券作为合并对价的	借：长期股权投资——成本(被合并方所有者权益在最终控制方合并财务报表中的账面价值的份额) 　　贷：股本(面值) 借或贷：资本公积——股本溢价 发生的审计、法律服务、评估咨询等中介费用： 借：管理费用 　　贷：银行存款 发行权益性证券支付的手续费、佣金等应自权益性证券的溢价发行收入中扣除,溢价收入不足的,应冲减盈余公积和未分配利润： 借：资本公积——股本溢价 　　贷：银行存款

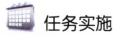

任务实施

任务实施一：

兴隆公司和乙公司同为 A 集团的子公司,2019 年 3 月 1 日,兴隆公司以银行存款取得乙公司所有者权益的 70%,同日,A 集团公司合并报表中乙公司的净资产账面价值为 1 000 万元。

(1) 若兴隆公司以银行存款 600 万元作为合并对价：

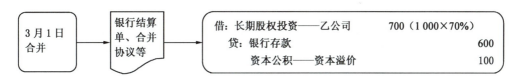

(2) 若兴隆公司以银行存款 800 万元作为合并对价：

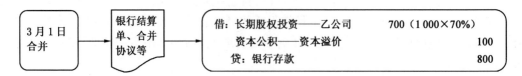

任务实施二：

2019 年 6 月 30 日，兴隆公司向同一集团内 S 公司发行 1 000 万股普通股（每股面值为 1 元，市价为 4.34 元），取得 S 公司 100% 的股权，并于当日起能够对 S 公司实施控制。合并后 S 公司仍维持其独立法人地位继续经营。集团公司合并报表中 S 公司的净资产账面价值为 2 202 万元。两公司在企业合并前采用的会计政策相同。

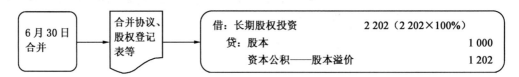

（二）非同一控制下的企业合并形成的长期股权投资的初始计量与会计核算

非同一控制下的企业合并实质是不同市场主体间的产权交易，购买方如果以转让非现金资产方式作为对价，其实质是转让或处置了非现金资产，具有商业实质性质，产生经营性或非经营性损益。

非同一控制下的控股合并中，购买方应当按照确定的企业合并成本作为长期股权投资的初始投资成本。企业合并成本包括购买方付出的资产、发生或承担的负债、发行的权益性工具或债务性工具的公允价值之和。

(1) 购买方以支付现金、转让非现金资产或承担债务方式等作为合并对价的，应在购买日按照现金、非现金货币性资产的公允价值作为初始投资成本计量确定合并成本，借记"长期股权投资"科目（投资成本），按付出的合并对价的账面价值，贷记或借记有关资产、负债科目，按发生的直接相关费用（如资产处置费用），贷记"银行存款"等科目，按其差额，贷记"主营业务收入""资产处置损益""投资收益"等科目或借记"管理费用""资产处置损益""主营业务成本"等科目。

(2) 购买方以发行权益性证券作为合并对价的，应在购买日按照发行的权益性证券的公允价值，借记"长期股权投资"科目（投资成本），按照发行的权益性证券的面值总额，贷记"股本"科目，按其差额，贷记"资本公积——资本溢价或股本溢价"科目。

企业为企业合并发生的审计、法律服务、评估咨询等中介费用以及其他相关管理费用，应当于发生时借记"管理费用"科目，贷记"银行存款"等科目。

支付对价方式	账务处理
合并方以支付现金作为合并对价的	按合并成本(付出的现金资产和直接相关费用)借记"长期股权投资——××公司",按享有被投资单位已宣告但尚未发放的现金股利或利润借记"应收股利",按实际支付的款项贷记"银行存款"。 注：支付相关税费时如取得增值税专用发票,其增值税可以抵扣
合并方以库存商品作为合并对价的	借：长期股权投资——××公司(合并成本:付出库存商品的公允价、销项税额和直接相关费用) 　　应收股利(享有被投资单位已宣告但尚未发放的现金股利或利润) 　贷：主营业务收入(库存商品的公允价) 　　　应交税费——应交增值税(销项税额) 　　　银行存款(直接相关费用) 借：主营业务成本 　贷：库存商品
合并方以固定资产作为合并对价的	非同一控制下企业合并涉及以固定资产等作为合并对价的,可先把固定资产的账面价值转入固定资产清理,其账面价值与公允价值的差额作为资产的处置损益,计入"资产处置损益",而后以固定资产的公允价值和直接相关费用作为合并成本,计入长期股权投资的初始成本。 借：固定资产清理(固定资产的账面价值) 　　累计折旧(账面余额) 　　固定资产减值准备(账面余额) 　贷：固定资产(账面余额) 借：长期股权投资(合并成本:付出固定资产的公允价和直接相关费用) 借或贷：资产处置损益(固定资产公允价与固定资产账面价值的差额) 　贷：固定资产清理(固定资产的账面价值) 　　　银行存款(直接相关费用)
合并方发行权益性证券作为合并对价的	非同一控制下企业合并以发行权益性证券作为合并对价的,应把权益性证券的公允价值和直接相关费用作为合并成本,计入长期股权投资的初始成本。其公允价值与面值的差额计入"资本公积——股本溢价"。 借：长期股权投资——××公司(合并成本:权益性证券的公允价值和直接相关费用) 　　应收股利(享有被投资单位已宣告但尚未发放的现金股利或利润) 　贷：股本(面值) 　　　资本公积——股本溢价 　　　银行存款(直接相关费用) 企业合并中发行权益性证券发生的手续费、佣金等费用应冲减资本公积——股本溢价。 借：资本公积——股本溢价 　贷：银行存款(发行权益性证券发生的手续费、佣金)

任务实施三：

甲公司和乙公司为非同一控制下的两家独立公司,2019年6月30日,甲公司以其拥有的固定资产对乙公司投资,取得乙公司60%的股权。该固定资产原值1 500万元,已累计计提折旧400万元,已计提减值准备50万元,投资日该固定资产公允价值为1 250万元。2019年6月30日乙公司的可辨认净资产公允价值为2 000万元,假定不考虑相关税费等。

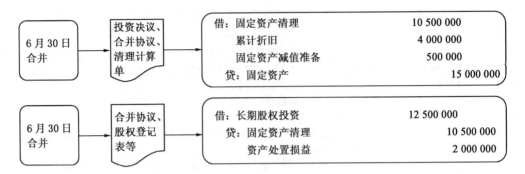

任务实施四:

甲公司和乙公司为非同一控制下的两家独立公司。2019年6月30日,甲公司以发行普通股9 000万股取得乙公司有表决权的股份60%。该股票面值为每股1元,市场发行价格为5元。向证券承销机构支付股票发行相关税费1 350万元。假定不考虑其他因素影响。

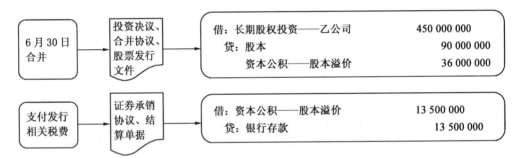

三、合并以外的方式取得的长期股权投资的初始计量

企业以非企业合并方式形成的长期股权投资,其实质是进行权益投资性质的商业交易。

> ☞ **提醒你**
>
> **如何区分"企业合并"和"非企业合并"**
>
> 两者可以从概念上进行区分:
>
> 1. 企业合并,就是一个企业控制了另一个企业,即控制企业能决定和左右被控制企业的生产经营方针、政策和决策,也就是我们通常理解的合并后形成了"母子公司"。
>
> 2. 非企业合并,就是一个企业对另外一个企业进行投资,但是投资额度还没有达到控制的程度,也就是说不能够对被投资企业形成方针、政策与决策的决定权,也就是没有形成母子公司的性质。

企业合并形式	吸收合并	只剩一个法律(会计)主体,不形成长期股权投资
	新设合并	只剩一个法律(会计)主体,不形成长期股权投资
	控股合并	仍保留两个法律(会计)主体,形成长期股权投资,且持股比例达到控制的程度,最终形成母子公司关系
非企业合并形式		一个企业对另外一个企业进行权益性投资,但持股比例没有达到控制程度。可能使用的会计科目:长期股权投资(共同控制、重大影响)、其他权益工具投资

（1）以支付现金取得的长期股权投资，应当按照实际支付的购买价款作为初始投资成本，包括与取得长期股权投资直接相关的费用、税金及其他必要支出，但不包括应自被投资单位收取的已宣告但尚未发放的现金股利或利润。

（2）以发行权益性证券取得的长期股权投资，应当按照发行权益性证券的公允价值作为初始投资成本，但不包括应自被投资单位收取的已宣告但尚未发放的现金股利或利润。为发行权益性证券支付的手续费、佣金等与发行直接相关的费用，不构成长期股权投资的初始投资成本。这部分费用应自所发行证券的溢价发行收入中扣除，溢价收入不足冲减的，应依次冲减盈余公积和未分配利润。

投资方通过发行债务性证券（债务性工具）取得长期股权投资的，比照通过发行权益性证券（权益性工具）处理。

（3）以非货币性资产交换、债务重组等方式取得的长期股权投资，其初始投资成本的确定应当分别按照《企业会计准则第 7 号——非货币性资产交换》《企业会计准则第 12 号——债务重组》的有关规定进行会计处理。

支付对价方式	账务处理
以支付现金取得的长期股权投资	借：长期股权投资——成本（实际支付的购买价款、股权过户等相关税费） 　　应收股利（支付价款中包含的已宣告但尚未发放的现金股利） 　贷：银行存款 注：支付相关税费时如取得增值税专用发票，其增值税可以抵扣。另外，为进行长期股权投资而聘请第三方机构进行审计支付的审计费用等，直接计入"管理费用"。
以发行权益性证券方式取得的长期股权投资	借：长期股权投资——成本（所发行权益性证券的公允价值＋过户等交易税费） 　贷：股本（面值） 　　　资本公积——股本溢价 　　　银行存款 发行权益性证券支付的手续费、佣金等应自权益性证券的溢价发行收入中扣除，溢价收入不足的，应冲减盈余公积和未分配利润： 借：资本公积——股本溢价 　贷：银行存款

任务实施

任务实施一：核算以现金支付对价的方式取得的长期股权投资

江苏环宇公司于 2018 年 12 月 10 日买入 A 公司 30% 的股份，实际支付买入价款和手续费等共计 8 200 000 元（其中增值税 11 320.75 元并取得专用发票）。

步骤一：收集、整理、审核投资决议、股票买入交割单等单据。
步骤二：对投资业务进行账务处理：

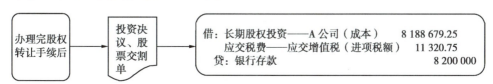

任务实施二：核算以发行权益性证券支付对价方式取得的长期股权投资

2018年12月16日,江苏环宇公司通过增发90 000股(每股面值1元)自身的股份取得对B公司30%的股权,按照增发前后的平均股价计算,该90 000股股份的公允价值为156 000元。为增发该部分股份,A公司支付了60 000元(含增值税)的佣金和手续费,并取得专用发票。

步骤一：收集、整理、审核投资协议及股权交割证明。

步骤二：对投资业务进行账务处理：

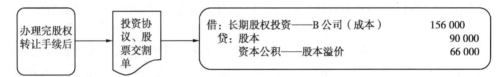

步骤三：收集、整理、审核证券承销协议、银行付款凭据,对佣金和手续费进行账务处理：

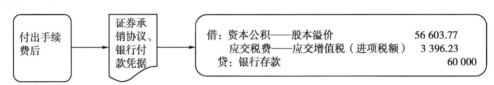

第二部分：长期股权投资的后续计量

 知识准备

长期股权投资在持有期间,根据投资企业对被投资单位的影响程度等进行划分,应当分别采用成本法及权益法进行核算。

、投资企业对被投资企业的控制及影响方式

(一) 控制

控制,是指有权决定一个企业的财务和经营政策,并能据以从该企业的经营活动中获取利益。控制一般存在于以下情况,如：

(1) 投资企业直接拥有被投资单位50%以上的表决权资本。

(2) 投资企业虽然直接拥有被投资单位50%或以下的表决权资本,但具有实质控制权。投资企业对被投资单位是否具有实质控制权,可以通过以下一种或一种以上情形来判定：

① 通过与其他投资者的协议,投资企业拥有被投资单位50%以上表决权资本的控制权。

② 根据章程或协议,投资企业有权控制被投资单位的财务和经营政策。

③ 有权任免被投资单位董事会等类似权力机构的多数成员。

④ 在董事会或类似权力机构会议上有半数以上投票权。

投资企业能够对被投资单位实施控制的,被投资单位为其子公司,投资企业应当将子公司纳入合并财务报表的合并范围。

(二) 共同控制

共同控制,是指按照合同约定对某项经济活动所共有的控制,仅在与该项经济活动相关的重要财务和经营决策需要分享控制权的投资方一致同意时存在。投资企业与其他方对被投资单位实施共同控制的,被投资单位为其合营企业。

> ☞ 提醒你
>
> 　共同控制的各方可以是持股比例相等,也可以不相等。这里起决定影响的不是股权,而是合同约定。

(三) 重大影响

重大影响,是指对一个企业的财务和经营政策有参与决策的权利,但并不能够控制或者与其他方一起共同控制这些政策的制定。投资企业能够对被投资单位施加重大影响的,被投资单位为其联营企业。当投资企业直接拥有被投资单位20%或以上至50%的表决权资本时,一般认为对被投资单位具有重大影响。此外,虽然投资企业直接拥有被投资单位20%以下的表决权资本,但符合下列情况之一的,也应确认为对被投资单位具有重大影响:

(1) 在被投资单位的董事会或类似的权力机构中派有代表。在这种情况下,由于在被投资单位的董事会或类似的权力机构中派有代表,并享有相应的实质性的参与决策权,投资企业可以通过该代表参与被投资单位政策的制定,从而对该被投资单位施加重大影响。

(2) 参与被投资单位的政策制定过程。在这种情况下,由于可以参与被投资单位的政策制定过程,在制定政策过程中可以为其自身利益而提出建议和意见,由此可以对该被投资单位施加重大影响。

(3) 向被投资单位派出管理人员。在这种情况下,通过投资企业对被投资单位派出管理人员,管理人员有权并负责被投资单位的财务和经营活动,从而能对被投资单位施加重大影响。

(4) 依赖投资企业的技术资料。在这种情况下,由于被投资单位的生产经营需要依赖对方的技术或技术资料,从而表明投资企业对被投资单位具有重大影响。

(5) 其他能足以证明投资企业对被投资单位具有重大影响的情形。

控制及影响方式	投资企业与被投资企业的关系
控制	母子公司
共同控制	合营企业
重大影响	联营企业

二、长期股权投资核算方法的确定

长期股权投资应当分别不同情况采用成本法或权益法确定期末账面余额。

核 算 对 象	核 算 方 法
对子公司投资长期股权投资	成本法
对合营企业投资长期股权投资	权益法
对联营企业投资长期股权投资	权益法

三、长期股权投资成本法的账务处理

（一）成本法的概念

成本法，是指投资按成本计价的方法。采用成本法核算时，长期股权投资以取得股权时的初始成本计价，其后，除了投资企业追加投资、收回投资等情形外，长期股权投资账面价值（成本）保持不变。在被投资单位宣告分配利润或发放现金股利时，投资企业按应享有的份额，确认投资收益，而且不管有关利润分配是属于对取得投资前还是取得投资后被投资单位实现净利润的分配。

（二）成本法的适用范围

投资企业能够对被投资单位实施控制的长期股权投资（即母公司对子公司的投资）。

（三）"长期股权投资"账户

(1) 定义：核算成本法下企业长期股权投资成本的增减变化及结余情况。
(2) 明细账的设置：按被投资单位设置，如"长期股权投资——××公司"。

> ☞ 提醒你
> 成本法下，长期股权投资账户不需再设"损益调整""其他权益变动"三级明细科目。

（四）成本法下长期股权投资的业务节点与账务处理

业务节点	账务处理
初始投资时	按投资初始成本确认长期股权投资；对于投资成本中包含的应享有被投资单位已经宣告但尚未发放的现金股利或利润不作为应收项目单独核算，构成取得长期股权投资的初始投资成本。 借：长期股权投资——××公司 　　贷：其他货币资金——存出投资款（或银行存款）

续表

业务节点	账务处理
投资以后	在被投资单位宣告发放股利时,投资企业应当按照享有被投资单位宣告发放的现金股利或利润确认投资收益,不管有关利润分配是属于对取得投资前还是取得投资后被投资单位实现净利润的分配。 借:应收股利 　　贷:投资收益

> **提醒你**
>
> 成本法下,初始投资以后除追加和收回投资以外,投资企业只在被投资单位宣告分配利润、发放现金股利和收到时才进行账务处理。

四、长期股权投资的权益法的账务处理

(一) 权益法的概念

权益法,是指投资以初始投资成本计量后,在投资持有期间根据投资企业享有被投资单位所有者权益份额的变动对投资的账面价值进行调整的方法。长期股权投资采用权益法核算的情况下,在进行初始或追加投资时,按照初始投资或追加投资后的初始投资成本作为长期股权投资的账面价值;投资后,随着被投资单位所有者权益的变动而相应增加或减少长期股权投资的账面价值。一般情况下,导致被投资方所有者权益增减变动的原因一是被投资单位实现净损益;二是除净损益以外的其他原因。

(二) 权益法的适用范围

投资企业对被投资单位具有共同控制或重大影响的长期股权投资,应当采用权益法核算。

(三) 权益法下应设置的账户

长期股权投资——××公司(成本)
　　　　　　　　　　(损益调整)
　　　　　　　　　　(其他权益变动)

(四) 权益法下长期股权投资的业务节点与账务处理

1. 初始投资时的业务节点与账务处理

业务节点	会计核算
初始投资时,按投资初始成本确认长期股权投资	借:长期股权投资——××公司(成本) 　　贷:银行存款等
初始投资时,对初始投资成本的调整	长期股权投资的初始投资成本大于投资时应享有被投资单位可辨认净资产公允价值份额的,不调整已确认的初始投资成本

续表

业务节点	会计核算
初始投资时,对初始投资成本的调整	长期股权投资的初始投资成本小于投资时应享有被投资单位可辨认净资产公允价值份额的,应按其差额: 借:长期股权投资——××公司(成本) 　　贷:营业外收入

2. 投资以后的业务节点与账务处理

业务节点	财务处理
被投资单位实现的净利润	投资企业应按所持表决权资本比例计算应享有的份额: 借:长期股权投资——××公司(损益调整) 　　贷:投资收益
被投资单位宣告分派利润或现金股利	投资企业按持股比例计算的应分得的利润或现金股利: 借:应收股利 　　贷:长期股权投资——××公司(损益调整)
被投资单位发生净亏损	投资企业应按所持表决权资本的比例计算应分担的份额: 借:投资收益 　　贷:长期股权投资——损益调整
被投资单位其他综合收益发生变动	投资企业按持股比例计算应享有的份额: 借:长期股权投资——其他综合收益 　　贷:其他综合收益 或做相反分录
被投资单位除净损益、其他综合收益以及利润分配以外的所有者权益的变动	在持股比例不变的情况下,被投资单位除净损益、其他综合收益等以外所有者权益的其他变动,企业按持股比例计算应享有的份额,借记或贷记"长期股权投资——××公司(其他权益变动)",贷记或借记"资本公积——××公司(其他资本公积)"科目

五、股票股利的处理

被投资单位分派的股票股利,投资企业不做账务处理,但应于除权日注明所增加的股数,以反映股份的变化情况。

小知识 股票股利是企业用增发的股票代替现金派发给股东的股利。当作股利发放的股票,又称红股,俗称送股。当企业实现净利润但现金不足时,为了满足股东的要求,通常派发股票股利。分派股票股利,一不会使所有者权益总额发生变动,而仅仅是所有者权益各项目结构发生的内部调整;二不需要企业支付现金。

六、长期股权投资减值准备

资产负债表日,企业根据资产减值相关要求确定长期股权投资发生减值的,按应减记的金额,借记"资产减值损失"科目,贷记"长期股权投资减值准备"科目。处置长期股权投资时，应同时结转已计提的长期股权投资减值准备。

七、长期股权投资的处置

处置长期股权投资时，应按实际收到的金额，借记"银行存款"等科目，原已计提减值准备的，借记"长期股权投资减值准备"科目，按其账面余额，贷记"长期股权投资"科目，按尚未领取的现金股利或利润，贷记"应收股利"科目，按其差额，贷记或借记"投资收益"科目。

处置采用权益法核算的长期股权投资时，应当采用与被投资单位直接处置相关资产或负债相同的基础，对相关的其他综合收益进行会计处理。对于应转入当期损益的其他综合收益，应按结转的长期股权投资的投资成本比例结转原计入"其他综合收益"科目的金额，借记或贷记"其他综合收益"科目，贷记或借记"投资收益"科目。处置采用权益法核算的长期股权投资时，还应按结转的长期股权投资的投资成本比例结转原计入"资本公积——其他资本公积"科目的金额，借记或贷记"资本公积——其他资本公积"科目，贷记或借记"投资收益"科目。

任务实施

任务实施一：成本法下的长期股权投资的会计核算

江苏环宇公司和连云公司为非同一控制下的两个企业，江苏环宇公司于2018年4月1日在二级市场上购入连云公司股票500 000股，买入价每股10元，另支付相关税费1 000元（含增值税并取得专用发票），占连云公司有表决权资本的70%，并打算长期持有；

2018年5月20日，收到现金股利10 000元；

连云公司2018年12月31日结算，全年实现净利润800 000元（其中第一季度实现净利润300 000元）；

连云公司2019年4月20日宣告发放2018年的现金股利，每股0.3元。

步骤一：2018年4月1日，收集、整理、审核投资决议和证券交割单等单据，并对投资业务进行账务处理：

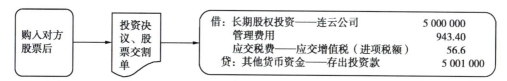

步骤二：2018年5月20日，收集、审核现金股利交割单，并对收到现金股利进行账务处理：

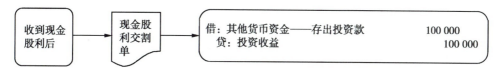

> **提醒你**
> 连云公司 2018 年 12 月 31 日结算全年实现净利润 800 000 元,因连云公司此时没有宣告发放现金股利,环宇公司不需进行账务处理。

步骤三:2019 年 4 月 20 日,收集连云公司董事会决议,并对应收股利进行账务处理:

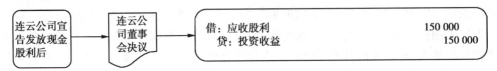

任务实施二:权益法下的长期股权投资的会计核算

2018 年 1 月 1 日红星公司用银行存款 1 500 万元(含买价和相关税费,其中增值税 16 981.13 元并取得专用发票)购得 C 公司 40% 的股权,2018 年 1 月 1 日,C 公司的所有者权益账面总额是 4 000 万元(可辨认净资产公允价值也为 4 000 万元),红星公司对 C 公司的投资,准备长期持有;

2018 年 4 月 20 日,C 公司宣告发放 2017 年现金股利 300 万;

2018 年 12 月 31 日,C 公司结算出本年实现净利润 400 万;

2019 年 4 月 20 日,C 公司宣告发放 2018 年的现金股利 200 万;

2019 年 12 月 31 日,C 公司由于遭受自然灾害,出现净亏损 6 000 万;

2020 年 12 月 31 日,C 公司由于转型成功,生产经营出现很大的好转,实现净利润 7 000 万;

2020 年 12 月 31 日,C 公司由于可供出售金融资产的公允价值上升导致所有者权益(资本公积)增加 120 万;

2021 年 3 月 18 日,红星公司对外转让持有的 C 公司全部股权,价款总计 4 800 万元,另支付相关税费 30 万元(含增值税 16 981.13 元)。

步骤一:2018 年 4 月 1 日,收集、整理、审核投资协议书、银行回单等单据,并对对外投资业务进行账务处理:

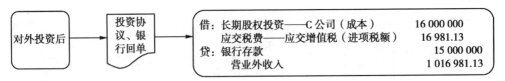

步骤二:2018 年 4 月 20 日,收集、审核 C 公司股东大会决议,编制应收股利计算表,确认应收股利 120 万元(300 万×40%),并对应收股利业务进行账务处理:

> **☞ 提醒你**
>
> 以后收到现款时,借记"银行存款"科目,贷记"应收股利"科目。此处略。

步骤三:2018 年 12 月 31 日,收集 C 公司的财务报表,编制投资收益计算表,确认投资收益 160 万元(400 万×40%),并对投资收益进行账务处理:

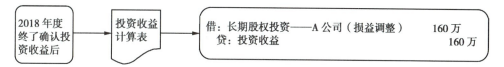

步骤四:2019 年 4 月 20 日,收集、审核 C 公司股东大会决议,编制应收股利计算表,确认应收股利 80 万元(200 万×40%),并对应收股利业务进行账务处理:

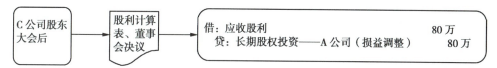

步骤五:2019 年 12 月 31 日,收集 C 公司的财务报表,编制投资收益计算表,确认投资损失 1 560 万,并对投资收益进行账务处理:

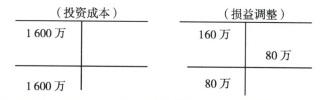

> **☞ 提醒你**
>
> 按持股比例应分担 2 400 万(6 000 万×40%),但由于投资企业确认被投资单位发生的净亏损应以长期股权投资账面价值减记至零为限,所以只确认 1 680 万(1 600 万 + 80 万)。另有尚未分摊的亏损额 = 720 万(2 400 万 − 1 680 万)。

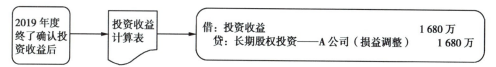

步骤六:2020 年 12 月 31 日,收集 C 公司的财务报表,编制投资收益计算表,确认投资收益 1 960 万元,并对投资收益进行账务处理。

> **☞ 提醒你**
>
> 按持股比例应享有 2 800 万(7 000 万×40%),但要弥补尚未分摊的亏损额 720 万,只确认投资收益 2 080 万(2 800 万 − 720 万)。

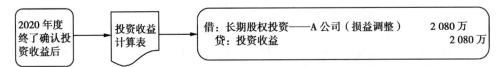

步骤七：2020 年 12 月 31 日，收集 C 公司其他权益变动资料，编制其他资本公积计算表，确认其他资本公积 48 万元，并进行账务处理：

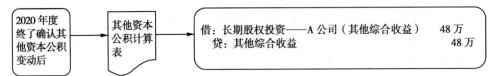

步骤八：2021 年 3 月 18 日，收集、整理、审核转让投资的协议、银行存款进账单、投资收益计算表等单据，确认处置收益，并进行账务处理：

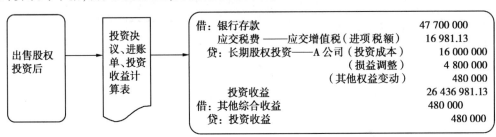

☞ 知识链接

长期股权投资的意义

长期股权投资是企业为获取另一企业的股权所进行的长期投资，通常为长期持有，不准备随时变现，投资企业作为被投资企业的股东。与短期投资和长期债权投资不同，长期股权投资的首要目的并非为了获取投资收益，而是为了强化与其他企业（如本企业的原材料供应商或商品经销商等）的商业纽带，或者是为了影响甚至控制其关联公司的重大经营决策和财务政策。股权代表一种终极的所有权，体现所有者对企业的经营管理和收益分配投票表决的权利。通过进行长期股权投资获得其他企业的股权，投资企业能参与被投资企业的重大经营决策，从而影响、控制或迫使被投资企业采取有利于投资企业利益的经营方针和利润分配方案。同时，长期股权投资还是实现多元化经营、减少行业系统风险的一种有效途径。

【企业案例研究】

股市有风险　入市需谨慎

——昔日股神雅戈尔抛售金融资产　"三马变两马"重返服装业

雅戈尔集团创建于1979年，经过20多年的发展，逐步确立了以纺织、服装、房地产、国际贸易为主体的多元并进、专业化发展的经营格局。2004年集团完成销售139.45亿元，利润8.99亿元，出口创汇6.5亿美元。集团现拥有净资产50多亿元，员工20 000余人，是中国服装行业的龙头企业，综合实力列全国大企业集团500强第144位，连续四年稳居中国服装行业销售和利润总额双百强排行榜首位。1999年,雅戈尔首次涉足金融投资。1999—2005年期间,雅戈尔陆续投资了中信证券、广博股份、宜科科技(后更名为汉麻产业、联创电子)、宁波银行等。据悉,1997年雅戈尔参与宁波商业银行组建,以每股约1.01元的成本进行了投资,2007年宁波银行上市后股价迅速大幅度上涨;1999年雅戈尔以3.2亿元入股了中信证券,以此获利80亿元。2018年1月1日—1月22日期间,雅戈尔出售了浦发银行、宁波银行可转债等金融资产,交易金额合计5.56亿元;1月23日—4月12日,其出售浦发银行、宁波银行可转债等金融资产,交易金额为19.58亿元;4月13日—9月6日期间,雅戈尔出售了中信股份、宁波银行可转债等金融资产,交易金额约为2.28亿元。于9月7日—11月15日,出售创业软件股份交易金额为5 287.24万元;紧接着11月16日—11月20日继续抛售,继续出售创业软件股份交易金额为4 439.68万元。值得注意的是,虽然雅戈尔频频出售金融资产,却仍未能阻止业绩下跌趋势。财报显示,2014—2018年,雅戈尔实现营收分别为159.03亿元、145.27亿元、148.95亿元、98.40亿元、96.35亿元,净利润分别为31.62亿元、43.71亿元、36.85亿元、2.97亿(主要原因为本期计提中信股份资产减值准备33.08亿元)、36.77亿元。

昔日股神雅戈尔抛售金融资产"三马变两马"重返服装业的案例告诉我们,做企业和做事一样,都不易操之过急、眼高手低。雅戈尔作为传统服装业龙头,存在主业与副业的博弈,"股市有风险、入市需谨慎"是我们耳熟能详的道理,如何处理好其中关系、分散投资、保持多元化发展,又要树立风险意识,理性投资,是我们作为企业管理者、会计人都需要去探究的问题……

思考: 请同学们结合身边的案例,来谈谈对"股市有风险、入市需谨慎"的理解。

行业发展动态——股票智能分析系统

职业能力提升——《价值》简介

企业会计准则第23号——投资

好的投资应该满足这个"黄金三角"

项目七

记录固定资产增减变化、核算固定资产维修损耗

 学习目标

能力目标
- 能描述企业常见的固定资产项目；
- 能正确计算固定资产的入账价值；
- 能对企业取得固定资产的业务进行账务处理；
- 能说出固定资产折旧的影响因素；
- 能正确计算固定资产的折旧额；
- 能对固定资产的后续支出业务进行账务处理；
- 能对固定资产处置业务进行账务处理；
- 能对固定资产盘亏业务进行账务处理。

素质目标
- 感受"大国重器"，培育爱国情怀；
- 坚持辩证思维，正确判断损耗；
- 盘好企业家底，树立责任担当。

会计岗位职责——固定资产岗

会计文化——四柱清册

任务一 认知固定资产

> **☞ 任务导入**
>
> 某汽车"4S"专卖店购入两部高档轿车,老板决定:一部作为自己(汽车"4S"专卖店)的"坐骑";一部陈列在店中,择机出售。请思考:对这两部高档轿车如何确认?记入什么会计科目?为什么?

知识准备

一、固定资产的确认

(一)固定资产的概念

固定资产是为生产商品、提供劳务、出租或经营管理而持有的,使用寿命超过一个会计年度的有形资产。

(二)固定资产的特征

由固定资产的概念可以看出,作为企业的固定资产应具备以下特征:

(1)固定资产是为生产商品、提供劳务、出租或经营管理而持有的。持有固定资产的目的是服务于企业的生产经营活动,而不是为了出售。如果持有的目的是出售,则该项资产应列为存货。

(2)固定资产的使用寿命超过一个会计年度。企业使用期限超过1年的房屋、建筑物、机器、机械、运输工具以及其他与生产、经营有关的设备、器具、工具等,均列入固定资产的范畴。

(3)固定资产为有形资产。

二、固定资产的分类

企业拥有的固定资产可以有不同的分类方法:按其经济用途进行分类,可分为生产经营用固定资产和非生产经营用固定资产;按其使用情况进行分类,可分为使用中固定资产、未使用固定资产和不需用固定资产;按其所有权分类,可分为自有固定资产和租入固定资产。但为了经营管理、会计核算的需要,企业在制订固定资产目录时,一般分为以下七大类:

(1)生产经营用固定资产;

(2)非生产经营用固定资产;

(3)租出固定资产,它是指在经营性租赁方式下出租给外单位使用的固定资产;

（4）不需用固定资产；

（5）未使用固定资产；

（6）土地，它是指过去已经估价单独入账的土地；

☞ 提醒你

按我国现行的《土地管理法》规定：我国实行土地的社会主义公有制，即全民所有制和劳动群众集体所有制。全民所有，即国家所有土地的所有权，土地的所有权属于国家，企业只能取得土地的使用权。对于企业现在取得的土地使用权，应作为一项无形资产进行处理。

（7）融资租入固定资产，它是指企业以融资租赁方式租入的固定资产，在租赁期内，应视同自有固定资产进行管理。

任务实施

江苏环宇公司于 2019 年 5 月 18 日购置一批会议圆桌、沙发等，单位价格有的数千元，有的在千元以下，应把这些会议圆桌、沙发确认为固定资产还是确认为周转材料？

步骤一：查阅相关规定。

（1）新《企业会计准则》对固定资产标准的规定：

"（二）使用寿命超过一个会计年度。

使用寿命，是指企业使用固定资产的预计期间，或者该固定资产所能生产产品或提供劳务的数量。"

（2）新《中华人民共和国增值税暂行条例实施细则》对固定资产标准的规定：

"第二十一条……

前款所称固定资产，是指使用期限超过 12 个月的机器、机械、运输工具以及其他与生产经营有关的设备、工具、器具等。"

（3）新《企业所得税法》对固定资产标准的规定：

新《企业所得税法》对固定资产标准规定有变化，《实施条例》第五十七条规定："企业所得税法第十一条所称固定资产，是指企业为生产产品、提供劳务、出租或者经营管理而持有的、使用时间超过 12 个月的非货币性资产。"

步骤二：根据规定，进行会计职业判断：

上述三个文件，都没有金额的规定，只强调"使用寿命超过一个会计年度"或"使用时间超过 12 个月"，所以，购置的会议圆桌、沙发可以确认为"固定资产"。

任务二 核算固定资产的增加

> **任务导入**
> 江苏环宇公司从金海公司购入生产经营用机器设备一台,公司取得该项固定资产时,会计人员应考虑:该项固定资产初始入账价值如何确认?应设置哪些账户进行核算?固定资产取得的途径有哪些?取得时的凭证手续如何?

知识准备

一、固定资产取得的凭证手续和固定资产明细核算

(一)固定资产取得的凭证手续

企业无论从哪里采用什么方式取得固定资产,都必须具备完善的凭证手续,以保证固定资产的安全完整,保证会计核算的真实客观。首先,在购置、建造固定资产时,必须取得合法的凭证,如发票、房屋产权证等重要凭证;其次,在移交给企业内部某一部门、车间使用时,应由固定资产的管理部门填制一式两份的"固定资产交接单",详细说明固定资产的名称、规格、技术资料、附属设备、建造时间、原价、预计使用年限等,并由管理部门、使用部门、财会部门共同验收签证,作为管理部门、财务部门管理和核算的原始依据。

(二)固定资产的明细核算

为了详细了解和掌握每项固定资产的增减变动情况,必须设置固定资产卡片和登记簿进行明细核算。

固定资产卡片应按每一项固定资产设置,详细填明固定资产的使用和保管部门、名称、类别、编号、规格、启用日期、使用年限以及附属设备等情况。固定资产卡片一式三份,分别由使用部门、管理部门、财务部门作为管理和核算的依据。企业在新增固定资产时,应根据有关的交接凭证为每一项新增固定资产开设卡片,填列上述详细情况;当固定资产调出或报废、毁损、盘亏时,应根据有关凭证注销卡片(在卡片有关栏内填明原因、日期、已提折旧等情况),并另行归档保管。

固定资产登记簿是为了分类反映固定资产增减变动和结存情况而设置的一种账簿,按类别设置账页,并按使用和保管部门分设专栏,按月根据固定资产增减变动的有关凭证汇总登记。

固定资产卡片

单位名称							
卡片编号		资产名称					
资产种类				借入借出			
购建拨交日期		资产来源		使用状态			
型号规格							
数　量		计量单位		资产原值			
所属部门				存放地点			
建筑面积		使用面积		出租面积			
车牌号码		排气量		凭证号			
附属设备名称	型号规格	存放地点	数　量	单　位	设备原值	启用日期	

制卡人：　　　　　　　　　　　　　　　　制卡日期：

固定资产登记簿

年		凭证号数	摘要	借方	贷方	余额	使用部门		
月	日						基本生产车间	辅助生产车间	管理部门

二、固定资产的初始计量

固定资产的初始计量是指固定资产取得时入账价值的确定。

固定资产应当按照成本进行初始计量,已入账的固定资产成本也被称为固定资产原价。由于企业取得固定资产的途径和方式不同,其成本的确定也有所差异。

(1) 外购固定资产的入账价值,包括购买价款、相关税费、使固定资产达到预定可使用状态前所发生的可归属于该项资产的运输费、装卸费、安装费和专业人员服务费等。相关税费主要是指进口设备的关税。

> ☞ **税法链接**
>
> 财税[2008]170号《关于全国实施增值税转型改革若干问题的通知》规定:自2009年1月1日起,增值税一般纳税人购进(包括接受捐赠、实物投资,下同)或者自制(包括改扩建、安装)固定资产发生的进项税额,可凭增值税专用发票、海关进口增值税专用缴款书和运输费用结算单据从销项税额中抵扣,其进项税额应当记入"应交税费——应交增值税(进项税额)"科目。

（2）自行建造固定资产的入账价值，由建造该项资产达到预定可使用状态前所发生的必要支出构成，包括工程物资支出、人工成本、缴纳的相关税费、应予以资本化的借款费用以及应分摊的间接费用等。

（3）投资者投入固定资产的入账价值，应当按照投资合同或协议约定的价值确定，但合同或协议约定价值不公允的除外。

（4）在原有基础上进行改建、扩建的固定资产的入账价值，按原固定资产的账面价值，加上由于改建、扩建而使该项固定资产达到预定可使用状态前发生的支出，减去改建、扩建过程中发生的变价收入确定。

（5）接受捐赠的固定资产，应按以下规定确定其入账价值：

① 捐赠方提供有关凭据的，按凭据上标明的金额加上应支付的相关税费作为入账价值。

② 捐赠方没有提供有关凭据的，应按以下规定确定其入账价值：

1）同类或类似固定资产存在活跃市场的，按同类或类似固定资产的市场价格估计的金额，加上应支付的相关税费，作为入账价值。

2）同类或类似固定资产不存在活跃市场的，按接受捐赠的固定资产的预计未来现金流量现值，作为入账价值。

3）如接受捐赠的系旧的固定资产，按依据上述方法确定的新固定资产价值减去按该项资产的新旧程度估计的价值损耗后的余额，作为入账价值。

（6）债务重组中取得的固定资产，按其公允价值加上应支付的相关税费作为其入账价值。

（7）非货币性资产交换中取得的固定资产，若该项交换具有商业实质，且换入资产或换出资产的公允价值能够可靠计量的，应按换出资产的公允价值加上应支付的相关税费作为入账价值；否则，应按换出资产的价值加上应支付的相关税费作为固定资产的入账价值。

（8）企业合并取得的固定资产，若为同一控制下的企业合并，应按被合并方该资产的原账面价值作为入账价值；若为非同一控制下的企业合并，则应按其公允价值作为入账价值。

（9）盘盈的固定资产，按以下规定确定其入账价值：

① 同类或类似固定资产存在活跃市场的，按同类或类似固定资产的市场价格减去按该项资产的新旧程度估计的价值损耗后的余额作为入账价值。

② 同类或类似固定资产不存在活跃市场的，按该项固定资产的预计未来现金流量现值，作为入账价值。

三、核算固定资产增加的会计科目

为了核算固定资产的取得，企业一般需要设置"固定资产""在建工程""工程物资"等科目。

（一）"固定资产"科目

（1）定义：核算企业固定资产的原价。

（2）核算内容：借方登记企业增加的固定资产原价；贷方登记减少的固定资产原价；期

末借方余额,反映企业期末固定资产的账面原价。

(3) 明细账设置:按固定资产类别、使用部门和每项固定资产进行明细核算。

(二)"在建工程"科目

(1) 定义:核算企业基建、更新改造等在建工程发生的支出。

(2) 核算内容:借方登记企业各项在建工程的实际支出;贷方登记完工工程转出的成本;期末借方余额反映企业尚未达到预定可使用状态的在建工程的成本。

(三)"工程物资"科目

(1) 定义:核算企业为在建工程而准备的各种物资的实际成本。

(2) 核算内容:借方登记企业工程物资的成本;贷方登记领用工程物资的成本;期末借方余额,反映企业为在建工程准备的各种物资的成本。

四、取得固定资产的业务节点与账务处理

(一)外购固定资产的业务节点与账务处理

外购固定资产分为购入不需安装的固定资产和购入需要安装的固定资产两类。

1. 购入不需要安装的固定资产的业务节点与账务处理

业务节点	会计核算
取得时	按实际支付的购买价款、相关税费以及使固定资产达到预定可使用状态前所发生的可归属于该项资产的运输费、装卸费、安装费和专业人员服务费等,借记"固定资产"科目,按照专用发票上注明的增值税额,借记"应交税费——应交增值税(进项税额)",贷记"银行存款"等科目

2. 购入需要安装的固定资产的业务节点与账务处理

业务节点	会计核算
取得时	按实际支付的购买价款、运输费、装卸费和其他相关税费等,借记"在建工程"科目,按取得的增值税专用发票上注明的可以抵扣的进项税额,借记"应交税费——应交增值税(进项税额)"科目,贷记"银行存款"等科目
支付安装费时	按实际支付的安装费,借记"在建工程"科目,按取得安装费专用发票注明的增值税,借记"应交税费——应交增值税(进项税额)"科目,贷记"银行存款"等科目
安装完毕交付使用时	安装完毕达到预定可使用状态时,按其实际成本,借记"固定资产"科目,贷记"在建工程"科目

(二)建造固定资产的业务节点与账务处理

企业自建固定资产,主要有自营和出包两种方式,由于采用的建设方式不同,其会计处理也不同。

1. 自营工程方式建造固定资产的业务节点与账务处理

自营工程,是指企业自行组织工程物资采购、自行组织施工人员施工的建筑工程和安装工程。

业务节点	账务处理
购入工程物资时	按实际支付的购买价款等,借记"工程物资"科目,按取得的增值税专用发票上注明的可以抵扣的增值税额,借记"应交税费——应交增值税(进项税额)",按价税合计金额,贷记"银行存款"等科目
领用工程物资时	借记"在建工程"科目,贷记"工程物资"等科目
在建工程领用原材料时	借记"在建工程"科目,按材料成本贷记"原材料"等科目
领用本企业生产的商品时	借记"在建工程"科目,按成本价贷记"库存商品"科目
发生的其他费用(如设计费、专家咨询费等)	按实际支付的费用金额,借记"在建工程"科目,按取得的增值税专用发票上注明的可以抵扣的增值税额,借记"应交税费——应交增值税(进项税额)",按价税合计金额,贷记"银行存款"等科目
发生人工费用	借记"在建工程"科目,贷记"应付职工薪酬"等科目
达到预定可使用状态交付使用时	按实际成本,借记"固定资产"科目,贷记"在建工程"科目

2. 出包工程方式建造固定资产的业务节点与账务处理

出包工程,是指企业通过招标方式将工程项目发包给建造承包商,由建造承包商组织施工的建筑工程和安装工程。

业务节点	账务处理
预付工程款时	按实际支付的价款等,借记"在建工程"科目,按增值税专用发票注明的增值税,借记"应交税费——应交增值税(进项税额)",贷记"银行存款"等科目
按工程进度补付工程款时	按实际支付的价款等,借记"在建工程"科目,按增值税专用发票注明的增值税,借记"应交税费——应交增值税(进项税额)",贷记"银行存款"等科目
工程完工达到预定可使用状态时	按实际成本,借记"固定资产"科目,贷记"在建工程"科目

任务实施

任务实施一:购入不需安装固定资产业务

江苏环宇公司为增值税一般纳税人。2019年4月12日,购入一台生产用不需要安装的设备,取得的增值税专用发票上注明的设备价款为800 000元,增值税进项税额为104 000元,发生的保险费为5 000元,签发转账支票支付全部款项。

3月12日,收集、整理、审核增值税专用发票、转账支票存根、固定资产交接单等单据,对购入固定资产业务进行账务处理：

任务实施二：购入需安装固定资产业务

2019年6月12日，江苏环宇公司用银行存款购入一台需要安装的设备，增值税专用发票上注明的设备买价为200 000元，增值税为26 000元；运输费10 000元，增值税900元；签发转账支票支付。7月12日，支付安装费30 000元，增值税2 700元。7月15日，安装完毕，交付使用。

步骤一：6月12日，收集、整理、审核专用发票、支票存根，对购入待安装设备进行账务处理：

步骤二：7月12日，收集、整理、审核安装协议、安装费发票、支票存根等单据，对支付的安装费进行账务处理：

步骤三：收集、审核固定资产交付使用单，安装完毕，对固定资产交付使用进行账务处理：

> **扩展知识**
>
> 外购固定资产的特殊考虑：以一笔款项购入多项没有单独标价的固定资产，应当按照各项固定资产的公允价值比例对总成本进行分配，分别确定各项固定资产的成本。

任务实施三：自营工程业务

江苏环宇公司自建厂房一幢，2019年6月5日，购入为工程准备的各种物资买价

500 000元,增值税税额为65 000元,签发转账支票支付,物资运达并验收入库;6月10日,全部领用,用于工程建设;6月20日,领用本企业生产的水泥一批,实际成本为80 000元,6月30日,工程人员应计工资100 000元;7月5日,用支票支付的其他费用30 000元,增值税2 700元;7月15日,工程完工并达到预定可使用状态。

步骤一:6月5日,收集、整理、审核专用发票、支票存根等单据,对购入工程物资进行账务处理:

步骤二:6月10日,收集、审核工程物资领用单,对领用工程物资进行账务处理:

步骤三:6月20日,收集、整理、审核产品出库单、增值税专用发票等单据,对领用本企业生产的水泥进行账务处理:

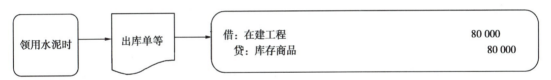

☞ 提醒你

全面"营改增"后,在建工程(包括厂房、办公楼等构建物工程)领用原材料不用进项转出,领用自产的库存商品也不作为"视同销售",均直接按成本结转。

步骤四:6月30日,收集、审核工资费用分配表,对工程人员工资进行账务处理:

步骤五:7月5日,收集、审核支付凭证等单据,对支付工程其他费用进行账务处理:

步骤六：7月15日，收集、审核固定资产交接单等，对工程完工交付使用、固定资产增加进行账务处理：

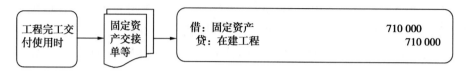

任务实施四：发包工程业务

江苏环宇公司将一幢厂房的建造工程出包给丙公司承建，2019年6月8日，签发转账支票按合理预算价支付第一笔发包工程进度款654 000元（含增值税）；11月30日，签发转账支票按合理预算价补付工程款436 000元（含增值税）；12月10日，工程完工并达到预定可使用状态。

步骤一：6月8日，收集、整理、审核工程协议、发票、支票存根等凭证，对预付工程款进行账务处理：

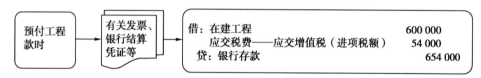

步骤二：11月30日，收集、整理、审核有关发票、银行结算单据等，对补付工程款进行账务处理：

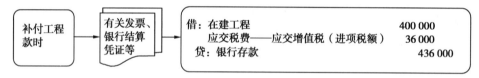

步骤三：12月10日，收集、整理、审核固定资产交接单等单据，对安装完毕交付使用的固定资产进行账务处理：

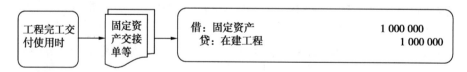

> **扩展知识**
>
> 1. 进口固定资产，按照从海关取得的海关进口增值税专用缴款书上注明的增值税额，借记"固定资产""应交税费——应交增值税（进项税额）""工程物资"等科目，按照应付或实际支付的金额，贷记"应付账款""应付票据""银行存款""长期应付款"等科目。
>
> 2. 捐赠转入的固定资产，按照确认的固定资产价值（扣除增值税），借记"固定资产""工程物资"等科目，按照专用发票上注明的增值税额，借记"应交税费——应交增值税（进项税额）"科目；如果捐出方代为支付了固定资产进项税额，则按照增值税进项

税额与固定资产价值的合计数,贷记"营业外收入"等科目。

3. 投资转入的固定资产,按照确认的固定资产价值,借记"固定资产""工程物资"等科目,按照专用发票上注明的增值税额,借记"应交税费——应交增值税(进项税额)"科目,按照增值税与固定资产价值的合计数,贷记"实收资本""资本公积"等科目。

任务三 核算固定资产折旧

☞ 任务导入

固定资产取得后,其价值会随着时间的推移而折旧贬值(厂房、建筑物),或因使用发生物理损耗(机器设备),对于这些因贬值和损耗而转移的价值,会计上一般通过计提折旧费用来进行核算。会计人员必须考虑的问题是:哪些固定资产应提取折旧?何时开始计提?何时停止计提?如何计算折旧额?应设置哪些账户?如何进行会计核算?

第一部分:计算固定资产折旧额

知识准备

一、固定资产折旧的认知

固定资产折旧,是指在固定资产使用寿命内,按照确定的方法对应计折旧额进行系统分摊。

(一)使用寿命

使用寿命是指企业使用固定资产的预计期间,或者该固定资产所能生产产品或提供劳务的数量。

确定固定资产使用寿命应考虑的因素:

(1)预计生产能力或实物产量;

(2)预计有形损耗或无形损耗;

(3)法律或者类似规定对资产使用的限制,如客运汽车的强制报废期为8年。

小知识 有形损耗:是指固定资产在使用过程中,由于正常使用和自然力的作用而引起的使用价值和价值的损失。如设备使用中发生磨损、房屋建筑物受到自然侵蚀等。

无形损耗:是指由于科学技术的进步和劳动生产率的提高而带来的固定资产价值上的

损失。如因新技术的出现而使现有的资产技术水平相对陈旧、市场需求变化使其所生产的产品过时等。

（二）应计折旧额

应计折旧额是指固定资产在整个使用寿命内应当计提的折旧总额,是固定资产的原价扣除其预计净残值后的金额。已计提减值准备的固定资产,还应当扣除已计提的固定资产减值准备累计金额。

应计折旧额＝固定资产的原价－预计净残值－已计提的减值准备

（三）预计净残值

预计净残值是指假定固定资产预计使用寿命已满并处于使用寿命终了时的预期状态,企业目前从该项资产处置中获得的扣除预计处置费用后的金额。

固定资产损耗

二、固定资产的折旧范围

除以下情况外,企业应对所有固定资产计提折旧：
（1）已提足折旧仍继续使用的固定资产(提足折旧是指已经提足该项固定资产的应计折旧额)；
（2）按照规定单独估价作为固定资产入账的土地。

在确定计提折旧的范围时,还应注意以下几点：
（1）固定资产应当按月计提折旧,当月增加的固定资产,当月不计提折旧,从下月起计提折旧；当月减少的固定资产,当月仍计提折旧,从下月起不计提折旧。
（2）固定资产提足折旧后,不论能否继续使用,均不再计提折旧；提前报废的固定资产,也不再补提折旧。

企业至少应当于每年年度终了,对固定资产的使用寿命、预计净残值和折旧方法进行复核。使用寿命预计数与原先估计数有差异的,应当调整固定资产使用寿命。预计净残值预计数与原先估计数有差异的,应当调整预计净残值。与固定资产有关的经济利益预期实现方式有重大改变的,应当改变固定资产折旧方法。

> ☞ 提醒你
>
> 1. 已达到预定可使用状态但尚未办理竣工决算的固定资产,应当按照估计价值确定其成本,并计提折旧；待办理竣工决算后,再按照实际成本调整原来的暂估价值,但不需调整原已计提的折旧额。
>
> 2. 处于更新改造过程中而停止使用的固定资产,应将其账面价值转入在建工程,不再计提折旧。更新改造项目达到预定可使用状态转为固定资产后,再按照重新确定的折旧方法和该项固定资产尚可使用寿命计提折旧。
>
> 3. 因进行大修理而停用的固定资产,应当照提折旧,计提的折旧额应计入相关资产成本或当期损益。

即学即思 下列各项中,应计提折旧的是哪些?

(1) 季节性停用的大型设备;
(2) 已提足折旧仍在使用的大型设备;
(3) 以融资租赁方式租入的大型设备;
(4) 以经营租赁方式租出的大型设备。

《企业所得税法》规定的折旧范围

三、固定资产折旧方法

企业应当根据与固定资产有关的经济利益的预期实现方式,合理选择固定资产折旧方法。可选用的折旧方法包括年限平均法、工作量法、双倍余额递减法和年数总和法等。固定资产的折旧方法一经确定,不得随意变更。

固定资产折旧（微课）

（一）年限平均法（直线法）

年限平均法是指将固定资产的应计折旧额均衡地分摊到固定资产预计使用寿命内的一种方法。

年限平均法的计算公式如下：

年折旧率 = (1 - 预计净残值率) ÷ 预计使用寿命(年)

月折旧率 = 年折旧率 ÷ 12

月折旧额 = 固定资产原价 × 月折旧率

平均年限法（微课）

小知识 上述计算中的折旧率是按个别固定资产单独计算的,称为个别折旧率即某项固定资产在一定期间的折旧额与该项固定资产原值的比率。此外,还有分类折旧率和综合折旧率。分类折旧率是指某一期间企业固定资产分类折旧额与该类固定资产的原值的比率。采用这种方法,应先将固定资产按性质、结构和使用年限分类,再按类别计算平均折旧率,用该折旧率计算该类固定资产的折旧率。采用分类折旧率计算固定资产折旧,其优点是计算方法简单,但准确性不如个别折旧率。综合折旧率是指某一期间企业固定资产折旧额与全部固定资产原值的比率。与采用个别折旧率和分类折旧率相比,采用综合折旧率计算折旧,手续简便,工作量小,但准确性差。因此,在实际工作中,往往采用分类折旧率计算固定资产折旧。

直线法的时间与年限

（二）工作量法

工作量法是指根据实际工作量计算每期应提折旧额的一种方法。

工作量法的基本计算公式如下：

单位工作量折旧额 = [固定资产原价 × (1 - 预计净残值率)] ÷ 预计总工作量

某项固定资产月折旧额 = 该项固定资产当月工作量 × 单位工作量折旧额

（三）双倍余额递减法

双倍余额递减法,是指在不考虑固定资产预计净残值的情况下,根据每期期初固定资产原价减去累计折旧后的余额和双倍的直线法折旧率计算固定资产折旧的一种方法。

采用双倍余额递减法计提固定资产折旧,一般应在固定资产使用寿命到期前两年内,将固定资产账面净值扣除预计净残值后的净值平均摊销。

双倍余额递减法的计算公式如下:

年折旧率 = 2 ÷ 预计使用年限(年) × 100%

年折旧额 = 每年年初固定资产账面净值 × 年折旧率

(四)年数总和法

年数总和法又称年限合计法,是指将固定资产的原价减去预计净残值后的余额,乘以一个逐年递减的分数计算每年的折旧额。这个分数的分子代表固定资产尚可使用寿命,分母代表预计使用寿命逐年数字总和。

年数总和法的计算公式如下:

年折旧率 = 尚可使用年限 ÷ 预计使用寿命的年数总和 × 100%

月折旧额 = (固定资产原价 − 预计净残值) × 年折旧率

加速折旧
(微课)

设备器具扣除

任务实施

任务实施一:采用年限平均法(直线法)计算固定资产折旧额

江苏环宇公司有一幢厂房,原价为 5 000 000 元,预计可使用 20 年,预计报废时的净残值率为 2%。该厂房的折旧率和折旧额的计算如下:

年折旧率 = (1 − 2%) ÷ 20 = 4.9%

月折旧率 = 4.9% ÷ 12 = 0.41%

月折旧额 = 5 000 000 × 0.41% = 20 500(元)

即学即思 思考:采用年限平均法计提固定资产折旧,每期折旧额有什么规律?

任务实施二:采用工作量法计算固定资产折旧额

江苏环宇公司的一辆运货卡车的原价为 600 000 元,预计总行驶里程为 500 000 公里,预计报废时的净残值率为 5%,本月行驶 4 000 公里。该辆汽车的月折旧额计算如下:

单位里程折旧额 = [600 000 × (1 − 5%)] ÷ 500 000 = 1.14(元/公里)

本月折旧额 = 4 000 × 1.14 = 4 560(元)

任务实施三:采用双倍余额递减法计算固定资产折旧额

江苏环宇公司一项固定资产的原价为 1 000 000 元,预计使用年限为 5 年,预计净残值为 4 000 元。按双倍余额递减法计提折旧,每年的折旧额计算如下:

年折旧率 = 2 ÷ 5 × 100% = 40%

第 1 年应提的折旧额 = 1 000 000 × 40% = 400 000(元)

第 2 年应提的折旧额 =（1 000 000 - 40 0000）×40% = 240 000（元）
第 3 年应提的折旧额 =（600 000 - 240 000）×40% = 144 000（元）
第 4 年起改用年限平均法（直线法）计提折旧：
第 4 年、第 5 年的年折旧额 =［(360 000 - 144 000) - 4 000］÷2 = 106 000（元）
每年各月折旧额根据年折旧额除以 12 来计算。

任务实施四：采用年数总和法计算固定资产折旧额

承上例，若采用年数总和法，计算的各年折旧额如下表所示。

金额单位：元

年限	尚可使用年限	原价 - 净残值	变动折旧率	年折旧额	累计折旧
1	5	996 000	5/15	332 000	332 000
2	4	996 000	4/15	265 600	597 600
3	3	996 000	3/15	199 200	796 800
4	2	996 000	2/15	132 800	929 600
5	1	996 000	1/15	66 400	996 000

第二部分：固定资产折旧的账务处理

知识准备

一、"累计折旧"会计科目

（1）定义：用来核算固定资产的累计折旧额。
（2）核算内容：贷方登记计提的折旧额；借方登记固定资产减少时冲销的折旧额；期末贷方余额表示现有固定资产的累计折旧数。
（3）明细账的设置：按固定资产的类别或项目进行明细核算。

二、计提固定资产折旧的业务节点与账务处理

每月月末，企业应根据选定的折旧方法对固定资产计提折旧，企业计提的固定资产折旧，应当根据固定资产的用途，分别计入有关资产成本或当期损益。未使用固定资产计提的折旧应计入管理费用。

业务节点	会计核算
月末，企业对基本生产车间固定资产计提折旧时	借记"制造费用"科目，贷记"累计折旧"科目
月末，企业对管理部门固定资产计提折旧时	借记"管理费用"科目，贷记"累计折旧"科目
月末，企业对销售部门固定资产计提折旧时	借记"销售费用"科目，贷记"累计折旧"科目
月末，企业对经营租出的固定资产计提折旧时	借记"其他业务成本"科目，贷记"累计折旧"科目

在会计实务中,通常按固定资产使用部门分类编制"折旧计算表"如下表,来完成各月计提固定资产折旧。

任务实施

江苏环宇公司2019年4月固定资产折旧的计算与账务处理。

步骤一:编制固定资产折旧的计算表。

江苏环宇公司折旧计算表
2019年4月30日　　　　　　　　　　　　　　　　　单位:元

使用部门	固定资产类别	上月折旧额	上月增加固定资产		上月减少固定资产		本月折旧额
			原价	折旧额	原价	折旧额	
基本生产车间	厂房	7 100					7 100
	机器设备	41 000	40 000	200	30 000	900	40 300
	其他	900					900
	小计	49 000	40 000	200	30 000	900	48 300
行政管理部门	房屋建筑物	1 200					1 200
	运输工具	1 500					1 500
	小计	2 700					2 700
出租设备	机器设备	420					420
合计		52 120	40 000	200	30 000	900	51 420

步骤二:审核折旧计算表,对计提折旧进行账务处理:

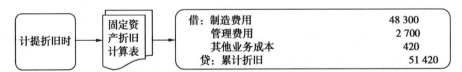

```
借:制造费用              48 300
   管理费用               2 700
   其他业务成本            420
  贷:累计折旧            51 420
```

> **☞ 提醒你**
>
> 　　根据《财政部税务总局关于设备、器具扣除有关企业所得税政策的公告》:企业在2024年1月1日至2027年12月31日期间所购进的设备器具,单位价值不超过500万元的,允许一次性计入当期成本费用,在计算应纳税所得额时扣除,不再分年度计算折旧;单位价值超500万元的,可由企业选择缩短折旧年限或采用加速折旧的方法。

任务四 核算固定资产后续支出

 任务导入

企业的固定资产投入使用后,为了适应新技术发展的需要,或者为了维护或提高固定资产的使用效能,往往需要对现有固定资产进行维护、改建、扩建或改良等。对于此类后续支出,会计人员需对其进行分类辨析,确认为资本性支出或费用性支出,并根据不同的处理原则进行不同的账务处理。

 知识准备

固定资产后续支出(微课)

固定资产的后续支出,是指固定资产在使用过程中发生的更新改造支出、修理费用等。企业的固定资产投入使用后,为了适应新技术发展的需要,或者为维护或提高固定资产的使用效能,往往需要对现有固定资产进行维护、改建、扩建或者改良。

固定资产后续支出的处理原则是:与固定资产有关的更新改造等后续支出,符合固定资产确认条件的,应当作为固定资产成本,同时将被替换部分的账面价值扣除;与固定资产有关的修理费用等后续支出,不符合固定资产确认条件的,应当计入当期损益。

一、资本化后续支出的会计核算

资本化的后续支出是指与固定资产有关的、使可能流入企业的经济利益超过原先估计的那部分后续支出。如固定资产的改建、扩建,部件的换新、再安装及再组合等,其支出能导致企业未来经济利益的增加,应在发生时予以资本化,计入固定资产的账面价值。

固定资产发生可资本化的后续支出时,企业应将该固定资产的原价、已计提的累计折旧和减值准备转销,将固定资产的账面价值转入在建工程。固定资产发生的可资本化的后续支出,通过"在建工程"科目核算。在固定资产发生的后续支出完工并达到预定可使用状态时,从"在建工程"科目转入"固定资产"科目。

企业发生的某些固定资产后续支出可能涉及替换原固定资产的某组成部分,当发生的后续支出符合固定资产确认条件时,应将其计入固定资产成本,同时将被替换部分的账面价值扣除。这样可以避免替换部分的成本和被替换部分的成本同时计入固定资产成本,导致固定资产成本高计。

业务节点	账务处理
转入在建工程	借记"在建工程""累计折旧""固定资产减值准备"科目,贷记"固定资产"科目

续表

业务节点	账务处理
发生符合资本化条件的后续支出	借记"在建工程""应交税费——应交增值税(进项税额)"科目,贷记"银行存款"等科目
扣除被替换部分的账面价值	借记"营业外支出——非流动资产处置损益",贷记"在建工程"
后续支出完工达到预定可使用状态时	借记"固定资产"科目,贷记"在建工程"科目

二、费用化后续支出的会计核算

一般情况下,固定资产投入使用后,由于固定资产磨损、各组成部分耐用程度不同,可能会导致固定资产的局部损坏,为了维持固定资产的正常运转和使用,充分发挥其使用效能,企业会对固定资产进行必要的维护。固定资产的日常维护支出只是为了确保固定资产的正常工作状况,通常不满足固定资产的确认条件,应在发生时计入管理费用或销售费用,不得采用预提或待摊方式处理。

业务节点	账务处理
企业生产车间(部门)和行政管理部门等发生的固定资产修理费用	借记"管理费用""应交税费——应交增值税(进项税额)"等科目,贷记"银行存款"等科目
企业发生的与专设销售机构相关的固定资产修理费用	借记"销售费用""应交税费——应交增值税(进项税额)"科目,贷记"银行存款"等科目

 任务实施

任务实施一:资本化后续支出的会计核算

江苏环宇公司2019年7月31日对A产品生产线进行改造。改造时该生产线账面原价为3 000万元,已计提折旧900万元;在改造过程中,用银行存款支付改造费用200万元,增值税18万元;拆除报废其中一关键部件,账面价值60万元;8月31日,安装完毕,投入使用。

步骤一:7月31日,收集、整理、审核固定资产改造通知单、改造工程协议、固定资产卡片等凭证,对移交改造固定资产进行账务处理:

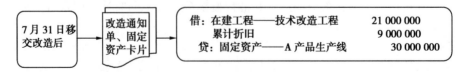

步骤二:在改造过程中,收集、整理、审核付款单据,对用银行存款支付改造费用进行账务处理:

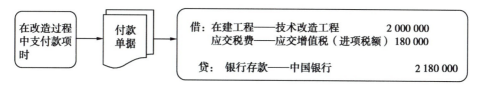

步骤三：扣减被拆除部件的账面价值：

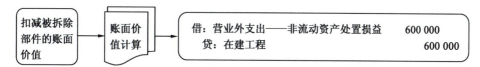

步骤四：8月31日，收集、整理、审核固定资产交接单，对移交新增固定资产进行账务处理：

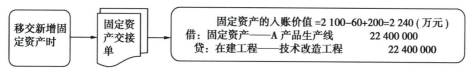

任务实施二：费用化后续支出的会计核算

2019年6月1日，江苏环宇公司对现有的一台管理用设备进行日常修理，修理过程中应支付的维修费用为20 000元，增值税1 800元。

6月1日，收集、整理、审核工资结算单，对日常修理业务进行账务处理：

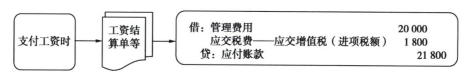

> **提醒你**
>
> 在具体实务中，对于固定资产发生的下列各项后续支出，通常的处理方法为：
> （1）固定资产修理费用，应当直接计入当期费用。
> （2）固定资产改良支出，应当计入固定资产账面价值。
> （3）如果不能区别是固定资产修理还是固定资产改良，或固定资产修理和固定资产改良结合在一起，则企业应当判断，与固定资产有关的后续支出，是否满足固定资产的确认条件。如果该后续支出满足了固定资产的确认条件，后续支出应当计入固定资产账面价值；否则，后续支出应当确认为当期费用。

即学即思 宏达公司对一座建筑物进行改建。该建筑物的原价为100万元，已提折旧为60万元。改建过程中用银行存款支付30万元，被替换部分固定资产的账面价值为5万元。

要求：写出有关会计分录。

任务五　核算固定资产的减少

> **📢 任务导入**
>
> 　　企业在生产经营过程中,可能将不适用或不需用的固定资产对外出售转让,或因磨损、技术进步等原因对固定资产进行报废,或因遭受自然灾害而对毁损的固定资产进行处理。固定资产的处置有哪些情形?符合哪些条件可以对固定资产终止确认?固定资产处置应设置哪些账户?如何进行会计核算?
> 　　固定资产处置的确认和计量实质上是指对固定资产终止的确认和计量。

知识准备

　　固定资产的减少就是对固定资产进行终止确认。

一、固定资产终止确认的条件

　　固定资产终止确认是指当某一项固定资产已不能为企业带来经济利益时,把它从企业的资产负债表的资产项目中予以注销的行为。
　　固定资产满足下列条件之一的,应当予以终止确认:
　　(1) 该固定资产处于处置状态。固定资产处置包括固定资产的出售、转让、报废或毁损、对外投资、非货币性交换、债务重组等。处于处置状态的固定资产不再用于生产商品、提供劳务、出租或经营管理,因此不再符合固定资产的定义,应予终止确认。
　　(2) 该固定资产预期通过使用或处置不能产生经济利益。固定资产的确认条件之一是"与该固定资产有关的经济利益很可能流入企业",如果一项固定资产预期通过使用或处置不能产生经济利益,那么就不再符合固定资产的定义和确认条件,应予终止确认。

二、核算固定资产处置的会计科目

(一)"固定资产清理"科目

　　(1) 定义:该账户用来核算因处置而减少的固定资产。
　　(2) 核算内容:借方登记转入处置固定资产账面价值、处置过程中发生的费用和相关税费;贷方登记收回处置固定资产的价款、残料、变价收入和应由保险公司赔偿的损失。期末借方余额反映尚未清理完毕的固定资产清理净损失,期末贷方余额反映尚未清理完毕的固定资产清理净收益。
　　(3) 明细账的设置:按处置的固定资产项目设置明细账。

（二）"资产处置损益"科目

（1）定义：该账户用来核算企业出售划分为持有待售的非流动资产（金融工具、长期股权投资和投资性房地产除外）或处置债务重组时确认的处置利得或损失，以及处置未划分为持有待售的固定资产、在建工程、生产性生物资产及无形资产而产生的处置利得或损失；债务重组中因处置非流动资产产生的利得或损失和非货币性资产交换产生的利得或损失也包括在这一项目内。

（2）核算内容：借方登记处置上述资产所产生的损失及结转至"本年利润"中去的资产处置收益；贷方登记处置上述资产所产生的利得和结转至"本年利润"中去的资产处置损失。

（3）明细账的设置：按处置的固定资产项目设置明细账。

三、固定资产处置的业务节点与账务处理

业务节点	账务处理
转入清理	按固定资产的账面价值，借记"固定资产清理"科目，按已计提的累计折旧，借记"累计折旧"科目，按已计提的减值准备，借记"固定资产减值准备"科目，按其账面原价，贷记"固定资产"科目
发生的清理费用	按应支付的相关税费及其他费用，借记"固定资产清理""应交税费——应交增值税（进项税额）"科目，贷记"银行存款"科目
收回出售固定资产的价款、残料价值和变价收入	按实际收到的金额借记"银行存款"科目，或按估价入库原材料的金额借记"原材料"等科目，贷记"固定资产清理""应交税费——应交增值税（销项税额）"等科目。如果是简易计税，则应贷记"应交税费——简易计税"科目
收到保险公司或过失人的赔偿	按保险公司或过失人赔偿的损失，借记"其他应收款"等科目，贷记"固定资产清理"科目
结转清理净损益	(1) 属于因已丧失使用功能或因自然灾害发生毁损造成的利得或损失，应计入营业外收支。属于生产经营期间正常报废清理产生的净损失，借记"营业外支出——处置非流动资产损失"，贷记"固定资产清理"；属于生产经营期间自然灾害等非正常原因造成的损失，借记"营业外支出——非常损失"，贷记"固定资产清理"；如为净收益，借记"固定资产清理"，贷记"营业外收入"。 (2) 属于因出售、转让等原因产生的固定资产处置利得或损失计入资产处置收益。若为处置净收益，借记"固定资产清理"，贷记"资产处置损益"；若为处置净损失，借记"资产处置损益"，贷记"固定资产清理"

四、固定资产盘亏的会计核算

固定资产盘亏是指在清查中发现账面上记载的某项固定资产，其实物已不存在。

简易征税按 3% 减按 2%

业务节点	账务处理
盘亏固定资产时	按其账面价值，借记"待处理财产损溢——待处理固定资产损溢"账户，按对其已计提的折旧，借记"累计折旧"账户，按对其已计提的减值准备，借记"固定资产减值准备"账户，按其账面原值，贷记"固定资产"账户

续表

业务节点	账务处理
经报批准后	借记"营业外支出——盘亏损失"账户,贷记"待处理财产损溢——待处理固定资产损溢"账户

任务实施

任务实施一:核算出售建筑物

江苏环宇公司出售一幢建筑物,原价为 2 000 000 元,已计提折旧 1 000 000 元,未计提减值准备,实际出售价格为 1 200 000 元(不含税),增值税按简易计税计算,征收率 5%,已通过银行收回价款。

步骤一:收集、整理、审核出售决议(清理通知单)等凭证,对固定资产转入清理业务进行账务处理:

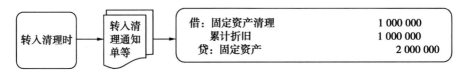

步骤二:收集、整理、审核出售固定资产的发票、收回价款的单据(进账单)等凭证,对出售收款业务进行账务处理:

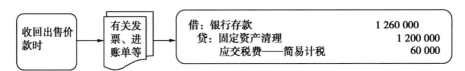

步骤三:收集、整理、审核清理损益计算表,对清理损益进行账务处理:

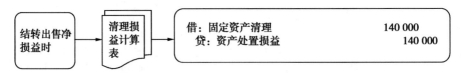

任务实施二:核算出售机器设备

2019 年 6 月,江苏环宇公司出售一台 2016 年 6 月购入的设备,该设备原价为 200 000 元,折旧年限为 10 年,采用直线法折旧,残值为 0。售价为 203 400 元(含增值税),款项已收妥,该设备适用 13% 的增值税税率。

步骤一:收集、整理、审核出售决议(清理通知单)等凭证,对固定资产转入清理业务进行账务处理:

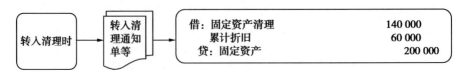

步骤二：收集、整理、审核出售固定资产的发票、收回价款的单据(进账单)等凭证,对出售收款业务进行账务处理：

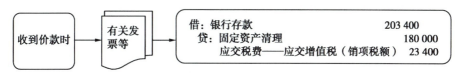

步骤三：收集、整理、审核清理损益计算表,对清理损益进行账务处理：

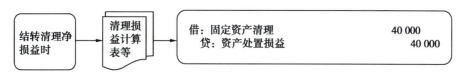

任务实施三：核算固定资产盘亏

江苏环宇公司进行财产清查时盘亏设备一台,其账面原价为 50 000 元,已提折旧 15 000 元。

步骤一：收集、整理、审核固定资产盘点盈亏报告表,对固定资产盘亏业务进行账务处理：

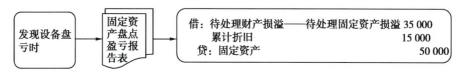

步骤二：收集、整理、审核核销决议,对核销业务进行账务处理：

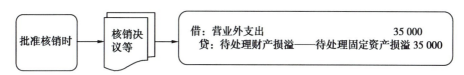

☞ **拓展知识**

企业在财产清查中盘盈的固定资产,应当作为重要的前期差错进行会计处理。企业在财产清查中盘盈的固定资产,在按管理权限报经批准处理前,应先通过"以前年度损益调整"科目核算。

盘盈的固定资产,应按重置成本确定其入账价值,借记"固定资产"科目,贷记"以前年度损益调整"科目；由于以前年度损益调整而增加的所得税费用,借记"以前年度损益调整"科目,贷记"应交税费——应交所得税"科目；将以前年度损益调整科目余额转入留存收益时,借记"以前年度损益调整"科目,贷记"盈余公积""利润分配——未分配利润"科目。

丁公司为增值税一般纳税人,2020 年 1 月 5 日在财产清查过程中发现,2018 年 12 月购入的一台设备尚未入账,重置成本为 30 000 元；假定丁公司按净利润的 10% 提取法定盈余公积,不考虑相关税费及其他因素的影响。丁公司应编制如下会计分录：

业务结点	会计处理	
盘盈固定资产时	借：固定资产 　　贷：以前年度损益调整	30 000 30 000
结转为留存收益时	借：以前年度损益调整 　　贷：盈余公积——法定盈余公积 　　　　利润分配——未分配利润	30 000 3 000 27 000

【企业案例研究】

抚顺特殊钢股份有限公司人为调整资产、虚增利润违法事实警示

2019年7月9日，中国证监会对抚顺特殊钢股份有限公司(以下简称抚顺特钢)下发《中国证监会行政处罚决定书》。经查明，抚顺特钢存在以下违法事实：

一、抚顺特钢2010年至2016年年度报告和2017年第三季度报告中披露的期末存货余额存在虚假记载。抚顺特钢通过伪造、变造原始凭证及记账凭证，修改物供系统、成本核算系统、财务系统数据等方式调整存货中"返回钢"数量、金额，虚增涉案期间各定期报告期末存货，导致涉案期间累计虚增存货1 989 340 046.30元。

二、抚顺特钢2013年至2014年年度报告中披露的期末在建工程余额存在虚假记载。抚顺特钢通过伪造、变造原始凭证及记账凭证等方式虚假领用原材料，将以前年度虚增的存货转入在建工程，虚增涉案期间期末在建工程，导致涉案期间累计虚增在建工程1 138 547 773.99元。

三、抚顺特钢2013年和2015年年度报告中披露的期末固定资产余额存在虚假记载。抚顺特钢通过伪造、变造记账凭证及原始凭证等方式将虚增的在建工程转入固定资产，虚增涉案期间期末固定资产，导致涉案期间累计虚增固定资产841 589 283.99元。

四、抚顺特钢2014年至2016年年度报告、2017年第三季度报告中披露的固定资产折旧存在虚假记载。抚顺特钢将虚增后的固定资产计提折旧，虚增涉案期间报告期期末固定资产折旧额，导致涉案期间累计虚增固定资产折旧87 394 705.44元。

五、抚顺特钢2010年至2016年年度报告和2017年第三季度报告中披露的主营业务成本存在虚假记载。抚顺特钢通过伪造、变造记账凭证及原始凭证，修改物供系统、成本核算系统、财务系统数据等方式调整存货中"返回钢"数量、金额，将应计入当期成本的原材料计入存货，导致涉案期间少结转主营业务成本1 989 340 046.30元。

六、抚顺特钢2010年至2016年年度报告和2017年第三季度报告中披露的利润总额存在虚假记载。抚顺特钢通过虚增存货、减少生产成本、将部分虚增存货转入在建工程和固定资产进行资本化等方式，导致涉案期间累计虚增利润总额1 901 945 340.86元。

证监会决定对抚顺特殊钢股份有限公司责令改正，给予警告，并处以60万元的罚款；对相关责任人员给予警告并合计罚款508万元。

思考：抚顺特殊钢股份有限公司通过什么财务舞弊手法人为调整资产总额，从而虚增利润总额？企业在内部控制及资产管理方面，应采取哪些措施加强管理？

| 行业发展动态—— 信息化下的固定资产盘点（微课） | 职业提升之道—— 固定资产管理 | 企业会计准则 第4号——固定资产 |

项目八

核算其他长期资产、关注其他经济资源

 学习目标

能力目标
- 能说出投资性房地产、无形资产、长期待摊费用的概念并列举所包含的项目；
- 能运用成本模式、公允价格模式对投资性房地产进行会计核算；
- 能对无形资产的取得、摊销、处置等业务环节进行会计核算；
- 能对内部研发费用的业务进行会计核算；
- 能进行使用权资产的确认、计量与记录。

素养目标
- 理解资产的特点特性，把握资产的内涵外延；
- 规范核算行为，正确计量企业资产；
- 增强创新意识，树立科技兴企、科技强国理念。

会计岗位职责——在建工程

会计文化——龙门账

在一般的工商企业里，拥有最多、运营频繁的资产是货币资产、应收及预付账款、存货、固定资产等，但随着社会经济的发展，企业核心竞争力的培育和投资意识的增强，投资性房地产、无形资产也经常被企业持有。

任务一 核算投资性房地产

投资性房地产概述（微课）

▶ **任务导入**

企业取得的房屋与土地一般都作为固定资产入账，而且是按历史成本计价。但如果企业利用房地产（拥有的土地使用权和房屋）赚取租金或进行增值收益的活动，企业

所拥有的土地使用权和房屋就成为投资性房地产了。在房价新高迭出、"地王"频繁现身的年代,会计人员应掌握投资性房地产的相关知识和投资性房地产业务流程的会计核算。

知识准备

房地产是土地和房屋及其权属的总称。房地产中的土地是指土地使用权,房屋是指土地上的房屋等建筑物及构筑物。企业拥有的土地使用权和房屋一般都是用于生产经营的,作为"无形资产"和"固定资产"项目进行核算;如果是从事房地产开发的企业用于销售,则作为"开发产品"项目进行核算。但如果企业利用房地产(拥有的土地使用权和房屋)赚取租金或进行增值收益的活动,按《企业会计准则》的规定,就应归属为投资性房地产。

《土地法》规定:

1. 中华人民共和国实行土地的社会主义公有制,即全民所有制(国家所有制)和劳动群众集体所有制。

2. 城市市区的土地属于国家所有;农村和城市郊区的土地,除由法律规定属于国家所有的以外,属于农民集体所有;宅基地和自留地、自留山,属于农民集体所有。

3. 国有土地和农民集体所有的土地,可以依法确定给单位或者个人使用(单位或者个人只能取得土地的使用权)。

一、投资性房地产的认知

(一)投资性房地产的概念

投资性房地产,是指为赚取租金或为了资本增值,或两者兼而有之持有的房地产。主要包括已出租的土地使用权、持有并准备增值后转让的土地使用权和已出租的建筑物。投资性房地产应当能够单独计量和出售。

(二)投资性房地产的内容

1. 属于投资性房地产的项目

(1)已出租的土地使用权,是指企业通过出让或转让方式取得,并以经营租赁方式出租的土地使用权。

(2)持有并准备增值后转让的土地使用权,是指企业取得的、准备增值后转让的土地使用权。

(3)已出租的建筑物,是指企业拥有产权的、以经营租赁方式出租的建筑物,包括自行建造或开发活动完成后用于出租的建筑物。

2. 不属于投资性房地产的项目

(1)自用房地产,即为生产商品、提供劳务或者经营管理而持有的房地产,包括自用建筑物(固定资产)和自用土地使用权(无形资产)。

(2)作为存货的房地产,通常指房地产开发企业在正常经营过程中销售的或为销售而正在开发的商品房和土地。

> **提醒你**
>
> 某项房地产,部分用于赚取租金或资本增值,部分自用(即用于生产商品、提供劳务或经营管理),能够单独计量和出售的、用于赚取租金或资本增值的部分,应当确认为投资性房地产;不能够单独计量和出售的、用于赚取租金或资本增值的部分,不确认为投资性房地产,该项房地产自用的部分,以及不能单独计量和出售的、用于赚取租金或资本增值的部分,应当全部确认为固定资产或无形资产。

(三) 投资性房地产的确认

1. 确认的条件

将某个项目确认为投资性房地产,首先应当符合投资性房地产的概念,其次要同时满足投资性房地产的两个确认条件:

(1) 与该投资性房地产相关的经济利益很可能流入企业。

(2) 该投资性房地产的成本能够可靠地计量。

2. 确认的时点

对已出租的土地使用权、已出租的建筑物作为投资性房地产的确认时点一般为租赁期开始日,即土地使用权、建筑物进入出租状态、开始赚取租金的日期。但企业管理当局对企业持有以备经营出租的空置建筑物,做出正式书面协议,明确表明将该空置建筑物用于经营出租且持有意图短期内不再发生变化的,可视为投资性房地产,其作为投资性房地产的时点为企业管理当局对该事项做出正式书面决议的日期。

对持有并准备增值后转让的土地使用权,其作为投资性房地产的确认时点为企业将自用土地使用权停止自用,准备增值后转让的日期。

3. 不同方式取得的投资性房地产具体规定

(1) 对于企业外购的房地产,只有在购入投资性房地产的同时开始对外出租或用于资本增值,才能在租赁期开始之日起称之为外购的投资性房地产。

(2) 企业购入房地产,自用一段时间之后再改为出租或用于资本增值的,应当先将外购的房地产确认为固定资产或无形资产,自租赁期开始日或用于资本增值之日起,再从固定资产或无形资产转换为投资性房地产。

(3) 企业自行建造或开发的房地产,只有在自行建造或开发活动完成,即达到预定可使用状态的同时开始对外出租或用于资本增值时,才能将自行建造的房地产确认为投资性房地产。

(4) 企业自行建造房地产达到预定可使用状态后一段时间才对外出租或用于资本增值的,应当先将自行建造的房地产确认为固定资产、无形资产或存货,自租赁期开始日或用于资本增值之日起,从固定资产、无形资产或存货转换为投资性房地产。

(四) 投资性房地产的计量

1. 投资性房地产的初始计量

投资性房地产应当按照成本进行初始计量,不同渠道和方式取得的投资性房地产成本构成如下：

（1）外购的投资性房地产。外购投资性房地产的成本，包括购买价款、相关税费和可直接归属于该资产的其他支出。

（2）自行建造的投资性房地产。自行建造投资性房地产的成本，由建造该项房地产达到预定可使用状态前发生的必要支出构成。

（3）以其他方式取得的投资性房地产的成本，按照相关会计准则的规定确定。

2. 投资性房地产的后续计量

投资性房地产的后续计量有成本和公允价值两种模式，通常应当采用成本模式计量，满足特定条件时可以采用公允价值模式计量。但是，同一企业只能采用一种模式对所有投资性房地产进行后续计量，不得同时采用两种模式。

投资性房地产的后续计量（微课）

二、成本计价模式的会计核算

（一）会计科目

1."投资性房地产"科目

① 定义：核算企业持有的投资性房地产的成本。

② 核算内容：借方登记增加的投资性房地产的成本；贷方登记减少的投资性房地产的成本；期末借方余额，反映企业采用成本模式计量的投资性房地产成本。

③ 明细账的设置：按投资性房地产类别和项目进行明细核算。

2."投资性房地产累计折旧（摊销）"科目

① 定义：核算企业投资性房地产累计折旧（摊销）数，是投资性房地产的抵减项目，与固定资产的累计折旧类似。

② 核算内容：贷方登记按规定计提的投资性房地产累计折旧（摊销）数；借方登记投资性房地产累计折旧（摊销）减少数；期末贷方余额反映企业采用成本模式计量的投资性房地产的累计折旧（摊销）数。

③ 明细账的设置：按投资性房地产类别和项目进行明细核算。

（二）成本计价模式的业务节点与账务处理

业 务 节 点	账 务 处 理
外购投资性房地产或自行建造的投资性房地产达到可预定使用状态时，一般先作为"固定资产"核算，待符合投资性房地产确认条件时，再转为"投资性房地产"	按其实际成本，借记"固定资产""应交税费——应交增值税（进项税额）"科目，贷记"银行存款""在建工程"等科目；符合投资性房地产确认条件时，借记"投资性房地产"，贷记"固定资产"等科目
按照固定资产或无形资产的有关规定，按期（月）计提折旧或进行摊销	借记"其他业务成本"等科目，贷记"投资性房地产累计折旧（摊销）"等科目
取得租金收入	借记"银行存款"等科目，贷记"其他业务收入""应交税费——应交增值税（销项税额）"等科目

续表

业务节点	账务处理
投资性房地产存在减值迹象的,经减值测试后确定发生减值的,计提减值准备	借记"资产减值损失"科目,贷记"投资性房地产减值准备"科目。已经计提减值准备的投资性房地产,其减值损失在以后的会计期间不得转回
出售、转让投资性房地产时	按实际收到的金额,借记"银行存款"等科目,贷记"其他业务收入""应交税费——应交增值税(销项税额)"等科目;按该项投资性房地产的账面价值,借记"其他业务成本"科目,按其账面余额,贷记"投资性房地产"科目;按照已计提的折旧摊销,借记"投资性房地产累计折旧(摊销)"科目;原已计提的减值准备,借记"投资性房地产减值准备"科目

任务实施

任务实施一：核算投资性房地产（成本计量模式）

江苏环宇公司对涉及投资性房地产采用成本计量模式进行后续计量,发生如下涉及投资性房地产的业务：

2019年6月,计划购入一栋写字楼用于对外出租。并与乙公司签订了经营租赁合同,约定自写字楼购买日起将这栋写字楼出租给乙公司,为期5年。

6月15日,宏达公司实际购入写字楼,支付价款1 200万元,增值税108万元;31日,已办妥产权变更手续并已交付给承租人乙公司。

该写字楼按直线法计提折旧,使用寿命为20年,预计净残值为0,自2019年7月起,按月计提折旧。

7月1日按租赁合同,收到承租方支付给甲公司租金8万元(含税价),存入银行。

步骤一：2019年6月15日,支付购房款,办理产权变更手续,交付给承租人。

步骤二：2019年6月30日,收集、整理、审核付款单据、产权证书,进行购入房地产投资的账务处理：

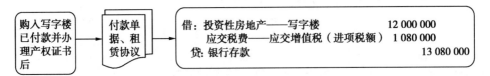

步骤三：2019年7月1日,收集、整理、审核收款单据、租赁协议,对收取租金业务进行账务处理：

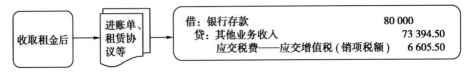

步骤四：2019年7月31日,编制审核折旧计算表,并进行账务处理：

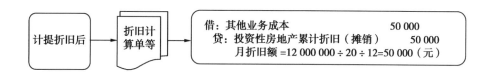

任务实施二：核算投资性房地产的减少

江苏环宇公司将其出租的一栋写字楼确认为投资性房地产，采用成本模式计量。2019年12月31日租赁期满后，将该栋写字楼出售给乙公司，合同价款为30 000 000元（含税价），简易征税，征收率5%，乙公司已用银行存款付清。出售时，该栋写字楼的成本为28 000 000元，已计提折旧3 000 000元。

步骤一：收集、整理、审核出售协议、收取款项单据，办理产权变更证书，并对出售业务进行账务处理：

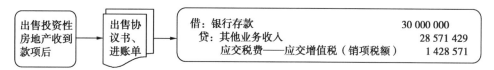

步骤二：收集、整理、审核该投资性房地产的折旧资料，并进行成本结转：

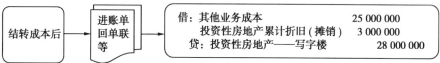

三、公允价值模式计量的会计核算

（一）会计科目

（1）投资性房地产——成本（核算实际成本）
　　　　　　　　——公允价值变动（核算其变动的
　　　　　　　　　　公允价值）
（2）其他综合收益——投资性房地产公允价值变动

（二）公允价值计量模式的业务与账务处理

业务节点	账务处理
外购投资性房地产或自行建造的投资性房地产	同"成本计量模式"
持有期间，实现的租金收入等	同"成本计量模式"
持有期间，不计提折旧	
资产负债表日，比较公允价值与原账面价值时（已经按公允价值计量的，就不需要计提减值准备了）	公允价值高于原账面价值的差额，借记"投资性房地产——公允价值变动"科目，贷记"公允价值变动损益"科目；公允价值低于原账面价值的差额，作相反的账务处理

续表

业务节点	账务处理
出售、转让投资性房地产时	按实际收到的金额,借记"银行存款"等科目,贷记"其他业务收入""应交税费——应交增值税(销项税额)"等科目; 同时,按该项投资性房地产的账面价值,借记"其他业务成本"科目,按其账面余额,贷记"投资性房地产——成本"科目;借或贷记"投资性房地产——公允价值变动"

任务实施

2019年9月,甲公司与乙公司签订租赁协议,约定将甲公司新建造的一栋写字楼租赁给乙公司使用,租赁期为10年。

2019年12月1日,该写字楼开始起租,写字楼的工程造价为80 000 000元,公允价值也为相同金额。该写字楼采用公允价值模式对该项出租的房地产进行后续计量。

2019年12月31日,该写字楼的公允价值为84 000 000元。

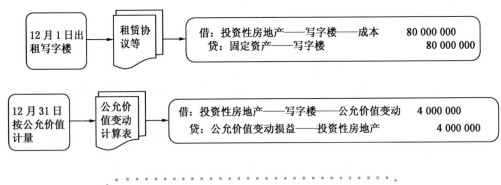

任务二　核算无形资产

☞ **任务导入**

在竞争日趋激烈的市场中,企业要立于不败之地,不仅要依靠产品、服务和精细化管理,更要掌握核心竞争力,要拥有自己的知识产权,也就是无形资产。所以,会计人员应掌握无形资产的相关知识,应掌握无形资产业务流程的会计核算。

知识准备

一、无形资产的认知

(一)无形资产的特征

无形资产,是指企业拥有或者控制的没有实物形态的可辨认非货币性资产。相对于其

他资产,无形资产具有以下特征:

(1) 无形资产不具有实物形态;
(2) 无形资产具有可辨认性;
(3) 无形资产属于非货币性资产。

小知识 符合以下条件之一的,则认为其具有可辨认性:

1. 能够从企业中分离或者划分出来,并能单独用于出售或转让等,而不需要同时处置在同一获利活动的其他资产中,则说明无形资产可以辨认。

2. 产生于合同性权利或其他法定权利,无论这些权利是否可以从企业或其他权利和义务中转移或者分离。如一方通过与另一方签订特许权合同而获得的特许使用权,通过法律程序申请获得的商标权、专利权等。

(二) 无形资产的内容

无形资产通常包括专利权、非专利技术、商标权、著作权、特许权、土地使用权等。

1. 专利权

专利权,是指国家专利主管机关依法授予发明创造专利申请人,对其发明创造在法定期限内所享有的专有权利。包括发明专利权、实用新型专利权和外观设计专利权等。

2. 非专利技术

非专利技术,也称专有技术。它是指不为外界所知、在生产经营活动中已采用了的、不享有法律保护的、可以带来经济效益的各种技术和诀窍。非专利技术一般包括工业专有技术、商业贸易专有技术、管理专有技术等。

3. 商标权

商标是用来辨认特定商品或劳务的标记。商标权指专门在某类指定的商品或产品上使用特定的名称或图案的权利。

4. 著作权

著作权又称版权,指作者对其创作的文学、科学和艺术作品依法享有的某些特殊权利。著作权包括作品署名权、发表权、修改权和保护作品完整权,还包括复制权、发行权、出租权、展览权、表演权、放映权、广播权、信息网络传播权、摄制权、改编权、翻译权、汇编权以及应当由著作权人享有的其他权利。

5. 特许权

特许权,又称经营特许权、专营权,指企业在某一地区经营或销售某种特定商品的权利或是一家企业接受另一家企业使用其商标、商号、技术秘密等的权利。通常有两种形式,一种是由政府机构授权,准许企业使用或在一定地区享有经营某种业务的特权,如水、电、邮电通信等专营权及烟草专卖权等;另一种指企业间依照签订的合同,有限期或无限期使用另一家企业的某些权利,如连锁店分店使用总店的名称等。

6. 土地使用权

土地使用权,指国家准许某企业在一定期间内对国有土地享有开发、利用、经营的权利。企业以缴纳土地出让金等方式外购的土地使用权、投资者以投入等方式取得的土地使用权应作为无形资产核算;已出租的土地使用权和持有并准备增值后转让的土地使用权应属于投资性房地产。

> **提醒你**
>
> 应注意的是,商誉的存在无法与企业自身分离,不具有可辨认性,不属于《企业会计准则——无形资产》中所指无形资产。此外,客户关系、人力资源等,由于企业无法控制其带来的未来经济利益,不符合无形资产的定义,不应将其确认为无形资产;内部产生的品牌、报刊名、刊头、客户名单和实质上类似的项目支出,由于不能与整个业务开发成本区分开来,因此,这类项目不应确认为无形资产。

二、无形资产计量

(一)初始计量

无形资产应当按照成本进行初始计量。不同来源取得的无形资产,其成本构成也不尽相同。

1. 外购无形资产的成本

包括购买价款、相关税费以及直接归属于使该项资产达到预定用途所发生的其他支出。其中,直接归属于使该项资产达到预定用途所发生的其他支出,是指使无形资产达到预定用途所发生的专业服务费用、测试无形资产是否能够正常发挥作用的费用等。

2. 投资者投入无形资产的成本

应当按照投资合同或协议约定的价值确定,但合同或协议约定价值不公允的除外。

3. 土地使用权

企业取得的土地使用权,通常应当按照取得时所支付的价款及相关税费确认为无形资产。土地使用权用于自行开发建造办公楼等地上建筑物时,土地使用权的账面价值不与地上建筑物合并计算其成本,而仍作为无形资产进行核算。但是,如果房地产开发企业取得的土地使用权用于建造对外出售的房屋建筑物的,其相关的土地使用权的价值应当计入所建造的房屋建筑物成本。

企业外购房屋建筑物所支付的价款中包括土地使用权以及建筑物的价值的,则应当对实际支付的价款按照合理的方法(例如,公允价值相对比例)在土地使用权和地上建筑物之间进行分配;如果确实无法在土地使用权和地上建筑物之间进行合理分配的,应当全部作为固定资产,按照固定资产确认和计量的原则进行处理。

企业改变土地使用权的用途,停止自用土地使用权而用于赚取租金或资本增值时,应将其账面价值转为投资性房地产。

(二)后续计量

1. 估计无形资产的使用寿命

企业应当于取得无形资产时分析判断其使用寿命。无形资产的使用寿命如为有限的,应当估计该使用寿命的年限或者构成使用寿命的产量等类似计量单位数量;无法预见无形资产为企业带来经济利益期限的,应当视为使用寿命不确定的无形资产。

小知识 无形资产的使用寿命包括法定寿命和经济寿命两个方面,有些无形资产的使用寿命受法律、规章或合同的限制,称为法定寿命。如我国法律规定发明专利权有效期为20年,商标权的有效期为10年。有些无形资产如永久性特许经营权、非专利技术等的寿命则不受法律或合同的限制。经济寿命是指无形资产可以为企业带来经济利益的年限。由于受技术进步、市场竞争等因素的影响,无形资产的经济寿命往往短于法定寿命,因此,在估计无形资产的使用寿命时,应当综合考虑各方面相关因素的影响,合理确定无形资产的使用寿命。

寿命有限的无形资产使用寿命的确定方法如下:

(1) 源自合同性权利或其他法定权利取得的无形资产,其使用寿命不应超过合同性权利或其他法定权利的期限。

(2) 没有明确的合同或法律规定的无形资产,企业应当综合各方面情况,如聘请相关专家进行论证或与同行业的情况进行比较以及企业的历史经验等,来确定无形资产为企业带来未来经济利益的期限,如果经过这些努力确实无法合理确定无形资产为企业带来经济利益的期限,则将其作为使用寿命不确定的无形资产。

2. 使用寿命有限无形资产的摊销

使用寿命有限的无形资产,应在其预计的使用寿命内采用系统合理的方法对应摊销金额进行摊销。

(1) 应摊销金额。它是指无形资产的成本扣除残值后的金额。已计提减值准备的无形资产,还应扣除已计提的无形资产减值准备累计金额。使用寿命有限的无形资产,其残值一般应当视为零。

(2) 摊销期和摊销方法。无形资产的摊销期自其可供使用(即其达到预定用途)时起至终止确认时止。在无形资产的使用寿命内系统地分摊其应摊销金额,存在多种方法。这些方法包括直线法、生产总量法等。企业选择的无形资产摊销方法,应当能够反映与该项无形资产有关的经济利益的预期实现方式,并一致地运用于不同会计期间;无法可靠确定其预期实现方式的,应当采用直线法进行摊销。

三、核算无形资产的会计科目

(一) "无形资产"科目

(1) 定义:核算企业持有的无形资产成本,包括专利权、非专利技术、商标权、著作权、特许权、土地使用权等。

(2) 核算内容:借方登记通过各种渠道增加的无形资产;贷方登记企业减少的无形资产;期末借方余额,反映企业无形资产的成本。

(3) 明细账的设置:按无形资产项目进行明细核算。

(二) "累计摊销"科目

(1) 定义:核算企业对使用寿命有限的无形资产计提的累计摊销。

(2) 核算内容:贷方登记企业按期(月)计提无形资产的摊销数,借方登记处置无形资产同时结转减少的累计摊销。

（3）明细账的设置：期末贷方余额，反映企业无形资产的累计摊销额。

四、无形资产的业务节点与账务处理

业务节点		账务处理
外购的无形资产		按应计入无形资产成本的金额，借记"无形资产"科目，按可以抵扣的增值税借记"应交税费——应交增值税（进项税额）"科目，贷记"银行存款"等科目
自行研发的无形资产	研究阶段发生的研究费用	研究阶段发生的无形资产的研究费用，全部费用化。在支付相关费用时，借记"研发支出——费用化支出"科目，按可以抵扣的增值税借记"应交税费——应交增值税（进项税额）"科目，贷记"银行存款"等科目；期末，费用化的研发支出转入管理费用，借记"管理费用"科目，贷记"研发支出——费用化支出"科目
	开发阶段发生的开发费用	开发阶段发生的开发费用，如果不符合资本化条件的，也应费用化，会计处理同上。如果符合资本化条件的，在支付相关费用时，借记"研发支出——资本化支出"科目，按可以抵扣的增值税借记"应交税费——应交增值税（进项税额）"科目，贷记"银行存款"等科目。无形资产达到预定可使用状态时，借记"无形资产"科目，贷记"研发支出——资本化支出"科目
月末，计提无形资产的摊销		按期（月）计提无形资产的摊销，借记"管理费用""其他业务成本"等科目，贷记"累计摊销"科目
期末，发生减值		按减值金额借记"资产减值损失"等科目，贷记"无形资产减值准备"科目
出售无形资产		按实际收到的金额等，借记"银行存款"等科目，按已计提的累计摊销，借记"累计摊销"科目；按应支付的相关税费及其他费用，贷记"应交税费""银行存款"等科目，按无形资产账面余额，贷记"无形资产"；按其差额，贷记"资产处置损益——处置非流动资产利得"科目或借记"资产处置损益——处置非流动资产损失"科目。已计提减值准备的，还应同时结转减值准备
注销无形资产		应按已计提的累计摊销，借记"累计摊销"科目；按无形资产账面余额，贷记"无形资产"科目；按其差额，借记"营业外支出"科目。已计提减值准备的，还应同时结转减值准备

任务实施

任务实施一：核算购买取得的无形资产

2019年2月5日，从外单位购得一项商标权，增值税专用发票注明价格3 000 000元，增值税180 000元。款项已用转账支票支付。

收集、整理、审核购买协议、付款单据、专用发票等，并进行账务处理。

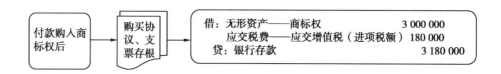

任务实施二：核算投资者投入的无形资产

因乙公司创立的商标已有较好的声誉，兴隆公司预计使用乙公司商标后可使其未来利润增长30%。2019年2月28日，兴隆公司与乙公司协议商定，乙公司以其商标权投资于兴隆公司，双方协议价格（等于公允价值）为5 300 000元（价税合计），取得专用发票。兴隆公司另支付相关费用20 000元，款项已用转账支票支付。

收集、整理、审核投资协议、股东名册、无形资产过户手续、专用发票等资料，并进行账务处理：

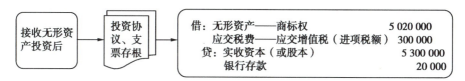

任务实施三：核算土地使用权

2019年2月1日，兴隆公司签发转账支票，交纳竞拍保证金8 000 000元。

2月10日，通过竞拍方式获得一块土地的使用权，转账支付72 000 000元剩余款项，并办妥土地使用权证。

6月开始，在该土地上自行建造办公楼等工程，领用工程物资支出12 000 000元，相关增值税购入时已处理。另支付职工薪酬8 000 000元，其他相关建安费用10 000 000元，增值税900 000元。

12月31日，该工程已经完工并达到预定可使用状态。假定土地使用权的使用年限为50年，该厂房的使用年限为25年，两者都没有净残值，都采用直线法进行摊销和计提折旧。为简化核算，不考虑其他相关税费。

步骤一：2019年2月1日，收集、整理、审核交纳竞拍保证金的单据（投资购买决议、支票存根），并进行账务处理：

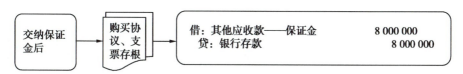

步骤二：2019年2月10日，收集、整理、审核购买协议、补付购买款的单据、土地使用权证等，并进行账务处理：

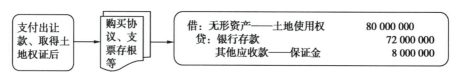

步骤三：2019 年 6 月，收集、整理、审核建造固定资产的各项单据，并进行账务处理。

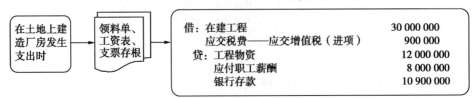

```
借：在建工程                                30 000 000
    应交税费——应交增值税（进项）           900 000
  贷：工程物资                               12 000 000
      应付职工薪酬                          8 000 000
      银行存款                              10 900 000
```

步骤四：2019 年 12 月 31 日，收集、整理、审核竣工结算报告、固定资产移交单，进行固定资产增加的账务处理。

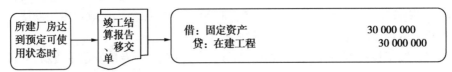

```
借：固定资产                                30 000 000
  贷：在建工程                              30 000 000
```

步骤五：2020 年 1 月，编制、审核摊销计算表、折旧计算表，对固定资产、无形资产计提折旧或摊销，并进行账务处理：

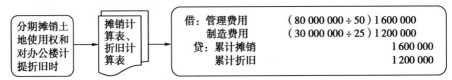

```
借：管理费用       （80 000 000÷50）1 600 000
    制造费用       （30 000 000÷25）1 200 000
  贷：累计摊销                            1 600 000
      累计折旧                            1 200 000
```

（注：无形资产开始摊销的时间是 2019 年 2 月；固定资产开始计提折旧的时间是 2020 年 1 月。）

任务实施四：核算出售无形资产

2019 年 4 月 1 日，兴隆公司将拥有的某项专利技术（入账成本为 1 000 000 元，已摊销金额为 500 000 元）出售给 C 公司，取得出售收入 600 000 元，增值税 36 000 元。款项已经收妥入账。

收集、整理、审核转让协议、银行回单、专用发票，并进行账款处理：

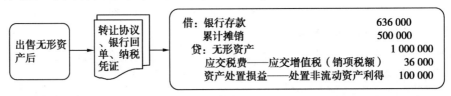

```
借：银行存款                                636 000
    累计摊销                                500 000
  贷：无形资产                              1 000 000
      应交税费——应交增值税（销项税额）     36 000
      资产处置损益——处置非流动资产利得    100 000
```

☞ **扩展知识**

内部研究开发费用的确认和计量

（一）内部研究开发费用会计核算原则

对于企业自行进行的研究开发项目，应当区分研究阶段与开发阶段分别进行核算。研究阶段是探索性的，是为进一步的开发活动进行资料及相关方面的准备，已进行的研究活动将来是否会转入开发、开发后是否会形成无形资产等均具有较大的不确定性，在这一阶段不会形成阶段性成果，所以，研究阶段的有关支出，在发生时应当费用化计入当期损益；相对于

企业会计准则
第 6 号——无形资产

研究阶段而言,开发阶段应当是已完成研究阶段的工作,在很大程度上具备了形成一项新产品或新技术的基本条件,此时,如果企业能够证明开发支出符合无形资产的定义及相关确认条件,则可将其确认为无形资产。

(二) 开发阶段相关支出资本化的条件

在开发阶段,可将有关支出资本化计入无形资产的成本,但必须同时满足以下条件:

(1) 完成该无形资产以使其能够使用或出售在技术上具有可行性。

(2) 具有完成该无形资产并使用或出售的意图。

(3) 无形资产产生经济利益的方式,包括能够证明运用该无形资产生产的产品存在市场或无形资产自身存在市场,无形资产将在内部使用的,应当证明其有用性。

(4) 有足够的技术、财务和其他资源支持,以完成该无形资产的开发,并有能力使用或出售该无形资产。

无法区分研究阶段和开发阶段的支出,应当在发生时作为管理费用,全部计入当期损益。

(三) 内部开发无形资产成本的计量

内部研究形成的无形资产的成本,由可直接归属于该资产的创造、生产并使该资产能够以管理层预定方式运作的所有必要支出组成。可直接归属成本包括,开发该无形资产时耗费的材料、劳务成本、注册费,在开发该无形资产过程中使用的其他专利权和特许权的摊销,以及按照借款费用的处理原则可以资本化的利息支出。在开发无形资产过程中发生的,除上述可直接归属于无形资产开发活动之外的其他销售费用、管理费用等间接费用,无形资产达到预定用途前发生的可辨认的无效和初始运作损失,为运行该无形资产发生的培训支出等不构成无形资产的开发成本。

内部开发无形资产的成本仅包括在满足资本化条件的时点至无形资产达到预定用途前发生的支出总和,对于同一项无形资产在开发过程中达到资本化条件之前已经费用化计入当期损益的支出不再进行调整。

(四) 内部研究开发费用的会计核算

1. "研发支出"科目

(1) 定义:核算企业进行研究与开发无形资产过程中发生的各项支出。

(2) 核算内容:借方登记企业发生的各项内部研发费用,贷方登记结转至"管理费用""无形资产"等的内部研发费用。

(3) 明细账的设置:按研究开发项目,分别"费用化支出""资本化支出"进行明细核算。

2. 内部研究开发费用的一般账务处理

业务节点	账务处理
发生各项研发支出	企业自行开发无形资产发生的研发支出,不满足资本化条件的,借记"研发支出"(费用化支出),满足资本化条件的,借记"研发支出"(资本化支出),可以抵扣的增值税,借记"应交税费——应交增值税(进项税额)",贷记"原材料""银行存款""应付职工薪酬"等科目
研发项目形成无形资产	研究开发项目达到预定用途形成无形资产的,应按"研发支出"(资本化支出)的余额,借记"无形资产"科目,贷记"研发支出"(资本化支出)科目

续表

业务节点	账务处理
期(月)末结转费用化研发支出	期(月)末,应将本科目归集的费用化支出金额转入"管理费用"科目,借记"管理费用"科目,贷记"研发支出"(费用化支出)科目

任务三 核算使用权资产

☞ **任务导入**

租赁作为企业融资的一种方式,具有还款方式灵活、融资期限长的特点,对于期望尽快实现技术更新升级要求的企业来说,租赁可以在一定程度上缓解资金压力,防范和化解资金链断裂风险等,具有积极作用。但是,租赁承租人通常面临租赁负债本金和高利息压力,以及技术风险、经营风险、自然灾害等风险的压力。因此,加强使用权资产核算与监督,对于防范并有效控制使用权资产风险,提高使用权资产使用效率具有重要意义。

知识准备

一、使用权资产的认知

(一)认知使用权资产

1. 租赁及使用权资产的概念

租赁,是指在一定期间内,出租人将资产的使用权让与承租人以获取对价的合同。如果合同一方让渡了在一定期间内控制一项或多项已识别资产使用的权利以换取对价,则该合同为租赁或者包含租赁。使用权资产,是指承租人可在租赁期内使用租赁资产的权利。

2. 确认使用权资产

一项合同要被分类为租赁,必须满足三要素:一是存在一定期间;二是存在已识别资产;三是资产供应方向客户转移已识别资产使用权的控制。

"资产供应方向客户转移已识别资产使用权的控制"这一要素的界定条件为:

(1)客户(即承租人)有权获得因使用权资产所产生的几乎全部经济利益;

(2)客户(即承租人)有权在使用期间主导已识别资产的使用。

承租人满足上述三个要素的,即可以在租赁期开始日将租赁的资产确认为使用权资产,同时确认租赁负债,作为企业的资产和负债进行核算与管理。

（二）短期租赁或低价值租赁

1. 短期租赁

短期租赁，是指在租赁期开始日，租赁期不超过 12 个月的租赁。

需要说明的是，包含购买选择权的租赁不属于短期租赁，企业在判断是否属于短期租赁时，还需要考虑续租选择权和终止租赁选择权等因素。

2. 低价值租赁

低价值资产租赁，是指单项租赁资产为全新资产时价值较低的租赁。

承租人在判断是不是低价值资产租赁时，应基于租赁资产的全新状态下的价值进行评估，不应考虑资产已被使用的年限。

低价值资产租赁的标准应该是一个绝对金额，即仅与资产全新状态下的绝对值有关，不受承租人规模、性质等影响，也不考虑该资产对于承租人或相关租赁交易的重要性。常见的低价值租赁资产的例子包括平板电脑、普通办公家具、电话等小型资产。

对于短期租赁和低价值资产租赁，承租人可以选择不确认使用权资产和租赁负债，采用简化会计处理。

二、取得使用权资产的计量与核算

（一）使用权资产和租赁负债的初始计量

由于承租人在确认使用权资产的同时确认相应的租赁负债，因此承租人应对使用权资产及租赁负债进行初始计量和后续计量。一般而言，资产的入账价值，应按取得资产时支付的对价来确定。所以，企业"使用权资产"的入账价值应按企业所承担的"租赁负债"的公允价值来确认。

1. 租赁负债的初始计量

租赁负债应当按照租赁期开始日尚未支付的租赁付款额的现值进行初始计量。即：租赁付款额×折现率。

（1）租赁付款额。租赁付款额，是指承租人向出租人支付的与在租赁期内使用租赁资产的权利相关的款项。

租赁付款额包括：固定付款额及实质固定付款额、取决于指数或比率的可变租赁付款额、购买选择权的行权价格、行使终止租赁选择权需支付的款项和承租人提供担保余值预计应支付的款项。

（2）折现率。在计算租赁付款额的现值时，承租人应当采用租赁内含利率作为折现率，无法确定租赁内含利率的，应当采用承租人增量借款利率作为折现率。

租赁内含利率，是指使出租人的租赁收款额的现值与未担保余值的现值之和等于租赁资产公允价值与出租人的初始直接费用之和的利率。

承租人增量借款利率，是指承租人在类似经济环境下为获得与使用权资产价值接近的资产，在类似期间以类似抵押条件借入资金须支付的利率。

2. 使用权资产的初始计量

在租赁期开始日，承租人应当按照成本对使用权资产进行初始计量。该成本包括下列

四项:

(1) 租赁负债的初始计量金额(租赁付款额的现值)。

(2) 在租赁期开始日或之前支付的租赁付款额;存在租赁激励的,应扣除已享受的租赁激励相关金额。

(3) 承租人发生的初始直接费用。

(4) 承租人为拆卸及移除租赁资产、复原租赁资产所在场地或将租赁资产恢复至租赁条款约定状态预计将发生的成本。如果是属于为生产存货而发生的,不构成使用权资产的初始入账成本。

(二) 取得使用权资产的核算

1. 科目设置

(1) 使用权资产。

① 定义:核算使用权资产的成本(相当于固定资产的原价)的增减变化。

② 性质:资产类。

③ 核算内容:借方登记企业增加使用权资产的成本,贷方登记企业减少的使用权资产成本,期末借方余额,反映企业期末使用权资产的成本余额。

④ 明细分类账的设置:企业应当设置"使用权资产登记簿"和"使用权资产卡片",按使用权资产类别、使用部门和每项使用权资产进行明细核算。

(2) 租赁负债。

① 定义:核算租赁使用权资产形成尚未偿付的负债。

② 性质:负债类。

③ 核算内容:贷方登记租赁负债的增加额,借方登记租赁负债的减少额,贷方余额为尚未偿付的租赁负债额。

④ 明细分类账的设置:本科目应设置"租赁负债——租赁付款额"和"租赁负债——未确认融资费用"明细科目进行明细核算。

2. 使用权资产取得的业务节点与账务处理

业务节点	账务处理
租赁开始日,确认租赁负债和使用权资产	租赁开始日,按尚未支付的租赁付款额贷记"租赁负债——租赁付款额",按租赁付款额的现值借记"使用权资产",按差额,借记"租赁负债——未确认融资费用"。 借:使用权资产(租赁付款额的现值) 　　租赁负债——未确认融资费用 　贷:租赁负债——租赁付款额(尚未支付的租赁付款额简单相加)
支付初始直接费用	将初始直接费用计入使用权资产的初始成本。 借:使用权资产 　贷:银行存款
收到租赁激励	将已收到的租赁激励相关金额从使用权资产入账价值中扣除。 借:银行存款 　贷:使用权资产

任务实施

任务实施一：

江苏天润机械有限公司与齐兴租赁股份有限公司签订租赁合同,合同约定:齐兴租赁股份有限公司20×2年7月1日将一台生产用设备出租给江苏天润机械有限公司,不可撤销期间为9个月,无购买选择权,租金共计450 000元,按季支付租金。这项业务是否应确认使用权资产?

步骤一：查阅了解会计准则对使用权资产的规定。

《企业会计准则第21号——租赁》：

第三十条 短期租赁,是指在租赁期开始日,租赁期不超过12个月的租赁。

第三十二条 对于短期租赁和低价值资产租赁,承租人可以选择不确认使用权资产和租赁负债。

步骤二：根据规定,进行会计职业判断。

上述租入的设备租赁期限仅为9个月且无购买选择权,江苏天润机械有限公司选择不确认使用权资产和租赁负债,而采用简化会计处理,将短期租赁和低价值资产租赁的租赁付款额,在租赁期内各个期间按照直线法或其他系统合理的方法计入相关资产成本或当期损益。

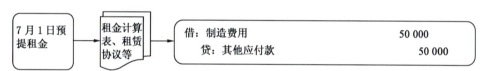

8月31日,预计8月份租金,同上。

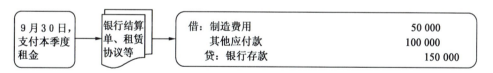

> **☞ 提醒你**
>
> 假设上例江苏天润机械有限公司拥有5个月的续租选择权,续租期的月租赁付款额明显低于市场价格。在租赁期开始日,江苏天润机械有限公司判断可以合理确定将行使续租选择权。在此情况下,承租人确定租赁期为14个月,不属于短期租赁,江苏天润机械有限公司应对该项租赁业务确认使用权资产。

任务实施二：

江苏天润机械有限公司(以下简称"天润公司")与出租人齐兴租赁股份有限公司签订了一份办公楼租赁合同。有关资料如下:(1)每年的租赁付款额为100 000元,于每年年末支付;(2)不可撤销期为3年,合同约定在第3年年末,天润公司有权选择以每年100 000元的租金续租 2 年,也有权选择以 600 000 元的价格购买该办公楼;(3)天润公司为获得该办公楼向前任租户支付款项 27 000 元,向促成此项租赁交易的房地产中介支付佣金 10 000 元;(4)作为对天润公司的激励,齐兴租赁股份有限公司同意补偿 10 000 元佣金;(5)天润公司无法确定租赁内含报酬率,可以确定其增量利率为 5%;(6)天润公司在租赁开始日选择续租 2 年,即实际租赁期为 5 年。不考虑税费等相关因素。天润公司应作会计处理如下:

计算租赁期开始日租赁付款额的现值,并确认租赁负债和使用权资产。

租赁付款额 = 100 000 × 5 = 500 000(元)

租赁付款额现值 = 使用权资产成本 = 100 000 × (P/A,5%,5) = 100 000 × 4.33 = 433 000(元)

其中:(P/A,5%,5)为年金现值系数(取两位小数为 4.33)。

未确认融资费用 = 500 000 − 433 000 = 67 000(元)

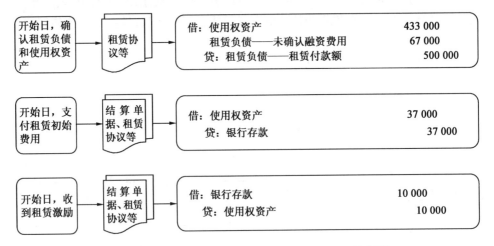

使用权资产的初始成本 = 433 000 + 37 000 − 10 000 = 460 000(元)。

三、使用权资产和租赁负债的后续计量与核算

(一)使用权资产和租赁负债的后续计量

1. 使用权资产的后续计量(折旧、减值等)

在租赁期开始日后,承租人应当采用成本模式对使用权资产进行后续计量,即以成本减累计折旧及累计减值损失计量使用权资产。

承租人按照有关规定重新计量租赁负债的,应当相应调整使用权资产的账面价值。

(1)使用权资产的折旧。

① 计提折旧的时间。承租人应当自租赁期开始日起对使用权资产计提折旧。使用权资产通常应自租赁期开始的当月计提折旧,当月计提确有困难的,为便于实务操作,企业也可以选择自租赁期开始的下月计提折旧,但应对同类使用权资产采取相同的折旧政策。

② 计提折旧年限。承租人能够合理确定租赁期届满时取得租赁资产所有权的,应当在租赁资产剩余使用寿命内计提折旧。

承租人无法合理确定租赁期届满时能够取得租赁资产所有权的,应当在租赁期与租赁

资产剩余使用寿命两者孰短的期间内计提折旧。

如果使用权资产的剩余使用寿命短于前两者,则应在使用权资产的剩余使用寿命内计提折旧。

③ 计提折旧的方法。承租人在确定使用权资产的折旧方法时,应当根据与使用权资产有关的经济利益的预期实现方式做出决定。通常按直线法对使用权资产计提折旧,其他折旧方法更能够反映使用权资产有关经济利益预期实现方式的,应采用其他折旧方法。

(2) 使用权资产的减值。在租赁期开始日后,承租人应当按照《企业会计准则第8号——资产减值》的规定,确定使用权资产是否发生减值,并对已识别的减值损失进行会计处理。

使用权资产减值准备一旦计提,不得转回。承租人应当按照扣除减值损失之后的使用权资产的账面价值,进行后续折旧。

2. 租赁负债的后续计量

在租赁期开始日后,承租人应当按以下原则对租赁负债进行后续计量(假设不考虑租赁负债的重新计量等情况的变化):

(1) 确认租赁负债的利息时,增加租赁负债的账面金额;

(2) 支付租赁付款额时,减少租赁负债的账面金额;

(3) 因重估或租赁变更等原因导致租赁付款额发生变动时,重新计量租赁负债的账面价值。

承租人应当按照固定的周期性利率计算租赁负债在租赁期内各期间的利息费用,并计入当期损益,但符合资本化条件的应当计入相关资产成本。

未纳入租赁负债计量的可变租赁付款额,即并非取决于指数或比率的可变租赁付款额,应当在实际发生时计入当期损益。但按规定应计入存货成本的从其规定。

(二) 使用权资产持有期间的会计核算

1. 科目设置

(1) 使用权资产累计折旧。

(2) 使用权资产减值准备。

2. 使用权资产持有(使用)、支付租金的业务节点与账务处理

业务节点	账务处理
支付租金	借:租赁负债——租赁付款额 　　贷:银行存款 注:在支付的每期租金中,包含两方面的款项,一是租赁负债的利息;一是租赁负债偿还的本金
摊销未确认融资费用(租赁期内租赁负债的利息费用)	借:财务费用等科目 　　贷:租赁负债——未确认融资费用(租赁负债总账期初余额×相应利率)
按月计提使用权资产折旧	借:管理费用等科目 　　贷:使用权资产累计折旧

续表

业务节点	账务处理
资产负债表日,如发生减值,计提使用权资产减值准备	借:资产减值损失 　贷:使用权资产减值准备

任务实施三:

使用权资产持有(使用)、支付租金的业务节点与账务处理

承任务实施二,江苏天润机械有限公司采用实际利率法计算各年的实际利息费用,采用年限平均法对使用权资产计提折旧。

各年实际利息费用、租赁负债计算表　　　　　　　　　单位:元

年度	租赁负债 年初余额 ①	利息 ② = ① × 5%	租赁付款额 ③	租赁负债 年末余额 ④ = ① + ② – ③
1	433 000	21 650	100 000	354 650
2	354 650	17 732.50	100 000	272 382.50
3	272 382.50	13 619.13	100 000	186 001.63
4	186 001.63	9 300.08	100 000	95 301.71
5	95 301.71	4 698.29	100 000	—

注:表中各年利息四舍五入保留两位小数,第五年利息为 4 698.29 元(67 000 – 62 301.71)。

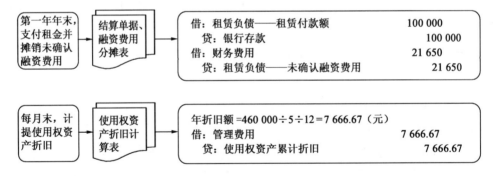

(三)行使购买选择权的会计核算

如果承租人在租赁期间或租赁到期时,行使了购买选择权,承租人应按使用权资产和租赁负债的账面价值以及发生的购买价款等费用计入固定资产成本。

业务节点	原始单据	账务处理
行使购买选择权转作固定资产	租赁合同(协议); 增值税专用发票(增值税普通发票); 租赁付款额余额计算表; 未确认融资费用计算表	借:固定资产 　　使用权资产累计折旧 　　租赁负债——租赁付款额 贷:使用权资产 　　租赁负债——未确认融资费用 　　银行存款

任务实施四:

承任务实施二、三,江苏天润机械有限公司在第3年年末,支付当年租金后选择行使购买权。相关会计科目余额分别为:"使用权资产"科目借方余额460 000元,"使用权资产累计折旧"科目贷方余额276 000元(460 000÷5×3),"租赁负债——租赁付款额"科目贷方余额200 000元(100 000×2),"租赁负债——未确认融资费用"科目借方余额13 998.37元。江苏天润机械有限公司应编制如下会计分录:

```
借:固定资产                                  597 998.37
    使用权资产累计折旧                         276 000
    租赁负债——租赁付款额                      200 000
  贷:使用权资产                                460 000
     租赁负债——未确认融资费用                   13 998.37
     银行存款                                  600 000
```

任务四　核算长期待摊费用

 任务导入

江苏环宇公司为加大产品的销售力度,在某一商业闹市区以经营租赁方式租入一门面房,并对其进行重新装潢,共发生装潢费用300 000元。对这样的费用开支应如何进行核算?

 知识准备

一、长期待摊费用的认知

(一)长期待摊费用的概念

长期待摊费用是指企业已经支出,但摊销期限在1年以上(不含1年)的各项费用,包括租入固定资产的改良支出以及摊销期在1年以上的固定资产大修理支出等。

(二) 长期待摊费用的主要特征

(1) 长期待摊费用属于长期资产；
(2) 长期待摊费用是企业已经支出的各项费用；
(3) 长期待摊费用应能使以后会计期间受益。

长期待摊费用

二、核算长期待摊费用的会计科目

"长期待摊费用"账户用于核算企业已经支出，但摊销期限在1年以上(不含1年)的各项费用，包括固定资产修理支出、租入固定资产的改良支出以及摊销期限在1年以上的其他待摊费用。在"长期待摊费用"账户下，企业应按费用的种类设置明细账，进行明细核算，并在会计报表附注中按照费用项目披露其摊余价值、摊销期限、摊销方式等。

三、长期待摊费用的业务节点与账务处理

业务节点	账务处理
发生的长期待摊费用	借记"长期待摊费用"科目，如取得增值税专用发票，还应借记"应交税费——应交增值税(进项税额)"科目，贷记"银行存款""原材料"等科目
摊销长期待摊费用	借记"管理费用""销售费用"等科目，贷记"长期待摊费用"科目

任务实施

2019年6月1日，兴隆公司对其以经营租赁方式新租入的办公楼进行装修，发生支出总额545 000元(价税合计)，取得专用发票。2019年9月1日，该办公楼装修完工，达到预定可使用状态并交付使用，按租赁期10年开始进行摊销。假定不考虑其他因素。

步骤一：4月1日，收集、整理、审核装修协议、各种支付凭证等单据，并进行账务处理：

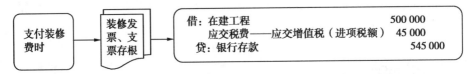

步骤二：9月1日，装修完工，达到预定可使用状态并交付使用时，审核验收单，编制"固定资产移交单"，并进行账务处理：

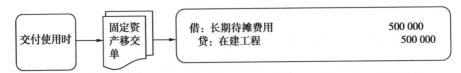

步骤三：10月开始，每月末编制"摊销计算表"，并进行账务处理：

```
摊销装修支出时 → 摊销计算表 → 借:管理费用              4 166.67
                              贷:长期待摊费用          4 166.67
```

拓展知识

企业购买古玩、字画、黄金、玉器如何进行账务和纳税处理?

企业为获得未来收益所拥有或控制的非生产经营所必需的资产,包括采用公允价值模式计量的投资性房地产、名人字画、古玩、黄金、高档会所、俱乐部会员资格等,其持有期间公允价值的变动不计入应纳税所得额,在实际处置或结算时,处置取得的价款扣除其历史成本后的差额应计入处置或结算期间的应纳税所得额。

非专门从事投资业务的企业,购买名人字画、古董和非生产性生物资产等其他投资行为,持有期间的增值或减值不计入应纳税所得额,但在实际处置时,其取得的价款扣除其历史成本后,若有增值应当计算缴纳企业所得税。

【企业案例研究】

中国企业的责任与担当
——新冠肺炎疫情发生后,疫苗研发万众期待

疫情发生之初,中国生物便与病毒拼速度、抢生命,组织技术团队仅用48小时就研发出新冠病毒基因诊断试剂盒,第一批被国家卫健委推荐使用;提出并应用新冠肺炎康复者恢复期特异血浆和特异免疫球蛋白疗法。中国生物采用由北京、武汉两个生物制品研究所分头展开灭活疫苗研究的方案,"背对背"研发,确保疫苗安全可靠。经过Ⅰ/Ⅱ期临床试验显示,疫苗接种后无一例严重不良反应。在集团支持下,中国生物又在北京、武汉建立新冠病毒灭活疫苗生产车间。以"战时机制"推进车间建设,仅仅耗时60天,北京生物制品研究所建成新冠肺炎疫苗生产车间。中国生物为此次战"疫"贡献了力量,体现了国企的责任和担当,以实际行动守初心、担使命,为人民群众筑起牢固的健康屏障。

思考: 请同学们结合身边的案例,谈谈企业的责任和担当可以体现在哪些方面。

行业发展动态——
无形资产管理系统

职业能力提升——
资产减值的总结

项目九

记录各项负债、明确责任义务

 学习目标

能力目标
- 能描述企业常见的负债项目;
- 能正确核算企业发生的短期借款、应付账款、应付票据、预收账款业务;
- 能对企业发生的应付职工薪酬业务进行账务处理;
- 能对企业发生的增值税业务进行账务处理;
- 能对企业发生的消费税业务进行账务处理;
- 能对企业发生的其他税费业务进行账务处理;
- 能对企业发生的其他流动负债业务进行账务处理。

素养目标
- 培养维护员工权益,强化服务的职业道德;
- 宣贯税法,培育依法纳税意识,提高企业税法遵从度;
- 提高职业技能,应享尽享税收优惠;
- 遵循谨慎原则,完整核算各项负债;
- 遵循商业伦理,履行偿还义务。

会计岗位职责——薪酬岗

会计文化——四脚账

负债是指企业过去的交易或者事项形成的、预期会导致经济利益流出企业的现时义务。负债一般按其偿还速度或偿还时间的长短划分为流动负债和长期负债两类。流动负债是指将在1年或超过1年的一个营业周期内偿还的债务,主要包括短期借款、应付票据、应付账款、应付利息、预收账款、应付职工薪酬、应交税费、应付股利、其他应付款等。流动负债以外的负债为长期负债,包括长期借款、应付债券、长期应付款。

任务一 核算短期借款

> **任务导入**
>
> 江苏环宇公司新接一订单,需要大量采购原材料,企业自有资金有限,决定向银行借入期限3个月、利率7.2%、金额500 000元的短期借款。对于这种经常发生的融资业务,财会人员应考虑如何核算款项借入、利息计付及本金的偿还。

知识准备

一、短期借款的认知

短期借款(微课)

(一)短期借款的概念

短期借款是指企业向银行或其他金融机构借入的期限在1年以下(含1年)的各种借款。短期借款一般是企业为维持正常的生产经营所需资金而借入的,或者是为抵偿某项债务而借入的款项。

(二)利息费用的确认时间与利息支出方式

企业从银行借入短期借款,其利息一般按季定期支付;若从其他金融机构或有关企业借入,借款利息一般于到期日同本金一起支付。

具体的方式有:
(1)按月计算并支付;
(2)借款到期时,随同本金一起归还;
(3)先按月预提计入当期损益,再按季度支付给银行。

(三)利息的计算

短期借款归还期短(1年以内),其利息一般采取单利计算。
借款利息 = 借款本金 × 借款期限 × 借款利率

二、核算短期借款的会计科目

(一)"短期借款"科目

(1)定义:核算企业向银行或其他金融机构等借入的期限在1年以下(含1年)的各种借款。
(2)核算内容:贷方登记取得借款金额;借方登记归还借款金额;期末贷方余额,反映企业尚未偿还的短期借款。

(3) 明细账设置:按借款种类、出借人和币种进行明细核算。

(二)"财务费用"科目

(1) 定义:核算企业为筹集生产经营所需资金等而发生的筹资费用,包括利息支出(减利息收入)、汇兑损益以及相关的手续费等。

(2) 核算内容:借方登记企业发生的财务费用;贷方登记发生的应冲减财务费用的利息收入、汇兑损益等;期末应将本科目余额转入"本年利润"科目,结转后本科目无余额。

(3) 明细账设置:按费用项目(利息费用、手续费、工本费)进行明细核算。

(三)"应付利息"科目

(1) 定义:核算企业按照合同约定应支付的利息。

(2) 核算内容:资产负债表日,贷方登记按合同利率计算确定的应付未付利息;借方登记实际支付利息;期末贷方余额,反映企业应付未付的利息。

(3) 明细账设置:按存款人或债权人进行明细核算。

三、短期借款的业务节点与账务处理

业务节点	账务处理
借入短期借款	借入短期借款时,借记"银行存款"科目,贷记"短期借款"科目
资产负债表日计提利息	按规定在资产负债表日计提利息时,借记"财务费用"科目,贷记"应付利息"科目
支付利息	按月支付利息时,借记"应付利息"科目,贷记"银行存款"科目; 按季支付利息时,借记"应付利息""财务费用"科目,贷记"银行存款"科目
归还短期借款	归还短期借款时,借记"短期借款"科目,贷记"银行存款"科目

任务实施

江苏环宇公司向中国银行徐州开发区支行借入短期借款 500 000 元,期限为 2018 年 12 月 1 日至 2019 年 2 月 28 日,借款利率 7.2%。

步骤一:收集、整理、审核银行借款凭证回单,对借入借款业务进行账务处理:

中国银行借款凭证(回单)③

单位编号：1002　　　　　日期：2018 年 12 月 1 日　　　　　银行编号：1321

借款人	名　称	江苏环宇公司	收款人	名　称	江苏环宇公司
	账　号	740108320311		往来账号	740108320311
	开户银行	中国银行徐州开发区支行		开户银行	中国银行徐州开发区支行

借款期限(最后还款日)		2019 年 2 月 28 日	借款计划指标									
借款申请金额	人民币(大写)：伍拾万元整			千	百	十	万	千	百	十	元	角	分
					¥	5	0	0	0	0	0	0	0
借款原因及用途	生产经营周转用		银行核定金额	千	百	十	万	千	百	十	元	角	分
					¥	5	0	0	0	0	0	0	0

期限	计划还款日期	计划还款金额	分次还款记录	期次	还款日期	还款金额	结欠
1	2019 年 2 月 28 日	500 000.00					
2							
3							

备注：

上述借款业已同意贷给并转入你单位往来账户，借款到期时应按期归还。
此致
借款单位
(银行盖章)2018 年 12 月 1 日

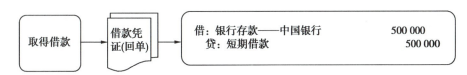

步骤二：2018 年 12 月 31 日(资产负债表日)，编制、审核短期借款利息计算表，对应付银行的利息进行账务处理：

短期借款利息计算表

2018 年 12 月 31 日

计息期间	借款金额	借款利率	本月借款利息	已提利息	合计
2018 年 12 月	500 000	7.2%	3 000	0	3 000

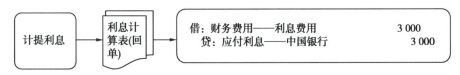

2019 年 1 月 31 日，同上。

步骤三：2019 年 2 月 28 日，收集、整理、审核归还银行借款本息的贷款归还凭证、贷款还息凭证等单据，对还本付息业务进行账务处理(注：前 2 个月已预提利息 6 000 元)。

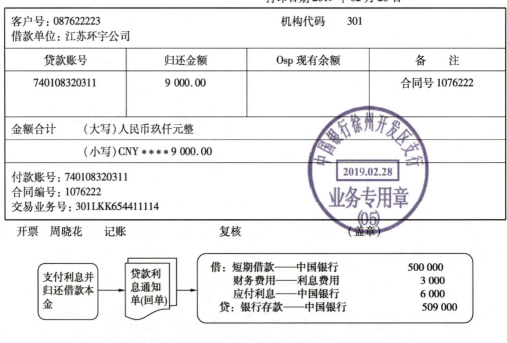

任务二 核算应付及预收款项

☞ **任务导入**

江苏环宇公司与金海公司商定,采用商业汇票方式结算采购材料的货款;与东海公司商定,采用赊购的方式结算采购材料的货款;与南海公司商定,采用先收款、后发货的方式结算产品的销售款。公司与这些客户、供应商的业务往来中,会形成一定的负债,会计人员应如何核算这些款项往来业务呢?

第一部分：确认、记录应付票据

知识准备

一、认知应付票据

应付票据是企业购买材料、商品和接受劳务供应等开出的商业汇票而形成的一项流动负债。它是企业根据合同进行延期付款的交易，并采用商业汇票结算方式而产生的。

商业汇票按照承兑人不同分为商业承兑汇票和银行承兑汇票；按照是否带息，分为带息票据和不带息票据。不带息票据，企业到期时应支付的金额就是应付票据面值。带息票据的票面金额仅表示本金，票据到期时除按面值支付外，还应另行支付利息。

二、核算商业汇票结算的科目——"应付票据"科目

（1）定义：核算企业购买材料、商品和接受劳务供应等开出的商业汇票，包括银行承兑汇票和商业承兑汇票。

（2）核算内容：贷方登记开出、承兑汇票的面值及带息票据的预提利息；借方登记偿付票据的金额；余额在贷方，表示企业尚未到期的商业汇票的票面金额和应计未付的利息。

（3）明细账设置：一般按债权人名称进行明细核算。

三、应付票据的业务节点与账务处理

业务节点	账 务 处 理
企业签发、承兑应付票据	企业因购买材料、商品和接受劳务供应等而开出、承兑的商业汇票，应当按其票面金额作为应付票据的入账金额，借记"材料采购""原材料""库存商品""应交税费——应交增值税（进项税额）""应付账款"等科目，贷记"应付票据"科目。 如企业签发、承兑的是银行承兑汇票，企业支付票据承兑保证金时，借记"其他货币资金"科目，贷记"银行存款"科目。支付的银行承兑汇票的手续费，应当计入当期财务费用，借记"财务费用"科目，贷记"银行存款"科目
承兑期间	如果是不带息的应付票据，不作账务处理； 如果是带息的应付票据，则在资产负债表日（期末）计提利息，借记"财务费用"科目，贷记"应付票据"科目
承兑期满，应付票据到期	① 商业承兑汇票： 如果企业有资金偿付，按账面价值，借记"应付票据"科目，贷记"银行存款"科目； 如果企业没有资金偿付，按账面价值转成"应付账款"，借记"应付票据"科目，贷记"应付账款"科目。（注：商业汇票一旦到期，就失去效用，但企业的债务并没有消失，换成"应付账款"形式存在） ② 银行承兑汇票： 如果企业有资金偿付，按账面价值，借记"应付票据"科目，贷记"银行存款"科目； 同时，收回申请银行承兑时交付的保证金，借记"银行存款"科目，贷记"其他货币资金"科目。 如果企业没有资金偿付，则银行履行承兑责任，替企业偿还"应付票据"，企业转而变成了欠银行"短期借款"，借记"应付票据"科目，贷记"其他货币资金""短期借款"科目。（注：先用保证金抵一部分，剩余的成为欠银行的"短期借款"）

任务实施

任务实施一：核算不带息应付票据

2020年1月6日，江苏环宇公司与其开户银行——中国银行协商，拟申请银行为期承兑面值为45 200元、期限4个月的不带息商业汇票，江苏环宇公司支付票据承兑保证金20 000元；

1月7日，交纳承兑手续费23.40元，并申请承兑面值为45 200元、期限4个月的不带息商业汇票；

1月7日，与金海公司进行协商，使用面值为45 200元、期限4个月的不带息银行承兑汇票采购甲材料，材料已收到入库，按实际成本核算，增值税专用发票上注明的材料价款为40 000元，增值税税额为5 200元；

5月7日，上述银行承兑汇票到期，以保证金和银行存款支付票款。

步骤一：1月6日，收集、整理、审核承兑协议、保证金支付凭证等单据，对支付保证金业务进行账务处理：

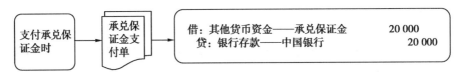

步骤二：1月7日，收集、整理、审核银行手续费付款凭证及银行承兑汇票复印件，对支付手续费业务进行账务处理：

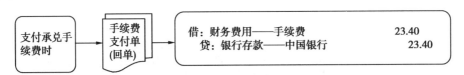

步骤三：1月7日，收集、整理、审核材料采购协议、增值税专用发票的记账联、材料入库单、银行承兑汇票复印件等原始凭证，对采购业务进行账务处理：

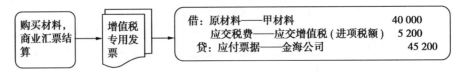

步骤四：5月7日，收集银行转来的付款通知等单据，对偿还应付票据和收回保证金进行账务处理：

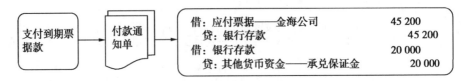

任务实施二：核算带息应付票据的结算业务

2019年2月28日，江苏环宇公司与银海公司商定，采用商业承兑汇票方式抵付前欠购货款。2019年3月1日，开出带息商业汇票一张，面值640 000元，用于抵付其前欠银海公司的货款。该票据票面利率为6%，期限为3个月。

3月31日，计算并提取上述商业汇票的应付利息。

4月30日，计算并提取上述商业汇票的应付利息。

5月31日，计算并提取上述商业汇票的应付利息。

6月1日，上述商业汇票到期，以银行存款支付票款和利息。

步骤一：3月1日，收集、整理、审核货款偿还协议和商业承兑汇票复印件等相关原始凭证，对抵付货款业务进行账务处理：

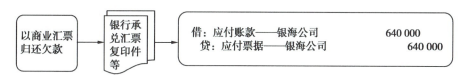

步骤二：3月31日，编制、审核利息费用计算单，对上述商业汇票的应付利息计提事项进行账务处理：

利息费用计算单

2019年3月31日

事由或票据	计息期间	计息本金	利率	利息金额
签发给银海公司的商业承兑汇票	2019年3月1日至2019年3月31日	640 000	6%	3 200

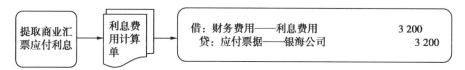

注：2019年4月30日和2019年5月31日同上。

步骤三：2019年6月1日，收集、审核、银行付款单据，对支付票款和利息业务进行账务处理：

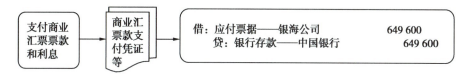

第二部分：确认、记录应付账款

知识准备

一、应付账款认知

应付账款是指企业因购买材料、商品或接受劳务供应等经营活动应支付的款项。应付账款主要是由于企业取得资产的时间与结算付款的时间不一致而产生的。

二、核算应付账款的会计科目——"应付账款"科目

（1）定义：核算应付账款的发生、偿还、转销等情况。

（2）核算内容：贷方登记企业购买材料、商品和接受劳务等而发生的应付账款；借方登记偿还的应付账款，或开出商业汇票抵付应付账款的款项，或已冲销的无法支付的应付账款；余额一般在贷方，表示企业尚未支付的应付账款余额。

（3）明细账设置：一般应按照债权人设置明细科目进行明细核算。

三、应付账款的业务节点与账务处理

业务节点	账 务 处 理
企业购入材料、商品	企业购入材料、商品等验收入库，但货款尚未支付，也未签发承兑商业汇票时，根据有关凭证，借记"原材料""材料采购"等科目，按可抵扣的增值税税额，借记"应交税费——应交增值税（进项税额）"科目，按应付的价款，贷记"应付账款"科目
企业接受供应单位提供劳务	企业接受供应单位提供劳务而发生的应付未付款项，也未签发承兑商业汇票时，根据供应单位的发票账单，借记"生产成本""管理费用"等科目，按可抵扣的增值税税额，借记"应交税费——应交增值税（进项税额）"科目，贷记"应付账款"科目
企业偿还应付账款	企业偿还应付账款或开出商业汇票抵付应付账款时，借记"应付账款"科目，贷记"银行存款""其他货币资金""应付票据"等科目
应付账款的转销	企业转销确实无法支付的应付账款（如因债权人撤销等原因而产生无法支付的应付账款），应按其账面余额予以转销，借记"应付账款"科目，贷记"营业外收入"科目

任务实施

任务实施一

2019年7月1日,从云达公司购入一批平板钢材,货款200 000元,增值税26 000元;对方代垫运费2 000元,增值税180元。材料已运到并按实际成本验收入库,款项尚未支付。收集、审核专用发票、材料入库单等原始凭证,对采购业务进行账务处理:

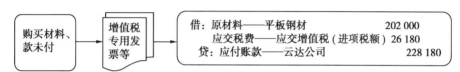

```
借:原材料——平板钢材                        202 000
   应交税费——应交增值税(进项税额)         26 180
 贷:应付账款——云达公司                       228 180
```

任务实施二

2019年9月30日,根据供电部门开具的增值税专用发票,本月应支付给电力公司电费52 000元,增值税6 760元。其中生产车间电费38 000元,企业行政管理部门电费14 000元,款项尚未支付。收集供电部门的专用发票,编制审核电费分配表等原始凭证,对应付水电费业务进行账务处理:

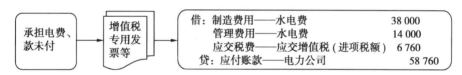

```
借:制造费用——水电费                         38 000
   管理费用——水电费                         14 000
   应交税费——应交增值税(进项税额)          6 760
 贷:应付账款——电力公司                        58 760
```

任务实施三

2019年11月5日,用银行汇票支付前欠云达公司欠款136 220元,其余款项以一张银行承兑汇票抵付。收集、整理、审核银行汇票付款通知和银行承兑汇票复印件等原始凭证,对支付前欠货款业务进行账务处理:

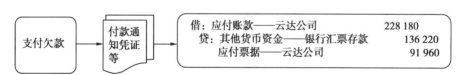

```
借:应付账款——云达公司                       228 180
 贷:其他货币资金——银行汇票存款               136 220
   应付票据——云达公司                         91 960
```

任务实施四

2019年12月31日,公司确定一笔应付光明公司50 000元为无法支付的应付账款,应予转销。收集、审核转销决议等原始凭证,对转销无法支付的应付账款事项进行账务处理:

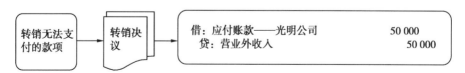

```
借:应付账款——光明公司                        50 000
 贷:营业外收入                                 50 000
```

第三部分:确认、记录预收账款

知识准备

一、认知预收账款

预收账款是指企业按照合同规定向购货单位预收的款项。与应付账款不同,预收账款所形成的负债不是以货币偿付,而是以货物偿付。

二、核算预收账款的会计科目——"预收账款"科目

(1)定义:核算预收账款的取得、偿付等情况。

(2)核算内容:贷方登记发生的预收账款数额和购货单位补付账款的数额;借方登记企业向购货方发货后冲销的预收账款数额和退回购货方多付账款的数额;余额一般在贷方,反映企业向购货单位预收的款项但尚未向购货方发货的数额,如为借方余额,反映企业应收的款项。

(3)明细账设置:应当按照购货单位设置明细科目进行核算。

> ☞ 提醒你
>
> 预收货款不多的企业,也可不单独设置"预收账款"科目,而把预收货款记入"应收账款"科目的贷方。

三、预收账款的业务节点与账务处理

业务节点	账务处理
预收购货单位款项	企业预收购货单位的款项时,借记"银行存款"科目,贷记"预收账款"科目
发出商品、销售实现	销售实现时,按实现的收入和应交的增值税销项税额,借记"预收账款"科目,按照实现的营业收入,贷记"主营业务收入"科目,按照增值税专用发票上注明的增值税税额,贷记"应交税费——应交增值税(销项税额)"等科目
收到购货单位补付款项	企业收到购货单位补付的款项,借记"银行存款"科目,贷记"预收账款"科目
退回购货单位多付款项	向购货单位退回其多付的款项时,借记"预收账款"科目,贷记"银行存款"科目

任务实施

核算预收账款

2019年9月3日,江苏环宇公司与光明公司签订供货合同,向其出售一批A产品,货款200 000元,增值税26 000元。根据购货合同的规定,光明公司在购货合同签订后一周内,应当向环宇公司预付货款120 000元,剩余货款在交货后付清。

9月9日,收到光明公司交来的预付货款120 000元并存入银行。

9月19日,将货物发到光明公司并开出增值税专用发票。

9月30日,光明公司验收后交来剩余货款106 000元并存入银行。

步骤一:9月9日,收集、整理、审核购货合同和银行转来的收款通知等原始凭证,对收到光明公司交来的预付货款进行账务处理:

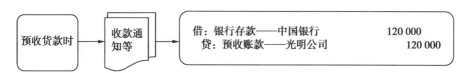

步骤二:9月19日,将货物发到光明公司并开出增值税专用发票,收集、整理、审核销售发票的记账联和产品出库单等原始凭证编制会计分录:

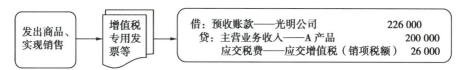

步骤三:9月30日,光明公司验收后交来剩余货款106 000元并存入银行。收集、整理、审核银行转来的收款通知等原始凭证编制会计分录:

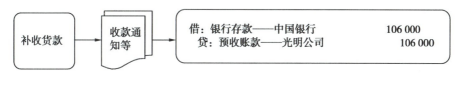

任务三　核算应付职工薪酬

☞ **任务导入**

企业聘请员工从事生产经营活动,应当付给职工合理的劳动报酬。这些应付的职工薪酬包括哪些内容?有没有给职工办理"社保"?企业如何代扣代缴职工的个人所得税?诸如夏天降温费、冬天取暖费、过年过节费等职工福利、工会经费等如何入账?等等,都是我们必须掌握的内容。

第一部分：确认、记录"工资"及"五险一金"

知识准备

一、职工薪酬的认知

（一）职工薪酬的定义

企业的职工薪酬，是企业为获得职工提供的服务或解除劳动关系，包括短期薪酬、离职后福利、辞退福利和其他长期职工福利，而给予或付出的各种形式的报酬或补偿。职工薪酬作为一种耗费构成企业的人工费用。

职工，是指与企业订立劳动合同的所有人员，含全职、兼职和临时职工，也包括虽未与企业订立劳动合同但由企业正式任命的人员。

季节工临时工的规定

（二）职工薪酬的内容

1. 短期薪酬

短期职工薪酬是指企业在职工提供相关服务的年度报告期结束后十二个月内需要全部予以支付的职工薪酬，因解除与职工的劳动关系给予的补偿除外。具体包括：

（1）职工工资、奖金、津贴和补贴。

工资，是指支付给职工的计时工资和计件工资。

奖金，是指支付给职工的超额劳动报酬和增收节支的劳动报酬。如生产奖，包括超产奖、质量奖、安全奖、考核各项经济指标的综合奖、年终奖、劳动分红等；又如劳动竞赛奖，包括发给劳动模范、先进个人的各种奖金和实物奖励等。

津贴和补贴，是指为了补偿职工特殊或额外的劳动消耗和因其他特殊原因支付给职工的津贴，以及为了保证职工工资水平不受物价影响而支付的物价补贴。包括补偿职工特殊或额外劳动消耗的津贴（如高空津贴、井下津贴等）、保健津贴、技术性津贴、工龄津贴及其他津贴（如直接支付的伙食津贴、合同制职工工资性补贴及书报费等）。

（2）职工福利费。

职工福利费，主要包括职工因公负伤赴外地就医路费、职工生活困难补助、未实行医疗统筹企业职工医疗费用，以及按规定发生的其他职工福利支出。

（3）社会保险费。

社会保险费，是指企业按照国务院、各地方人民政府规定的基准和比例计算，向人社局缴纳的医疗保险费、工伤保险费和生育保险费。

（4）住房公积金。

住房公积金，是指企业按照国家规定的基准和比例计算，向住房公积金管理机构缴存的住房公积金。

（5）工会经费和职工教育经费。

工会经费和职工教育经费,是指企业根据《中华人民共和国工会法》的规定,为了改善职工文化生活、为职工学习先进技术和提高文化水平和业务素质,用于开展工会活动和职工教育及职业技能培训等相关支出。

(6) 非货币性福利。

非货币性福利,是指企业以自己的产品或外购商品发放给职工的福利。

(7) 短期带薪缺勤与短期利润分享计划。

带薪缺勤,是指企业支付工资或提供补偿的职工缺勤,包括年休假、病假、短期伤残、婚假、产假、丧假、探亲假等。利润分享计划,是指因职工提供服务而与职工达成的基于利润或其他经营成果提供薪酬的协议。

(8) 其他短期薪酬。

它是指除上述七种薪酬以外的其他为获得职工提供的服务而给予的薪酬。

2. 离职后福利

离职后福利,是指企业为获得职工提供的服务而在职工退休或与企业解除劳动关系后,提供的各种形式的报酬和福利,短期薪酬和辞退福利除外。包括设定提存计划和设定受益计划。其中,设定提存计划,是指向独立的基金缴存固定费用后,企业不再承担进一步支付义务的离职后福利计划,包括养老保险、失业保险;设定受益计划,是指除设定提存计划以外的离职后福利计划。

3. 辞退福利

辞退福利,是指企业在职工劳动合同到期之前解除与职工的劳动关系,或者为鼓励职工自愿接受裁减而给予职工的补偿。

4. 其他长期职工福利

其他长期职工福利,是指除短期薪酬、离职后福利、辞退福利之外所有的职工薪酬,包括长期带薪缺勤、长期残疾福利、长期利润分享计划等。

二、"应付职工薪酬"科目

(1) 定义:核算应付职工薪酬的提取、结算、使用等情况。

(2) 核算内容:贷方登记已分配计入有关成本费用项目的职工薪酬数额;借方登记实际发放职工薪酬的数额以及扣还的款项;期末贷方余额,反映企业应付未付的职工薪酬。

(3) 明细账:

```
应付职工薪酬——工资、奖金、津贴和补贴  ⎫
         ——职工福利费                  ⎪
         ——社会保险费(医疗保险、工伤保险、生育保险) ⎪
         ——住房公积金                  ⎬ 短期薪酬
         ——工会经费和职工教育经费        ⎪
         ——非货币性福利                ⎪
         ——短期带薪缺勤                ⎪
         ——短期利润分享计划            ⎭
```

——设定提存计划(养老保险、失业保险) ⎫
——设定受益计划义务   ⎬ 离职后福利
——辞退福利   ⎭

三、"工资"及"五险一金"的业务节点与账务处理

业务节点	账务处理
企业在职工为其提供服务的会计期间(每月末),确认、分配职工工资、奖金、津补贴,将应付的职工薪酬确认为负债	借:生产成本(生产部门人员的职工薪酬) 　　制造费用(车间管理人员的职工薪酬) 　　管理费用(行政管理人员和难以确定直接受益对象的人员的薪酬) 　　销售费用(销售人员的职工薪酬) 　　在建工程(工程建设人员的职工薪酬) 　贷:应付职工薪酬——工资
同时,在每月末确认企业为职工负担的社会保险费、设立提存计划、住房公积金(标准按企业所在地政府的规定)	借:生产成本(生产部门人员的社会保险费、设立提存计划、住房公积金) 　　制造费用(车间管理人员的社会保险费、设立提存计划、住房公积金) 　　管理费用(行政管理人员和难以确定直接受益对象人员的社会保险费、设立提存计划、住房公积金) 　　销售费用(销售人员的社会保险费、设立提存计划、住房公积金) 　　在建工程(工程建设人员的社会保险费、设立提存计划、住房公积金) 　贷:应付职工薪酬——社会保险费(医疗保险、工伤保险、生育保险) 　　　　　　　　——设定提存计划(养老保险、失业保险) 　　　　　　　　——住房公积金
下月初,发放工资并代扣个人负担的社会保险费、设立提存计划、住房公积金、个人所得税(代扣的标准按企业所在地政府的规定)	借:应付职工薪酬——工资 　贷:库存现金/银行存款
	借:应付职工薪酬——工资 　贷:其他应付款——社会保险费(医疗保险、工伤保险、生育保险) 　　　　　　　——设定提存计划(养老保险、失业保险) 　　　　　　　——住房公积金 　　应交税费——应交个人所得税
下月初,向有关部门交纳社会保险费、住房公积金、个人所得税	借:应付职工薪酬——社会保险费　　　　　　　　　　⎫ 　　　　　　　　——设定提存计划(养老保险、失业保险) ⎬ 企业负担 　　　　　　　　——住房公积金　　　　　　　　　　　⎭ 　　其他应付款——社会保险费　　　　　　　　　　⎫ 　　　　　　　——设定提存计划(养老保险、失业保险) ⎬ 职工个人负担 　　　　　　　——住房公积金　　　　　　　　　　　⎭ 　　应交税费——应交个人所得税 　贷:银行存款 　注:上交的社会保险费 = 企业承担的社会保险费 + 个人负担的社会保险费 　　　上交的住房公积金 = 企业承担的住房公积金 + 个人负担的住房公积金

 任务实施

核算确认应付职工薪酬、社保费住房公积金的计提、代扣与上缴及个人所得税代扣代缴

步骤一:月末,收集、审核工资结算单,编制"职工薪酬结算汇总表"。

企业按最低标准缴纳社保的套路已经不灵了……

项目九 记录各项负债、明确责任义务

职工薪酬结算汇总表

2019 年 1 月 31 日

部门		基本工资	岗位工资	各种补贴	生产奖金	应扣病事假工资	应付职工薪酬	代 扣 款 项						实发职工薪酬
								养老保险（8%）	医疗保险（2%）	失业保险（1%）	住房公积（10%）	个人所得税	合计	
一车间	生产工人（甲产品）	76 000	12 400	6 800	6 700	940	100 960	8 076.8	2 019.2	1 009.6	10 096	540	21 741.6	79 218.4
	管理人员	46 000	5 400	2 600	4 180	260	57 920	4 633.6	1 158.4	579.2	5 792	240	12 403.2	45 516.8
	小计	122 000	17 800	9 400	10 880	1 200	158 880	12 710.4	3 177.6	1 588.8	15 888	780	34 144.8	124 735.2
二车间	生产工人（乙产品）	25 000	4 600	1 800	2 560	300	33 660	2 692.8	673.2	336.6	3 366	210	7 278.6	26 381.4
	管理人员	11 000	1 500	860	1 200	300	14 260	1 140.8	285.2	142.6	1 426	90	3 084.6	11 175.4
	小计	36 000	6 100	2 660	3 760	600	47 920	3 833.6	958.4	479.2	4 792	300	10 363.2	37 556.8
在建工程		14 600	1 700	1 100	1 300	—	18 700	1 496	374	187	1 870	1 521	5 248	13 450
专设销售机构		7 600	780	620	400	170	9 230	738.4	184.6	92.3	923	764	2 702.3	6 527.7
管理部门		48 000	8 500	4 900	5 200	2 180	64 420	5 153.6	1 288.4	644.2	6 442	5 380	18 908.2	45 511.8
合 计		228 200	34 880	18 680	21 540	4 150	299 150	23 932	5 983	2 991.5	29 915	8 745	71 566.5	227 583.5

☞ **提醒你**

个人一般只负担设定提存计划（养老保险、失业保险）和社会保险费中的医疗保险，社会保险费中的工伤保险与生育保险一般都是企业负担。现在，在有的省市，还征收大病医疗收取费，按职工人数每月定额征收（每人每月 10 元左右，企业负担），归属于社会保险费中的医疗保险。

设定提存计划与社会保险费等计提比例政府部门经常调整，同学们可上省级国家税务局网站→首页→办税服务→帮助办税→基金（费）栏目查询。同学们可掌握其核算方法，实际工作中根据国家规定的比例计提。

步骤二：月末，收集、审核"职工薪酬结算汇总表"，对确认应付职工薪酬、分配工资费用事项进行账务处理：

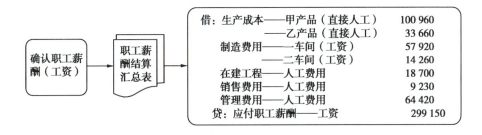

步骤三：月末，编制审核"社会保险费及基金计提表"：

社会保险费及基金计提表
2019年1月31日

部门		应付职工薪酬	养老保险(20%)	医疗保险(8%)	失业保险(2%)	住房公积(10%)	工伤保险(1%)	生育保险(0.8%)	大病医疗保险	合计
一车间	生产工人	100 960	20 192	8 076.8	2 019.2	10 096	1 009.6	807.68	1 000	43 201.28
	管理人员	57 920	11 584	4 633.6	1 158.4	5 792	579.2	463.36	150	24 360.56
	小计	158 880	31 776	12 710.4	3 177.6	15 888	1 588.8	1 271.04	1 150	67 561.84
二车间	生产工人	33 660	6 732	2 692.8	673.2	3 366	336.6	269.28	300	14 369.88
	管理人员	14 260	2 852	1 140.8	285.2	1 426	142.6	114.08	30	5 990.68
	小计	47 920	9 584	3 833.6	958.4	4 792	479.2	383.36	60	20 360.56
在建工程		18 700	3 740	1 496	374	1 870	187	149.6	20	7 836.6
专设销售机构		9 230	1 846	738.4	184.6	923	92.3	73.84	10	3 868.14
管理部门		64 420	12 884	5 153.6	1 288.4	6 442	644.2	515.36	50	26 977.56
合计		299 150	59 830	23 932	5 983	29 915	2 991.5	2 393.2	1 560	126 604.7

步骤四：月末，对应由企业负担的各项社会保险费计提事项进行账务处理：

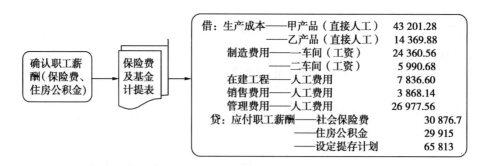

```
借：生产成本——甲产品（直接人工）    43 201.28
            ——乙产品（直接人工）    14 369.88
    制造费用——一车间（工资）        24 360.56
            ——二车间（工资）         5 990.68
    在建工程——人工费用              7 836.60
    销售费用——人工费用              3 868.14
    管理费用——人工费用             26 977.56
  贷：应付职工薪酬——社会保险费      30 876.7
                  ——住房公积金      29 915
                  ——设定提存计划    65 813
```

步骤五：月末，收集、审核"职工薪酬结算汇总表"，对应由个人负担的社会保险费、住房公积金以及个人所得税进行代扣账务处理：

```
借：应付职工薪酬——工资              71 566.50
  贷：其他应付款——社会保险费        5 983
              ——设定提存计划       26 923.50
              ——住房公积金         29 915
    应交税费——应交个人所得税        8 745
```

步骤六：下月初，发放工资，根据"职工薪酬结算汇总表"签发支票一张，委托中国银行徐州开发区支行办理代发工资转存银行卡业务；工资发放清单以软盘形式送交银行，并经银行审核发放。收集、审核支票存根和职工薪酬结算汇总表等原始凭证，对工资发放业务进行账务处理：

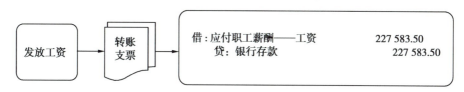

借：应付职工薪酬——工资　　　　　　227 583.50
　　贷：银行存款　　　　　　　　　　　227 583.50

步骤七：下月初，分别向税务局、人社局和住房公积金管理部门上交个人所得税、社会保险费和住房公积金。收集、整理、审核申报交纳的凭据和银行的付款通知等原始凭证，对上交个人所得税、社会保险费和住房公积金进行账务处理：

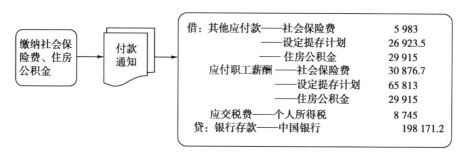

借：其他应付款——社会保险费　　　　　5 983
　　　　　　　——设定提存计划　　　　26 923.5
　　　　　　　——住房公积金　　　　　29 915
　　应付职工薪酬——社会保险费　　　　30 876.7
　　　　　　　——设定提存计划　　　　65 813
　　　　　　　——住房公积金　　　　　29 915
　　应交税费——个人所得税　　　　　　8 745
　　贷：银行存款——中国银行　　　　　198 171.2

四、短期带薪缺勤的会计核算

对于职工带薪缺勤，企业应当根据其性质及职工享有的权利，将其分为累积带薪缺勤和非累积带薪缺勤两类。企业应当对累积带薪缺勤和非累积带薪缺勤分别进行会计处理。带薪缺勤属于长期带薪缺勤的，企业应当将其作为其他长期职工福利处理。

（一）累积带薪缺勤

累积带薪缺勤，是指带薪权利可以结转下期的带薪缺勤，本期尚未用完的带薪缺勤权利可以在未来期间使用。企业应当在职工提供了服务从而增加了其未来享有的带薪缺勤权利时，确认与累积带薪缺勤相关的职工薪酬，并以累积未行使权利而增加的预期支付金额计量。确认累积带薪缺勤时，借记"管理费用"等科目，贷记"应付职工薪酬——带薪缺勤——短期带薪缺勤——累积带薪缺勤"科目。

某公司2020年1月1日起实行累积带薪缺勤制度。该制度规定每个职工每年可享受5个工作日的带薪年休假，未使用的年休假只能向后结转一个公历年度，超过1年未使用的权利作废，在职工离开企业时也无权获得现金支付；职工休年假时，首先使用当年可享受的权利，不足部分再从上年结转的带薪年休假中扣除。

至2020年12月31日该企业有2 000名职工未享受当年的带薪年休假，预计2021年其中1 900名职工将享受不超过5天的带薪年休假，剩余100名职工每人平均将享受6天半年休假，假定这100名职工全部为总部各部门经理，该企业平均每名职工每个工作日工资为

300元。不考虑其他相关因素,2020年12月31日该企业应编制如下会计分录：

借：管理费用　　　　　　　　　　　　　　　　　　　　　　　　45 000
　　贷：应付职工薪酬——带薪缺勤——短期带薪缺勤——累积带薪缺勤　45 000

该企业在2020年12月31日应当预计由于未使用的带薪年休假权利而产生的预期支付的金额,即相当于150天[100(6.5-5)]年休假工资金额45 000元(150×300)。

（二）非累积带薪缺勤

非累积带薪缺勤,是指带薪权利不能结转下期的带薪缺勤,本期尚未用完的带薪缺勤权利将予以取消,并且职工离开企业时也无权获得现金支付。我国企业职工休婚假、产假、丧假、探亲假、病假期间的工资通常属于非累积带薪缺勤。由于职工提供服务本身不能增加其能够享受的福利金额,企业在职工未缺勤时不应当计提相关费用和负债。为此,企业应当在职工实际发生缺勤的会计期间确认与非累积带薪缺勤相关的职工薪酬。

企业确认职工享有的与非累积带薪缺勤权利相关的薪酬,视同职工出勤确认的当期损益或相关资产成本。通常情况下,与非累积带薪缺勤相关的职工薪酬已经包括在企业每期向职工发放的工资等薪酬中,因此,不必额外作相应的账务处理。

第二部分：确认、记录"职工福利""工会经费""职工教育经费"

知识准备

一、职工福利费的支出规定

企业职工福利费是指企业为职工提供的除职工工资、奖金、津贴、纳入工资总额管理的补贴、职工教育经费、社会保险费和补充养老保险费(年金)、补充医疗保险费及住房公积金以外的福利待遇支出。包括发放给职工或为职工支付的以下各项现金补贴和非货币性集体福利：① 为职工卫生保健、生活等发放或支付的各项现金补贴和非货币性福利,包括职工因公外地就医费用、暂未实行医疗统筹企业职工医疗费用、职工供养直系亲属医疗补贴、职工疗养费用、自办职工食堂经费补贴或未办职工食堂统一供应午餐支出、符合国家有关财务规定的供暖费补贴及防暑降温费等。② 企业尚未分离的内设集体福利部门所发生的设备、设施和人员费用,包括职工食堂、职工浴室、理发室、医务所、托儿所、疗养院、集体宿舍等集体福利部门设备、设施的折旧、维修保养费用以及集体福利部门工作人员的工资薪金、社会保险费、住房公积金、劳务费等人工费用。③ 职工困难补助,或者企业统筹建立和管理的专门用于帮助、救济困难职工的基金支出。④ 离退休人员统筹外费用,包括离休人员的医疗费及离退休人员其他统筹外费用。企业重组涉及的离退休人员统筹外费用,按照《财政部关于企业重组有关职工安置费用财务管理问题的通知》(财企〔2009〕117号)执行。国家另有规定的,从其规定。⑤ 按规定发生的其他职工福利费,包括丧葬补助费、抚恤费、职工异地安家费、独生子女费、探亲假路费,以及符合企业职工福利费定义但没有包括在本通知各条款项目中的其他支出。企业为职工提供的交通、住房、通信待遇,已经实行货币化改革的,按月按标准发放或支付的住房补贴、交通补贴或者车改补贴、通讯补贴,应当纳入职工工资总额,不再纳入职工福利费管理;尚未实行货币化改革的,企业发生的相关支出作为职工福利费管理,但根据国家有关企业住房制度改革政策的统一规定,不得再为职工购建住房。企业给职工发放的节日补助、未统一供餐而按月发放的误餐费补贴,应当纳入工资总额管理。企业发生的职工福利费支出,不超过工资、薪金总额14%的部分准予扣除。

二、工会经费、职工教育经费税前扣除的规定

企业拨缴的工会经费,不超过工资、薪金总额2%的部分准予扣除;除国务院财政、税务主管部门另有规定外,企业发生的职工教育经费支出,不超过工资、薪金总额8%的部分准予扣除,超过部分准予结转以后纳税年度扣除。

职工食堂的税务处理

三、"职工福利""工会经费""职工教育经费"的业务节点与账务处理

业务节点	账务处理
企业发生职工福利费支出	首先按职工所属部门进行分配,借记"生产成本""制造费用""销售费用""管理费用""在建工程"等科目 贷记"应付职工薪酬——职工福利"科目;其次,再行发放、支付时,借记"应付职工薪酬——职工福利",贷记"银行存款"或贷记"主营业务收入""应交税费——应交增值税(销项)"等科目。 (注:职业福利不是先行计提,而后支付发放,而是在支付发放时,同时分配计入有关成本费用)
按照国家相关规定,计提工会经费、职工教育经费	借记"生产成本""制造费用""销售费用""管理费用""在建工程"等科目,贷记"应付职工薪酬——工会经费""应付职工薪酬——职工教育经费"等科目
企业内部开展各项活动,支付工会经费、职工教育经费,或相关人员报销工会活动经费、职工教育经费	借记"应付职工薪酬——工会经费""应付职工薪酬——职工教育经费"等科目,贷记"银行存款""库存现金"等科目。 (注:工会经费、职工教育经费是先行计提的,即每月末按工资总额的一定比例进行计提,以后再行使用支付)
计提应向上级工会上交工会经费	借记"应付职工薪酬——工会经费"科目,贷记"应交税费——工会经费"等科目。 (注:企业按工资总额2%计提的工会经费,按规定,40%是应该上交上级工会的,只有60%可以留存企业使用)
向有关部门申报交纳工会经费、职工教育经费	借记"应交税费——工会经费"科目,贷记"银行存款"科目

任务实施

工会经费、教育经费的计提、使用与上缴

步骤一:2019年1月31日,编制、审核工会经费、教育经费计提表。

工会经费、教育经费计提表

2019 年 1 月 31 日

部　门		应付职工薪酬	工会经费(2%)	职工教育经费(8%)	合　计
一车间	生产工人	100 960	2 019.2	8 076.8	10 096
	管理人员	57 920	1 158.4	4 633.6	5 792
	小　计	158 880	3 177.6	12 710.4	15 888
二车间	生产工人	33 660	673.2	2 692.8	3 366
	管理人员	14 260	285.2	1 140.8	1 426
	小　计	47 920	958.4	3 833.6	4 792
在建工程		18 700	374	1 496	1 870
专设销售机构		9 230	184.6	738.4	923
管理部门		6 4420	1 288.4	5 153.6	6 442
合　计		299 150	5 983	23 932	29 915

步骤二：2019 年 1 月 31 日，收集、整理、审核计提表，对计提工会经费、教育经费事项进行账务处理：

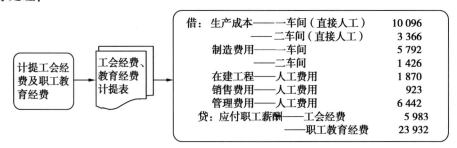

步骤三：计提应上交的工会经费。

2019 年 1 月 31 日，江苏环宇公司计提应上交的工会经费。收集、整理、审核应上交的工会经费计算表，对计提事项进行账务处理：

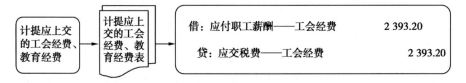

步骤四：2019 年 2 月 8 日，申报交纳应上交的工会经费。收集、整理、审核地方各基金申报表，对上交业务进行账务处理：

江苏省徐州市地方各基金申报表

申报日期：2019 年 2 月 8 日

纳税人识别号		3206002197766688			
纳税人名称		江苏环宇公司			
开户银行及账号		中国银行徐州开发区支行			
基金费大类	费种	所属期间	计征依据	计征费率	应缴金额
工会经费	工会经费	2019-1-1 至 2019-1-31	299 150	0.008	2 393.2

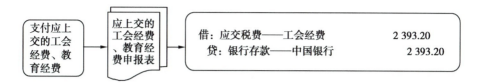

步骤五：2019年2月16日，工会开展活动，支出工会活动经费2 000元。收集、整理、审核"工会活动经费报销单据"，对支出工会活动经费进行账务处理：

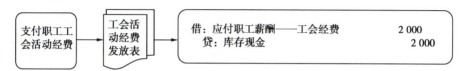

步骤六：2019年2月18日，向上海国家会计学院支付公司财会人员培训费用5 000元。收集、整理、审核上海国家会计学院开具的发票、付款单据，对支付职工教育经费进行账务处理：

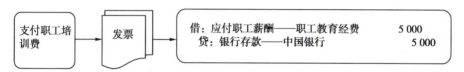

☞ 提醒你

根据我国工会法的规定，企业计提的工会经费，本企业工会留用比例不少于60%，拨交给上级工会的比例不应超过40%。

第三部分：确认、记录非货币性职工薪酬

 知识准备

非货币性薪酬（微课）

一、非货币性职工薪酬的有关规定

企业以其自产产品作为非货币性福利发放给职工的，应当根据受益对象，按照该产品的公允价值，计入相关资产成本或当期损益，同时确认应付职工薪酬。在发放时，视同销售确认收入。

属于外购的其他资产，作为非货币性福利发放给职工，可按购入时的价格确定销售收入。

二、非货币性职工薪酬的业务节点与账务处理

业务节点	账 务 处 理
确认非货币性职工薪酬	借记"生产成本""制造费用""管理费用"等科目，贷记"应付职工薪酬——非货币性福利"科目

续表

业务节点	账务处理
发放非货币性职工薪酬	企业以自产产品作为职工薪酬发放给职工时,应确认主营业务收入,借记"应付职工薪酬——非货币性福利"科目,贷记"主营业务收入""应交税费——应交增值税(销项税额)"科目,同时结转相关成本
企业将自己拥有的房屋等资产无偿提供给职工使用以及租入住房供职工无偿使用	将该住房每期应计提的折旧以及支付租赁住房供职工无偿使用所发生的租金,计入相关资产成本或当期损益,同时确认应付职工薪酬,借记"生产成本""制造费用""管理费用"等科目,贷记"应付职工薪酬——非货币性福利"科目
企业计提无偿提供给职工使用的住房折旧费	借记"应付职工薪酬——非货币性福利"科目,贷记"累计折旧"科目
企业支付供职工无偿使用的租入住房租金	企业借记"应付职工薪酬——非货币性福利"科目,贷记"银行存款"等科目

任务实施

非货币性职工薪酬会计处理

2019年11月5日,江苏环宇公司将自产的电暖器作为福利发放给员工,该型号电暖器市场售价为1 000元,生产成本为600元。

步骤一:收集、整理、审核公司通知和发放表,对非货币性职工薪酬进行账务处理;

通　知

各部门:

为了提高公司员工福利,经公司研究决定,将本公司产电暖器作为福利发放给本公司在册员工,每人1台,请各部门按部门于即日领取。

特此通知

办公室

2019年11月5日

电暖器发放表

2019年11月8日

部门	数量(台)	签名	部门	数量(台)	签名
一车间	210(其中工人190人)	周军	专设销售机构	20	吉军
二车间	70(其中工人60人)	黄柏林	办公室	180	王兵
在建工程	20	赵建华	合计	500	

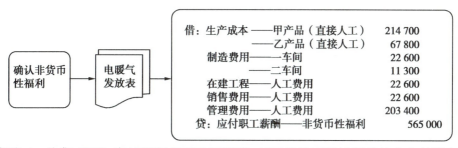

步骤二：收集、整理、审核销售发票的记账联，对于发放商品进行确认收入的账务处理：

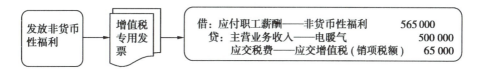

步骤三：收集、整理、审核出库单，对结转已销商品成本进行账务处理：

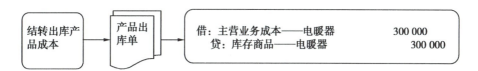

> ☞ **提醒你**
> 如果是外购的商品，应进行外购商品的处理："借：库存商品、应交税费——应交增值税(进项税额)等；贷：银行存款"。其他的会计处理同上。确认收入的价格按外购商品时的价格。

企业会计准则
第9号——职工薪酬

第四部分：确认、记录辞退福利

辞退福利是在职工与企业签订的劳动合同到期前，企业根据法律与职工本人或职工代表(如工会)签订的协议，或者基于商业惯例，承诺当其提前终止对职工的雇佣关系时支付的补偿，引发补偿的事项是辞退。

企业向职工提供辞退福利的，应当在企业不能单方面撤回因解除劳动关系计划或裁减建议所提供的辞退福利时与企业确认涉及支付辞退福利的重组相关的成本或费用时两者孰早日，确认辞退福利产生的职工薪酬负债，并计入当期损益。也就是企业在对外公布辞退计划时，按接受辞退职工数量的最佳估计数(最可能发生数)及其应支付的补偿计算确定的辞退福利金额，借记"管理费用"，贷记"应付职工薪酬——辞退福利"。

> **提醒你**
> 对于职工虽然没有与企业解除劳动合同,但未来不再为企业提供服务,不能为企业带来经济利益,企业承诺提供实质上具有辞退福利性质的经济补偿的,如发生"内退"的情况,在其正式退休日期之前应当比照辞退福利处理,在其正式退休日期之后,应当按照离职后福利处理。
> 实施职工内部退休计划的,在内退计划符合规定的确认条件时,企业应当将自职工停止提供服务日至正常退休日期间企业拟支付的内退职工工资和缴纳的社会保险费等,确认为应付职工薪酬,一次性计入当期损益,不能在职工内退后各期分期确认因支付内退职工工资和为其缴纳社会保险费等产生的义务。

任务四　核算应交税费

> **任务导入**
> 小李自进入江苏环宇公司以来,工作认真负责,业务精益求精。前不久,财务部经理找她"谈话",拟把她调至"税务岗"。小李既感到高兴,又感到有压力。高兴的是,自己的付出与努力,得到了领导的认可与肯定;有压力是因为"税务岗"非常重要,也极富挑战性,胜任这个岗位,不仅要懂得会计核算知识,还要精通税法。一个企业应交哪些税?如何计算?如何核算?这是每一个会计人员都会面临的问题。

第一部分:认知我国的税法体系与各项基金

知识准备

一、我国的税法体系

我国税法体系包括五大类18个税种:
(1) 流转税类。包括增值税、消费税、关税。
(2) 所得税类。企业所得税、个人所得税。
(3) 财产和行为税。包括房产税、车船税、印花税、契税。
(4) 资源税类。包括资源税、土地增值税、城镇土地使用税。
(5) 特定目的税类。城市维护建设税、车辆购置税、耕地占用税、烟叶税。

二、税收之外的基金(费)

企业在缴纳税收之外,还要缴纳众多的基金(费)。例如,江苏省徐州市征收的基金(费)见下表[来源:徐州市国家税务局网站。另:各省市征收的基金(费)略有不同]。

残疾人就业保障金	江苏省人民政府令第31号、苏财综〔2017〕72号	机关、团体、企业、事业单位	(用人单位职工人数×1.5% - 本单位在职残疾职工人数)×上年度本地区职工平均工资数额×90%(注:从2017开始对小微企业暂减免)
教育费附加	苏政办发〔2003〕130号	缴纳增值税、消费税的单位和个人	"二税"税额的3%
地方教育附加	苏政发〔2011〕3号 苏政发〔2011〕3号	缴纳增值税、消费税的单位和个人	"二税"税额的2%
防洪保安基金(从2016年起暂停征收)	徐政发〔2011〕116号	工业、交通、农业及信托投资、财务、证券等非银行金融机构,事业和其他经济组织,其他行业	以当月销售、业务、事业、经营收入的1‰缴纳
		商业、外贸、物资、供销	以当月销售收入为计税依据,零售按1‰,批发按0.5‰缴纳
		银行、保险	以当月利息、保费收入的0.6‰缴纳
		跨行业经营的企业,应分别核算并适用相关标准征收,不能分别核算的,从高适用征收标准	
文化事业建设费	财税字〔1997〕95号	缴纳娱乐业、广告业营业税的单位和个人	按缴费人应当缴纳娱乐业、广告业营业税营业额的3%(现在应改为"增值税")
城市垃圾处理费	徐政规〔2011〕1号	机关、事业单位、部队、社会团体、学校、企业、城市居民和个体工商户	在职职工3元/人、月
绿化两费	徐政办发〔2007〕15号	党政机关、事业单位和社会团体/各类企业(外资的中方职工),城镇个体工商户	计税依据为单位上年末从业人数。义务植树统筹费:5元/人、年,绿化费:8元/人、年
工会经费或工会筹备金	《中华人民共和国工会法》江苏省实施《中华人民共和国工会法》办法、苏工发〔2016〕9号	机关、事业、企业单位、其他社会组织	全部职工工资总额的2%

任务实施

确定不同行业企业一般应交纳的税费

李小明在江苏徐州市的某"会计公司"代理一家小型制造业企业账务;又代理了一家小型商品流通业企业账务;还代理了一家小型餐饮企业账务。李小明盘算着以上各企业应交纳哪些税费。

第一步:分析各企业的经营活动及所取得的收入,对照税法,确定各企业应交纳的流转税。2016年5月1日,实施了全面"营改增",所以所有企业均是交纳"增值税"。

第二步:因为交纳了增值税,就应交纳附加税费,即城市维护建设税、教育费附加、地方教育附加。

第三步:在经营过程中如果出现了资本增加、签订了合同等应交纳印花税。

第四步:对所有员工应申报工资薪酬项目下的个人所得税。

第五步:如果在每季度或年度实现了"应纳税所得额",应交纳企业所得税。

第六步:按所在地税务机关规定,还应申报各项基金(费):按月申报应上交的工会经费;按年申报残疾人就业保障金、城市垃圾处理费、绿化费等。

第二部分:核算、交纳应交增值税

知识准备

一、增值税认知

增值税是以商品(含应税劳务)在流转过程中产生的增值额作为计税依据而征收的一种流转税。按照我国增值税法的规定,增值税的纳税人是在我国境内销售货物、进口货物或提供加工、修理修配劳务的企业单位和个人。另外,根据2016年5月1日全面实施的"营改增"的规定,在我国境内销售服务、销售无形资产、销售不动产的单位和个人,也应交纳增值税。

(一)计征范围

1. 销售货物

"货物"是指除土地、房屋和其他建筑物等一切不动产之外的有形动产,包括电力、热力和气体在内。

2. 提供加工和修理修配劳务

加工是指受托加工货物,即委托方提供原料及主要材料,受托方按照委托方的要求制造货物并收取加工费的业务;修理修配是指受托方对损伤和丧失功能的货物进行修复,使其恢复原状和功能的业务。

3. 进口货物

进口货物是指申报进入我国海关境内的货物。必须看其是否办理了报关进口手续来确定一项货物是否属于进口货物。只要是报关进口的应税货物,均属于增值税征税范围,在进口环节缴纳增值税(享受免税政策的货物除外)。

4. 销售服务

销售服务,是指提供的交通运输服务、邮政服务、电信服务、建筑服务、金融服务、现代服务、生活服务等。

(1)交通运输服务,是指利用运输工具将货物或者旅客送达目的地,使其空间位置得到转移的业务活动。包括陆路运输服务、水路运输服务、航空运输服务和管道运输服务。

(2)邮政服务,是指中国邮政集团公司及其所属邮政企业提供邮件寄递、邮政汇兑和机要通信等邮政基本服务的业务活动。包括邮政普遍服务、邮政特殊服务和其他邮政服务。

(3)电信服务,是指利用有线、无线的电磁系统或者光电系统等各种通信网络资源,提供语音通话服务,传送、发射、接收或者应用图像、短信等电子数据和信息的业务活动。包括基础电信服务和增值电信服务。

(4)建筑服务,是指各类建筑物、构筑物及其附属设施的建造、修缮、装饰,线路、管道、设备、设施等的安装以及其他工程作业的业务活动。包括工程服务、安装服务、修缮服务、装饰服务和其他建筑服务。

(5)金融服务,是指经营金融保险的业务活动。包括贷款服务、直接收费金融服务、保险服务和金融商品转让服务。

(6)现代服务,是指围绕制造业、文化产业、现代物流产业等提供技术性、知识性服务的业务活动。包括研发和技术服务、信息技术服务、文化创意服务、物流辅助服务、租赁服务、鉴证咨询服务、广播影视服务、商务辅助服务和其他现代服务。

(7)生活服务,是指为满足城乡居民日常生活需求提供的各类服务活动。包括文化体育服务、教育医疗服务、旅游娱乐服务、餐饮住宿服务、居民日常服务和其他生活服务。

5. 销售无形资产

销售无形资产,是指转让无形资产所有权或者使用权的业务活动。无形资产,是指不具实物形态但能带来经济利益的资产,包括技术、商标、著作权、商誉、自然资源使用权和其他权益性无形资产。

技术,包括专利技术和非专利技术。

自然资源使用权,包括土地使用权、海域使用权、探矿权、采矿权、取水权和其他自然资源使用权。

其他权益性无形资产,包括基础设施资产经营权、公共事业特许权、配额、经营权(包括特许经营权、连锁经营权、其他经营权)、经销权、分销权、代理权、会员权、席位权、网络游戏虚拟道具、域名、名称权、肖像权、冠名权、转会费等。

6. 销售不动产

销售不动产,是指转让不动产所有权的业务活动。不动产,是指不能移动或者移动后会引起性质、形状改变的财产,包括建筑物、构筑物等。

建筑物,包括住宅、商业营业用房、办公楼等可供居住、工作或者进行其他活动的建造物。

构筑物,包括道路、桥梁、隧道、水坝等建造物。

转让建筑物有限产权或者永久使用权的,转让在建的建筑物或者构筑物所有权的,以及在转让建筑物或者构筑物时一并转让其所占土地的使用权的,按照销售不动产缴纳增值税。

(二) 纳税人

按照纳税人的经营规模及会计核算的健全程度,增值税纳税人分为一般纳税人和小规模纳税人。

一般纳税人是指销售货物的年应征增值税销售额和应税服务的年应征增值税销售额超过 500 万元的纳税人;小规模纳税人的标准为年应征增值税销售额 500 万元及以下。

年应税销售额达到规定标准以上的单位,必须认定为一般纳税人;未超过标准的小规模企业,会计核算健全,能准确核算并提供销项税额、进项税额的,可申请办理一般纳税人认定手续。

增值税小规模纳税人标准

一般纳税人和小规模纳税人的区别

(三) 应交增值税的计算办法

应交增值税的计算一般有两种办法,一种是"一般计税办法";一种是"简易计税办法"。

"一般计税办法"下,应交增值税 = Σ(各类商品、劳务的销售额×增值税税率)—Σ(可抵扣的进项税—进项税额转出)。这里就要使用到增值税税率。

"简易计税办法"下,应交增值税 = Σ(各类商品、劳务的销售额×增值税征收率),不得抵扣进项税额。

根据增值税的相关规定,"一般纳税人"一般采用"一般计税办法",但发生财政部和国家税务总局规定的特定应税行为的,经过相关层级的税务机关批准,也可以选择适用简易计税方法计税,但一经选择,36 个月内不得变更。小规模纳税人发生应税行为全部适用简易计税方法计税。

(四) 增值税税率和征收率

纳税人	税 目	一般计税方法的税率	简易计税方法的征收率
一般纳税人	销售或者进口货物;提供加工、修理修配劳务;提供有形动产租赁服务	13%	销售其在 2008 年 12 月 31 日前取得的固定资产按 3% 征收率简易计税,但减按 2% 交纳;以纳入"营改增"试点之日前取得的有形动产为标的物提供的经营租赁服务按 3% 征收率简易计税
	销售粮食、食用植物油;销售自来水、暖气、冷气、热水、煤气、石油液化气、天然气、沼气、居民用煤炭制品;销售图书、报纸、杂志、销售饲料、化肥、农药、农机、农膜;销售国务院规定的其他货物	9%	

续表

纳税人	税　　目	一般计税方法的税率	简易计税方法的征收率
一般纳税人	销售应税劳务： ① 交通运输服务。主要包括铁路和其他陆路运输、水路运输的程租和期租业务，航空运输的湿租业务和无运输工具的管道承运业务。 ② 邮政服务。主要包括邮政普遍服务（函件、包裹）、邮政特殊服务，以及包含邮册等邮品销售、邮政代理等业务在内的邮政其他服务。 ③ 电信服务。主要包括基础电信服务。 ④ 建筑服务。主要包括工程、安装、修缮、装饰和其他建筑服务。 ⑤ 租赁服务。主要包括不动产融资租赁和不动产经营租赁服务	9%	公共交通运输服务、以清包工方式提供的建筑服务、为甲供工程提供的建筑服务、为建筑工程老项目（2016年4月30日前）提供的建筑服务按3%征收率简易计税； 出租其2016年4月30日前取得的不动产按照5%的征收率简易计税
	销售土地使用权	9%	转让其2016年4月30日前取得的土地使用权按照5%的征收率简易计税
	销售包括建筑物和构筑物在内的不动产	9%	销售其2016年4月30日前取得的不动产、自建的不动产及房地产开发企业中的一般纳税人销售自行开发的房地产老项目按照5%的征收率简易计税
	销售应税劳务： ① 电信增值服务。 ② 金融服务。主要包括贷款服务（贷款和融资性售后回租）、直接收费金融服务、人身和财产保险服务及金融商品转让服务。 ③ 现代服务。 　A. 研发和技术服务：包括研发服务、合同能源管理服务、工程勘察勘探服务和专业技术服务四方面。 　B. 信息技术服务：包括软件服务、电路设计及测试服务、信息系统服务、业务流程管理服务和信息系统增值服务。 　C. 文化创意服务：包括设计服务、知识产权服务、广告服务和会议展览服务。 　D. 物流辅助服务：包括航空（航空地面和通用航空）服务、港口码头服务、货运客场站服务、打捞救助服务、装卸搬运服务、仓储服务和收派（收件、分拣、派送）服务。 　E. 鉴证咨询服务：包括认证服务、鉴证服务和咨询服务。鉴证咨询服务不仅包括为企业生产经营提供鉴证咨询服务，也涉及为居民生活提供鉴证咨询服务（如健康咨询）。	6%	电影放映服务、仓储服务、装卸搬运服务、收派服务、文化体育服务按照3%的征收率简易计税； 劳务派遣服务、人力资源外包服务、融资租赁服务、非学历教育、安全保护服务按照5%的征收率简易计税

续表

纳税人	税目	一般计税方法的税率	简易计税方法的征收率
一般纳税人	F. 广播影视服务：包括广播影视节目（作品）的制作、发行和播映服务。 G. 商务辅助服务：包括企业管理服务、经纪代理（货物运输代理和代理报关）服务、人力资源服务和安全保护服务。商务辅助服务涉及的项目不仅包括为企业生产经营服务，也涉及为居民生活提供服务（如经纪代理税目中的房地产中介、职业中介和婚姻中介，安全保护服务中的住宅保安等）。 H. 其他现代服务。 ④ 生活服务。生活服务是指为满足城乡居民日常生活需求提供的各类服务活动，包括文化体育服务、教育医疗服务、旅游娱乐服务、餐饮住宿服务、居民日常服务和其他生活服务。 ⑤ 销售无形资产。如技术，包括专利技术和非专利技术，商标、著作权，商誉，其他权益性无形资产，自然资源使用权，包括海域使用权、探矿权、采矿权和其他自然资源使用权	6%	电影放映服务、仓储服务、装卸搬运服务、收派服务、文化体育服务按照3%的征收率简易计税； 劳务派遣服务、人力资源外包服务、融资租赁服务、非学历教育、安全保护服务按照5%的征收率简易计税
	① 国际运输服务（在境内载运旅客或者货物出境；在境外载运旅客或者货物入境；在境外载运旅客或者货物）。 ② 航天运输服务。 ③ 向境外单位提供的完全在境外消费的下列服务：研发服务、合同能源管理服务、设计服务、广播影视节目（作品）的制作和发行服务、软件服务、电路设计及测试服务、信息系统服务、业务流程管理服务、离岸服务外包业务、转让技术	零税率	
小规模纳税人			3%

二、核算增值税的会计科目

(一) 一般纳税人应设置的科目

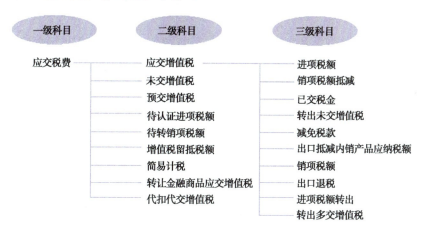

1. 核算增值税的二级科目

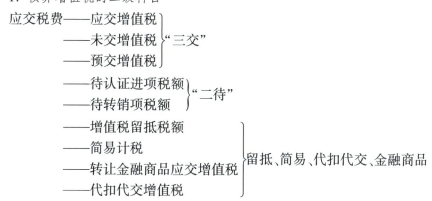

（1）"未交增值税"明细科目，核算一般纳税人月度终了从"应交增值税"或"预交增值税"明细科目转入当月应交未交、多交或预缴的增值税额，以及当月交纳以前期间未交的增值税额。

（2）"预交增值税"明细科目，核算一般纳税人转让不动产、提供不动产经营租赁服务、提供建筑服务、采用预收款方式销售自行开发的房地产项目等，按现行增值税制度规定应预缴的增值税额。预缴的增值税款，可以在当期增值税应纳税额中抵减，抵减不完的，结转下期继续抵减。纳税人以预缴税款抵减应纳税额，应以完税凭证作为合法有效凭证。

（3）"待认证进项税额"明细科目，核算一般纳税人由于未经税务机关认证而不得从当期销项税额中抵扣的进项税额。包括：一般纳税人已取得增值税扣税凭证、按照现行增值税制度规定准予从销项税额中抵扣，但尚未经税务机关认证的进项税额；一般纳税人已申请稽核但尚未取得稽核相符结果的海关缴款书进项税额。

（4）"待转销项税额"明细科目，核算一般纳税人销售货物、加工修理修配劳务、服务、无形资产或不动产，已确认相关收入（或利得）但尚未发生增值税纳税义务而需以后期间确认为销项税额的增值税额。

这里核算的主要是由于会计与税法在确认收入时点不一致时,产生的待后期开票确认的销项金额,这样处理解决了增值税作为价外税,会计入账金额需价税分离的要求,符合会计信息披露和财务报表列报要求,也能帮助企业更清楚未来将产生的应纳税金额。

(5)"简易计税"明细科目,核算一般纳税人采用简易计税方法发生的增值税计提、扣减、预缴、缴纳等业务。

(6)"转让金融商品应交增值税"明细科目,核算增值税纳税人转让金融商品发生的增值税额。

(7)"代扣代交增值税"明细科目,核算纳税人购进在境内未设经营机构的境外单位或个人在境内的应税商品代扣代缴的增值税。

2. 核算应交增值税的三级科目

应交税费——应交增值税(进项税额)
　　　　　　　　　　(销项税额抵减)
　　　　　　　　　　(已交税金)
　　　　　　　　　　(转出未交增值税)
　　　　　　　　　　(减免税款)
　　　　　　　　　　(出口抵减内销产品应纳税额)
　　　　　　　　　　(销项税额)
　　　　　　　　　　(出口退税)
　　　　　　　　　　(进项税额转出)
　　　　　　　　　　(转出多交增值税)

(1)"进项税额"专栏,记录一般纳税人购进货物、加工修理修配劳务、服务、无形资产或不动产而支付或负担的、准予从当期销项税额中抵扣的增值税额。

(2)"销项税额抵减"专栏,记录一般纳税人按照现行增值税制度规定因扣减销售额而减少的销项税额。

(3)"已交税金"专栏,记录一般纳税人当月已交纳的应交增值税额。

(4)"转出未交增值税"和"转出多交增值税"专栏,分别记录一般纳税人月度终了转出当月应交未交或多交的增值税额。

(5)"减免税款"专栏,记录一般纳税人按现行增值税制度规定准予减免的增值税额。

(6)"出口抵减内销产品应纳税额"专栏,记录实行"免、抵、退"办法的一般纳税人按规定计算的出口货物的进项税抵减内销产品的应纳税额。

(7)"销项税额"专栏,记录一般纳税人销售货物、加工修理修配劳务、服务、无形资产或不动产应收取的增值税额。

(8)"出口退税"专栏,记录一般纳税人出口货物、加工修理修配劳务、服务、无形资产按规定退回的增值税额。

(9)"进项税额转出"专栏,记录一般纳税人购进货物、加工修理修配劳务、服务、无形资产或不动产等发生非正常损失以及其他原因而不应从销项税额中抵扣、按规定转出的进项税额。

年		凭证	摘要	借方							贷方				借或贷	余额
月	日	字号		进项税额	销项税额抵减	已交税金	转出未交增值税	减免税款	出口抵减内销产品应纳税额	合计	销项税额	出口退税	进项税额转出	合计		

上述明细账的设置,既考虑了增值税计算征收的特点,也考虑到"金三"系统的申报要求。

(二)小规模纳税人的"应交税费——应交增值税"科目

为了核算企业应交增值税的发生、抵扣、交纳、退税及转出等情况,企业中的小规模纳税人应在"应交税费"科目下设置"应交增值税"明细科目。但不用在"应交增值税"明细科目下再设细目。

增值税会计
处理规定

三、一般纳税人的会计处理

(一)进项税额的账务处理

1. 允许抵扣的"进项税额"

根据有关税收法律的规定,企业在购买货物和接收劳务中取得的下列进项税额准予从销项税额中抵扣,企业应记录为"应交税费——应交增值税(进项税额)":

(1)从销售方或者提供方取得的增值税专用发票上注明的增值税额。

(2)从海关取得的海关进口增值税专用缴款书上注明的增值税额。

(3)购进农产品,除取得增值税专用发票或者海关进口增值税专用缴款书外,按照农产品收购发票或者销售发票上注明的农产品买价和9%的扣除率计算的进项税额。计算公式为:

$$进项税额 = 买价 \times 扣除率$$

买价,是指纳税人购进农产品,在农产品收购发票或者销售发票上注明的价款和按照规定缴纳的烟叶税。

(4)接受境外单位或者个人提供的应税服务,从税务机关或者境内代理人取得的解缴税款的中华人民共和国税收缴款凭证(以下称税收缴款凭证)上注明的增值税额。

不得抵扣的
进项税项目

2. "进项税额"的业务节点与账务处理

业务节点	账务处理
企业从国内采购商品或接受应税劳务等,取得增值税专用发票并进行"认证(勾选)"	根据增值税专用发票上记载的应计入采购成本或应计入加工、修理修配等物资成本的金额或应计入相关费用的金额借记"材料采购""在途物资""原材料""库存商品"或"生产成本""委托加工物资""管理费用""固定资产"等科目,根据增值税专用发票上注明的可抵扣的增值税额,借记"应交税费——应交增值税(进项税额)"科目,按照应付或实际支付的总额,贷记"应付账款""应付票据""银行存款""其他货币资金"等科目 (注:现在的增值税发票的"认证",是在税务局的"增值税综合服务平台"上对增值税专用发票进行"勾选","勾选"后的专用发票,就自动带入电子税务局的增值税纳税申报系统"进项税额",进行抵扣。如果企业有足够的"销项税额",会形成申报表中的"应交增值税";如果企业没有足够的"销项税额",会形成申报表中的"留抵税额")
企业从国内采购商品或接受应税劳务等取得增值税专用发票,企业一开始没有"认证(勾选)",而是在过了一段时间后再进行"认证(勾选)"	借记"材料采购""在途物资""原材料""库存商品"或"生产成本""委托加工物资""管理费用""固定资产"等科目,根据增值税专用发票上注明的可抵扣的增值税额,借记"应交税费——待认证进项增值税"科目,按照应付或实际支付的总额,贷记"应付账款""应付票据""银行存款""其他货币资金"等科目;通过认证(勾选)后,借记"应交税费——应交增值税(进项税额)"科目,贷记"应交税费——待认证进项增值税"科目 (注:企业取得增值税专用发票后,会因为一些原因,有意识地延后"认证(勾选)"、延后抵扣。对于这一部分企业拟延后抵扣的"进项税额",一般采用"应交税费——待认证进项增值税"进行核算,待以后"认证(勾选)"时,再转入"应交税费——应交增值税(进项税额)"。这些拟延后抵扣的"进项税额"会自动带入申报表中的"待抵扣进项税额")
一般纳税人购进或者销售货物以及在生产经营过程中支付的运输费用	按照运输费用结算单据上注明的运输费用金额和进项税额,借记"应交税费——应交增值税(进项税额)"科目,按运费借记"材料采购""在途物资""原材料""库存商品"等科目,按照应付或实际支付的总额,贷记"应付账款""应付票据""银行存款""其他货币资金"等科目。 如果取得的增值税专用发票没有通过认证,也应先记入"应交税费——待认证进项增值税"科目,在通过认证后转入"应交税费——应交增值税(进项税额)"
购入的免税农产品	企业购入免税农产品,按照买价和规定的扣除率(9%)计算进项税额,借记"应交税费——应交增值税(进项税额)"科目,按买价扣除按规定计算的进项税额后的差额,借记"材料采购""原材料""库存商品"等科目,按照应付或实际支付的价款,贷记"应付账款""银行存款"等科目
进口货物	根据从海关取得的海关进口增值税专用缴款书上注明的增值税额,借记"应交税费——应交增值税(进项税额)"科目,按到岸价和应交的进口关税,借记"材料采购""在途物资""原材料""库存商品"等科目,按照应付支付的总额,贷记"应付账款""应付票据""银行存款""其他货币资金"等科目。 如果从海关取得的海关进口增值税专用缴款书没有通过认证,也应先记入"应交税费——待认证进项增值税"科目,在通过认证后转入"应交税费——应交增值税(进项税额)"

任务实施

小微企业增值税免征的通知

任务实施一：确认、记录进项税额

江苏环宇公司为增值税一般纳税人，2019年6月份发生下列购货与接受劳务的业务：

（1）6月5日，支付广告费，取得增值税专用发票上注明广告费20 000元，增值税税额1 200元，款项已用银行存款支付。

（2）6月10日，购入不需要安装设备一台，价款400 000元，取得增值税专用发票上注明的增值税税额52 000元，款项以银行存款支付，设备已交付使用。运输费用增值税专用发票上注明运费10 000元，增值税900元。设备已交车间使用，买价及运费签发转账支票支付。

（3）6月12日，从外地购入原材料一批，增值税专用发票上注明货款20 000元，增值税2 600元，另外向运输公司（小规模纳税人）支付运输费用2 000元，增值税60元。货物已运抵并验收入库，按实际成本核算。货款、进项税款和运输费已用银行存款支付。

（4）6月20日，购入免税农产品一批，价款20 000元，规定的扣除率为9%，货物已验收入库，货款已用银行存款支付。

步骤一：6月5日，收集、整理、审核增值税专用发票和支票存根，对支付广告费业务进行账务处理：

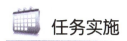

江苏省增值税专用发票

购货单位	名　　　称：江苏环宇有限公司 纳税人识别号：320600219776688 地址、电话：徐州通江路290号82880132 开户行及账号：中行徐州开发区支行 2986109527	密码区	750066<98/198533204+< 加密版本：01 63<+64<->876*98</8765 3200030101 />+216>2>612-+47561<> +782-/5432<4*-62>>>01 32203327			第二联抵扣联 购货方扣税凭证
货物及应税劳务的名称	规格型号	单位	数量	单价	金　额	税率	税　额
广告费		次	1	20 000	20 000	6%	1 200
合　计							
价格合计（大写）	贰万壹仟贰佰元整				（小写） ¥21 200.00		
销货单位	名　　　称：徐州清风广告有限公司 纳税人识别号：320400187788612 地址、电话：徐州清溪路98号82136509 开户行及账号：交行徐州支行 97064565125	备注				
收款人：	复核：		开票人：王芳		销货单位（章）	

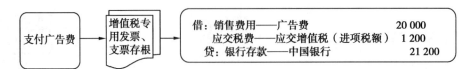

步骤二：6月10日，收集、整理、审核设备、运费专用发票记账联、设备移交使用单及支票存根，对购入设备进行账务处理：

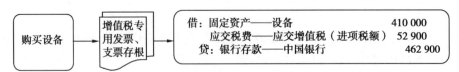

步骤三：6月12日，收集、整理、审核购买材料、支付运费专用发票及入库单、支票存根，对购买材料业务进行账务处理：

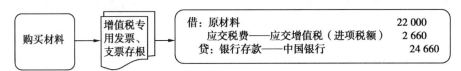

步骤四：6月20日，收集、整理、审核农产品收购专用凭证、付款单据，对购买农产品业务进行账务处理：

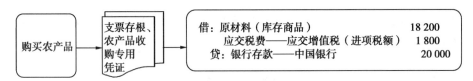

任务实施二：

江苏环宇公司2019年6月15日购入甲原材料一批，系国内采购，收到增值税专用发票，不含税金额10万元，税额1.3万元，签发商业承兑汇票结算，此增值税专用发票经过认证；2019年6月18日进口原材料一批，收到海关代收增值税缴款书1份，不含税金额20万元，税额2.6万元，海关缴款书已经申请稽核但尚未取得稽核相符结果，未通过认证（或者）；2019年7月12日，稽核相符，比对通过论证。

第一步：2019年6月15日，收集、整理购入原材料的发票、入库单，专用发票经论证后：

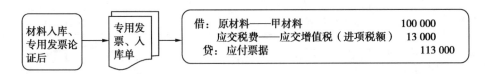

第二步：2019年6月18日，收集、整理进口原材料的报关单、发票、海关缴款书、入库单，通过税务申报系统进行比对：

第三步:2019 年 7 月 12 日,比对通过论证后,结转待认证进项税额:

(二)销项税额的账务处理

1. 销项税额的计算

销项税额是指纳税人销售货物或者应税劳务,按照销售额和适用税率计算并向购买方收取的增值税额,其公式计算为:

销项税额 = 销售额 × 税率

增值税发票有哪些认证方式

(1)销售额,是指纳税人销售货物或者应税劳务向购买方收取的全部价款和价外费用,但不包括收取的销项税额。

价外费用是指价外向购买方收取的手续费、补贴、基金、集资费、返还利润、奖励费、违约金(延期付款利息)、包装费、包装物租金、储备费、运输装卸费、代收款项、代垫款项及其他各种性质的价外费用。

对于价外费用应该注意两点:一是随同销售货物或提供应税劳务向购买方收取的价外费用,无论其会计制度如何核算,均应并入销售额计算应纳税额;二是向购买方收取的价外费用应视为含税收入,在征税时换算成不含税收入,再并入销售额。

(2)含税销售额的换算。一般纳税人销售货物或应税劳务采用销售额和销项税额合并定价的,即对小规模纳税人或居民等开出普通发票(俗称含税价),按下列公式计算销售额:

销售额 = 含税销售额 ÷ (1 + 增值税税率)

2. 视同销售行为

(1)视同销售行为的定义。视同销售行为全称是"视同销售货物行为",意为其不同于一般销售,是一种特殊的销售行为。视同销售行为是从会计和税法两个角度来说的,会计上认为这些行为不符合常规会计上的收入确认标准,而从税法上看,它们与销售行为类似,所以需要缴纳增值税。

(2)应当视同销售的业务类型。根据现行税法规定,下列行为应当视同销售:

① 将货物交付他人代销;② 销售代销货物;③ 设有两个以上机构并实行统一核算的纳税人,将货物从一个机构移送至其他机构用于销售,但相关机构设在同一县(市)的除外;④ 将自产、委托加工的货物用于非应税项目;⑤ 将自产、委托加工或购买的货物作为投资,提供给其他单位或个体经营者;⑥ 将自产、委托加工或购买的货物用于分配给股东或投资

视同销售(微课)

者;⑦将自产、委托加工的货物用于集体福利或个人消费;⑧将自产、委托加工或购买的货物无偿赠送他人。

3. 销项税额的业务节点与账务处理

业务节点	账务处理
企业销售货物或者提供应税劳务	按照营业收入和应收取的增值税税额,借记"应收账款""应收票据""银行存款"等科目,按照实现的营业收入,贷记"主营业务收入""其他业务收入"等科目,按专用发票上注明的增值税税额,贷记"应交税费——应交增值税(销项税额)"科目。 注:发生的销售退回,做相反的会计分录
将自产的货物用于非应税项目(如职工福利设施的建设。这时,货物的产权没有转移,不确认收入;但在增值税中应作为视同销售)	借记"在建工程(职工福利设施)"科目,按自产货物的成本价贷记"库存商品"科目,按自产货物的售价及相关税率计算的增值税贷记"应交税费——应交增值税(销项税额)"
将自产的货物对外投资(这时,货物的产权已经转移并取得相关经济利益,应确认收入)	借记"长期股权投资"科目,按自产货物的售价贷记"主营业务收入"科目,按自产货物的售价及相关税率计算的增值税贷记"应交税费——应交增值税(销项税额)"科目;同时,借记"主营业务成本"科目,贷记"库存商品"科目
将自产的货物用于个人消费(这时,货物的产权已经转移并取得相关经济利益或偿还了相关债务,应确认收入)	借记"应付职工薪酬——非货币性福利"科目,按自产货物的售价贷记"主营业务收入"科目,按自产货物的售价及相关税率计算的增值税贷记"应交税费——应交增值税(销项税额)"科目;同时,借记"主营业务成本"科目,贷记"库存商品"科目
将自产的货物无偿赠送他人(这时,货物的产权虽然已经转移但并没有取得相关经济利益,不应确认收入,但在增值税中应视同销售)	借记"营业外支出"科目,按自产货物的成本价贷记"库存商品"科目,按自产货物的售价及相关税率计算的增值税贷记"应交税费——应交增值税(销项税额)"科目

任务实施三:确认、记录销项税额

2019年6月16日,江苏环宇公司向金海公司销售A产品一批,不含税价格为800 000元,另收取销售产品手续费及包装费20 000元,合计820 000元,增值税税率为13%,提货单和增值税专用发票已交给买方,款项尚未收到。

2019年6月20日,领用公司生产的A产品用于自行建造职工俱乐部。该批产品的成本为300 000元,计税价格为400 000元,增值税税率为13%。

2019年6月25日,将自己生产的一批A产品投资于道勤公司,取得道勤公司2%的股权并计划长期持有。该产品的公允价值为500 000元,账面价值为400 000元,增值税税率13%,未计提减值准备。该项交易具有商业实质。

2019年6月26日,将自己生产的产品无偿赠送给民政部门,该批产品的成本为40 000元,计税价格为50 000元,增值税税率为13%。

步骤一:6月16日,收集、整理、审核开具的增值税专用发票的记账联等原始凭证,对产品销售业务进行账务处理：

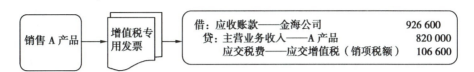

步骤二：6月20日，收集、整理、审核领用单和专用发票等原始凭证，对在建工程领用产品业务进行账务处理：

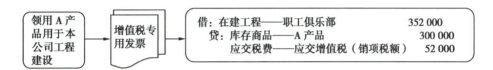

步骤三：6月25日，收集、整理、审核投资协议和专用发票等原始凭证，对对外投资业务进行账务处理：

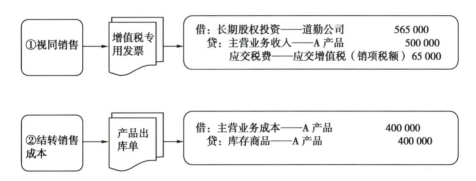

步骤四：6月26日，收集、整理、审核出库单、专用发票、对方接收捐赠时开出的收据等原始凭证，对对外捐赠业务进行账务处理：

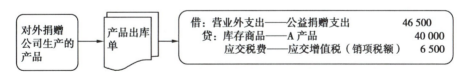

（三）进项税额转出的账务处理

1. 不得从销项税额中抵扣进项税额

根据增值税的相关税收政策规定，不是企业取得的所有专用发票上注明的进项税额都可以用于抵扣销项税额。下列项目的进项税额不得从销项税额中抵扣，应予以转出：

（1）用于适用简易计税方法计税项目、非增值税应税项目、免征增值税项目、集体福利或者个人消费的购进货物或者应税劳务。

（2）非正常损失的购进货物或应税劳务。（非正常损失，是指因管理不善造成被盗、

进项税额转出
（微课）

丢失、霉烂变质的损失,以及被执法部门依法没收或者强令自行销毁的货物。)

(3)非正常损失的在产品、产成品所耗用的购进货物(不包括固定资产)或应税劳务。

2. 进项税额转出的业务节点与账务处理

不得从销项
税额中抵扣

业务节点	账务处理
直接用于简易计税方法计税项目、非增值税应税项目、免征增值税项目、集体福利或者个人消费	购进货物或者应税劳务直接用于简易计税方法计税项目、非增值税应税项目、免征增值税项目、集体福利或者个人消费的货物,按买价金额借记"在建工程(职工福利设施工程)""应付职工薪酬——职工福利"等科目,按专用发票上注明的增值税借记"应交税费——应交增值税(进项税额)"科目,按价税合计金额,贷记"应付账款""应付票据""银行存款""其他货币资金"等科目;而后再把已经计入"应交税费——应交增值税(进项税额)"的进项税额转出,借记"在建工程(职工福利设施工程)""应付职工薪酬——职工福利"等科目,贷记"应交税费——应交增值税(进项税额转出)"科目 (注:购入上述用途的货物,后续不能产生"销项税额",即使取得增值税专用发票,其增值税也是不能抵扣的,也就是不能记录为"进项税额"。但在"增值税综合服务平台"如果不进行"认证(勾选)"的话,会形成大量的"滞留发票",系统会出现"异常"的风险提示。所以企业一般都是先"认证(勾选)",计入"进项税额",而后再进行"进项税额转出")
购进货物改变用途	购进货物时,已记录抵扣了"进项税额",但后来企业改变了货物的用途(如用于非应税项目、集体福利或个人消费等),则先期记录抵扣的"进项税额"应予转出,借记"在建工程(职工福利设施工程)""应付职工薪酬——职工福利"等科目,贷记"应交税费——应交增值税(进项税额转出)"科目
企业购进的货物发生的非正常损失	借记"待处理财产损溢"科目,贷记"原材料""应交税费——应交增值税(进项税额转出)"等科目
非正常损失的在产品、产成品所耗用的购进货物或者应税劳务	借记"待处理财产损溢"科目,贷记"应交税费——应交增值税(进项税额转出)""生产成本""库存商品"等科目

任务实施四:确认、记录进项税额转出

2019年6月12日,江苏环宇公司建设职工俱乐部外购甲原材料一批,成本40 000元,增值税为5 200元;

6月30日,江苏环宇公司库存甲材料因霉烂变质毁损一批,有关增值税专用发票确认的成本为20 000元,增值税税额2 600元;

6月30日,江苏环宇公司因管理不善造成产成品被盗,其实际成本80 000元,经确认所耗用的外购货物的增值税8 000元;

6月30日,江苏环宇公司所属的职工医院维修领用原材料5 000元,其购入时支付的增值税为650元。

步骤一:6月12日,收集、整理、审核相关单证,对为购建职工俱乐部外购进行账务处理:

注:取得专用发票,全部进行认证,计入"进项税额",而后再进行"进项税额转出"。

步骤二:6月30日,收集、整理、审核存货盘点报告单等原始凭证,对甲材料毁损事项进行账务处理:

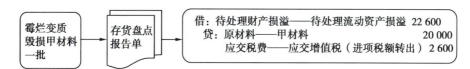

步骤三:6月30日,收集、整理、审核存货盘点报告单等原始凭证,对被盗产品进行账务处理:

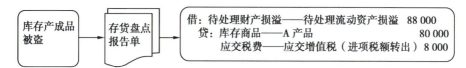

步骤四:6月30日,收集、整理、审核领料单等凭证,对职工医院维修领用原材料业务进行账务处理:

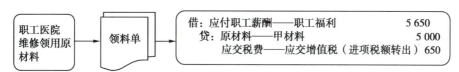

(四)交纳增值税的账务处理

1. 增值税的缴纳期限

根据有关税收法规的规定,增值税的纳税期限分别为1日、3日、5日、10日、15日、1个月或者1个季度。纳税人的具体纳税期限,由主管税务机关根据纳税人应纳税额的大小分别核定。以1个季度为纳税期限的规定适用于小规模纳税人以及财政部和国家税务总局规定的其他纳税人。

纳税人以1个月或者1个季度为1个纳税期的,自期满之日起15日内申报纳税;以1日、3日、5日、10日或者15日为1个纳税期的,自期满之日起5日内预缴税款,于次月1日起15日内申报纳税并结清上月应纳税款。

2. 交纳增值税的业务类型

如果是以1日、3日、5日、10日、15日为纳税期限的,就会出现本月交本月应交的增值税的业务,如果是以1个月或者1个季度为纳税期限的,则会出现本月交上期应交未交的增值税的业务。

3. 记录每月或每季应交未交增值税的科目

以1个月或者1个季度为纳税期限的,本月应交的增值税要在次月1日起15日内申报纳税并上交,那么在月末,企业应结出本月"未交增值税"并登记入账,以便下月在规定的期限内申报纳税并上交。为反映每月"未交增值税",企业应设置"应交税费——未交增值税"科目。

4. 交纳增值税的业务节点与账务处理

业务节点	账务处理
月度终了,将本月应交未交增值税自本科目应交增值税明细科目转入本科目未交增值税明细科目	借记"应交税费——应交增值税(应交增值税——转出未交增值税)"科目,贷记"应交税费——未交增值税"科目
本月上交上期应交未交的增值税	借记"应交税费——未交增值税"科目,贷记"银行存款"科目
企业本月上交本月应交的增值税	借记"应交税费——应交增值税(已交税金)"科目,贷记"银行存款"科目

任务实施五：计算、核算应交未交及交纳增值税

步骤一：计算2019年6月应交未交增值税(假设环宇公司上月没有留抵的进项税额)。

本期应交增值税 = 本期销项税额 − (本期进项税额 − 本期进项税额转出)

= (106 600 + 52 000 + 65 000 + 6 500) − [(1 200 + 52 900 + 2 660 + 1 800 + 13 000 + 5 200) − (5 200 + 2 600 + 8 000 + 650)]

= 169 790(元)

步骤二：收集、整理、审核增值税计算表,对月末结转未交增值税进行账务处理：

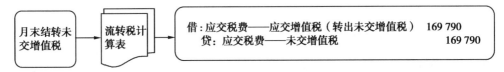

步骤三：7月9日,申报交纳上月应交增值税。收集、整理、审核纳税凭证,对交纳增值税业务进行账务处理：

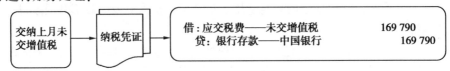

四、差额征税的账务处理

根据财政部和国家税务总局"营改增"相关规定,对于企业发生的某些业务(金融商品转让、经纪代理服务、融资租赁和融资性售后回租业务、一般纳税人提供客运场站服务、试点纳税人提供旅游服务、选择简易计税方法提供建筑服务等)无法通过抵扣机制避免重复征税的,应采用差额征税方式计算交纳增值税。

企业按规定相关成本费用允许扣减销售额的账务处理:

业务节点	账务处理
企业发生相关成本费用允许扣减销售额的	按应付或实际支付的金额,借记"主营业务成本"等科目,贷记"应付账款""应付票据""银行存款"等科目
待取得合规增值税扣税凭证且纳税义务发生时,按照允许抵扣的税额抵减的	借记"应交税费——应交增值税(销项税额抵减)"或"应交税费——简易计税"科目(小规模纳税人应借记"应交税费——应交增值税"科目),贷记"主营业务成本"等科目

任务实施六:

某旅行社系增值税一般纳税人,应交增值税采用差额征税方式核算。2020年10月8日,该旅行社为乙公司职工提供境内旅游服务,向乙公司收取含税价款318 000元,其中增值税18 000元,全部款项已收妥入账。10月12日,旅行社以银行存款支付其他接团旅游企业的旅游费用和其他单位相关费用共计254 400元,其中,因允许扣减销售额而减少的销项税额为14 400元。

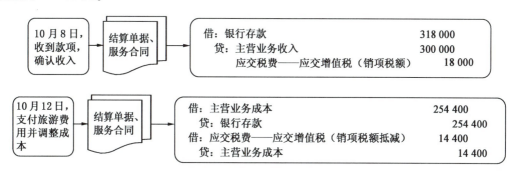

五、小规模纳税人的会计处理

(一)简易计税方法

根据有关规定,小规模纳税人采取简易计税方法计算应纳税额,直接按照销售额和增值税征收率计算的增值税额,不得抵扣进项税额。

$$应纳税额 = 销售额 \times 征收率$$

> ☞ **提醒你**
>
> 增值税一般纳税人的一些特殊项目,也可以采用简易计税方法。

(二)销售额的确认

简易计税方法的销售额不包括其应纳税额,纳税人采用销售额和应纳税额合并定价方法的,应把含税的销售额换算为销售额:

$$销售额 = 含税销售额 \div (1 + 征收率)$$

（三）小规模纳税人的发票管理

小规模纳税人销售货物或提供应税劳务时可以由税务机关代为开具增值税专用发票，也可以自行开具普通发票。

（四）小规模纳税人的会计核算特点

因为小规模纳税企业不享有进项税额的抵扣权，其购进货物或接受应税劳务支付的增值税直接计入有关货物或劳务的成本；应纳税额是直接按照销售额和增值税征收率计算的增值税额，不得抵扣进项税额。因此，小规模纳税企业只需在"应交税费"科目下设置"应交增值税"明细科目，不需要在"应交增值税"明细科目中设置专栏。"应交税费——应交增值税"科目贷方登记应交纳的增值税，借方登记已交纳的增值税；期末贷方余额为尚未交纳的增值税，借方余额为多交纳的增值税。

（五）小规模纳税人的业务节点与账务处理

业务节点	账 务 处 理
购进货物或接受应税劳务	因为所支付的进项增值税不能抵扣，购进货物或接受应税劳务支付的增值税应直接计入有关货物或劳务的成本，按照价税合计金额，借记"原材料""库存商品"科目，贷记"银行存款""应付账款"科目
销售货物或提供应税劳务	借：银行存款/应收账款 　　贷：主营业务收入（不含税销售额） 　　　　应交税费——应交增值税（不含税销售额×征收率）
缴纳增值税	借：应交税费——应交增值税 　　贷：银行存款

任务实施七：小规模纳税人的会计处理

海天制作中心属小规模纳税企业，2019年3月2日，向银海公司购入甲原材料一批，取得的普通发票中注明货款合计5 000元，款项尚未支付，材料到达并已验收入库；

3月10日，购入甲原材料一批，取得的专用发票中注明货款10 000元，增值税1 600元，款项以转账支票支付，材料已验收入库；

3月12日，销售A产品一批，所开出的普通发票中注明的货款（含税）为30 900元，增值税征收率为3%，款项已存入银行；

4月12日，海天制作中心申报缴纳增值税900元。

步骤一：3月2日，收集、整理、审核购货发票和材料入库单，对购入材料进行账务处理：

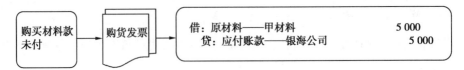

步骤二：3月10日，收集、整理、审核购货发票、材料入库单编制和支票存根，对购入材

料进行账务处理：

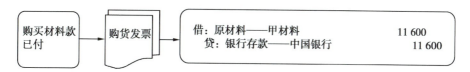

步骤三：3月12日，收集、整理、审核销货发票和进账单回单联，对产品销售业务进行账务处理：

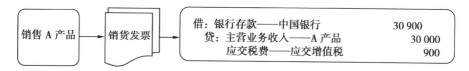

步骤四：4月12日，收集、整理、审核银行转来的缴纳凭证，对纳税业务进行账务处理：

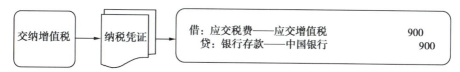

六、增值税税控系统专用设备和技术维护费用抵减增值税额的账务处理

按现行增值税制度规定，企业初次购买增值税税控系统专用设备支付的费用以及缴纳的技术维护费允许在增值税应纳税额中全额抵减。增值税税控系统专用设备，包括增值税防伪税控系统设备（如金税卡、IC卡、读卡器或金税盘和报税盘）、货物运输业增值税专用发票税控系统设备（如税控盘和报税盘）、机动车销售统一发票税控系统，以及公路、内河货物运输业发票税控系统的设备（如税控盘和传输盘）。

企业初次购入增值税税控系统专用设备，按实际支付或应付的金额，借记"固定资产""应交税费——应交增值税（减免税款）"科目（小规模纳税人应借记"应交税费——应交增值税"科目），贷记"管理费用"等科目。

企业发生的增值税税控系统专用设备技术维护费，应按实际支付或应付的金额，借记"管理费用"科目，贷记"银行存款"等科目。按规定抵减的增值税应纳税额，借记"应交税费——应交增值税（减免税款）"科目（小规模纳税人应借记"应交税费——应交增值税"科目），贷记"管理费用"等科目。

某公司为增值税一般纳税人，10月20日初次购买数台增值税税控系统专用设备，作为固定资产核算，取得增值税专用发票上注明的价款为38 000元，增值税税额为4 940元，价款和税款以银行存款支付。

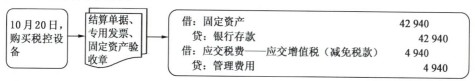

第三部分：核算、交纳应交消费税

知识准备

一、消费税的认知

消费税是指在我国境内生产、委托加工和进口应税消费品的单位和个人，按其流转额交纳的一种税。它是在对货物普遍征收增值税的基础上，选择少数消费品再征收的一个税种。

现行消费税的征收范围(应税消费品)主要包括：烟、酒、鞭炮、焰火、化妆品、成品油、贵重首饰及珠宝玉石、高尔夫球及球具、高档手表、游艇、木制一次性筷子、实木地板、摩托车、小汽车等税目。

消费税属于价内税，一般在应税消费品的生产、委托加工和进口环节征收，在以后的批发、零售等环节中，由于价款中已包含消费税，因此不再征收消费税。

二、消费税的征收方法

消费税实行从价定率、从量定额，或者从价定率和从量定额复合计税(以下简称复合计税)的办法计算应纳税额。

应纳税额计算公式：

实行从价定率办法计算的应纳税额＝销售额×比例税率

实行从量定额办法计算的应纳税额＝销售数量×定额税金

实行复合计税办法计算的应纳税额＝销售额×比例税率＋销售数量×定额税金

采取从价定率方法征收的消费税，以不含增值税的销售额为税基，按照税法规定的税率计算。企业的销售收入包含增值税的，应将其换算为不含增值税的销售额。销售额为纳税人销售应税消费品向购买方收取的全部价款和价外费用。

采取从量定额计征的消费税，根据税法确定的企业应税消费品的数量和单位应税消费品应缴纳的消费税计算确定。

三、应交消费税的账务处理

(一)"应交税费——应交消费税"科目的设置

企业在"应交税费"科目下设置"应交消费税"明细科目，核算应交消费税的发生、交纳情况。该科目贷方登记应交纳的消费税，借方登记已交纳的消费税；期末贷方余额为尚未交纳的消费税，借方余额为多交纳的消费税。

（二）应交消费税的业务节点与账务处理

业务节点	账务处理
企业销售应税消费品	企业销售应税消费品应交的消费税，应借记"税金及附加"科目，贷记"应交税费——应交消费税"科目
自产自用应税消费品	① 用于非增值税应税项目、集体福利、对外捐赠等： 借记"在建工程""应付职工薪酬——职工福利""营业外支出"，贷记"库存商品""应交税费——应交增值税（销项税额）""应交税费——应交消费税"。 ② 用于对外投资、个人消费、对外分配等： 借记"长期股权投资"等科目，贷记"主营业务收入""应交税费——应交增值税"，同时，借记"税金及附加"，贷记"应交税费——应交消费税"
企业委托加工应税消费品	如是受托方，则按照应交税款金额，借记"应收账款""银行存款"等科目，贷记"应交税费——应交消费税"科目。 如果委托方，委托加工物资收回后，直接用于销售的，应将受托方代收代缴的消费税计入委托加工物资的成本，借记"委托加工物资"等科目，贷记"应付账款""银行存款"等科目；委托加工物资收回后用于连续生产，按规定准予抵扣的，应按已由受托方代收代缴的消费税，借记"应交税费——应交消费税"科目，贷记"应付账款""银行存款"等科目
进口应税消费品	企业进口应税物资在进口环节应交的消费税，计入该项物资的成本，借记"材料采购""固定资产"等科目，贷记"银行存款"科目

任务实施

任务实施一：核算销售应税消费品

2019 年 5 月 1 日，江苏利民公司销售应税消费品 B 产品一批，价款为 300 000 元，消费税税率为 10%，该批产品成本为 200 000 元。该笔销售实现的同时，B 产品的包装袋单独以不含税价 20 000 元售予购货方，该批包装袋成本为 10 000 元，增值税 13%。通过银行转账收到价款 374 400 元。

步骤一：收集、整理、审核销售发票的记账联等原始凭证，对销售产品业务进行账务处理：

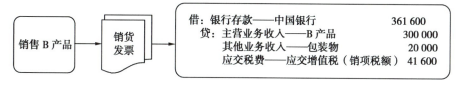

步骤二：收集、整理、审核出库单等原始凭证，结转销售成本，进行账务处理：

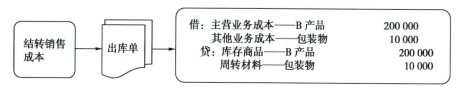

步骤三：收集、整理、审核消费税计提表等原始凭证，对计提消费税进行账务处理：

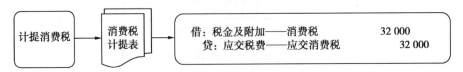
借：税金及附加——消费税　　　　　32 000
　　贷：应交税费——应交消费税　　　　　32 000

任务实施二：核算领用应税消费品

2019年7月10日，江苏利民公司在建办公楼领用成本为10 000元的本企业自产的应税消费品（E产品），该批应税消费品的市场售价为15 000元，所耗材料对应的增值税为1 280元，消费税税率10%。

收集、整理、审核产品出库单等原始凭证，对领用自产的应税消费品业务进行账务处理：

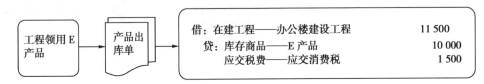
借：在建工程——办公楼建设工程　　　　11 500
　　贷：库存商品——E产品　　　　　　　　10 000
　　　　应交税费——应交消费税　　　　　　1 500

任务实施三：核算对外投资应税消费品

2019年7月20日，江苏利民公司将自产的应税消费品（E产品）投资于丰乐公司，该产品成本为750 000元，计税价格为800 000元。该产品增值税税率为13%，消费税税率为10%。

步骤一：收集、整理、审核投资协议、销售发票记账联等原始凭证，对投资业务进行账务处理：

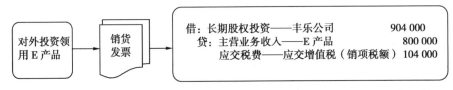
借：长期股权投资——丰乐公司　　　　904 000
　　贷：主营业务收入——E产品　　　　　800 000
　　　　应交税费——应交增值税（销项税额）104 000

步骤二：收集、整理、审核出库单等原始凭证，结转销售成本，进行账务处理：

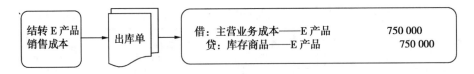
借：主营业务成本——E产品　　　　　750 000
　　贷：库存商品——E产品　　　　　　　750 000

步骤三：收集、整理、审核消费税计提表等，对消费税计提业务进行账务处理：

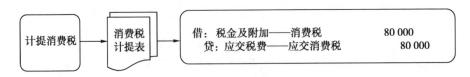
借：税金及附加——消费税　　　　　80 000
　　贷：应交税费——应交消费税　　　　80 000

第四部分：核算、交纳其他应交税费

知识准备

其他应交税费是指除上述应交税费以外的应交税费，包括应交资源税、应交城市维护建设税、应交土地增值税、应交所得税、应交房产税、应交土地使用税、应交车船税、应交教育费附加、应交矿产资源补偿费、应交个人所得税等。企业应当在"应交税费"科目下设置明细科目进行核算，贷方登记应交纳的有关税费，借方登记已交纳的有关税费，期末贷方余额表示尚未交纳的有关税费。

一、应交资源税的账务处理

资源税是对在我国境内开采矿产产品或者生产盐的单位和个人征收的税。资源税按照应税产品的课税数量和规定的单位税额计算。开采或生产应税产品对外销售的，以销售数量为课税数量；开采或生产应税产品自用的，以自用数量为课税数量。

"应交资源税"的业务节点与账务处理见下表。

业务节点	账务处理
收购未税矿产品	按照实际支付的价款，借记"材料采购"或"在途物资"等科目，贷记"银行存款"等科目，按照代扣代缴的资源税，借记"材料采购"或"在途物资"等科目，贷记"应交税费——应交资源税"科目
企业销售应税产品应纳资源税	借记"税金及附加"科目，贷记"应交税费——应交资源税"科目
企业自产自用应税产品应纳资源税	借记"生产成本""制造费用"等科目，贷记"应交税费——应交资源税"科目
交纳资源税	企业缴纳资源税，应借记"应交税费——应交资源税"科目，贷记"银行存款"科目

二、应交城市维护建设税和应交教育费附加的会计核算

城市维护建设税是以增值税、消费税为计税依据征收的一种税。其纳税人为交纳增值税、消费税的单位和个人，税率因纳税人所在地不同为1%~7%不等。教育费附加是为了发展教育事业而向企业征收的附加费用，企业按应交流转税的一定比例计算交纳。

"应交城市维护建设税和应交教育费附加"的业务节点与账务处理见下表。

业务节点	账务处理
以增值税、消费税为计税依据计算城市维护建设税	企业应交的城市维护建设税，借记"税金及附加"等科目，贷记"应交税费——应交城市维护建设税"科目。 应纳税额 =（应交增值税 + 应交消费税）× 适用税率

续表

业务节点	账务处理
以增值税、消费税为计税依据计算教育费附加	企业应交的教育费附加,借记"税金及附加"等科目,贷记"应交税费——应交教育费附加"科目。 应交教育费附加=(应交增值税+应交消费税)×适用征收率
交纳城市维护建设税和教育费附加	借记"应交税费——应交城市维护建设税""应交税费——应交教育费附加""应交税费——应交地方教育费附加"科目,贷记"银行存款"科目

三、应交土地增值税的会计核算

土地增值税是指在我国境内有偿转让土地使用权及地上建筑物和其他附着物产权的单位和个人,就其土地增值额征收的一种税。土地增值额是指转让收入减去规定扣除项目金额后的余额。转让收入包括货币收入、实物收入和其他收入。扣除项目主要包括取得土地使用权所支付的金额、开发土地的费用、新建及配套设施的成本、旧房及建筑物的评估价格等。

"应交土地增值税"的业务节点与账务处理见下表。

业务节点	账务处理
企业主营房地产开发业务土地增值税的会计核算	主营房地产业务的企业,其销售房地产过程中应缴纳的土地增值税,借记"税金及附加"科目,贷记"应交税费——应交土地增值税"科目
企业兼营房地产开发业务土地增值税的会计核算	兼营房地产业务的企业,转让房地产应交的土地增值税记入"其他业务成本"科目。企业按规定计算应交的土地增值税,借记"其他业务成本"科目,贷记"应交税费——应交土地增值税"科目
转让国有土地使用权应交的土地增值税(土地使用权在"无形资产"科目核算的)	按照实际收到的金额,借记"银行存款"科目,按照应纳的土地增值税,贷记"应交税费——应交土地增值税"科目。按照已计提的累计摊销,借记"累计摊销"科目,按照其成本,贷记"无形资产"科目,按照其差额,借记或贷记"资产处理损益"
转让土地使用权应交纳的土地增值税(土地使用权与地上建筑物及其附着物一并在"固定资产"科目核算的)	借记"固定资产清理"科目,贷记"应交税费——应交土地增值税"科目
交纳的土地增值税	借记"应交税费——应交土地增值税"科目,贷记"银行存款"科目

四、应交房产税、土地使用税、车船税、印花税、耕地占用税的会计核算

房产税是国家对在城市、县城和工矿区征收的由产权所有人缴纳的一种税。房产税依照房产原值一次减除10%~30%后的余额计算交纳。没有房产原值作为依据的,由房产所在地税务机关参考同类房产核定;房产出租的,以房产租金收入为房产税的计税依据。

土地使用税是国家为了合理利用城镇土地,调节土地级差收入,提高土地使用效益,加

强土地管理而开征的一种税,以纳税人实际占用的土地面积为计税依据,依照规定税额计算征收。

车船税由拥有并且使用车船的单位和个人按照适用税额计算交纳。企业按规定计算应交的房产税、土地使用税、车船税时,借记"税金及附加"科目,贷记"应交税费——应交房产税(或土地使用税、车船税)"科目;上交时,借记"应交税费——应交房产税(或土地使用税、车船税)"科目,贷记"银行存款"科目。

印花税是对书立、领受购销合同等凭证行为征收的税款。印花税是由纳税人根据规定自行计算应纳税额以购买并一次贴足印花税票的方法交纳的税款。因此,企业交纳的印花税不需要通过"应交税费"科目核算,于购买印花税票时,直接借记"税金及附加"科目,贷记"银行存款"科目。

耕地占用税是国家为了利用土地资源、加强土地管理、保护农用耕地而征收的一种税。耕地占用税以实际占用的耕地面积计税,按照规定税额一次征收。企业交纳的耕地占用税,不需要通过"应交税费"科目核算。企业按规定计算交纳耕地占用税时,借记"在建工程"科目,贷记"银行存款"科目。

五、应交个人所得税和企业所得税

应交个人所得税参照"应付职工薪酬"中的内容,应交企业所得税在"收入、费用、利润"任务中学习。

任务实施:确认、记录其他应交税费

2019年6月,江苏利民公司生产焦煤10 000吨,对外销售了9 000吨。焦煤资源税税额为每吨20元。

2019年6月,将自产的煤炭3 000吨用于D产品生产,煤炭适用资源税税额为每吨5元。

2019年6月,收购未税丙矿产品,实际支付的收购款为300 000元,代扣代交的资源税为5 000元。矿产品已验收入库,增值税税率为13%,取得增值税专用发票,上面注明价款300 000元,增值税税额为39 000元,款项已经支付。

2019年6月,对外转让一栋厂房,收集、整理、审核税法规定计算的应交土地增值税为20 000元。

2019年6月份应交增值税500 000元,消费税400 000元。城市维护建设税税率为7%,教育费附加率为3%,地方教育费附加率为2%。

步骤一:收集、整理、审核资源税计提表等原始凭证,计提资源税,进行账务处理:

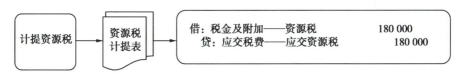

步骤二:收集、整理、审核产品出库单和资源税计提表等原始凭证,计提资源税,进行账务处理:

步骤三：收集、整理、审核收购未税矿产品入库单、资源税计提表、付款单据等原始凭证，计提资源税，进行账务处理：

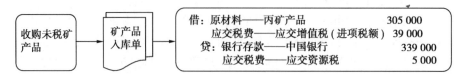

步骤四：收集、整理、审核应交土地增值税计算申报表，计提应交土地增值税，进行账务处理：

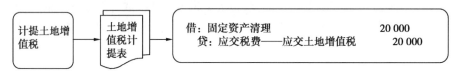

步骤五：收集、整理、审核城建税及教育费附加计算申报表，计提城建税及教育费附加，进行账务处理：

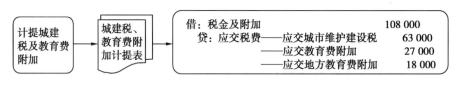

任务五　核算其他流动负债

☞ 任务导入

很快，一年过去了。在过去的一年中，江苏环宇公司取得了较好的经营业绩。为给投资以良好的回报，公司决定向投资者分配现金股利。那么，向投资者分配的股利应如何核算？同时，公司还发生了与其他单位例如租金、押金等的一些往来款项，这些往来款项应如何核算？这也是我们应掌握的内容。

知识准备

一、应付利润的会计核算

（一）应付利润认知

应付利润是指企业根据股东大会或类似机构审议批准的利润分配方案确定分配给投资

者的现金股利或利润。

(二)"应付利润"科目

(1)定义:核算企业确定或宣告支付但尚未实际支付的现金股利或利润。

(2)核算内容:贷方登记应支付的现金股利或利润;借方登记实际支付的现金股利或利润;期末贷方余额反映企业应付未付的现金股利或利润。

(3)明细账设置:一般按投资者设置明细科目进行明细核算。

(三)"应付利润"的业务节点与账务处理

业务节点	账务处理
企业根据规定或协议计算出应分配给投资者的利润	企业根据股东大会或类似机构审议批准的利润分配方案,确认应付给投资者的现金股利或利润时,借记"利润分配——应付利润",贷记"应付利润"科目
向投资者实际支付利润	支付现金股利时,借记"应付利润",贷记"银行存款"科目

二、其他应付款的会计核算

(一)其他应付款认知

其他应付款是指企业除应付票据、应付账款、预收账款、应付职工薪酬、应交税费、应付股利等经营活动以外的其他各项应付、暂收的款项,如应付租入包装物租金、存入保证金等。

(二)"其他应付款"科目

(1)定义:核算其他应付款的增减变动及其结存情况。

(2)核算内容:贷方登记发生的各种应付、暂收款项;借方登记偿还或转销的各种应付、暂收款项;该科目期末贷方余额,反映企业应付未付的其他应付款项。

(3)明细账设置:按照其他应付款的项目和对方单位(或个人)设置明细科目进行明细核算。

(三)其他应付款的业务节点与账务处理

业务节点	账务处理
其他应付款的产生	企业发生其他各种应付、暂收款项时,借记"管理费用"等科目,贷记"其他应付款"科目
其他应付款的支付或退回	支付或退回其他各种应付、暂收款项时,借记"其他应付款"科目,贷记"银行存款"等科目

任务实施

江苏常州利民公司从 2019 年 7 月 1 日起,以租赁方式从东方公司租入管理用办公设备一批,每月租金 9 040 元(含增值税),每季度初支付本季度租金。租赁期间 9 个月。

步骤一:7 月 1 日,收集、整理、审核对方开具的租赁费专用发票的记账联和付款单据等原始凭证,对支付租金业务进行账务处理:

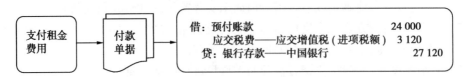

步骤二:7 月 31 日,收集、整理、审核租赁协议等原始凭证,确认租金费用,进行账务处理:

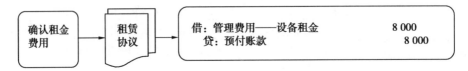

步骤三:8 月 31 日、9 月 30 日同上。

【企业案例研究】

2020 年 7 月 26 日,国家税务总局召开新闻发布会,就税收大数据反映经济发展情况、税务部门学党史办实事扎实推进办税缴费便利化、打击涉税违法犯罪等内容进行发布并回答记者提问。会上,国家税务总局稽查局副局长付利平介绍了上半年税务部门打击虚开骗税违法行为的有关情况。

付利平表示,今年以来,税务总局已先后曝光多起虚开骗税等税收违法犯罪典型案例,对"假企业""假出口""假申报"露头就打,始终保持对虚开骗税等税收违法犯罪行为严厉打击的高压态势。在这里再曝光破获的 3 起虚开骗税典型案例,这 3 起案例分别是:

(一)浙江湖州破获"4·15"骗税案。2020 年 5 月,浙江湖州税务、公安、海关、人民银行四部门联合破获"4·15"骗税案,打掉虚开、介绍虚开、配单、地下钱庄和骗税犯罪团伙 5 个,抓获犯罪嫌疑人 20 人。经查,该团伙在没有实际货物交易情况下,虚开发票,虚假出口,骗取出口退税,涉及虚开增值税专用发票 1 730 份,虚开金额 2.17 亿元,骗取出口退税 2 087.32 万元。

(二)深圳破获"惊雷 3 号"虚开骗税地下钱庄案。2020 年 7 月,深圳税务部门联合公安、海关、人民银行以及税务总局驻广州特派办成功破获"惊雷 3 号"虚开骗税地下钱庄案,打掉虚开、骗税、地下钱庄等多个环节的 9 个犯罪团伙,抓获犯罪嫌疑人 77 人。经查,该团伙非法获取上游虚开的增值税专用发票抵扣进项税额后,将他人货物冒充成自身企业货物报关出口,取得报关单据骗取出口退税,涉嫌虚开发票金额 40 多亿元,涉嫌骗取出口退税 1.5 亿元。

(三)宁波破获"6·10"利用软件企业即征即退优惠政策骗税案。2020 年 11 月,宁波税务稽查部门联合公安、海关、人民银行成功破获"6·10"利用软件企业即征即退优惠政策骗取出口退税案,抓捕犯罪嫌疑人 7 人。经查,犯罪团伙在全国各地虚假注册成立一批软件企业和供货工厂,虚构业务,骗取增值税即征即退政策优惠,并骗取出口退税。该案涉及全国 14 个省市,涉案金额 27.73 亿元,已认定处理出口退税款 4 348.18 万元。

下一步,税务部门将持续深入贯彻落实中办、国办印发的《关于进一步深化税收征管改革的意见》,联合有关部门持续加大力度,严厉打击偷逃税行为,进一步净化税收环境,保障国家税收安全,切实维护守法纳税人的合法权益。

讨论:

1. 我国增值税征管的特点及方法是什么?
2. 如何提升税法的遵从度?

行业发展动态——
全电发票讲解

职业能力提升——
流动负债管理

项目十

记录非流动负债、明确长期义务

 学习目标

能力目标
- 能说出非流动负债核算的科目设置；
- 能写出长期借款业务核算所涉及科目之间的对应关系；
- 能分清长期借款利息费用的列支渠道；
- 能对长期借款完整业务流程进行会计核算；
- 能说出应付债券核算的科目设置；
- 能辨析债券发行价格的确定；
- 能对长期应付款业务流程进行基本的账务处理。

素养目标
- 树立风险意识，坚持合规融资；
- 履行偿还义务，按期还本付息。

会计岗位职责——税务岗

会计文化——会计录

非流动负债是流动负债以外的负债，一般是指偿还期限在 1 年或者超过 1 年的一个营业周期以上的债务，主要分为长期借款、应付债券、长期应付款。其特点是：偿还期长（1 年以上）、负债金额大。

任务一 核算长期借款

☞ 任务导入

江苏环宇公司为建造一条新的生产流水线,向银行借入期限3年、利率12%、金额1 000万元的借款。对这笔借款,财务上应如何核算?利息费用如何列支?这样的长期借款业务在成长型中小企业是经常发生的,会计人员应掌握其业务节点与账务处理。

知识准备

一、长期借款的认知

长期借款是指企业向银行或其他金融机构借入的期限在1年以上(不含1年)的各项借款。长期借款一般用于固定资产的购建、改扩建工程及大修理工程等,它是企业长期负债的重要组成部分。

长期借款利息费用的列支渠道要视长期借款是发生于筹建期间还是发生于生产经营期间及借款的用途来确定。

生产经营期间及借款的用途		利息费用的列支渠道
筹建期间	专门借款	符合资本化条件的:资本化,计入所购建资产的成本; 不符合资本化条件的:计入管理费用
	一般借款	符合资本化条件的:资本化,计入所购建资产的成本; 不符合资本化条件的:计入管理费用
生产经营期间	专门借款	符合资本化条件的:资本化,计入所购建资产的成本; 不符合资本化条件的:费用化,直接计入当期损益(财务费用)
	一般借款	符合资本化条件的:资本化,计入所购建资产的成本; 不符合资本化条件的:费用化,直接计入当期损益(财务费用)

☞ 相关链接

专门借款是指为购建或者生产符合资本化条件的资产而专门借入的款项。专门借款通常应当有明确的用途,即为购建或者生产某项符合资本化条件的资产而专门借入的,并通常应当具有标明该用途的借款合同。一般借款是指除专门借款之外的借款,相对于专门借款而言,一般借款在借入时,其用途通常没有特指用于符合资本化条件的资产的购建或者生产。

二、核算长期借款的会计科目——"长期借款"

（1）定义：核算企业向银行或其他金融机构借入的期限在1年以上（不含1年）的各项借款。

（2）核算内容：贷方登记企业借入长期借款（本金和利息调整数）及资产负债表日利息调整摊销数；借方登记归还的长期借款本金和利息调整摊销数；期末贷方余额，反映企业尚未偿还的长期借款。

（3）明细账的设置：分别设置"本金""利息调整"等进行明细核算，如："长期借款——本金""长期借款——利息调整"。

 企业会计制度规定，长期借款利息应在"长期借款"科目核算。一般银行是按季度计息发给单位贷款利息通知单，为符合成本配比原则，企业应于每月预提利息时做相应的账务处理。长期借款利息费用应当在资产负债表日按照实际利率法计算确定，实际利率与合同利率差异较小的，也可以采用合同利率计算确定利息费用。

三、长期借款的业务节点与账务处理

业务节点	账务处理
借入时点	企业借入各种长期借款时，按实际收到的款项，借记"银行存款"账户，按借款合同所列的借款金额贷记"长期借款——本金"账户，按借贷双方之间的差额，借或贷记"长期借款——利息调整"账户
持有期间	在资产负债表日，企业应按长期借款的摊余成本和实际利率计算确定长期借款的利息费用并根据借款的用途，分别借记"在建工程""财务费用""制造费用""研发支出"等账户，按借款本金和合同利率计算确定的应付未付利息，贷记"应付利息"账户，按其差额，贷记或借记"长期借款——利息调整"账户
到期归还	归还的长期借款本金，借记本科目（"本金"），贷记"银行存款"科目。同时，存在利息调整余额的，借记或贷记"在建工程""制造费用""财务费用""研发支出"等科目，贷记或借记本科目（"利息调整"）

任务实施

江苏环宇公司为建造一幢厂房，2018年1月2日向银行借入2年期长期专门借款2 000 000元，款项已存入银行。借款年利率为9%，每年付息一次，期满后一次还清本金。2018年1月3日，全部用于支付工程价款。该工程于2019年8月底完工，达到预定可使用状态。2019年12月31日还本付息。

步骤一：2018年1月2日，收集、整理、审核借款协议、借款收据（入账通知）等单据；

借 款 收 据 (入账/通知)

（　项目　贷款）

单位编号：201400023　　　　借款日期：2018年1月2日　　　合同编号：24577664　　**伍**

收款单位	名　称	江苏环宇公司	借款单位	名　称	江苏环宇公司
	结算户账号	2345000007－89		结算户账号	234500000－90
	开户银行	中行徐州分行		开户银行	中行徐州分行

借款金额	人民币　贰佰万元整	千	百	十	万	千	百	十	元	角	分
	¥	2	0	0	0	0	0	0	0	0	0

借款原因及用途	用于生产流水线的建造	批准借款利率	年息　9%

借款期限

期次	计划还款日期	√	计划还款金额
1	2019年12月31日		2 000 000元
2			
3			

备注：

你单位上列借款，已转入你单位结算户内。借款到期时由我行按期自你单位结算户转还。

此致

借款单位：　　　　　　　　　　（银行盖章）

步骤二：对借款业务进行账务处理：

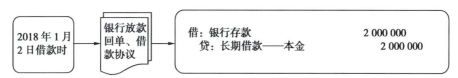

2018年1月2日借款时 → 银行放款回单、借款协议 →
借：银行存款　　　　　　2 000 000
　　贷：长期借款——本金　2 000 000

步骤三：2018年1月3日，收集、整理、审核工程结算发票、银行付款凭证等单据并进行账务处理：

2018年1月3日支付工程款时 → 工程结算发票、银行付款凭证 →
借：在建工程　　　　　　2 000 000
　　贷：银行存款　　　　　2 000 000

步骤四：2018年12月31日，编制借款利息计算表，计提支付2018年的利息费用并进行账务处理：

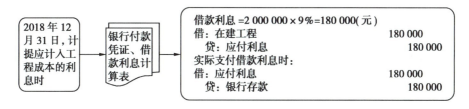

2018年12月31日，计提应计入工程成本的利息时 → 银行付款凭证、借款利息计算表 →
借款利息＝2 000 000×9%＝180 000(元)
借：在建工程　　　　　　180 000
　　贷：应付利息　　　　　180 000
实际支付借款利息时：
借：应付利息　　　　　　180 000
　　贷：银行存款　　　　　180 000

步骤五：2019 年 8 月 31 日,编制借款利息计算单,收集、审核固定资产移交单,对借款利息和固定资产移交使用进行账务处理：

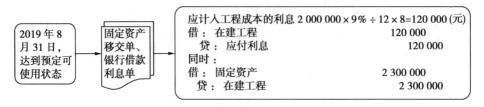

步骤六：2019 年 12 月 31 日,编制借款利息计算单,对计提利息费用进行账务处理：

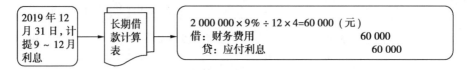

步骤七：收集、整理、审核归还银行借款凭证,对归还银行借款本息进行账务处理：

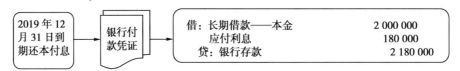

任务二　核算应付债券

任务导入

在近阶段的资本市场,企业以"长期借款"方式融入长期资金的资金成本一般为年利率8%~9%,而通过发行债券方式融入长期资金的资金成本一般为年利率7%~8%。在企业融入大额资金时,一个百分点的差异,会影响企业的"决策"。随着我国金融市场的日臻完善,更多的大中型企业选择通过发行债券的方式筹集资金。所以,会计人员应了解公司债券的相关知识,掌握应付债券的会计核算方法。

一、公司债券认知

（一）债券的概念

债券是企业按照法定程序发行,约定在一定期限内还本付息的一种书面凭证。应付债券是企业因发行债券筹措资金而形成的一种长期负债。

债券的票面一般都载明以下内容:企业名称、债券面值、票面利率、还本期限、付息方式,以及债券发行日期等。企业发行债券通常需经董事会及股东大会批准,若向社会公众公开发行,还需经有关证券监督管理机构核准。

企业通过发行债券取得资金是以将来履行归还购买债券者的本金和利息的义务作为保证的。企业应当设置"企业债券备查簿",详细登记企业每种债券的票面金额、债券票面利率、还本付息期限与方式、发行总额、发行日期和编号、委托代售单位、转换股份等资料。企业债券到期结清时,应当在备查簿内逐笔注销。

（二）公司债券种类

公司债券可以按不同的分类标志,分成不同的类型:

分类标志		债券种类
按还本方式分类	一次还本债券	本金于到期日一次偿还
	分期还本债券	债券的本金按不同的到期日分期偿还
按付息方式分类	普通债券	债券票面上载明确定利率
	收益债券	利率不固定,视当期经营状况而定,无盈利时可能不付息
按是否记名分类	记名债券	债券票面上载有持有人姓名,并在企业保留持有人名册的一种债券
	无记名债券	债券上不记载持券人姓名的债券
按有无担保分类	抵押债券	发行企业以特定资产作为抵押担保而发行的债券
	信用债券	没有任何资产作为抵押担保,完全出于企业良好的信誉而发行的债券
按是否可转换为股票分类	可转换债券	可于某时间按一定条件转换为企业发行的股票
	不可转换债券	不能转换为企业发行的股票

二、债券发行价格的确定

企业债券发行价格的高低一般取决于债券票面金额、债券票面利率、发行当时的市场利率以及债券期限的长短等因素。债券发行有面值发行、溢价发行和折价发行三种情况。企业债券按其面值出售的,称为面值发行。此外,债券还可能按低于或高于其面值的价格出售,即折价发行和溢价发行。折价发行是指债券以低于其面值的价格发行;而溢价发行则是指债券按高于其面值的价格发行。

按照资产的定价模型来分析,企业债券发行的价格受同期市场利率的影响较大,具体情况如下表:

利率情况	发行价格	溢、折价实质
债券票面利率 = 同期市场利率	平价发行	
债券票面利率 > 同期市场利率	溢价发行	溢价实质是企业为以后各期多付利息而事先得到的补偿,是发行债券企业在债券存续期内对利息费用的调整
债券票面利率 < 同期市场利率	折价发行	折价实质是企业为以后各期少付利息而事先付出的代价,是发行债券企业在债券存续期内对利息费用的调整

三、核算企业发行债券的会计科目——"应付债券"

(1) 定义:核算企业为筹集(长期)资金而发行债券的本金和利息。
(2) 核算内容:贷方登记债券的本金、利息增加及利息调整数;借方登记债券的本金、利息减少及利息调整数;期末贷方余额,反映企业尚未偿还的长期债券摊余成本。
(3) 明细账的设置:设置"面值""应计利息""利息调整"三个明细账户,并按债券类别进行明细核算。如:"应付债券——面值""应付债券——应计利息""应付债券——利息调整"。

四、发行债券的业务节点与账务处理

应付债券属于以摊余成本计量且不属于任何套期关系的一部分的金融负债,其产生的利息费用应按实际利率法摊销计算并计入相关期间损益。

应付债券的主要处理可分为取得时、持有期间和债券到期时三个步骤。

业务节点	账务处理
发行债券时	按实际收到的款项,借记"银行存款"账户,按债券面值贷记"应付债券——面值"账户,实际收到的款项与面值的差额,记入"应付债务——利息调整"明细账户
持有期间	资产负债表日,应按摊余成本和实际利率计算确定债券的利息费用。 对于分期付息、一次还本的债券,应按摊余成本和实际利率计算确定的债券利息费用,借记"在建工程""制造费用""财务费用""研发支出"等科目,按票面利率计算确定的应付未付利息,贷记"应付利息"科目,按其差额,借记或贷记"应付债务——利息调整"科目。 对于一次还本付息的债券,应按摊余成本和实际利率计算确定的债券利息费用,借记"在建工程""制造费用""财务费用""研发支出"等科目,按票面利率计算确定的应付未付利息,贷记"应付债券——应计利息"科目,按其差额,借记或贷记"应付债券——利息调整"科目
到期支付债券本息	债券到期,支付债券本息,按账面价值借记"应付债券——面值、——应计利息""应付利息"等科目,贷记"银行存款"等科目。

> **扩展知识**
>
> 实际利率法是指按照金融资产或金融负债(含一组金融资产或金融负债)的实际利率计算其摊余成本及各期利息收入或利息费用的方法。而摊余成本可以理解为金融资产或金融负债期初余额。企业在资产负债表日确认利息费用时:
> 本期应付(计)利息(即名义利息) = 票面面值 × 票面利率 × 期限
> 本期实际利息费用 = 应付债券摊余价值(期初余额) × 市场利率 × 期限
> 本期利息调整 = 本期应付利息 − 本期实际利息费用
> 应付债券期末摊余成本 = 本期期初摊余成本 − 本期利息调整

任务实施

任务实施一：平价发行债券

宏达公司于2019年1月2日发行三年期、每年付息一次、到期时一次还本、年利率为4%（不计复利）、发行面值总额为40 000 000元的债券，假定债券年利率等于市场实际利率。该债券按面值发行。宏达公司发行债券所筹资金用于补充流动资金。

步骤一：2019年1月2日，收集、整理、审核债券发行协议、银行收款通知、证券交易交割单等单据，对发行债券业务进行账务处理：

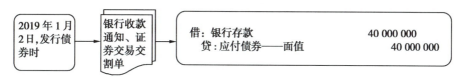

步骤二：2019年12月31日，编制、审核长期债券利息计算表，收集、审核支付利息凭证，对计提、支付利息进行账务处理：

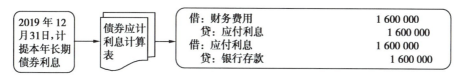

注：2020年年末计提本年长期债券利息账务处理和步骤二方法相同。

步骤三：2021年12月31日，编制、审核长期债券利息计算表，收集、审核偿付利息和本金的凭证，对计提利息、偿还本息进行账务处理：

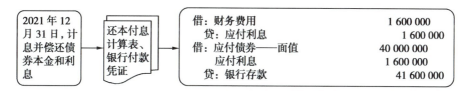

任务实施二：溢价发行债券

A公司于2019年1月2日溢价发行面值为40 000 000元的5年期债券，用于购建大型机械设备一套。债券票面年利率为5%，实际发行价格41 800 000元，每年末计付一次利息，到期一次还本。经计算实际利率为4%。设第一年的利息符合资本化条件，其余年份的利息费用化。

步骤一：2019年1月2日，收集、整理、审核债券发行协议、银行收款通知、证券交易交割单等单据，对发行债券业务进行账务处理：

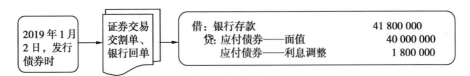

步骤二：2019 年 12 月 31 日，编制、审核应付债券摊余成本计算表，对计提利息进行账务处理：

应付债券摊余成本计算表

年份	期初债券的余额(1)	当年实际利息费用(2)	每年支付利息(3)	当年利息费用调整(3)-(2)	期末债券摊余成本(4)=(1)+(2)-(3)
2019	41 800 000	1 672 000	2 000 000	328 000	41 472 000
2020	41 472 000	1 658 880	2 000 000	341 120	41 130 880
2021	41 130 880	1 645 235	2 000 000	354 765	40 776 115
2022	40 776 115	1 631 045	2 000 000	368 955	40 407 160
2023	40 407 160	1 592 840	2 000 000	407 160	40 000 000

注：最后一期的实际利息费用已做尾数调整。

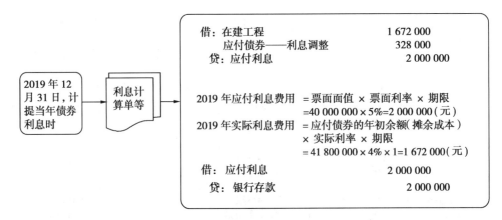

步骤三：2020 年 12 月 31 日，编制、审核应付债券摊余成本计算表，对计提利息进行账务处理：

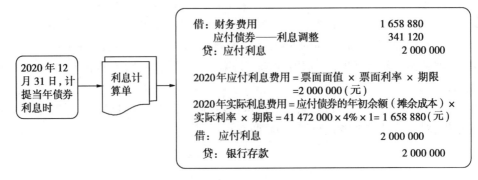

步骤四：2021 年 12 月 31 日，编制、审核应付债券摊余成本计算表，对计提利息进行账

务处理：

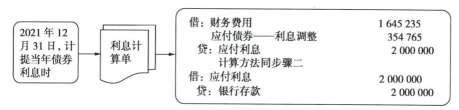

步骤五：2022 年 12 月 31 日，编制、审核应付债券摊余成本计算表，对计提利息进行账务处理：

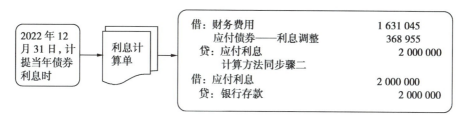

步骤六：2023 年 12 月 31 日，编制、审核应付债券摊余成本计算表，对计提利息进行账务处理：

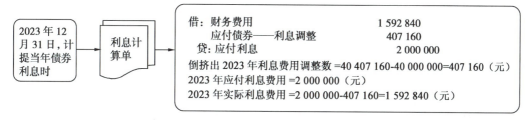

步骤七：收集、整理、审核银行支付凭证，对偿还本息业务进行账务处理：

任务实施三：折价发行债券

B 公司于 2018 年 1 月 2 日折价发行面值为 1 000 000 元的 3 年期债券，用于生产经营周转用途。债券票面年利率为 8%，实际发行价格 970 000 元，发行当日市场利率（实际利率）为 9.2%，每年末支付一次利息，到期一次还本。

步骤一：2018 年 1 月 2 日，收集、整理、审核债券发行协议、银行收款通知、证券交易交割单等单据，对发行债券业务进行账务处理：

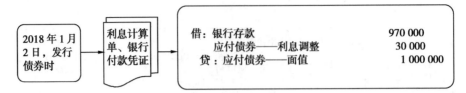

步骤二：2018年12月31日，编制、审核应付债券摊余成本计算表，收集、审核利息支付凭证，对计提利息、支付利息进行账务处理：

应付债券摊余成本计算表

年份	期初债券的余额(1)	当年实际利息费用(2)	每年支付利息(3)	当年利息费用调整(3)-(2)	期末债券摊余成本(4)=(1)+(2)-(3)
2018	970 000	89 240	80 000	-9 240	979 240
2019	979 240	90 090	80 000	-10 090	989 330
2020	989 330	90 670	80 000	-10 670	1 000 000

注：实际利息费用＝期初债券的余额×实际利率（r＝4%）。最后一期的实际利息费用已做尾数调整。

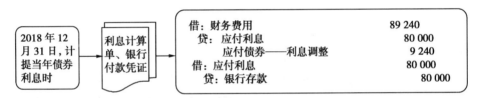

步骤三：2019年12月31日，编制、审核应付债券摊余成本计算表，收集、审核利息支付凭证，对计提利息、支付利息进行账务处理：

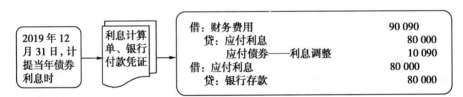

步骤四：编制、审核应付债券摊余成本计算表，收集、审核利息支付凭证，对计提利息、支付利息进行账务处理：

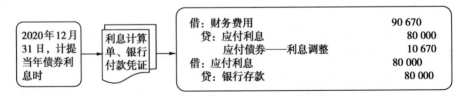

步骤五：收集、审核偿还本金的支付凭证，对偿还本金业务进行账务处理：

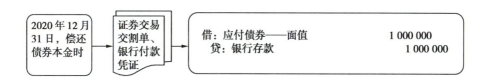

任务三　核算长期应付款

☞ 任务导入

在长期借款和应付债券以外,部分企业的非流动负债中可能还会存在长期应付款,会计人员也应对此有所了解。

一、长期应付款认知

企业除了通过借款和发行中长期债券取得货币资金购建长期资产外,还可以采用补偿贸易方式引进国外设备或融资租入固定资产。补偿贸易方式引进国外设备和融资租入固定资产,一般情况下,是资产使用在前,款项支付在后。如补偿贸易方式引进设备时,企业可先取得设备,设备投产后,用其生产的产品偿还设备价款。因此,补偿贸易引进国外设备和融资租入固定资产,在尚未偿还价款或尚未支付租金前,形成企业的一项长期负债。

长期应付款是指除了长期借款和应付债券以外的其他长期应付款项。主要有应付补偿贸易引进设备款和应付融资租入固定资产租赁费等。

二、长期应付款的会计核算

补偿贸易是指企业从国外引进设备,再用该设备生产的产品归还设备价款。企业按照补偿贸易方式引进设备时,应按设备、工具、零配件等的价款以及国外运杂费的外币金额和规定的汇率折合为人民币记账,借记"在建工程""原材料"等科目,贷记"长期应付款——应付补偿贸易引进设备款"科目。

企业用人民币借款支付进口关税、国内运杂费和安装费时,借记"在建工程""原材料"等科目,贷记"银行存款""长期应付款"等科目。

以补偿贸易方式引进的国外设备交付验收使用时,应将其全部账面价值,借记"固定资产"科目,贷记"在建工程"科目。

归还引进设备款时,借记"长期应付款——应付补偿贸易引进设备款"科目,贷记"银行存款""应收账款"等科目。

企业长期应付款所发生的借款费用(包括利息、汇兑损益等),比照长期借款费用方法处理。

【企业案例研究】

特殊时期，特别国债，特有意义
——2020年抗疫特别国债介绍

2020年抗疫特别国债是为应对新冠肺炎疫情影响，由中央财政统一发行的特殊国债，不计入财政赤字，纳入国债余额限额，全部转给地方主要用于有一定资产收益保障的公共卫生等基础设施建设和抗疫相关支出，包括支持小微企业发展、财政贴息、减免租金补贴等。

2020年3月27日，中央政治局会议明确发行特别国债。6月15日财政部发布通知明确，为筹集财政资金，统筹推进疫情防控和经济社会发展，决定发行2020年抗疫特别国债。预计发行总计1万亿元，从6月中旬开始发行，7月底前发行完毕。

6月15日，财政部发布通知，决定发行2020年抗疫特别国债（一期）和2020年抗疫特别国债（二期）；6月16日决定发行2020年抗疫特别国债（三期）；7月3日决定发行2020年抗疫特别国债（四期）。2020年6月18日，财政部采取市场化方式，公开招标发行首批1 000亿元抗疫特别国债。

截至2020年7月30日，2020年抗疫特别国债实现发行总额1万亿元。

思考： 中国政府在特殊时期发行特别国债，对中国经济社会稳定大局有什么特殊意义？除了发行特别国债外，中国政府还出台了哪些政策措施来保就业、保民生、保市场主体？作为新时代的大学生，同学们应该怎样为祖国发展贡献力量？

行业发展动态——
解读企业融资渠道

职业能力提升——
应对融资风险的措施

项目十一

记录投入资本、核算留存收益

 学习目标

能力目标
- 能说出所有者权益的概念及其构成；
- 能描述资本公积的内容及其产生原因；
- 能说出留存收益的内容及其来源渠道和用途；
- 能进行企业投入资本、资本公积、盈余公积等业务流程每一环节的账务处理。

素养目标
- 关注股东利益，增强责任意识；
- 遵守利润分配制度，提升盈余管理能力；
- 增加财务把控能力，提高创业成功机率。

岗位职责——企业价值管理

会计文化——古代诗词中的会计

所有者权益是指企业资产扣除负债后由所有者享有的剩余权益。公司的所有者权益又称为股东权益。所有者权益是所有者对企业资产的剩余索取权，它是企业资产中扣除债权人权益后应由所有者享有的部分。

所有者权益的来源包括所有者投入的资本、直接计入所有者权益的利得和损失、留存收益等，通常由实收资本(或股本)、资本公积(含资本溢价或股本溢价、其他资本公积)、其他综合收益、盈余公积和未分配利润构成。

所有者投入的资本是指所有者投入企业的资本部分，它既包括构成企业注册资本或者股本部分的金额，也包括投入资本超过注册资本或者股本部分的金额，即资本溢价或者股本溢价。

直接计入所有者权益的利得和损失(其他综合收益)，是指不应计入当期损益、会导致所有者权益发生增减变动、与所有者投入资本或者向所有者分配利润无关的利得或者损失。

主要包括其他权益工具的公允价值变动额、现金流量套期中套期工具公允价值变动额(有效套期部分)等。

留存收益是企业历年实现的净利润留存于企业的部分,主要包括累计计提的盈余公积和未分配利润。

$$
\text{所有者权益}\begin{cases}\text{所有者投入}\begin{cases}\text{实收资本:注册资本或股本}\\\text{资本公积:资本溢价或者股本溢价和其他资本公积}\end{cases}\\\text{其他综合收益}\\\text{留存收益}\begin{cases}\text{盈余公积:法定盈余公积、任意盈余公积}\\\text{未分配利润}\end{cases}\end{cases}
$$

所有者权益的特征可以概括为:(1)所有者权益是剩余权益,对资产的要求权不具有优先权,即企业的资产必须在保证企业所有的债务得以清偿后,才归所有者享有。(2)所有者权益具有参与企业经营管理、重大决策和利润分配的权利。(3)所有者权益的收益具有不确定性。(4)所有者权益的收回无时间性。一般而言,它是一项永久性投资。所有者的资产一经投入,除非发生减资、清算,否则企业不需偿还所有者权益。(5)所有者权益金额取决于资产和负债的计量。

任务一 核算实收资本和资本公积

☞ 任务导入

刘永手中有一笔100万元闲置资金,他决定用这笔资金成立一家公司——江苏永庆公司。两年后,江苏永庆公司业务蒸蒸日上,被投资人王星看中,决定注资50万元。作为永庆公司的会计,如何处理投资者投入企业的资金?企业的组织形式不同,所有者权益的含义及会计处理也就不同。会计人员应知悉企业的组织形式、资本金制度等知识,掌握在不同企业组织形式下对所有者权益的核算。

知识准备

✱ 一、企业组织形式的认知

企业按组织形式划分,分为独资、合伙和公司三种形式;企业按所有制划分,可分为国有企业、集体所有制企业、私营企业、股份制企业和中外合资企业。企业所有者对企业拥有的权利和承担的义务,并不是由所有制性质决定的,而是由企业的组织形式所决定的,企业的组织形式不同,所有者权益的含义及会计处理也就不同。

(一)独资企业

独资企业是指所有者权益属于唯一的一个所有者,即所有者权益为业主一人所独有。西方国家的独资企业一般是个人独资,具有规模小、资金少且与企业所有者个人财产不易划分、业主对企业债务负无限清偿责任等特点。从法律方面讲，独资企业不是"法人"，企业拥有的财产和承担的债务，视为业主的财产和债务，企业的所有者权益是以业主权益形式出现的，其业务活动视为业主的行为。但在会计核算上，独资企业则是作为一个会计主体，予以单独处理。

（二）合伙企业

合伙企业是指由两个或两个以上出资者订立合伙契约，共同出资经营的企业。合伙企业一般本着自愿组合的原则，订立契约文书，出资数额可以不等，共同经营一个企业，所有者权益属于合伙人共有，利润按出资多少或契约规定分配。合伙企业的每个合伙人对企业所欠债务都负有无限连带责任。

（三）公司企业

公司是依法成立的以营利为目的的企业法人，公司是现代社会主要的、典型的企业组织形式。公司是社会化大生产的产物，它是在独资企业、合伙企业的基础上发展起来的，它可以筹集大量的社会闲散资金，扩大企业生产经营规模，增强市场竞争能力。公司有多种分类方法，其中最主要的分类方法是按股东法律上的责任分为有限责任公司、股份有限公司、无限责任公司和混合公司等四种。在我国《公司法》中规定：公司包括有限责任公司和股份有限公司两种。

1. 有限责任公司

它是指由两个或两个以上股东共同出资，每个股东以其所认缴的出资额对公司承担有限责任，公司以其全部资产为限对其债务承担责任的企业法人。有限责任公司的股东人数有限制，一般为50人以下，即允许设立一人有限责任公司。股东只负有限责任，即股东对企业承担其出资额为限的责任。公司股东的出资额不能随意转让，如需转让，需经股东大会或董事会讨论同意。公司的全部资本可不划分为等额股份，不发行股票。

即学即思 独资企业与一人有限责任公司的不同之处有哪些？

2. 股份有限公司

它是指全部资本由等额股份构成，并通过发行股票或股权转让的方法筹集资本，股东以其认购的股份对公司承担责任，公司以全部资本为限对公司债务承担责任的企业法人。股份公司全部资本划分为等额股份，通过发行股票或股权证来筹集资本，公司的股份可以自由转让，而不受股东大会或董事会的限制。股东对公司负债只负有限责任，股份公司一旦破产、倒闭，股东最多损失原来认购的股份，对公司债务不负有连带责任。

注册这种类型的公司"纳税最少"

二、资本金制度的认知

资本金是企业在工商行政管理部门登记的注册资金（资本）。有限公司的注册资本为在公司登记机关的全体股东认缴的出资额。股份有限公司采取发起设立方式设立的，注册资本为在公司登记机关登记的全体发起人认购的股本总额，股份有限公司采取募集方式设立的，注册资本为在公司登记机关登记的实收股本总额。

(一) 注册资本

注册资本是企业全体股东认缴出资的总额。新修订的《公司法》及相关条例,不再规定各类企业的注册资本最低限额,只是规定"法律、行政法规以及国务院对有限公司注册资本实缴,注册资本最低限额另有规定的,从其规定"。股份有限公司也是如此。"注册资本"的登记管理已经从"实缴登记制"调整为"认缴登记制",也就是说注册资本的实缴已经没有期限承诺限制,没有认缴最低额,也不再需要验资报告。但需要注意的是,《公司法》不规定实缴时间,不代表可以不实缴。未实缴期间不代表不承担相应责任。

(二) 筹集资本期限的规定

新《公司法》规定,有限责任公司的股东应当按期足额缴纳公司章程中规定的各自所认缴的出资额,以发起方式设立股份有限公司的,发起人应当书面认足公司章程规定其认购的股份,并按公司章程规定缴纳出资。

(三) 投资者出资的形式

《公司法》规定:股东可以用货币出资,也可以用实物、知识产权、土地使用权等以货币估价出资,并可以以依法转让的非货币财产作价出资;但是,法律、行政法规规定不得作为出资的财产除外。企业应当对作为出资的非货币财产评估作价,核实财产,不得高估或低估作价。法律、行政法规对评估作价有规定的,从其规定。

股东以货币出资的,应当将货币出资足额存入有限责任公司在银行开设的账户;以非货币财产出资的,应当依法办理其财产权的转移手续。

股东不按照前款规定缴纳出资的,除应当向公司足额缴纳外,还应当对已按期足额缴纳出资的股东承担违约责任。

(四) 出资证明书与股东名册

1. 有限责任公司成立后,应当向股东签发出资证明书并由公司盖章

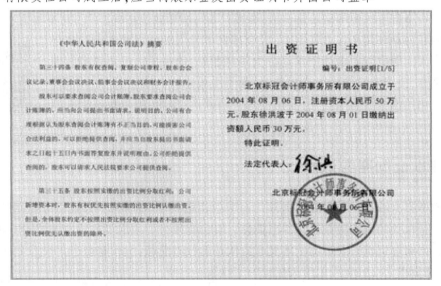

出资证明书应当载明下列事项：
(1) 公司名称；(2) 公司成立日期；(3) 公司注册资本；(4) 股东的姓名或者名称、缴纳的出资额和出资日期；(5) 出资证明书的编号和核发日期。

2. 有限责任公司应当置备股东名册

股东名册记载下列事项：
(1) 股东的姓名或者名称及住所；(2) 股东的出资额；(3) 出资证明书编号。

记载于股东名册的股东，可以依股东名册主张行使股东权利。

即学即思 辨析：注册资本、实收资本的概念及二者的关系。

注册资本：即资本金，是企业在工商行政管理部门登记的资金(资本金)，可以理解为全体股东认缴的出资额。

实收资本：实收资本是指企业按照章程规定或合同、协议约定，实际收到投资者投入企业的资本。实收资本的构成比例或股东的股份比例，是确定所有者在企业所有者权益中份额的基础，也是企业进行利润或股利分配的主要依据。

注册资本≥实收资本

注册资本"认缴制"下的大坑

三、核算投入资本的会计科目

为了反映和监督投资者投入资本的增减变动情况，企业必须按照国家统一的会计制度规定进行实收资本的核算，真实地反映所有者投入企业资本的状况，维护所有者各方在企业的权益。除股份有限公司以外，其他各类企业应通过"实收资本"与"资本公积"科目核算，股份有限公司应通过"股本"与"资本公积"科目核算。

实收资本(微课)

（一）"实收资本（或股本）"科目

(1) 定义：用来核算企业按照公司章程的规定，投资人投入企业的法定资本。

(2) 核算内容：贷方登记企业收到投资人投入的资本；借方登记依法减少的资本数；期末余额在贷方，表示企业实有的资本或股本。

(3) 明细账设置：按投资者设置明细账进行明细核算。

（二）"资本公积"科目

(1) 定义：核算企业收到投资者出资额超出其在注册资本或股本中所占份额的部分。因被投资单位除净损益、其他综合收益和利润分配以外的所有者权益的其他变动，应按持股比例计算其应享有的或应分担的被投资单位所有者权益的增减数额，也通过本科目核算。

(2) 核算内容：贷方登记企业资本公积增加数；借方登记企业资本公积减少数；期末余额在贷方，表示企业实有的资本公积。

(3) 明细账设置：分别"资本溢价(股本溢价)""其他资本公积"进行明细核算。

四、投入资本的业务节点与账务处理

(一) 有限责任公司的业务节点与账务处理

业务节点	账务处理
公司创建时	有限责任公司接受现金资产投资,在核定的注册资本总额的范围内按实际收到现金资产时借记"银行存款",贷记"实收资本"
	有限责任公司接受投资者作价投入的房屋、建筑物、机器设备等固定资产,应按投资合同或协议约定价值确定固定资产价值(但投资合同或协议约定价值不公允的除外)和在注册资本中应享有的份额。借记"固定资产""应交税费——应交增值税",贷记"实收资本"
	有限责任公司接受投资者作价投入的材料物资,应按投资合同或协议约定价值确定材料物资价值(但投资合同或协议约定价值不公允的除外)和在注册资本中应享有的份额。借记"原材料""应交税费——应交增值税",贷记"实收资本"
	有限责任公司收到以无形资产方式投入的资本,应按投资合同或协议约定价值确定无形资产价值(但投资合同或协议约定价值不公允的除外)和在注册资本中应享有的份额。借记"无形资产""应交税费——应交增值税",贷记"实收资本"
公司创建以后	有限责任公司创建以后,在经营期间,收到新的投资者投入的资本时,按确定的金额借记"银行存款""固定资产""原材料""应交税费——应交增值税"等,按新投资者在注册资本中所占的份额贷记"实收资本",超过的部分,贷记"资本公积"
资本公积、盈余公积转增资本	资本公积转增资本时,借记"资本公积",贷记"实收资本"; 盈余公积转增资本时,借记"盈余公积",贷记"实收资本"
实收资本的减少	有限责任公司按法定程序报经批准后减少实收资本,借记"实收资本",贷记"银行存款"等

小知识 企业增资扩股时,新介入的投资者缴纳的出资额如大于其按约定比例计算的注册资本的部分,不记入"实收资本",而记入"资本公积"科目。这是因为:第一,在企业正常经营过程中投入的资金即使与企业创立时投入的资金数量一致,但其获利能力却不一致。因为不同阶段的风险和资本利润率是不同的,企业创办者为了经营阶段能获得较高的利润率付出了许多代价,创办者的权利理应大于新投资者的权利,所以新加入的投资者要付出大于原有投资者的出资额,才能得到相同的投资比例。第二,在新投资者加入之前,企业内部累积的留存收益应属于创办者所有,新投资者如想在加入之后与原投资者共享这部分留存收益,也必须付出大于原投资者的出资额,才能取得与原投资额相同的投资比例。所以,企业对新投资者投入资本应按其在注册资本中所占份额部分,记入"实收资本"科目,超过部分记入"资本公积"科目。

（二）股份有限公司的业务节点与账务处理

业务节点	账务处理
按面值发行	股份有限公司经有关部门核准，在核定的股本总额及核定的股份总额的范围内发行股票时，按实际收到的金额，借记"库存现金""银行存款"等科目，按股票面值和核定的股份总额的乘积计算的金额，贷记"股本"科目。发行股票相关的手续费、佣金等交易费用，冲减盈余公积和未分配利润
溢价发行	对于股份有限公司溢价发行股票，按实际收到的金额，借记"库存现金""银行存款"等科目，按股票面值和核定的股份总额的乘积计算的金额，贷记"股本"科目，按其差额贷记"资本公积（股本溢价）"科目，发行股票相关的手续费、佣金等交易费用直接抵减股本溢价
收到作价入股的有形资产、无形资产	企业接受投资者作价投入的房屋、建筑物、机器设备、原材料等实物资产和无形资产时，应按投资合同或协议约定价值确定固定资产价值（但投资合同或协议约定价值不公允的除外）和在股本中应享有的份额，借记"固定资产""原材料""应交税费——应交增值税""无形资产"，贷记"股本"，按其差额贷记"资本公积（股本溢价）"
资本公积、盈余公积转增资本	资本公积转增资本时，借记"资本公积"，贷记"股本"；盈余公积转增资本时，借记"盈余公积"，贷记"股本"
实收资本的减少	按法定程序报经批准后，股份有限公司采用收购本公司股票方式减资的，按股票面值和注销股数计算的股票面值总额冲减股本，按注销库存股的账面余额与所冲减股本的差额冲减股本溢价，股本溢价不足冲减的，再冲减盈余公积直至未分配利润。若购回股票支付的价款低于面值总额的，以所注销库存股的账面余额与所冲减股本的差额作为增加股本溢价处理。 （1）回购本公司股票时，借记"库存股"，贷记"银行存款"； （2）注销公司股票时，借记"股本""资本公积""盈余公积"，贷记"库存股"

小知识 股份有限公司发行股票相关的手续费、佣金等交易费用，应从溢价中抵扣，冲减资本公积（股本溢价）；溢价不足抵扣的，冲减盈余公积和未分配利润。

资本公积（微课）

（三）资本公积的业务节点与账务处理

业务节点	账务处理
资本溢价	除股份有限公司外的其他类型的企业，在企业创立时，投资者认缴的出资额与注册资本一致，一般不会产生资本溢价；但在企业重组或有新的投资者加入时，常常会出现资本溢价，应借记"银行存款"，贷记"实收资本""资本公积——资本溢价"

续表

业务节点	账务处理
股本溢价	在溢价发行股票的情况下,企业发行股票取得的收入,等于股票面值部分作为股本处理,超出股票面值的溢价收入应作为股本溢价处理。借记"银行存款",贷记"股本""资本公积——股本溢价"。 发行股票相关的手续费、佣金等交易费用,如果是溢价发行股票的,应从溢价中抵扣,冲减资本公积(股本溢价);无溢价发行股票或溢价金额不足以抵扣的,应将不足抵扣的部分冲减盈余公积和未分配利润
其他资本公积	企业对某被投资单位的长期股权投资采用权益法核算时,对因被投资单位除净损益、其他综合收益和利润分配以外的所有者权益的其他变动,如果是利得,则应按持股比例计算其应享有被投资企业所有者权益的增加数额,借记"长期股权投资",贷记"资本公积——其他资本公积";如果是损失,则做相反的分录。在处置长期股权投资时,应转销与该笔投资相关的其他资本公积
资本公积转增资本	经股东大会或类似机构决议,用资本公积转增资本时,应冲减资本公积,同时按照转增前的实收资本(或股本)的结构或比例,将转增的金额记入"实收资本"(或"股本")科目下各所有者的明细分类账

任务实施

任务实施一：有限责任公司创建时收到投资

假设 2020 年 1 月 2 日甲、乙共同投资设立江苏省环宇有限责任公司,注册资本为 2 000 000 元,甲、乙持股比例分别为 60% 和 40%。甲、乙投入资本分别为 1 200 000 元、800 000 元(其中银行存款 574 000 元,固定资产含税价 226 000 元,增值税税率 13%)。

步骤一：2020 年 1 月 2 日,收集、整理、审核投资协议、银行进账单、验资报告等凭证,对收到甲投资人的投资进行账务处理：

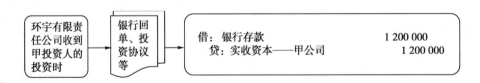

```
借：银行存款              1 200 000
    贷：实收资本——甲公司          1 200 000
```

步骤二：2020 年 1 月 2 日,收集、整理、审核投资协议、银行进账单、固定资产移交单、验资报告等凭证,对收到乙投资人的投资进行账务处理：

```
借：银行存款                            574 000
    固定资产                            200 000
    应交税费——应交增值税(进项税额)      26 000
    贷：实收资本——乙公司                        800 000
```

任务实施二：有限责任公司创建后，经营期间收到新投资人投资

江苏环宇公司原来由甲、乙两个所有者投资组成，注册资本 2 000 000 元，经营一年后，2021 年有另一投资者（丙企业）加入，经协商环宇公司将注册资本增加到 2 500 000 元，该投资者缴入 700 000 元，拥有该企业 20% 的股份。

步骤一：计算应计入实收资本的金额：2 500 000 × 20% = 500 000（元）

应作为资本溢价计入资本公积的金额：200 000（元）

步骤二：收集、整理、审核投资协议、银行进账单、验资报告等凭证，对收到丙投资人的投资进行账务处理：

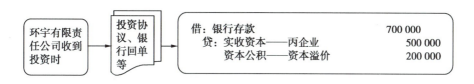

任务实施三：股份有限公司发行股票

假设江苏环宇公司为股份有限公司，2019 年 1 月 2 日按面值发行股票 30 000 000 股，发行费用 1 500 000 元，则环宇公司实际收到的现金资产为 28 500 000 元。一年后，经批准，江苏环宇公司增发股票 30 000 000 股，面值 1 元/股，发行价 5 元/股，发行费用 200 万元，则环宇公司实际收到现金资产 148 000 000 元。

步骤一：2019 年 1 月 2 日，收集、整理、审核银行回单、股东名册、发行费用的发票等单据，对按面值发行股票的业务进行账务处理：

步骤二：2020 年 1 月 2 日，收集、整理、审核银行回单、股东名册、发行费用的发票等单据，对按溢价发行股票的业务进行账务处理：

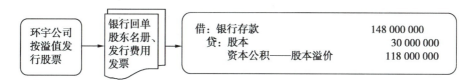

☞ **扩展知识**

设新锐公司2019年12月31日的股本为100 000 000股，面值为1元，资本公积(股本溢价)30 000 000元，盈余公积40 000 000元。经股东大会批准，新锐公司以现金回购本公司股票20 000 000股并注销。假定新锐公司按每股2元回购股本，不考虑其他因素。

步骤一：假定新锐公司按每股2元回购股本，不考虑其他因素进行账务处理：

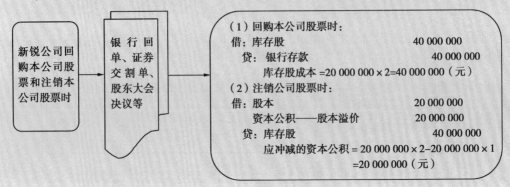

```
（1）回购本公司股票时：
  借：库存股                          40 000 000
    贷：银行存款                      40 000 000
      库存股成本=20 000 000×2=40 000 000（元）
（2）注销公司股票时：
  借：股本                            20 000 000
    资本公积——股本溢价              20 000 000
    贷：库存股                        40 000 000
      应冲减的资本公积=20 000 000×2-20 000 000×1
                   =20 000 000（元）
```

步骤二：假定新锐公司按每股0.9元回购股本，其他条件不变，进行账务处理：

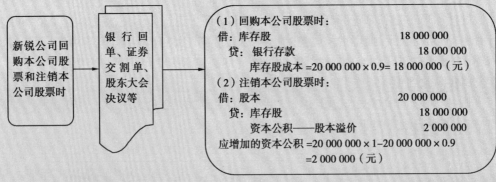

```
（1）回购本公司股票时：
  借：库存股                          18 000 000
    贷：银行存款                      18 000 000
      库存股成本=20 000 000×0.9=18 000 000（元）
（2）注销本公司股票时：
  借：股本                            20 000 000
    贷：库存股                        18 000 000
      资本公积——股本溢价             2 000 000
    应增加的资本公积=20 000 000×1-20 000 000×0.9
                 =2 000 000（元）
```

步骤三：假定新锐公司按每股3元回购股票，其他条件不变，进行账务处理：

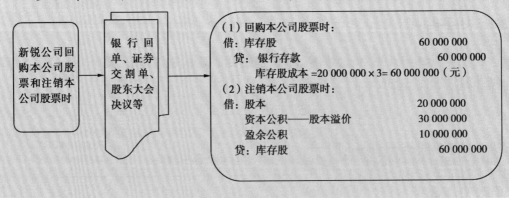

```
（1）回购本公司股票时：
  借：库存股                          60 000 000
    贷：银行存款                      60 000 000
      库存股成本=20 000 000×3=60 000 000（元）
（2）注销本公司股票时：
  借：股本                            20 000 000
    资本公积——股本溢价              30 000 000
    盈余公积                          10 000 000
    贷：库存股                        60 000 000
```

任务二 核算留存收益

> **任务导入**
>
> 江苏永庆公司第三年盈利 50 万元,按照会计制度规定计提 5 万元法定盈余公积,还有 45 万元净利润,拿出一半按比例给股东分红,剩下的留在企业。这一事件中的盈余公积、未分配利润就属于留存收益。留存收益来源于小企业在生产经营活动中所实现的净利润。小企业的留存收益主要包括哪些?有哪些用途?应设置哪些账户?应如何进行会计核算?这些是会计人员必备的知识。

知识准备

一、留存收益的认知

留存收益(微课)

留存收益是指企业从历年实现的利润中提取或形成的留存于企业的内部积累。留存收益来源于企业在生产经营活动中所实现的净利润。它与实收资本和资本公积的区别在于,实收资本和资本公积主要来源于企业的资本投入,而留存收益则来源于企业的资本增值。留存收益主要包括盈余公积和未分配利润。

(一)盈余公积的组成及其用途

盈余公积是指企业按照有关规定从净利润中提取的企业积累资金。公司制企业的盈余公积主要包括:

(1)法定盈余公积。它是指企业按照规定的比例从净利润中提取的盈余公积。例如,根据我国公司法的规定,有限责任公司和股份有限公司应按照净利润的 10% 提取法定盈余公积,计提的法定盈余公积累计达到注册资本的 50% 时,可以不再提取。对于非公司制企业而言,也可以按照超过净利润 10% 的比例提取。

(2)任意盈余公积。它是指企业经股东大会或类似机构批准按照规定的比例从净利润中提取的盈余公积。它与法定盈余公积的区别在于其提取比例由企业自行决定,而法定盈余公积的提取比例由国家有关法规决定。

企业提取的盈余公积主要有以下几个方面的用途:

(1)弥补亏损。根据企业会计制度和有关法规的规定,企业发生的亏损,可以用发生亏损后五年内实现的税前利润来弥补,当发生的亏损在五年内仍不足弥补的,应使用随后所实现的税后利润弥补。通常,当企业发生的亏损在所得税后利润仍不足弥补的,可以用所提取的盈余公积来加以弥补,但是,用盈余公积弥补亏损应当由董事会提议,股东大会批准,或者由类似的机构批准。

(2)转增资本(股本)。当企业提取的盈余公积累计比较多时,可以将盈余公积转增资本(股本),但是必须经股东大会或类似机构批准,而且用盈余公积转增资本(股本)后留存的盈余公积不得少于注册资本的25%。

(3) 发放现金股利或利润。在特殊情况下,当企业累积的盈余公积比较多,而未分配利润比较少时,为了维护企业形象,给投资者以合理的回报,对于符合规定条件的企业,也可以用盈余公积分派现金利润或股利。因为盈余公积从本质上讲是由收益形成的,属于资本增值部分。

小知识 按照《公司法》有关规定,公司制企业应当按照净利润(减弥补以前年度亏损,下同)的10%提取法定盈余公积。非公司制企业法定盈余公积的提取比例可超过净利润的10%。法定盈余公积累计额已达注册资本的50%时可以不再提取。

(二) 未分配利润的形成和用途

未分配利润是企业实现的净利润经过弥补亏损、提取盈余公积和向投资者分配利润后留存在企业的、历年结存的利润。未分配利润通常用于留待以后年度向投资者进行分配。

小知识 未分配利润是经过弥补亏损、提取法定盈余公积、提取任意盈余公积和向投资者分配利润等利润分配之后剩余的利润,它是企业留待以后年度进行分配的历年结存的利润。相对于所有者权益来说,企业对于未分配利润的使用有较大的自主权。

二、核算留存收益应设置的会计科目

(一) "利润分配"科目

(1) 定义:核算企业利润的分配(或亏损的弥补)和历年分配(或弥补)后的余额。

(2) 核算内容:借方登记按规定实际分配的利润数,或年终时从"本年利润"账户的贷方转来的当年亏损总额;贷方登记年终时从"本年利润"账户借方转来的当年实现的净利润总额;年终贷方余额表示历年积存的未分配利润,如为借方余额,则表示历年积存的未弥补亏损。

(3) 明细账的设置:分别"提取法定盈余公积""提取任意盈余公积""应付现金股利或利润""转作股本的股利""盈余公积补亏"和"未分配利润"等进行明细核算。

(二) "盈余公积"账户

(1) 定义:核算企业从净利润中提取的盈余公积。

(2) 核算内容:贷方登记提取的盈余公积;借方登记用于转增资本(股本)、弥补亏损、发放现金股利等减少的盈余公积;期末余额在贷方,反映盈余公积的结存数。

(3) 明细账的设置:分别"法定盈余公积""任意盈余公积"等进行明细核算。

三、留存收益的业务节点与账务处理

(一) 盈余公积的业务节点与账务处理

业务节点	账务处理
提取盈余公积	借记"利润分配——提取法定盈余公积、——提取任意盈余公积"科目,贷记"盈余公积"科目
盈余公积补亏	借记"盈余公积"科目,贷记"利润分配——盈余公积补亏"科目
盈余公积转增资本	借记"盈余公积"科目,贷记"实收资本"科目,如果两者之间有差额,应贷记"资本公积——资本溢价"科目
用盈余公积发放现金股利或利润	借记"盈余公积"科目,贷记"应付股利"科目

(二) 未分配利润的业务节点与账务处理

业务节点	账务处理
年度终了,企业结转全年实现的净利润	借记"本年利润"科目,贷记"利润分配——未分配利润"科目
如发生净亏损时	借记"利润分配——未分配利润"科目,贷记"本年利润"科目
提取盈余公积	借记"利润分配——提取法定盈余公积、——提取任意盈余公积"科目,贷记"盈余公积"科目
向投资者分配利润	若公司为股份制公司或有限责任公司,分别借记"利润分配——应付现金股利、——应付利润"科目,分别贷记"应付股利""应付利润"科目
"利润分配"科目所属明细科目之间结转	借记"利润分配——未分配利润"科目,贷记"利润分配——提取法定盈余公积、——提取任意盈余公积、——应付现金股利、——应付利润"科目。结转后,"利润分配——未分配利润"明细账户若为贷方余额,表示累计未分配利润;若为借方余额,表示累计未弥补的亏损

任务实施

任务实施一:年度终了,企业结转全年实现的净利润,并进行利润分配

江苏环宇公司 2019 年实现净利润 1 000 000 元,公司决定:按规定计提法定公积金 100 000 元,任意公积金 50 000 元,发放现金股利 70 000 元。

步骤一:编制净利润计算表,对净利润结转至"利润分配——未分配利润"进行账务处理:

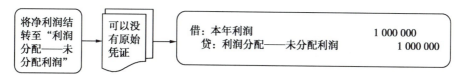

步骤二：收集、整理、审核公司利润分配决议，对计提法定盈余公积、任意盈余公积决议进行账务处理：

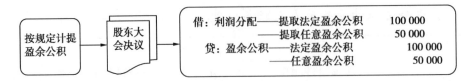

步骤三：收集、整理、审核公司利润分配决议，对向投资者分配现金股利决议进行账务处理：

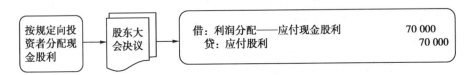

步骤四：年末将"利润分配"账户的明细账结平，进行账务处理：

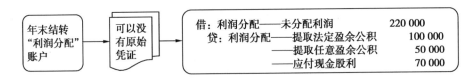

任务实施二：用盈余公积转增资本

江苏环宇公司经股东大会决议，用盈余公积转增资本 300 000 元。

收集、整理、审核公司盈余公积转增资本决议并进行账务处理：

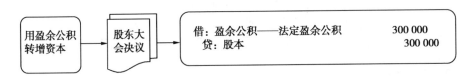

任务实施三：用盈余公积补亏

经股东大会批准，江苏永庆公司用以前年度提取的盈余公积弥补当年亏损，当年弥补亏损的数额为 800 000 元。

收集、整理、审核公司盈余公积弥补当年亏损的决议并进行账务处理：

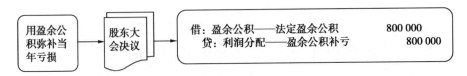

年末将"利润分配"账户的明细账结平，进行账务处理：

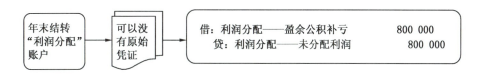

在期末编制资产负债表时,应根据"未分配利润"明细账户余额单独列示,如果属年度内各月月末,未分配利润项目应根据"本年利润"账户和"利润分配"账户的余额计算填列,如累计到年末,未分配利润项目应根据"未分配利润"明细账户的年末余额填列。未弥补的亏损,在本项目内以"-"号反映。

即学即思 某企业年初未分配利润贷方余额为200万元,本年实现净利润1 000万元,按净利润的10%提取法定盈余公积,提取任意盈余公积50万元,该企业年末可供分配利润为( )万元。

> **扩展知识**
>
> 对于股票股利,企业进行的账务处理为:对于被投资企业而言,应在股东大会批准实际发放股票股利时,才进行相关的账务处理,借记"利润分配——转作股本的股利"等,贷记"股本";对于投资企业而言,实际收到的股票股利不作账务处理,但应在备查账簿中登记所增加的股份。

> **相关链接**
>
> **小企业老板和大企业经营者**
>
> 小企业更多依赖于人,大公司更侧重于制度和流程;
>
> 小企业老板经营讲究刀起见血,大公司经营者强调稳步长远发展;
>
> 小企业老板喜欢能天马行空、无中生有的孙悟空,大企业经营者喜欢执着、踏实的许三多;
>
> 小企业老板自己也必须多少能够天马行空、无中生有,大企业经营者自己也需要执着、踏实;
>
> 小企业老板可以没有念过MBA,但必须有自己的独门武器,大企业经营者需要具备相当雄厚和丰富的学识;
>
> 小企业老板个人能力让企业生或者死,大企业发展的好坏决定着大企业经营者的生或死;
>
> 小企业老板从实践中总结经验,大企业经营者以理论指导实践;
>
> ……
>
> 小企业老板是企业所有人,是老板,大企业经营者则是职业经理人!

任务三　其他综合收益

任务导入

会计专业的小王同学在江苏环宇公司实习,临近年末结账,实习指导教师让小王同学整理公司持有的金融资产在2017年年末的公允价值。江苏环宇公司持有的金融资产有:交易性金融资产——江苏恒瑞60 000股,成本192万元;其他权益工具投资——徐工集团50 000股,成本142.5万元。小王同学通过股票交易系统查询得知,江苏恒瑞(600276)2017年12月29日(2017年最后一个交易日)的收盘价为68.98元,市值达413.88万元,账面浮盈221.88万元;徐工集团(000425)2017年12月29日(2017年最后一个交易日)的收盘价为4.63元,市值达231.5万元,账面浮盈89万元。小王在感叹公司投资收益多多之余,想到,对于这些账面浮盈的金额要不要进行会计核算?应如何进行会计核算?

知识准备

一、认知其他综合收益

其他综合收益,是指企业根据《企业会计准则》规定未在损益中确认的各项利得和损失。包括以后会计期间不能重分类进损益的其他综合收益和以后会计期间满足规定条件时将重分类进损益的其他综合收益两类。具体主要包括:

（1）其他权益工具投资公允价值变动形成的利得和损失;

（2）按照权益法核算的在被投资单位其他综合收益中所享有的份额导致的其他综合收益的增加或减少;

（3）金融资产重分类为其他权益工具投资形成的利得和损失;

（4）自用房地产转为公允价值模式计量的投资性房地产的贷方差额;

（5）外币财务报表折算差额;

（6）现金流量套期储备。

二、"其他综合收益"会计科目

（一）定义

该科目用来核算企业根据《企业会计准则》规定未在损益中确认的各项利得和损失,属于所有者权益类科目(贷方表示增加,借方表示减少)。

（二）核算内容

该科目主要反映的是报告期内满足所有者权益确认和计量条件、能引起所有者权益发生增减变动、由企业与非所有者方面进行交易或发生其他事项和情况所产生的、当期不确认为损益,但未来影响损益的利得和损失。

(三) 明细账的设置

按核算的相关内容设置明细账,如其他权益工具投资公允价值变动形成的利得。

二、其他综合收益的业务节点与账务处理

业务节点	账务处理
会计期末,计算确认其他权益工具投资公允价值变动形成的利得(除减值损失和外币货币性金融资产形成的汇兑差额外)	借记"其他权益工具投资——公允价值变动"科目,贷记"其他综合收益"科目。如果其他权益工具投资公允价值变动形成的是损失,则做相反的会计分录
处置其他权益工具投资,确认留存收益	借记"其他货币资金",贷记"其他权益工具投资——成本",借记或贷记"其他权益工具投资——公允价值变动",差额计入留存收益。同时,因公允价值变动形成的利得应转入留存收益,借记或贷记"其他综合收益——其他权益工具投资公允价值变动",贷记或借记"盈余公积""利润分配"
采用权益法核算的长期股权投资,如果被投资单位其他综合收益变动,投资方按持股比例计算应享有的份额	借记"长期股权投资——其他综合收益"科目,贷记"其他综合收益"科目。 如果被投资单位其他综合收益减少,则做相反的会计分录
企业将作为存货的房地产转为采用公允价值模式计量的投资性房地产,其公允价值大于账面价值	按转换日的公允价值借记"投资性房地产——成本"科目,按"开发产品"的账面价值贷记"开发产品"科目,按其公允价值大于账面价值的金额贷记"其他综合收益"科目

任务实施

任务实施一:

江苏环宇公司2018年1月2日购入价值200 000元股票,并将其确认为其他权益工具投资核算。2018年12月31日股票公允价值为220 000元;2019年12月31日股票公允价值为250 000元;2020年1月2日全部出售,取得价款260 000元。假设不考虑购买及出售股票时的手续费及与手续费相关的增值税。

步骤一:2018年1月2日购入股票,根据公司的持有意图,确认为其他权益工具投资,收集、整理购买股票的交割单据、公司决议进行账务处理:

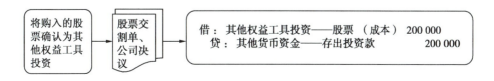

步骤二：2018 年 12 月 31 日，比较其他权益工具投资的账面价值与公允价值，确认其他权益工具投资的公允价值变动：

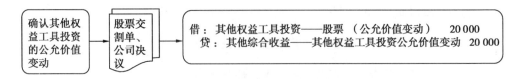

步骤三：2019 年 12 月 31 日，确认其他权益工具投资的公允价值变动：

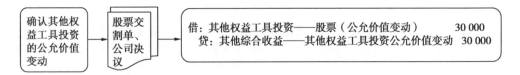

步骤四：2020 年 1 月 2 日，出售上述股票，确认留存收益：

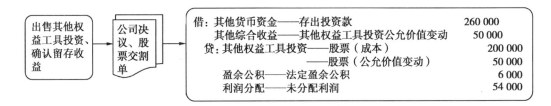

任务实施二：

2019 年 7 月 18 日，宏大公司将一套自用的写字楼后转为对外租赁，并采用公允价值模式计量。转换日该写字楼原价 6 300 万元，已提折旧 900 万元，未提减值准备；公允价值为 8 200 万元。

2019 年 7 月 18 日，根据公司决议、租赁合同等，确认投资性房地产：

【企业案例研究】

案例 | 注册资本"认缴制"下的大坑，你还敢任性注册资本 100 亿吗？

按照修订的《公司法》及相关条例，"注册资本"的登记管理已经从"实缴登记制"调整为"认缴登记制"，也就是说注册资本的实缴已经没有期限承诺限制，也没有认缴最低限额，也不再需要《验资报告》。

从而，社会上出现了大量注册资本巨大、实缴能力不足的公司，很重要的原因之一就是很多人认为,在完全认缴制下"认缴不实缴"等于"认而不缴""可以不缴"。

那么"认缴制"下,注册资金就认而不缴了吗?也无需担责吗?

上海法院首例认缴出资案判决,让我们认清认缴的法律风险!

一、案件回顾

注册资本2 000万元的某投资公司,实缴出资400万元。新《公司法》股份认缴制出台后,增资到10个亿。在签订近8 000万元的合同后,面对到期债务突然减资到400万元,并更换了股东。

债权人在首笔2 000万元无法收取后,将该公司连同新、老股东一同告上法庭,要求投资公司与新老股东均承担债务的连带责任。2015年5月25日下午,普陀法院就该起认缴出资引发的纠纷作出了一审判决。

裁判要旨:

认缴制下公司股东的出资义务只是暂缓缴纳,而不是永久免除,在公司经营发生了重大变化时,公司包括债权人可以要求公司股东缴纳出资,以用于清偿公司债务。

法庭审理:

法官在审理该案后认为,被告投资公司作为目标公司股权的购买方,没有按照合同约定支付股权价款构成了违约,应该以其全部财产对原告承担责任。投资公司及其股东在明知公司对外负有债务的情况下,没有按照法定的条件和程序进行减资,该减资行为无效,投资公司的注册资本应该恢复到减资以前的状态,即公司注册资本仍然为10亿元,公司股东为徐某和林某。在公司负有到期债务、公司财产不能清偿债务的情况下,股东徐某和林某应该缴纳承担责任之后尚欠的债务;如果公司完全不能清偿债务,则徐某和林某应该缴纳相当于全部股权转让款的注册资本,以清偿原告债务。

同时,被告投资公司未履行法定程序和条件减少公司注册资本,类似于抽逃出资行为,公司债权人也可以要求徐某和林某对于公司不能清偿的部分承担补充赔偿责任。毛某在本案系争股权转让协议签订之前已经退出公司,不应该对其退出之后公司的行为承担责任。由于减资行为被认定无效之后,应该恢复到减资行为以前的状态,因此被告接某不应认定为昊跃公司的股东,接某可以不承担投资公司对原告所承担的责任。

2015年5月25日下午,普陀区法院就案件作出一审判决。某投资公司应该在本判决生效之日起十日内向国际贸易公司支付股权转让款2 000万元;对投资公司不能清偿的股权转让款,徐某和林某在未出资的本息范围内履行出资义务,承担补充清偿责任。

对"公司财产"的理解,不能仅仅限于公司现有的财产!

一般情况下,公司对外享有的债权也是公司的财产或者财产利益。在公司破产过程中,公司债权同样是作为公司财产的组成部分,在执行过程中,被执行人对他人享有的债权,也可以成为执行标的。

对于实行认缴制的公司来说,股东个人尚未缴纳的注册资本,与一般的债务并无区别,同样可以看作是公司股东对公司所负的债务。从最高人民法院有关《公司法》的司法解释来看,也可以得出公司债权人可以要求公司股东履行出资义务的结论。

现行《公司法》及司法解释中对于公司违背法定程序和条件减资未通知已知债权人的,具体应该如何承担责任,没有作出明确规定。但是,这并不妨碍法院根据案件的具体情形参照适用相关的法律及司法解释。

二、律师解读

《公司法》第三条第二款规定：

"有限责任公司的股东以其认缴的出资额为限对公司承担责任；股份有限公司的股东以其认购的股份为限对公司承担责任。"由此可知，股东的责任范围仍然是其认缴的全部资本。完全认缴制下的"认缴不实缴"不等于"可以不缴"。

最高人民法院在2014年2月颁布了《关于适用〈中华人民共和国公司法〉若干问题的规定(二)》(以下简称《公司法解释二》)、《关于适用〈中华人民共和国公司法〉若干问题的规定(三)》(以下简称《公司法解释三》)，对如何在认缴资本制下保护债权人的利益做出了更为详尽的安排。

例如，《公司法解释二》第二十二条规定：

"公司解散时，股东尚未缴纳的出资均应作为清算财产。股东尚未缴纳的出资，包括到期应缴未缴的出资，以及依照公司法第二十六条和第八十条的规定分期缴纳尚未届满缴纳期限的出资。公司财产不足以清偿债务时，债权人主张未缴出资股东，以及公司设立时的其他股东或者发起人在未缴出资范围内对公司债务承担连带清偿责任的，人民法院应依法予以支持。"

《公司法解释三》第十三条第二款规定：

"公司债权人请求未履行或者未全面履行出资义务的股东在未出资本息范围内对公司债务不能清偿的部分承担补充赔偿责任的，人民法院应予支持。"

注册资本认缴制下，可能是创业者遇到的第一个坑，看似简单实操复杂，采用"正确姿势"十分重要，传统的工商注册代理机构不一定能给出太多专业意见，如果遇到难点问题，建议向专业的法务服务机构咨询。

记住：认缴制下不可任性而为，一不小心，就可能陷入牢狱之灾，望各位朋友三思。

讨论：注册资本该写多少？注册资本怎么确认已缴纳？注册了一家100万注册资本的公司，后来不想经营了，需要补全这100万吗？

行业发展动态——
关于注册资本的三大坑

职业能力提升——
掌握新技术

项目十二

确认收入、记录费用、结转利润

 学习目标

能力目标
- 能说出商品收入确认的条件；
- 能描述收入确认和计量的步骤；
- 能识别与客户订立的合同；
- 能识别合同中的单项履约义务；
- 能确定交易价格并将交易价格分摊至各单项履约义务；
- 能对某一时点履行履约义务的收入进行会计处理；
- 能对某一时段履行履约义务的收入进行会计处理；
- 能对特殊交易的收入进行账务处理；
- 能对期间费用的业务进行会计核算；
- 能对利润形成与分配业务进行会计核算；
- 能对所得税费用进行核算。

素养目标
- 强化契约精神，提升遵守合同的职场意识；
- 构建理解业务，剖析业务的思维方法与路径；
- 逐步养成确认收入的会计思维习惯，涵养职业判断能力；
- 提升对收入特殊业务的理解与处理能力；
- 树立开源节流意识，提升企业效率。

会计岗位职责——收入核算岗

会计文化——中国现代会计之父

收入、费用和利润是会计要素中的重要组成部分。企业生产经营活动是通过耗费一定的费用获得经营业务收入，最终取得利润。企业在生产经营活动中，会发生各种收支事项，

在会计期间终了时,应通过收入与成本费用的配比,合理确定经营损益,确定企业的经营成果,并依据相关的法律法规进行利润的分配。

任务一 确认、记录企业的收入

> **任务导入**
>
> 销售过程(提供服务)是企业生产经营过程的最后阶段,它是企业等经济组织最重要的经济活动之一。企业通过商品销售(提供服务),收取货币资金,以保证企业再生产的顺利进行。企业销售产品(提供服务)取得的收入(经济利益),扣除其销售成本、销售费用、税金及附加,即为企业营业利润的主要构成部分。因此做好销售过程业务核算,有利于企业增加收入,降低成本费用,提高经济效益。实务中,企业发生销售业务(提供服务)以后,何时、如何确认销售(服务)收入和结转相应的成本呢?

知识准备

一、收入及识别

(一) 收入的定义

收入,是指企业在日常活动中形成的、会导致所有者权益增加的、与所有者投入资本无关的经济利益的总流入。这里的日常活动是指企业为完成其经营目标所从事的经营性活动以及与之相关的活动。日常活动所形成的经济利益的流入应当确认为收入。

(二) 收入的识别

经济业务	适用准则	收入或利得
工业企业制造并销售产品、商品流通企业销售商品	CAS14《收入》	收入
咨询公司提供咨询服务、软件公司为客户开发软件、安装公司提供安装服务、建筑企业提供建造服务	CAS14《收入》	收入
企业对外出租资产收取的租金	CAS21《租赁》	收入
企业进行债权投资收取的利息、进行股权投资取得的现金股利	CAS2《长期股权投资》、CAS22《金融工具确认和计量》	投资收益
企业以存货换取客户的存货、固定资产、无形资产	CAS7《非货币性资产交换》	收入
企业处置固定资产、无形资产	CAS4《固定资产》、CAS6《无形资产》	得利或损失(营业外收支)

（三）企业日常会计核算对收入的分类

在日常的会计核算中,每一个企业按照取得收入的日常活动在其经营业务中的重要程度,一般将其收入分为主营业务收入和其他业务收入。主营业务收入一般占企业总收入的较大比重,对企业的经济效益产生较大影响。不同行业企业的主营业务收入所包括的内容不同。

企业类型	主营业务收入	其他业务收入
制造业企业	包括销售商品、自制半成品、代制品、代修品以及提供工业性劳务等实现的收入	销售材料取得的收入、转让技术使用权取得的收入、包装物出租收入等
商品流通企业	包括销售商品实现的收入	
咨询公司	提供咨询服务实现的收入	
安装公司	提供安装服务实现的收入	

任务实施

收入的种类

任务实施一：收入种类的判断

江苏天润机械有限公司是一家制造业企业,主要是通过加工甲种原材料生产 A 产品。2019 年 6 月,发生下列收入。请判断各收入所属的类型及金额。

（1）5 日,销售一批 A 产品,价款 200 000 元,增值税 26 000 元,款项未收。
（2）8 日,出售生产用甲材料 50 000 元,增值税 6 500 元,款项已收。
（3）10 日,承揽设备安装劳务,获得收入 80 000 元,增值税 4 800 元。
（4）15 日,出租一座仓库,收到租金 10 000 元,增值税 900 元。
（5）25 日,出租商标使用权,获得租金 8 000 元,增值税 480 元。
（6）30 日,进行增资扩股,收到新股东投入的资金 500 000 元。

步骤一：根据企业的生产经营活动,分析确定生产、销售 A 产品是企业的主营业务,销售 A 产品产生的收入是企业的"主营业务收入",其他业务产生的收入属于"其他业务收入"。

步骤二：确定各项具体业务的收入种类与金额。

序号	经济业务	收入类型	金额
1	销售一批 A 产品,价款 200 000 元,增值税 26 000 元,款项未收	主营业务收入	200 000
2	出售生产用甲材料 50 000 元,增值税 6 500 元,款项已收	其他业务收入	50 000
3	承揽设备安装劳务,获得收入 80 000 元,增值税 4 800 元	主营业务收入	80 000
4	出租一座仓库,收到租金 10 000 元,增值税 900 元	其他业务收入	10 000
5	出租商标使用权,获得租金 8 000 元,增值税 480 元	其他业务收入	8 000
6	进行增资扩股,收到新股东投入的资金 500 000 元	不属于收入	0

一、收入确认的原则

企业确认收入的方式应当反映其向客户转让商品的模式,收入的金额应当反映企业因转让这些商品而预期有权收取的对价金额。

企业应当在履行了合同中的履约义务,即在客户取得相关商品控制权时确认收入。取得相关商品控制权,是指能够主导该商品的使用并从中获得几乎全部的经济利益,也包括有能力阻止其他方主导该商品的使用并从中获得经济利益。

取得商品控制权同时包括下列三要素:一是能力,即客户必须拥有现时权利,能够主导该商品的使用并从中获得几乎全部经济利益;二是主导该商品的使用,即客户有权使用该商品,或者能够允许或阻止其他方使用该商品;三是能够获得几乎全部的经济利益,商品的经济利益,是指该商品的潜在现金流量,既包括现金流入的增加,也包括现金流出的减少。

二、收入的确认和计量

(一)收入的确认和计量的步骤

收入的确认和计量大致分为五步。

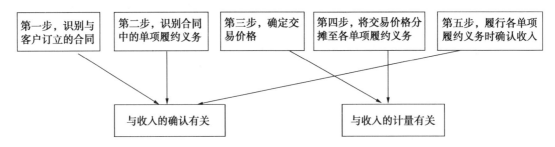

(二)收入的确认和计量

1. 识别与客户订立的合同

收入准则所称合同,是指双方或多方之间订立的有法律约束力的权利义务的协议。合同包括书面形式、口头形式以及其他形式(如隐含于商业惯例或企业以往的习惯做法中等)。企业与客户之间的合同同时满足下列五项条件的,企业应当在履行了合同中的履约义务,即在客户取得相关商品控制权时确认收入:

(1) 合同各方已批准该合同并承诺将履行各自义务。

(2) 该合同明确了合同各方与所转让商品相关的权利和义务。

(3) 该合同有明确的与所转让商品相关的支付条款。

(4) 该合同具有商业实质,即履行该合同将改变企业未来现金流量的风险、时间分布或金额。

(5) 企业因向客户转让商品而有权取得的对价很可能收回。

对于不符合上述五项条件的合同,企业只有在不再负有向客户转让商品的剩余义务

(例如,合同已完成或取消),且已向客户收取的(全部或部分)对价无须退回时,才能将已收取的对价确认为收入;否则,应当将已收取的对价作为负债(预收账款)进行会计处理。其中,企业向客户收取无须退回的对价的,应当在已经将该部分对价所对应的商品的控制权转移给客户,并已经停止向客户转让额外的商品,且也不再负有此类义务时,或者相关合同已经终止时,将该部分对价确认为收入。

需要说明的是,没有商业实质的非货币性资产交换,无论何时,均不应确认为收入。

☞ 提醒你

企业与客户之间的合同,在合同开始日即满足上述五项条件的,企业在后续期间无须对其进行重新评估,除非有迹象表明相关事实和情况发生重大变化。

合同合并

合同变更

2. 识别合同中的单项履约义务

合同开始日,企业应当识别合同中所包含的各单项履约义务,并确定各单项履约义务是在某一时段内履行,还是在某一时点履行,然后,在履行了各单项履约义务时分别确认为收入。履约义务,是指合同中企业向客户转让可明确区分商品的承诺。

企业应当将下列向客户转让商品的承诺作为单项履约义务:

(1) 企业向客户转让可明确区分商品(或者商品或服务的组合)的承诺。

(2) 一系列实质相同且转让模式相同的、可明确区分的商品。

当企业向客户连续转让某项承诺的商品时,如每天提供类似劳务的长期劳务合同等,如果这些商品属于实质相同且转让模式相同的系列商品时,企业应当将这系列商品作为单项履约义务。

需要说明的是,企业向客户销售商品时,往往约定企业需要将商品运送至客户指定的地点,通常情况下,商品控制权转移给客户之前发生的运输活动不构成单项履约义务;相反,商品控制权转移给客户之后发生的运输活动可能表明企业向客户提供了一项运输服务,企业应当考虑该项服务是否构成单项履约义务。

3. 确定交易价格

交易价格,是指企业因向客户转让商品而预期有权收取的对价金额。企业代第三方收取的款项以及企业预期将退还给客户的款项,应当作为负债进行账务处理,不计入交易价格。合同标价并不一定代表交易价格,企业应当根据合同条款,并结合其以往的习惯做法确定交易价格。在确定交易价格时,企业应当考虑可变对价、合同中存在的重大融资成本、非现金对价、应付客户对价等因素的影响。

(1) 合同中存在的可变对价。企业与客户的合同中约定的对价金额可能是固定的,也可能会因折扣、价格折让、返利、退款、奖励积分、激励措施、业绩奖金、索赔、未来事项等因素而变化,导致有权收取的对价发生变化;还有,企业有权收取的对价金额,将根据一项或多项或有事项的发生而有所不同的情况,也属于可变对价的情形,例如,企业售出商品但允许客户退货时,由于企业有权收取的对价金额将取决于客户是否退货,因此该合同的交易价格是可变的。

企业应当按照期望值或最可能发生金额确定可变对价的最佳估计数。期望值，是按照各种可能发生的对价金额及相关概率计算确定的金额。当企业拥有大量具有类似特征的合同，并据此估计合同可能产生多个结果时，按照期望值估计可变对价金额通常是恰当的。最可能发生金额是一系列可能发生的对价金额中最可能发生的单一金额，即合同最可能产生的单一结果。当合同仅有两个可能结果（例如，企业能够达到或不能达到某业绩奖金目标）时，按照最可能发生金额估计可变对价金额通常是恰当的。

任务实施

任务实施二：按期望值确定可变对价的最佳估计数

甲公司生产和销售洗衣机。2019年3月，甲公司向零售商乙公司销售1 000台洗衣机，每台价格为2 000元，合同价款合计200万元。同时，甲公司承诺，在未来6个月内，如果同类洗衣机售价下降，则按照合同价格与最低售价之间的差额向乙公司支付差价。甲公司根据以往执行类似合同的经验，预计未来6个月内，不降价的概率为50%；每台降价200元的概率为40%；每台降价500元的概率为10%。假定上述价格均不包含增值税。

步骤一，识别合同：销货合同。

步骤二，识别合同中的单项履约义务：销售1 000台洗衣机。

步骤三，确定交易价格：合同条款中，存在"可变对价"情况（在未来6个月内，如果同类洗衣机售价下降，则按照合同价格与最低售价之间的差额向乙公司支付差价）。经评估确认，"期望值"能够更好地预测其有权获取的对价金额。

每台交易价格的期望值 = 2 000 × 50% + 1 800 × 40% + 1 500 × 10% = 1 870（元）

任务实施三：按最可能发生金额确定可变对价的最佳估计数

甲公司为其客户建造一栋厂房，合同约定的价款为100万元，当甲公司不能在合同签订之日起的120天内竣工时，须支付10万元罚款，该罚款从合同价款中扣除。甲公司对合同结果的估计如下：工程按时完工的概率为90%，工程延期的概率为10%。假定上述金额均不含增值税。

步骤一，识别合同：建造合同。

步骤二，识别合同中的单项履约义务：建造一栋厂房，120天内竣工。

步骤三，确定交易价格：合同条款中，存在"可变对价"情况（不能在合同签订之日起的120天内竣工时，须支付10万元罚款，该罚款从合同价款中扣除）。经评估确认，"最可能发生金额"能够更好地预测其有权获取的对价金额。

交易价格 = 最可能发生的单一金额 = 100（万元）

> **☞ 提醒你**
>
> 企业按照期望值或最可能发生金额确定可变对价金额之后，计入交易价格的可变对价金额还应该满足限制条件，即包含可变对价的交易价格，应当不超过在相关不确定性消除时，累计已确认的收入极可能不会发生重大转回的金额。

（2）合同中存在重大融资成分。当企业将商品的控制权转移给客户的时间与客户实际付款的时间不一致时，如企业以赊销的方式销售商品，或者要求客户支付预付款等，如果各方以在合同中明确（或者以隐含的方式）约定的付款时间为客户或企业就转让商品的交易提供了重大融资利益，则合同中即包含了重大融资成分。合同中存在重大融资成分的，企业应当按照假定客户在取得商品控制权时即以现金支付的应付金额确定交易价格。该交易价格与合同对价之间的差额，应当在合同期间内采用实际利率法摊销。合同开始日，企业预计客户取得商品控制权与客户支付价款间隔不超过一年的，可以不考虑合同中存在的重大融资成分。

（3）客户支付非现金对价的，企业应当按照非现金对价在合同开始日的公允价值确定交易价格。非现金对价的公允价值不能合理估计的，企业应当参照其承诺向客户转让商品的单独售价间接确定交易价格。非现金对价的公允价值可能会因对价形式以外的原因而发生变动的，应当作为可变对价进行账务处理。

（4）企业应付客户（或向客户购买本企业商品的第三方，下同）对价的，应当将该应付对价冲减交易价格，并在确认相关收入与支付（或承诺支付）客户对价二者孰晚的时点冲减当期收入。这里的应付客户对价还包括可以抵减应付企业金额的相关项目金额，如优惠券、兑换券等。

企业应付客户对价是为了向客户取得其他可明确区分商品的，应当采用与本企业其他采购相一致的方式确认所购买的商品。企业应付客户对价超过向客户取得可明确区分商品公允价值的，超过金额应当冲减交易价格。向客户取得的可明确区分商品公允价值不能合理估计的，企业应当将应付客户对价全额冲减交易价格。

4. 将交易价格分摊至各单项履约义务

合同中包含两项或多项履约义务的，企业应当在合同开始日，按照各单项履约义务所承诺商品的单独售价的相对比例，将交易价格分摊至各单项履约义务。企业不得因合同开始日之后单独售价的变动而重新分摊交易价格。企业在类似环境下向类似客户单独销售商品的价格，应作为确定该商品单独售价的最佳证据。单独售价无法直接观察的，企业应当综合考虑其能够合理取得的全部相关信息，采用市场调整法、成本加成法、余值法等方法合理估计单独售价。在估计单独售价时，企业应当最大限度地采用可观察的输入值，并对类似的情况采用一致的估计方法。

（1）市场调整法，是指企业根据某商品或类似商品的市场售价考虑本企业的成本和毛利等并进行适当调整后，确定其单独售价的方法。

（2）成本加成法，是指企业根据某商品的预计成本加上其合理毛利后的价格，确定其单独售价的方法。

（3）余值法，是指企业根据合同交易价格减去合同中其他商品可观察的单独售价后的余值，确定某商品单独售价的方法。企业在商品近期售价波动幅度巨大，或者因未定价且未曾单独销售而使售价无法可靠确定时，可采用余值法估计其单独售价。

5. 履行每一单项履约义务时确认收入

企业应当在履行了合同中的履约义务，即客户取得相关商品控制权时确认收入。企业将商品的控制权转移给客户，首先判断履约义务是否满足在某一时段履行的条件，如不满足，则该履约义务属于在某一时点履行的履约义务。对于在某一时段履行的履约义务，企业应当选取恰当的方法来确定履约进度;对于在某一时点履行的履约义务,企业应当综合分析控制权转移的迹象,判断其转移时点。

(1) 属于某一时段履行的履约义务的条件。满足下列条件之一的,属于在某一时段履行履约义务;否则,属于在某一时点履行履约义务: ① 客户在企业履约的同时即取得并消耗企业履约所带来的经济利益; ② 客户能够控制企业履约过程中在建的商品; ③ 企业履约过程中所产出的商品具有不可替代用途,且该企业在整个合同期间有权就累计至今已完成的履约部分收取款项。具有不可替代用途,是指因合同限制或实际可行性限制,企业不能轻易地将商品用于其他用途。有权就累计至今已完成的履约部分收取款项,是指在由于客户或其他方原因终止合同的情况下,企业有权就累计至今已完成的履约部分收取能够补偿其已发生成本和合理利润的款项,并且该权利具有法律约束力。

任务实施

任务实施四:判断是某一时段履行的履约义务还是某一时点履行的履约义务

海盛公司是一家造船企业,与海天公司签订了一份船舶建造合同,按照海天公司的具体要求设计和建造船舶。海盛公司在自己的厂区内完成该船舶的建造,海天公司无法控制在建过程中的船舶。海盛公司如果想把该船舶出售给其他客户,需要发生重大的改造成本。双方约定,如果海天公司单方面解约,海天公司须向海盛公司支付相当于合同总价30%的违约金,且建造中的船舶归海盛公司所有。假定该合同仅包含一项履约义务,即设计和建造船舶。

步骤一,熟悉属于某一时段履行的履约义务的条件。

步骤二,逐条对照。

① 客户在企业履约的同时即取得并消耗企业履约所带来的经济利益	在履约建造船舶时,是在海盛公司自己的厂区,海天公司无法取得并消耗海盛公司履约所带来的经济利益	不符合
② 客户能够控制企业履约过程中在建的商品	海盛公司在自己的厂区内完成该船舶的建造,海天公司无法控制在建过程中的船舶	不符合
③ 企业履约过程中所产出的商品具有不可替代用途,且该企业在整个合同期间有权就累计至今已完成的履约部分收取款项	船舶虽具有不可替代用途,然而,如果海天公司单方面解约,仅须向海盛公司支付相当于合同总价30%的违约金,表明海盛公司无法在整个合同期间都有权就累计至今已完成的履约部分收取能够补偿其已发生成本和合理利润的款项	不符合

步骤三,做出判断:海盛公司为海天公司设计和建造船舶不属于在某一时段内履行的履约义务。

(2) 属于某一时点履行的履约义务的条件。对于在某一时点履行的履约义务,企业应当在客户取得相关商品控制权的时点确认收入。在判断客户是否已取得商品控制权时,企业应当考虑下列迹象：

① 企业就该商品享有现时收款权利，即客户就该商品负有现时付款义务。

② 企业已将该商品的法定所有权转移给客户，即客户已拥有该法定所有权。

③ 企业已将该商品实物转移给客户，即客户已实际占有该商品。

④ 企业已将该商品所有权上的主要风险和报酬转移给客户，即客户已取得该商品所有权上的主要风险和报酬。

⑤ 客户已接受该商品。

⑥ 其他表明客户已取得商品控制权的迹象。

四、某一时点履行履约义务的会计处理

就制造业、商品流通业、一般服务性企业而言，其生产销售的商品在出售前、提供的劳务服务在提供前，一般没有特定的客户，在交付商品、提供服务时，有的会签订权利义务明确的合同，但更多的是一些口头形式的约定或是隐含于商业惯例或企业以往的习惯做法。所以，在企业交付商品、提供劳务时，客户即取得相关商品控制权，企业也就取得收取对价的权利。其履行的是某一时点履行的履约义务。

（一）科目设置

1．"主营业务收入"科目

（1）定义：本科目主要核算企业确认的销售商品、提供劳务等主营业务收入。

（2）性质：损益类（收入）。

（3）核算内容：贷方登记企业销售商品或提供劳务确认的收入，借方登记企业本期（月）发生的销售退回或销售折让冲减的营业收入和转入"本年利润"科目的金额；期末，结转后本科目应无余额。

（4）明细账的设置：按商品（产品）或劳务种类设置明细账，进行明细分类核算。如："主营业务收入——××商品""主营业务收入——××劳务"。

2．"其他业务收入"科目

（1）定义：本科目核算企业确认除主营业务活动以外的其他经营活动实现的收入，包括出租固定资产、出租无形资产、出租包装物和商品、销售材料、用材料进行非货币性交换（非货币性资产交换具有商业实质且公允价值可靠计量）或债务重组等实现的收入。企业（保险）经营受托管理业务收取的管理费收入，也通过本科目核算。

（2）性质：损益类（收入）。

（3）核算内容：借方登记企业期末转入"本年利润"科目的金额，贷方登记企业销售材料、出租固定资产、出租无形资产等其他经营活动确认的收入；期末将本科目的余额转入"本年利润"科目，结转后本科目应无余额。

（4）明细账的设置：按其他业务的种类进行明细核算。

3．"发出商品"科目

（1）定义：本科目核算企业未满足收入确认条件但已经发出的商品的实际成本或者计划成本。

(2) 性质：资产类。

(3) 核算内容：借方登记企业发出商品的成本，贷方登记企业已销产品成本或退回入库产品成本；期末余额在借方，反映企业发出商品的实际成本或者计划成本。

(4) 明细账设置：可按发出商品的品种、类别设置明细账，进行明细分类核算。

4. "委托代销商品"科目

(1) 定义：本科目核算企业已经发出代销但尚未确认销售收入的商品成本。

(2) 性质：资产类。

(3) 核算内容：借方登记企业发出代销商品的成本，贷方登记企业收到代销清单后，结转的已销商品的成本；期末余额在借方，表示已发出但尚未收到代销清单的商品成本。

(4) 明细账设置：本科目按照受托单位设置明细账，进行明细分类核算。

5. "代理业务资产/受托代销商品"科目

(1) 定义：本科目核算企业不承担风险的代理业务形成的资产，如受托理财业务进行的证券投资、受托贷款等。企业受托代销商品的，可将本科目改为"受托代销商品"科目，核算受托方收到的受托代销商品成本。

(2) 性质：资产类。

(3) 核算内容：借方登记受托方收到的受托代销商品成本，贷方登记受托方销售商品后，结转的受托代销商品成本；期末余额在借方，表示尚未售出的受托代销商品成本。

(4) 明细账设置：本科目按照委托单位设置明细账，进行明细分类核算。如："代理业务资产/受托代销商品——××公司"。

6. "代理业务负债/受托代销商品款"科目

(1) 定义：本科目核算企业不承担风险的代理业务收到的款项，包括受托投资资金、受托贷款资金等。企业采用收取手续费方式收到代销商品款的，可将本科目改为"受托代销商品款"科目，核算代销商品时受托方收到代销商品未结算的货款。

(2) 性质：负债类。

(3) 核算内容：借方登记受托方与委托方结算的代销商品款，贷方登记受托方售出代销商品后收到的代销商品款；期末余额在贷方，表示尚未结算的代销商品款。

(4) 明细账设置：按照委托单位设置明细账，进行明细分类核算。如："代理业务负债/受托代销商品款——××公司"。

7. "主营业务成本"科目

(1) 定义：本科目核算企业确认销售商品、提供劳务等主营业务收入时应结转的成本。

(2) 性质：损益类。

(3) 核算内容：借方登记企业根据本期(月)销售各种商品、提供各种劳务等应计算结转的主营业务成本，贷方登记本期(月)发生的销售退回产品的销售成本和转入"本年利润"账户的金额；期末，结转后本账户无余额。

(4) 明细账的设置：本账户应与"主营业务收入"相对应，设置有关明细账进行明细核算。如："主营业务成本——××商品""主营业务成本——××劳务"。

8. "其他业务成本"科目

(1) 定义：本科目核算企业确认的除主营业务活动以外的其他经营活动所发生的支出，包括销售材料的成本、出租固定资产的折旧额、出租无形资产的摊销额、出租包装物的成本或摊销额等。

(2) 性质：损益类。

(3) 核算内容：借方登记企业除主营业务成本以外的其他销售或其他业务所发生的支出,包括销售材料、提供劳务等发生的相关成本、费用等,贷方登记转入"本年利润"账户的金额;期末,结转后本账户无余额。

(4) 明细账的设置：按其他业务的种类设置明细账,进行明细分类核算。如:"其他业务成本——××材料""其他业务成本——××包装物出租"。

9."合同资产"科目

(1) 定义：本科目核算企业已向客户转让商品而有权收取对价的权利。仅取决于时间流逝因素的权利不在本科目核算。

(2) 性质：资产类。

(3) 核算内容：企业在客户实际支付合同对价或在该对价到期应付之前,已经向客户转让了商品的,应当按因已转让商品而有权收取的对价金额,借记本科目或"应收账款"科目,贷记"主营业务收入""其他业务收入"等科目;企业取得无条件收款权时,借记"应收账款"等科目,贷记本科目。期末余额一般在借方。

合同资产与应收账款的联系与区别

(4) 明细账的设置：一般按合同进行明细核算。

10."合同负债"科目

(1) 定义：本科目核算企业已收或应收客户对价而应向客户转让商品的义务。

(2) 性质：负债类。

(3) 核算内容：企业在向客户转让商品之前,客户已经支付了合同对价或企业已经取得了无条件收取合同对价权利的,企业应当在客户实际支付款项与到期应支付款项孰早时点,按照该已收或应收的金额,借记"银行存款""应收账款""应收票据"等科目,贷记本科目;企业向客户转让相关商品时,借记本科目,贷记"主营业务收入""其他业务收入"等科目。期末余额一般在贷方。

合同负债与预收账款的联系与区别

(4) 明细账的设置：一般按合同进行明细核算。

(二) 某一时点履行履约义务的会计处理

一般商品销售业务的业务节点与账务处理

业务节点	账务处理
企业销售商品符合收入的确认条件	确认收入: 借:银行存款/应收账款/应收票据/预收账款/合同资产 　贷:主营业务收入 　　应交税费——应交增值税(销项税额) 结转成本: 借:主营业务成本 　贷:库存商品
不符合收入确认条件	在发出商品时,因不符合收入确认条件,先借记"发出商品",贷记"库存商品";等符合收入确认时,再确认收入

(1)商品销售收入的确认与计量。企业在向客户交付合格的商品(履行了合同中约定的义务)、客户取得相关商品控制权时,其资金运动是一方面减少了"库存商品",另一方面收到客户的货款或取得收取客户货款的权利。根据收入的确认与计量的程序、方法,企业应确认收入,借记"银行存款""应收账款""应收票据""合同资产"等科目,贷记"主营业务收入""应交税费——应交增值税(销项税额)"等,同时结转相关商品的销售成本。企业通常在月份终了编制"商品发出汇总表",汇总结转已销商品、已提供劳务的实际成本,按结转的实际成本,借记"主营业务成本"科目,贷记"库存商品"等科目。

任务实施

任务实施五:企业发出商品后获得收取对价权利,不存在交易价格分摊及可变对价等情形下确认商品收入,结转商品销售成本

江苏天润机械有限公司与虹桥机械厂签订产品销售合同,于2019年12月5日向其销售10台A产品,单位售价30 000元,增值税税率为13%。合同约定,该产品在交付后,由虹桥机械厂负责提运。江苏天润机械有限公司开出的增值税专用发票上注明,售价为300 000元,增值税税额为39 000元。产品已交付对方,货款约定60天后支付。

步骤一,识别合同:销货合同。

步骤二,识别合同中的单项履约义务:销售10台A产品。

步骤三,确定交易价格:售价金额为300 000元,增值税税额为39 000元。

步骤四,将交易价格分摊至各单项履约义务:单项履约义务金额即为售价金额300 000元,增值税税额为39 000元。

步骤五,交付商品后即时确认收入。

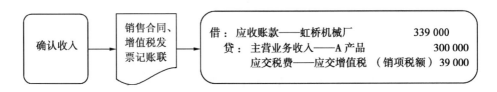

步骤六:根据商品出库单结转已销产品成本。

库存商品出库单

用途:销售　　　　　2019年12月5日　　　　　产成品库:001

产品名称	型号规格	计量单位	数量	单位成本	总成本
A产品		台	10	12 000元	120 000元

记账:　　　　保管:　　　　主管:　　　　经办:

任务实施六：企业发出商品后未取得收款权，存在交易价格分摊等情形下确认商品收入，结转商品销售成本

江苏天润机械有限公司生产 A、B 两种产品，A 产品的单价为 30 000 元/台，B 产品的单价为 50 000 元/台；单位成本分别为 12 000 元/台、26 000 元/台。2019 年 3 月 1 日，与客户签订合同，向其销售 A、B 两种产品各 10 台，合同总价款为 720 000 元。合同约定，A 商品于合同开始日交付，B 商品在 1 个月之后交付，只有当 A、B 两种商品全部交付之后，江苏天润机械有限公司才有权收取 720 000 元的合同对价。A 商品和 B 商品构成两项履约义务，其控制权在交付时转移给客户，上述价格均不包含增值税，增值税税率为 13%。

步骤一，识别合同：销货合同。

步骤二，识别合同中的单项履约义务：销售 A 产品和销售 B 产品两项履约义务。

步骤三，确定交易价格：按照各单项履约义务所承诺商品的单独售价的相对比例，将交易价格分摊至各单项履约义务。

A 商品应当分摊的交易价格 =［300 000/(300 000 + 500 000) × 720 000］= 270 000(元)

B 产品应当分摊的交易价格 =［500 000/(300 000 + 500 000) × 720 000］= 450 000(元)

步骤四，3 月 1 日，履行交付 A 产品义务后，客户取得商品控制权，但没有获得收取对价的权利。

步骤五，4 月 1 日，履行交付 B 产品义务后，客户取得商品控制权。

（2）商品销售业务（合同中存在可变对价）的账务处理。如果在合同中存在商业折扣、销售折让，则属于"可变对价"内容，企业在确认交易价格时，应分别处理：对于商业折扣，应按扣除商业折扣后的金额确认收入金额，借记"应收账款"科目，贷记"主营业务收入""应交税费——应交增值税（销项税额）"等。对于销售折让，在合同执行过程中，未确认收入前发生的，应直接调整"交易价格"，按调整后的"交易价格"确认收入；已确认收入的售出商品发生销售折让的，在发生时冲减当期销售商品收入，借记"主营业务收入""应交税费——应交增值税（销项税额）"科目，贷记"银行存款""应收账款"科目。已确认收入的销售折让属于资产负债表日后事项的,应当按照《企业会计准则第29号——资产负债表日后事项》的相关规定进行处理。

在合同中约定"现金折扣"的,也属于可变对价的内容,也应对计入交易价格的"现金折扣"进行估计,其方法就是通过"期望值"或"最可能发生的金额"确定可变对价的最佳估计数。

任务实施七：根据可变对价的条款，确定交易价格

江苏天润机械有限公司A产品成本为12 000元/台,定价30 000元/台。2019年6月10日,为促销产品,与镇江市江海贸易公司签订销售合同,约定向其销售A产品1 000件,标价总额为3 000 000元(不含增值税)。为了促销,江苏天润机械有限公司给予镇江市江海贸易公司15%的商业折扣,并开具了增值税专用发票。合同约定,该产品由江苏天润机械有限公司运至镇江市江海贸易公司指定地点后交付。6月12日天润机械有限公司已发出商品并签发转账支票,支付运输费用500 000元(不含增值税)。6月20日,商品运至指定地点,并经镇江市江海贸易公司验收,同时收到承兑期为4个月的商业承兑汇票一张。

2019年6月10日的会计处理：

步骤一,识别合同:销货合同。

步骤二,识别合同中的单项履约义务:销售1 000台A产品。

步骤三,确定交易价格:审批商业折扣,确定真正的成交价格。

销货折扣审批单

购买单位：镇江市江海贸易公司
收货地址：镇江市泉山路302号　　　　　　　　　2019年6月10日
客户分类：临时客户　　　　　　　　　　　　　　折扣类型：商业折扣

产品名称	销货时间	销售数量	单价	总金额	折扣率	成交价格
乙产品	2019.6.10	1 000件	30 000元	30 000 000元	15%	25 500 000元

步骤四,将交易价格分摊至各单项履约义务。

步骤五,交付商品后即时确认收入。

① 6月12日,天润机械有限公司已发出商品并签发转账支票支付运输费用500 000元及增值税45 000元。因合同约定,由本公司将商品运至指定地点,在没有交付给客户前,不能确认收入,但库存商品已发出并支付的运输费用,产生了资金运动,会计处理：

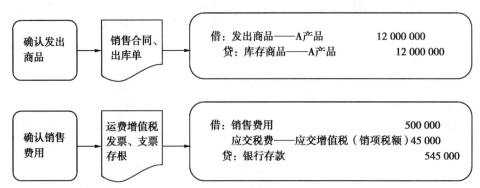

② 6月20日商品交付给客户,客户取得了商品的控制权。

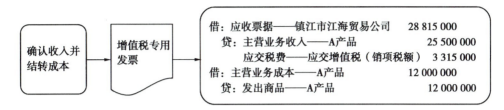

任务实施八:现金折扣的核算

2019年12月4日,江苏天润机械有限公司销售一批A产品给天津市铸压机厂,开出的增值税专用发票上注明售价为300 000元,增值税税额为39 000元;产品已经发出并交付给对方,款项尚未收到,销售合同中规定现金折扣条件为2/10,N/30。假定计算现金折扣时考虑增值税。公司估计客户在10天内付款的可能性是90%,10天后付款的可能是10%。

步骤一:2019年12月4日,客户取得商品的控制权。

最可能发生的金额 = 300 000 × (1 − 2%) = 294 000(元)。

步骤二:2019年12月8日,收到天津市铸压机厂转账支票,因其在10天之内付款,给予2%的现金折扣。

销货折扣审批单

购买单位:天津市铸压机厂
收货地址:天津市华东路18号 2019年12月8日
客户分类:临时客户 现金折扣条件:2/10,1/20,N/40

产品名称	销货时间	收款时间	应收金额	折扣率	实收金额
A产品	2019.12.4	2019.12.8	339 000元	2%	332 220元

(三)商品销售退回的业务节点与账务处理

销售退回,是指因售出商品不符合质量要求或违反合同规定,购销双方按合同约定达成退货协议而引起的已销商品退回的业务。对于销售退回,应分别不同情况进行会计处理。

对于未确认商品收入的售出商品发生销售退回的,应重新记录入库,借记"库存商品",贷记"发出商品"。

对于已确认收入的售出商品发生销货退回的,企业一般应在发生时冲减当期销售商品收入,同时冲减当期销售商品成本。如该项销售退回已发生现金折扣,应同时调整相关财务费用的金额;如该项销售退回按规定允许扣减增值税税额,应同时用红字冲减"应交税费——应交增值税"账户的"销项税额"专栏。

已确认收入的售出商品发生的销货退回属于资产负债表日后事项的,应当按照《企业会计准则第29号——资产负债表日后事项》进行会计处理。

商品销售退回的业务节点与账务处理如下。

业务节点		账务处理
尚未确认商品收入的售出商品发生销售退回		借:库存商品 贷:发出商品

已确认销售商品收入的售出商品发生销售退回	不属于资产负债表日后事项	收到退货时,冲减收入:
		借:主营业务收入
		    应交税费——应交增值税(销项税额)
		  贷:银行存款/应收账款
		冲减成本:
		借:库存商品
		  贷:主营业务成本

	属于资产负债表日后事项	按照资产负债表日后事项的准则处理

任务实施

任务实施九: 销售退回的核算

江苏天润机械有限公司2019年12月13日收到本月3日向大洋纺织机械厂销售的5台甲产品(因有严重的质量问题而要求退货)。公司同意退货,并于当日支付了退货款,同时按规定向购货方开出红字增值税专用发票。

步骤一:收集、整理、审核红字专用发票和进货退回及折让证明单。

(本增值税专用发票为红字发票)

江苏增值税专用发票

开票日期：2019 年 12 月 13 日　　　　　　　　　　　　　　　　　　No.004894502

购货单位	名称	大洋纺织机械厂				密码区	750066＜98/198533204＋＜63＜＋ 64＜－＞876＊98＜/8765／＞＋216 ＞2＞612－＋47565＜＞＋782－/ 5432＜4＊－62＞＞＞05
	纳税人识别号	210433106215631					
	地址、电话	徐州正东路6号 85664080					
	开户银行及账号	工商银行正东办事处 0456－7224－2201					

货物或应税劳务名称	规格型号	单位	数量	单价	金额	税率	税额
甲产品		台	5	22 000	110 000	13%	14 300
合计					110 000		14 300

价税合计（大写）	壹拾贰万肆仟叁佰元整	（小写）¥124 300.00

销货单位	名称	江苏天润机械有限公司	备注
	纳税人识别号	913201060502677782H	
	地址、电话	徐州市建国路 180 号	
	开户银行及账号	中国银行徐州开发区支行 740108320311	

收款人：刘红　　　复核：王露　　　开票人：王艺　　　销货单位：（章）

进货退回及折让证明单

2019 年 12 月 13 日　　　　　　　　　　　　　　　　　　　　　　No.00015879

销售单位	全　称	江苏天润机械有限公司				
	税务登记号	913201060502677782H				

进货退出	货物名称	单价	数量	货款	税款
	甲产品	22 000	5	110 000	14 300

索取折让	货物名称	货款	税款	要　求	
				折让金额	折让税额

退货或索取折让理由	货物存在质量问题 经办人 单位签章 2019 年 12 月 13 日	税务征收机关盖章	经办人 2019 年 12 月 13 日

购货单位	全　称	大洋纺织机械厂
	税务登记号	210433106215631

根据红字增值税发票以及转账支票存根等原始凭证，编制会计分录：

　　借：主营业务收入——甲产品　　　　　　　　　　　　　　110 000

　　　　应交税费——应交增值税（销项税额）　　　　　　　　 14 300

贷：银行存款——中国银行　　　　　　　　　　　　　　　　124 300
步骤二：冲减当期销售成本。

销售退货入库单
2019 年 12 月 13 日

产品名称及规格	计量单位	实收数量	单价(元)	金额(元)
甲产品	台	5	15 000	75 000
合　计				75 000

会计主管：方泊　　　记账：张晓　　　保管：　　　交库：

　　借：库存商品——甲产品　　　　　　　　　　75 000
　　　贷：主营业务成本——甲产品　　　　　　　　　　75 000

（四）其他业务收入的业务节点与账务处理

企业开具红字发票的流程

企业销售原材料且符合收入确认条件时，按实际价款借记"库存现金""银行存款""应收账款""应收票据"等科目，贷记"其他业务收入"和"应交税费——应交增值税（销项税额）"科目。企业结转其他业务成本，借记"其他业务成本"科目，贷记"原材料"等有关科目。

企业出租包装物，按实收包装物租金，借记"库存现金""银行存款"等科目，贷记"其他业务收入"和"应交税费——应交增值税（销项税额）"科目。若采用一次摊销法结转成本，企业应在第一次领用包装物时结转其他业务成本，借记"其他业务成本"科目，贷记"原材料"等有关科目。

企业出租无形资产，收到租金收入时，借记"库存现金""银行存款"等科目，贷记"其他业务收入"和"应交税费——应交增值税（销项税额）"。结转出租无形资产的成本时，借记"其他业务成本"科目，贷记"累计摊销"等有关科目。

其他业务收入的业务节点与账务处理如下。

业务节点	账务处理
销售原材料	确认收入： 借：库存现金/银行存款/应收账款/应收票据等 　贷：其他业务收入 　　应交税费——应交增值税（销项税额） 结转成本： 借：其他业务成本 　贷：原材料等
出租包装物 （一次摊销法）	收到租金： 借：库存现金/银行存款 　贷：其他业务收入 　　应交税费——应交增值税（销项税额） 第一次领用包装物时结转成本： 借：其他业务成本 　贷：原材料/周转材料——包装物

续表

业务节点	账务处理
出租无形资产	收到租金收入： 借：库存现金/银行存款等 　贷：其他业务收入 　　　应交税费——应交增值税（销项税额） 结转出租无形资产的成本： 借：其他业务成本 　贷：累计摊销

（五）委托代销商品的核算

委托代销是指委托方和受托方签订代销合同或协议，委托受托方向终端客户销售商品。委托代销安排是涉及主要责任人和代理人的销售，企业应当根据其在向客户转让商品前是否拥有对该商品的控制权，来判断其从事交易时的身份是主要责任人还是代理人。受托企业在向客户转让商品前能够控制该商品的，该受托企业为主要责任人，应当按照向终端客户已收对价总额确认收入（这种形式，就是以前讲的"视同买断"）；如果受托方没有获得对该商品的控制权，则该受托企业为代理人，应当按照预期有权收取的佣金或手续费的金额确认收入，该金额应当按照已收或应收对价总额扣除应支付其他相关方的价款后的净额，或者按照既定的佣金金额或比例等确定。

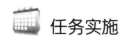

任务实施

任务实施十：委托代销的核算

2019年12月8日，江苏天润机械有限公司与乙公司签订合同：委托乙公司销售W商品1 000件，每件成本为0.7万元。合同约定乙公司应按每件1万元对外销售，江苏天润机械有限公司按不含增值税的销售价格的10%向乙公司支付手续费。除非这些商品在乙公司存放期间内由于乙公司的责任发生毁损或丢失，否则在W商品对外销售之前，乙公司没有义务向江苏天润机械有限公司支付货款。乙公司不承担包销责任，没有售出的W商品可以退回给江苏天润机械有限公司，同时，江苏天润机械有限公司也有权要求收回W商品或将其销售给其他客户。12月8日，江苏天润机械有限公司发出W商品。

12月28日，乙公司对外实际销售1 000件，开出的增值税专用发票上注明的销售价格为1 000万元，增值税税额为130万元，款项已经收到，并立即向江苏天润机械有限公司开具代销清单，12月30日双方结清货款。

江苏天润机械有限公司的账务处理如下（单位：万元）：

步骤一：12月8日，识别合同后，确定主要责任人与代理人。

步骤二：12月28日，收到代理人乙公司开具的代销清单。

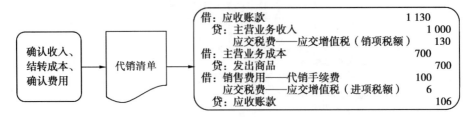

步骤三：12月30日，收到代理人乙公司支付的货款。

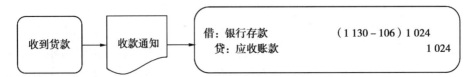

乙公司的账务处理如下：

步骤一：12月8日，识别合同后，明确自己代理人的责任。

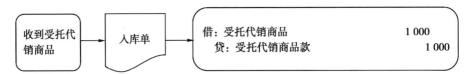

步骤二：12月28日，实现对外销售。

步骤三：12月28日，向委托方开具代销清单并收到对方开具的专用发票。

步骤四：12月30日，支付货款并计算确认代销手续费收入。

五、某一时段履行履约义务的会计处理

对于在某一时段履行的履约义务,企业应当选取恰当的方法来确定履约进度,根据履约进度确定收入。企业按照履约进度确认收入时,通常应当在资产负债表日按照合同的交易价格总额乘以履约进度扣除以前会计期间累计已确认的收入后的金额,确认为当期收入。

(一)履约进度的确定

企业应当考虑商品的性质,采用产出法或投入法确定恰当的履约进度。其中,产出法是根据已转移给客户的价值确定履约进度;投入法是根据履行履约义务的投入确定履约进度。

任务实施

任务实施十一:按产出法计算确定履约进度

2019 年 8 月 1 日,库西特公司与客户签订合同,库西特接受一项 100 台空气净化设备安装任务。截至 2019 年 12 月 31 日,库西特公司共安装 60 台空气净化设备,剩余部分预计在 2020 年 3 月 31 日之前完成。该合同仅包含一项履约义务,且该履约义务满足在某一时段内履行的条件。假定不考虑其他情况。

步骤一:判断库西特公司提供安装空气净化设备的服务属于在某一时段履行的履约义务。

步骤二:按照已完成的工作量占预计总工作量的比例确定履约进度(产出法)。

步骤三:2019 年 12 月 31 日,该合同的履约进度为 60%(60÷100)。

对于类似情况下的类似履约义务,企业应当采用相同的方法确定履约进度。当履约进度不能合理确定时,企业已经发生的成本预计能够得到补偿的,应当按照已经发生的成本金额确认收入,直到履约进度能够合理确定为止。

(二)应设置的会计科目

1. "合同履约成本"科目

(1)定义:本科目核算企业为履行当前或预期取得的合同所发生的、不属于其他企业会计准则规范范围且按《企业会计准则》应当确认为一项资产的成本。企业因履行合同而产生的毛利不在本科目核算。

(2)性质:资产类。

(3)核算内容:借方登记实际发生的合同履约成本,贷方登记对合同履约成本的摊销;期末余额在借方,反映企业尚未结转的合同履约成本。

(4)明细账设置:按照合同,分别"服务成本""工程施工"等进行明细核算。

2. "合同取得成本"科目

(1)定义:本科目核算企业取得合同发生的、预计能够收回的增量成本。

(2)性质:资产类。

(3) 核算内容：借方登记企业实际发生的合同取得成本；贷方登记对合同取得成本进行摊销的金额；期末余额在借方，反映企业尚未结转的合同取得成本。

(4) 明细账设置：按照合同明细进行核算。

任务实施

任务实施十二：

光明建盛公司为增值税一般纳税人，2019年11月30日，光明建盛公司与库西特公司签订了一项为期3个月的装修合同，合同约定装修价款为500 000元，增值税税额为45 000元。合同签订当日预付总价款（含增值税）的50%，装修完成时支付剩余50%的款项；当日，收到库西特公司预付款项272 500元。2019年12月31日，经专业测量师测量后，确定该项劳务的完工程度为25%。截至2019年12月31日，光明建盛公司为完成该合同累计发生劳务成本100 000元，估计还将发生劳务成本300 000元。假定该业务属于光明建盛公司的主营业务，全部由光明建盛公司自行完成，适用的增值税税率为9%，适用一般计税方法计税的项目预征率为2%。账务处理的步骤如下：

步骤一：11月30日，收到客户预付的款项。

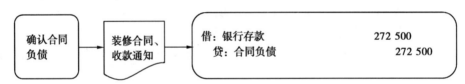

纳税义务：根据《关于建筑服务等营改增试点政策的通知》（财税〔2017〕58号），纳税人提供建筑服务取得预收款，应在收到预收款时，以取得预收款扣除支付的分包款后的余额，按照规定的预征率预缴增值税。适用一般计税方法计税的项目预征率为2%，适用简易计税方法计税的项目预征率为3%。本例中，光明建盛公司适用一般计税方法计税的项目预征率，为2%，且未将装修业务分包，其收到预收款275 000元时，应预缴增值税 = 272 500 ÷ (1 + 9%) × 2% = 5 000(元)。

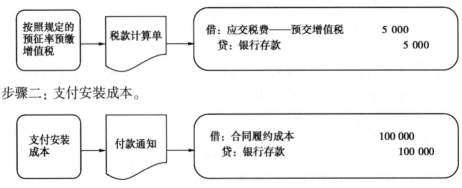

步骤二：支付安装成本。

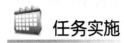

步骤三：12月31日，按履约进度确认收入、结转成本。

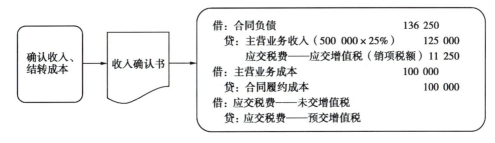

(三)"合同结算"科目的运用

对于同一合同下属于在一时段内履行的履约义务涉及与客户结算对价的,通常情况下,企业对其已向客户转让商品而有权收取的对价金额应当确认为合同资产或应收账款,对于其已收或应收客户对价而应向客户转让商品的义务,应当按照已收或应收的金额确认合同负债。由于同一合同下的合同资产和合同负债应当以净额列示,企业也可以设置"合同结算"科目(或其他类似科目),以核算同一合同下属于在一时段内履行的履约义务涉及与客户结算对价所产生的合同资产或合同负债,并在此科目下设置"合同结算——价款结算"科目,反映定期与客户进行结算的金额,设置"合同结算——收入结转"科目反映按履约进度结转的收入金额。资产负债表日,"合同结算"科目的期末余额在借方的,根据其流动性,在资产负债表中分别列示为"合同资产"或"其他非流动资产"项目;期末余额在贷方的,根据其流动性,在资产负债表中分别列示为"合同负债"或"其他非流动负债"项目。

任务实施十三:

2020年1月1日,甲公司与乙公司签订一项大型设备建造工程合同,根据双方合同,该工程的造价为6 300万元,工程期限为一年半,预计2021年6月30日竣工;预计可能发生的总成本为4 000万元;甲公司负责工程的施工及全面管理,乙公司按照第三方工程监理公司确认的工程完工量,每半年与甲公司结算一次。假定该建造工程整体构成单项履约义务,并属于在某一时段履行的履约义务,甲公司采用已发生成本占预计总成本比例计算履约进度,增值税税率为9%,不考虑其他相关因素。

2020年6月30日,工程累计实际发生成本1 500万元,乙公司与甲公司结算合同价款2 500万元,甲公司实际收到价款2 000万元;2020年12月31日,工程累计实际发生成本3 000万元,乙公司与甲公司结算合同价款1 100万元,甲公司实际收到价款1 000万元;2021年6月30日,工程累计实际发生成本4 100万元,乙公司与甲公司结算合同竣工价款2 700万元,并支付剩余工程款3 300万元。上述价款均不含增值税额。假定甲公司与乙公司结算时即发生增值税纳税义务,乙公司在实际支付工程价款的同时支付其对应的增值税税款。

甲公司的账务处理为:

第一步:识别与客户签订的合同:大型设备建造工程合同。

第二步:识别合同中的单项义务:设备建造。

第三步:确定交易价格:设备工程造价6 300万元。

第四步:将交易价格分摊至各单项义务:只有一项义务,金额6 300万元。

第五步:履行了每一单项义务时确认收入:进行会计核算,适时确认收入。

(1) 2020 年 1 月 1 日至 2020 年 6 月 30 日,实际发生工程成本时:

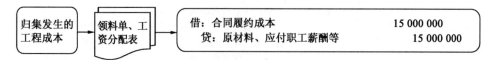

(2) 2020 年 6 月 30 日,根据工程进度确认收入,结转成本。

履约进度 = 15 000 000 ÷ 40 000 000 × 100% = 37.5%

合同收入 = 63 000 000 × 37.5% = 23 625 000(元)

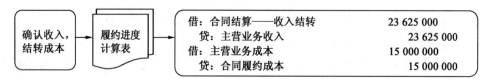

(3) 2020 年 6 月 30 日,根据合同,与对方结算工程款时:

注:"合同结算"科目的余额为贷方 137.5 万元(2 500 − 2 362.5),表明甲公司已经与乙公司结算但尚未履行履约义务的金额为 137.5 万元,由于甲公司预计该部分履约义务将在 2020 年内完成,因此,应在资产负债表中作为"合同负债"列示。

(4) 2020 年 7 月 1 日至 12 月 31 日,实际发生工程成本时:

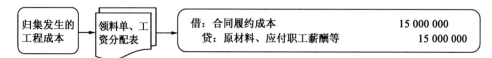

(5) 2020 年 12 月 31 日,根据工程进度确认收入,结转成本。

履约进度 = 30 000 000 ÷ 40 000 000 × 100% = 75%

合同收入 = 63 000 000 × 75% − 23 625 000 = 23 625 000(元)

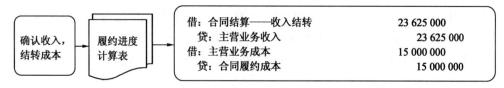

(6) 2020 年 12 月 31 日,与对方结算工程款时:

注:"合同结算"科目的余额为借方 1 125 万元(2 362.5 - 1 100 - 137.5),表明甲公司已经履行履约义务但尚未与乙公司结算的金额为 1 125 万元,由于该部分金额将在 2021 年内结算,因此,在资产负债表中作为"合同资产"列示。

(7) 归集 2021 年 1 月 1 日至 6 月 30 日实际发生工程成本时:
借:合同履约成本　　　　　　　　　　　　　　　　　11 000 000
　　贷:原材料、应付职工薪酬等　　　　　　　　　　　11 000 000

(8) 2021 年 6 月 30 日,确认收入,结转成本。
由于当日该工程已竣工决算,其履约进度为 100%。
合同收入 = 63 000 000 - 23 625 000 - 23 625 000 = 15 750 000(元)
借:合同结算——收入结转　　　　　　　　　　　　　15 750 000
　　贷:主营业务收入　　　　　　　　　　　　　　　　15 750 000
借:主营业务成本　　　　　　　　　　　　　　　　　11 000 000
　　贷:合同履约成本　　　　　　　　　　　　　　　　11 000 000

(9) 2021 年 6 月 30 日,与对方结算工程款时:
借:应收账款　　　　　　　　　　　　　　　　　　　29 430 000
　　贷:合同结算——价款结算　　　　　　　　　　　　27 000 000
　　　　应交税费——应交增值税(销项税额)　　　　　 2 430 000
借:银行存款　　　　　　　　　　　　　　　　　　　38 670 000
　　贷:应收账款　　　　　　　　　　　　　　　　　　38 670 000

注:"合同结算"科目的余额为 0(1 125 + 1 575 - 2 700)。

六、特殊交易的账务处理

(一)授予知识产权许可

企业向客户授予知识产权许可的,应当评估该知识产权许可是否构成单项履约义务,构成单项履约义务的,应当进一步确定在某一时段履行还是在某一时点履行。

(1) 企业向客户授予知识产权许可,同时满足下列条件时,应当作为在某一时段履行的履约义务确认相关收入;否则,应当作为在某一时点履行的履约义务确认相关收入:
① 合同要求或客户能够合理预期企业将从事对该项知识产权有重大影响的活动。
② 该活动对客户将产生有利或不利影响。
③ 该活动不会导致向客户转让某项商品。

(2) 企业向客户授予知识产权许可的使用费收入,一般通过"其他业务收入"科目核算;授予许可的知识产权计提的摊销额等,一般通过"其他业务成本"科目核算。企业确认授予知识产权许可的使用费收入时,按确定的收入金额,借记"银行存款""应收账款"等科目,贷记"其他业务收入"科目。企业对授予许可的知识产权计提摊销以及所发生的与授予知识产权许可有关的支出等,借记"其他业务成本"科目,贷记"累计摊销"等科目。

任务实施

任务实施十四：

2019年12月1日,库西特公司向天又蓝公司转让某非专利技术的使用权,一次性收取使用费50 000元,增值税税率6%,不提供其他服务,款项已收到。

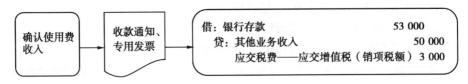

任务实施十五：

库西特公司于2019年12月1日向天又蓝公司转让某项非专利技术的使用权,合同约定转让期为3年,每年末收取转让费50 000元,增值税税率为6%。2019年该非专利技术计提的摊销金额每月为5 000元。

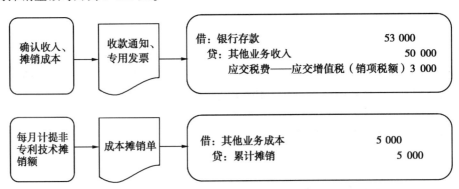

(二) 附有销售退回条款的销售

对于附有销售退回条款的销售,企业应当在客户取得相关商品控制权时,按照因向客户转让商品而预期有权收取的对价金额(即不包含预期因销售退回将退还的金额)确认收入,按照预期因销售退回将退还的金额确认负债;同时,按照预期将退回商品转让时的账面价值,扣除收回该商品预计发生的成本(包括退回商品的价值减损)后的余额,确认为一项资产,按照所转让商品转让时的账面价值,扣除上述资产成本的净额结转成本。每一资产负债表日,企业应当重新估计未来销售退回情况,并对上述资产和负债进行重新计量,如有变化,应当作为会计估计变更进行会计处理。

任务实施

任务实施十六：

甲公司是一家健身器材销售公司。2019年10月1日,甲公司与乙公司签订合同:向乙公司销售 5 000 件健身器材,单位销售价格为 500 元,于合同签订之日发货;乙公司应于 2019 年 12 月 1 日之前支付货款,在 2020 年 3 月 31 日之前有权退还健身器材。该健身器材单位成本为 400 元,增值税税率 13%。2019 年 10 月 1 日,甲公司发货后,根据过去的经验,估计该批健身器材的退货率约为 20%。

步骤一:2019 年 10 月 1 日,识别合同,明确履约义务,发出健身器材(单位:万元)。

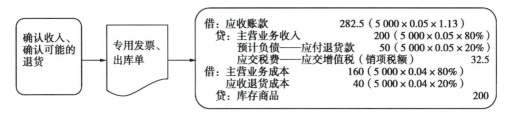

步骤二:2019 年 12 月 1 日,收到货款。

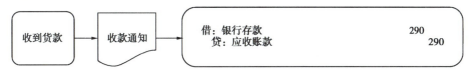

步骤三:2019 年 12 月 31 日,根据市场销售情况,甲公司对退货率进行了重新评估,认为只有 10% 的健身器材会被退回。

步骤四:2020 年 3 月 31 日发生销售退回,实际退货量为 400 件(重新入库)。

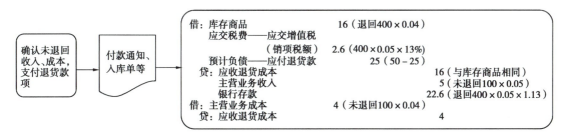

(三)合同中存在的重大融资成分

合同中存在重大融资成分的,企业在确定该重大融资成分的金额时,应使用将合同对价的名义金额折现为商品现销价格的折现率。该折现率一经确定,不得因后续市场利率或客户信用风险等情况的变化而变更。企业确定的交易价格与合同承诺的对价金额之间的差额,应当在合同期间采用实际利率法摊销。需要说明的是,企业应当在单个合同层面考虑融资成分是否重大,而不应在合同组合层面考虑这些合同中的融资成分的汇总影响对企业整体而言是否重大。企业只有在确认了合同资产(或应收款项)和合同负债时,才应当分别确认与重大融资成分相应的利息收入和利息支出。为简化实务操作,如果在合同开始日,企业预计客户取得商品控制权与客户支付价款间隔不超过一年的,可以不考虑合同中存在的重大融资成分。企业应当对类似情形下的类似合同一致地应用这一简化处理方法。

任务实施

任务实施十七:

2020 年 1 月 1 日,江苏天润机械有限公司与乙公司签订合同,向其销售一批产品。合同约定,该批产品将于 2 年之后交货。合同中包含两种可供选择的付款方式,即乙公司可以在 2 年后交付产品时支付 449.44 万元,或者在合同签订时支付 400 万元。乙公司选择在合同签订时支付货款。该批产品的控制权在交货时转移。江苏天润机械有限公司于 2020 年 1 月 1 日收到乙公司支付的货款。上述价格均不包含增值税,且假定不考虑相关税费影响。经计算内含利率为 6%。

步骤一:2020 年 1 月 1 日,识别合同,判断该合同包含重大融资成分,在确定交易价格时,应当对合同承诺的对价金额进行调整,对收到的货款,确认为合同负债。

```
借:银行存款                    400
    未确认融资费用              49.44
  贷:合同负债                              449.44
```

步骤二:2020 年 12 月 31 日,摊销未确认融资费用。

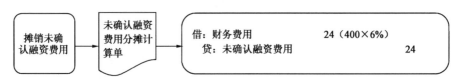

```
借:财务费用          24 (400×6%)
  贷:未确认融资费用                24
```

步骤三:2021 年 12 月 31 日,一方面,摊销未确认融资费用;另一方面,交付产品,确认收入。

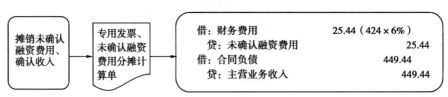

```
借:财务费用         25.44 (424×6%)
  贷:未确认融资费用              25.44
借:合同负债         449.44
  贷:主营业务收入              449.44
```

《企业会计准则》
第 14 号——收入

任务二 核算企业的费用

任务导入

公司采购员小王，出差采购一批材料回来，报销差旅费500元，小王认为差旅费是为采购材料而发生的，应该计入采购成本，而公司会计小刘认为应该计入管理费用。费用是和收入相对应的，取得收入必然花费一定的成本，这种成本包括商品的成本，也包括相应的税金，还包括三项期间费用。为了取得更好的经济效益，企业应该努力降低成本费用。那么，作为会计人员应如何把握费用的确认与计量的方法呢？

知识准备

一、费用的认知

（一）费用的概念和特征

费用是指企业在日常活动中发生的、会导致所有者权益减少的、与向所有者分配利润无关的经济利益的总流出。费用具有以下特点：

1. 费用是企业在日常活动中发生的经济利益的总流出

费用形成于企业日常活动的特征使其与产生于非日常活动的损失相区分。企业从事或发生的某些活动或事项也能导致经济利益流出企业，但不属于企业的日常活动。例如，企业处置固定资产、无形资产等非流动资产，因违约支付罚款，对外捐赠，因自然灾害等非常原因造成财产毁损等，这些活动或事项形成的经济利益的总流出属于企业的损失而不是费用。

2. 费用会导致企业所有者权益的减少

费用在本质上是企业的一种资产流出（即资产减少），根据"资产＝负债＋所有者权益"的等式，企业的费用最终会减少企业的所有者权益。企业生产经营过程中的有些支出并不减少企业的所有者权益，也就不应归属于费用。比如，企业为第三方代收代付的款项，如代付的水电费，表现为企业现金的减少和负债的增加，但不会产生费用。

3. 费用与向所有者分配利润无关

向所有者分配利润或股利属于企业利润分配的内容，不构成企业的费用。

（二）费用的分类

费用按照经济用途进行分类，首先要将企业发生的费用划分为应计入产品成本的费用（称为生产成本）和不应计入产品成本的费用（称为期间费用）两大类。对于应计入产品成本的费用，可以分为直接材料、直接人工、制造费用三个成本项目；对于不应计入产品成本的期间费用，可以分为管理费用、财务费用和销售费用。

按经济用途分类	应计入产品成本的费用	成本项目	直接材料
			直接人工
			制造费用
	不应计入产品成本的费用		管理费用
			财务费用
			销售费用

二、费用的确认和计量

（一）费用确认的原则

1. 划分收益性支出和资本化支出的原则

按照划分收益性支出和资本化支出的原则，若某项支出的效益涉及几个会计年度（或几个营业周期），该项支出应予以资本化，不能作为当期的费用；如果某项支出的效益仅涉及本会计年度（一个营业周期），就应作为收益性支出在一个会计期间确认为费用。这一原则为费用的确认给定了一个时间上的总体界限。

2. 权责发生制原则

划分收益性支出和资本化支出的原则只为费用的确认做出了时间上的大致区分，而权责发生制原则规定了具体在什么时点上确认。《企业会计准则——基本准则》规定，凡是当期已经发生或应当负担的费用，不论款项是否收付，都应作为当期的费用；凡是不属于当期的费用，即使款项已在本期支付，也不应当作为当期的费用。

（二）费用的计量

在实际的会计工作中，一般都是以交易价格，即实际成本为依据进行会计计量的。换言之，有明确的市场价格是费用计量的首要标准。

三、核算费用应设置的科目

费用主要包括主营业务成本、其他业务成本、税金及附加、销售费用、管理费用和财务费用等，对于"主营业务成本""其他业务成本"科目，前面已经介绍，这里重点介绍后四种。

（一）"税金及附加"科目

（1）定义：核算企业经营活动中应负担的相关税费。

（2）核算内容：包括消费税、城市维护建设税、教育费附加和资源税及房产税、土地使用税、车船使用税、印花税等相关税费。

（3）明细账的设置：按企业负担的税费种类进行明细核算。

（二）"管理费用"科目

（1）定义：核算企业为组织和管理生产经营活动而发生的各种管理费用。

(2)核算内容:包括企业在筹建期间发生的开办费、董事会和行政管理部门在企业经营管理中发生的或者应由企业统一负担的公司经费(包括行政管理部门职工薪酬、物料消耗、低值易耗品摊销、办公费和差旅费等)、工会经费、董事会费(包括董事会成员津贴、会议费和差旅费等)、聘请中介机构费、咨询费(含顾问费)、诉讼费、业务招待费、技术转让费、矿产资源补偿费、研究费用、排污费以及企业生产车间(部门)和行政管理部门发生的固定资产修理费等。

(3)明细账的设置:按企业负担的管理费用的种类进行明细核算。

(三)"财务费用"科目

(1)定义:核算企业为筹集生产经营所需资金等而发生的筹资费用。

(2)核算内容:包括利息支出(减利息收入)、汇兑损益以及相关的手续费、企业发生的现金折扣或收到的现金折扣等。

(3)明细账的设置:按企业负担的财务费用的种类进行明细核算。

(四)"销售费用"科目

(1)定义:核算企业在销售商品、材料和提供劳务过程中发生的各项费用。

(2)核算内容:包括企业在销售商品过程中发生的包装费、保险费、展览费和广告费、商品维修费、预计产品质量保证损失、运输费、装卸费等费用,以及企业发生的为销售本企业商品而专设的销售机构的职工薪酬、业务费、折旧费、固定资产修理费等费用。

(3)明细账的设置:按企业负担的销售费用的种类进行明细核算。

四、涉及费用的业务节点与账务处理

业务节点	账务处理
税金及附加	企业计算应负担的消费税、城市维护建设税、教育费附加和资源税、房产税、土地使用税、车船使用税时,借记"税金及附加"科目,贷记"应交税费——应交消费税""应交税费——应交城建税"等科目
管理费用	企业发生管理费用时,借记"管理费用""应交税费——应交增值税(进项税额)",贷记"银行存款"等科目
销售费用	企业发生销售费用时,借记"销售费用""应交税费——应交增值税(进项税额)",贷记"银行存款"等科目
财务费用	企业发生财务费用时,借记"财务费用",贷记"银行存款"等科目

任务实施

任务实施一:管理费用的核算

江苏环宇公司2019年12月25日向徐州百盛商城购入一批办公用品,取得增值税专用发票,含税价 1 039.6 元,款项以现金支付,该批办公用品均被行政管理部门领用。

步骤一:收集、整理、审核增值税专用发票。

步骤二:对购买办公用品业务进行账务处理:

任务实施二:销售费用的核算

2018 年 12 月 26 日,江苏环宇公司向众信广告设计有限公司支付本年度电视广告设计制作费 50 000 元,增值税 3 000 元,款项已通过银行支付。

步骤一:收集、整理、审核增值税专用发票和支票存根。

步骤二:对支付电视广告设计制作费业务进行账务处理:

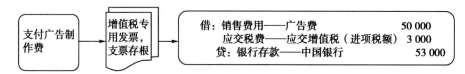

任务实施三:财务费用的核算

2018 年 12 月 24 日,江苏环宇公司用银行存款支付一笔汇款手续费 10.5 元。

步骤一:收集、整理、审核电汇手续费凭单。

中国银行电汇手续费凭单

步骤二:对支付一笔汇款手续费业务进行账务处理:

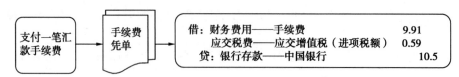

项目十二 确认收入、记录费用、结转利润

任务三　结转本年利润、进行利润分配

☞ 任务导入

企业领导想要了解当月的经营成果,会计人员是否要抱来账本一一翻给他看?企业实现的利润该如何分配呢?要不要遵循相关的法律法规和一定的程序?会计人员,特别是会计主管、财务负责人应该知晓企业利润和结转的方法及相关的会计核算方法,应该知晓企业利润分配应遵循的法律法规和程序,应该掌握相关的会计核算方法。

第一部分：确认、记录营业外收支

知识准备

一、营业外收支的内容

(一)营业外收入的内容

营业外收入是指企业发生的营业利润以外的收益。营业外收入并不是企业经营资金耗费所产生的,不需要企业付出代价,实际上是经济利益的净流入,不可能也不需要与有关的费用进行配比。营业外收入主要包括与企业日常经营无关的政府补助、盘盈利得、罚没利得、捐赠利得、确实无法支付而按规定程序经批准后转作营业外收入的应付款项等。

其中与日常活动无关的政府补助是企业获得的,与企业日常活动无关的来自政府的经济利益,如某些地方政府为鼓励上市而支付的"上市专项扶助资金"。

盘盈利得主要指对于现金等清查盘点中盘盈的现金等,报经批准后计入营业外收入的金额。

罚没利得是指企业取得的各项罚款,在弥补由于违反合同或协议而造成的经济损失后的罚款净收益。

捐赠利得是指企业接受捐赠产生的利得。

(二)营业外支出的内容

营业外支出是指企业发生的与其日常活动无直接关系的各项损失,主要包括盘亏损失、罚款支出、公益性捐赠支出、非常损失等。

盘亏损失,主要指对于固定资产清查盘点中盘亏的固定资产,在查明原因处理时按确定的损失计入营业外支出的金额。

罚款支出,指企业由于违反税收法规、经济合同等而支付的各种滞纳金和罚款。

公益性捐赠支出,指企业对外进行公益性捐赠发生的支出。

非常损失,指企业对于因客观因素(如自然灾害等)造成的损失,在扣除保险公司赔偿后应计入营业外支出的净损失。

二、核算营业外收支应设置的会计科目

(一)"营业外收入"科目

(1)定义:指与企业生产经营活动没有直接关系的各种收入。

(2)核算内容:包括政府补助、盘盈利得、捐赠利得等。

(3)明细账的设置:按企业营业外收入项目设置明细账,进行明细核算。

(二)"营业外支出"科目

(1)定义:指不属于企业生产经营费用,与企业生产经营活动没有直接关系,但应从企业实现的利润总额中扣除的支出。

(2)核算内容:包括公益性捐赠支出、盘亏损失、非常损失等。

(3)明细账的设置:按企业营业外支出项目设置明细账,进行明细核算。

三、营业外收支业务的业务节点与账务处理

业务节点	账务处理
取得营业外收入	借记"银行存款"等科目,贷记"营业外收入"科目
发生营业外支出	借记"营业外支出"科目,贷记"银行存款""待处理财产损溢"等科目

任务实施

任务实施一:营业外收入的核算

2019年12月28日,财务科收到生产车间工人张豪强、胡英明每人罚款1 000元,现金收讫。

步骤一:收集、整理、审核罚款通知单和收款收据。

罚款通知单

财务科:
　　生产车间工人张豪强、胡英明,无故旷工十天。为严肃公司纪律,以防类似事件再次发生,经经理办公会研究决定,每人罚款壹仟元,交到你科。请查收!

经理办公室
2019年12月28日

步骤二:根据罚款通知单、现金收据进行账务处理:

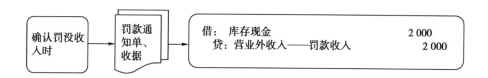

任务实施二：营业外支出的核算

2019 年 12 月 31 日,江苏环宇公司开出转账支票向希望工程捐款 20 000 元。

步骤一：收集、整理、审核收款收据和转账支票存根。

步骤二：根据收据及转账支票存根进行业务处理并编制会计分录：

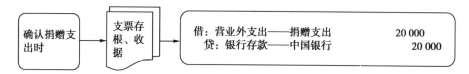

第二部分：利润总额形成的核算

知识准备

一、利润的层级与计算过程

（一）利润的层级

利润是指企业在一定会计期间的经营成果。包括营业利润、利润总额和净利润。其中,营业利润是企业利润的主要来源。

（二）利润总额的计算过程

营业利润 = 营业收入 − 营业成本 − 税金及附加 − 销售费用 − 管理费用 − 财务费用 − 资产减值损失 − 信用减值损失 ± 公允价值变动损益 ± 投资收益 ± 资产处置收益 ± 其他收益

利润总额 = 营业利润 + 营业外收入 − 营业外支出

净利润 = 利润总额 − 所得税费用

二、核算、结转利润总额的科目——"本年利润"

（1）定义：核算企业当期实现的净利润(或发生的净亏损)。

（2）核算内容：贷方登记期末从损益类账户转入的、企业本期实现的构成利润总额的各种收入和利得；借方登记期末从损益类账户转入的、企业本期发生的各种影响利润总额减少的成本、费用和损失等；经过期末损益类账户的结转,本账户如果出现贷方余额,反映为企业本年度自年初至本期末累计实现的利润总额,如果出现借方余额,则反应为企业本年度自年初至本期末累计发生的亏损总额。

（3）明细账的设置：一般不设置明细账。

三、结转利润总额的业务节点与账务处理

业务节点	账务处理
将收入、利得转入"本年利润"	借记"主营业务收入""其他业务收入""投资收益""资产处置收益""其他收益""营业外收入"等科目，贷记"本年利润"科目
将费用、损失（不含所得税）转入"本年利润"	借记"本年利润"科目，贷记"主营业务成本""其他业务成本""营业外支出""税金及附加""销售费用""管理费用""财务费用""资产减值损失""信用减值损失"等科目

任务实施

利润总额的结转与计算

江苏环宇公司平时采用表结法计算利润总额，年末一次结转损益类科目。2018年有关损益类科目的年末余额如下表所示：

损益类账户余额表

科目名称	借方余额	贷方余额
主营业务收入		2 000 00
其他业务收入		700 00
投资收益		3 000
资产处置收益		3 000
营业外收入		5 000
主营业务成本	1 000 00	
其他业务成本	400 00	
税金及附加	20 000	
销售费用	10 000	
管理费用	5 000	
财务费用	4 000	
资产减值损失	2 000	
信用减值损失	2 000	
营业外支出	2 000	

步骤一：填制并审核损益类账户余额表。

步骤二：根据损益类账户余额表进行账务处理：

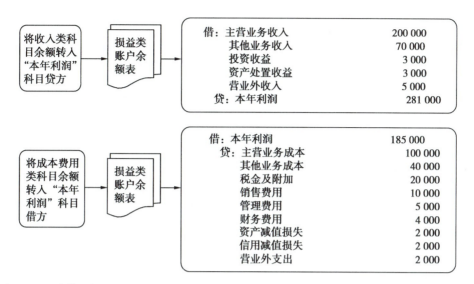

步骤三：计算利润总额：

利润总额 = 200 000 − 185 000 = 15 000(元)

第三部分：所得税费用的会计核算

知识准备

一、所得税费用的认知

所得税费用是指企业按税法规定向国家交纳所得税所形成的费用。

二、应交所得税的计算

当期应交所得税 = 应纳税所得额 × 所得税税率

应纳税所得额是在企业税前会计利润（即利润总额）的基础上调整确定的，计算公式为：

应纳税所得额 = 税前会计利润 + 纳税调整增加额 − 纳税调整减少额

纳税调整增加额主要包括税法规定允许扣除项目中，企业已计入当期费用但超过税法规定扣除标准的金额（如超过税法规定标准的职工福利费、工会经费、职工教育经费、业务招待费、公益性捐赠支出、广告费和业务宣传费等），以及企业已计入当期损益但税法规定不允许扣除项目的金额（如税收滞纳金、罚金、罚款）。

纳税调整减少额主要包括按税法规定允许弥补的亏损和准予免税的项目，如前五年内未弥补亏损、国债利息收入及符合条件的居民企业取得的股息、红利等权益性投资收益等。

会计利润与所得税费用调整过程

> **提醒你**
>
> 企业的税前会计利润是企业根据会计制度、会计准则核算出来的,而应纳税所得额则是根据税法计算出来的。生产经营过程中,企业应按所得税法的规定计算交纳所得税。所以一个企业是否应交所得税,不取决于有没有会计利润,而取决于有没有应纳税所得额。

三、核算所得税费用的科目——"所得税费用"

(1) 定义:核算企业确认的应从当期利润总额中扣除的所得税费用。

(2) 核算内容:资产负债表日,企业按照税法规定计算确定的当期应交所得税,借记本科目(当期所得税费用);贷记"应交税费——应交所得税"科目;期末,应将本科目的余额转入"本年利润"科目,结转后本科目无余额。

(3) 明细账的设置:按"当期所得税费用"进行明细核算。

四、所得税费用的确认方法

《小企业会计准则》规定,小企业采用应付税款法计算所得税。应付税款法是指企业不确认时间差异对所得税的影响金额,把当期计算的应交所得税确认为所得税费用的方法。在应付税款法下,当期所得税费用等于当期应交的所得税。

小微企业定义（微课）

> **提醒你**
>
> 《企业会计准则》规定的所得税费用的核算方法是资产负债表债务法。

五、所得税费用的业务节点与账务处理

> **税法链接**
>
> 《财政部税务总局关于小微企业和个体工商户所得税优惠政策的公告》(2023年第6号):
>
> 2023年1月1日至2024年12月31日,对小型微利企业年应纳税所得额不超过100万元的部分,减按25%计入企业纳税所得额,按20%的税率缴纳企业所得税。

业务节点	账务处理
资产负债表日,核算企业应交纳的所得税费用时	借记"所得税费用",贷记"应交税费——应交所得税"
结转所得税(算出企业的净利润)	借记"本年利润",贷记"所得税费用"

任务实施

江苏环宇公司 2018 年度按企业会计准则计算的税前会计利润为 80 000 元,所得税税率为 25%。经查,公司当年营业外支出中有 2 000 元为税收滞纳金。投资收益中含国债利息收入 20 000 元。假定环宇公司全年无其他纳税调整因素。

步骤一:计算当期应交所得税,编制所得税费用计算表。

分析:税收滞纳金是不可以扣除的,另外国债利息收入是免征所得税的。

应纳税所得额 = 80 000 + 2 000 - 20 000 = 62 000(元)

当期应交所得税额 = 62 000 × 50% × 20% = 6 200(元)

步骤二:根据所得税费用计算表进行账务处理:

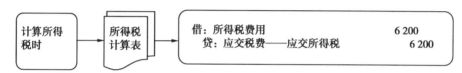

步骤三:将所得税费用转入"本年利润":

第四部分:分配利润的会计核算

知识准备

一、本年度可供分配的利润

可供分配的利润是企业年初未分配利润加上本年的净利润和盈余公积补亏的转入。

二、利润分配的一般程序

企业当年实现的净利润,应当按《中华人民共和国公司法》等有关法规的规定进行分配。分配顺序如下:

(1)弥补以前年度亏损。企业发生的亏损,可以用以后年度实现的利润进行弥补,但连续弥补期限不得超过五年,超过五年的用税后利润弥补。

(2)提取法定盈余公积。法定盈余公积按照净利润扣除弥补以前年度亏损等之后的余额的 10% 提取,当企业盈余公积金达到注册资本的 50% 时可不再提取。法定盈余公积用于扩大再生产支出等。

(3)提取任意盈余公积。企业在提取法定盈余公积后,还可根据需要和可能,提取一定比例的任意盈余公积。

（4）向投资者分配利润。企业以前年度未分配的利润，可以并入本年度向投资者进行分配。

小企业的可供分配利润，在经过上述分配后，如果有剩余即为年末未分配利润（或未弥补亏损）。本年度的未分配利润可留待以后年度进行分配。

三、核算利润分配的科目——"利润分配"

（1）定义：核算企业利润的分配（或亏损的弥补）和历年分配（或弥补）后的余额。

（2）核算内容：企业按规定提取的盈余公积，借记本科目（提取法定盈余公积、提取任意盈余公积），贷记"盈余公积——法定盈余公积、任意盈余公积"科目；经股东大会或类似机构决议，分配给股东或投资者的现金股利或利润，借记本科目（"应付利润"），贷记"应付利润"科目；用盈余公积弥补亏损，借记"盈余公积——法定盈余公积或任意盈余公积"科目，贷记本科目（"盈余公积补亏"）。年度终了，企业将本年实现的净利润，自"本年利润"科目转入本科目，借记"本年利润"科目，贷记本科目（"未分配利润"），为净亏损的做相反的会计分录；同时，将"利润分配"科目所属其他明细科目的余额转入本科目"未分配利润"明细科目。结转后，本科目除"未分配利润"明细科目外，其他明细科目应无余额。本科目年末余额，反映企业的未分配利润（或未弥补亏损）。

（3）明细账的设置：分别"提取法定盈余公积""提取任意盈余公积""应付利润""盈余公积补亏"和"未分配利润"等进行明细核算。

四、利润分配的业务节点与账务处理

业务节点	账务处理
把本年净利润转入"利润分配——未分配利润"	借：本年利润 　　贷：利润分配——未分配利润
若为净亏损	借：利润分配——未分配利润 　　贷：本年利润
按规定提取的盈余公积	借：利润分配——提取法定盈余公积 　　　　　　　　——提取任意盈余公积 　　贷：盈余公积——法定盈余公积 　　　　　　　　——任意盈余公积
经股东大会或类似机构决议，分配给股东或投资者的现金股利或利润	借：利润分配——应付利润 　　贷：应付利润
按董事会或类似机构批准的应转增资本的金额，在办理增资手续后	借：利润分配——转作资本的利润 　　贷：实收资本等

续表

业务节点	账务处理
年度终了,结转利润分配的各明细账	借:利润分配——未分配利润 　贷:利润分配——提取法定盈余公积 　　　　　　——提取任意盈余公积 　　　　　　——应付现金股利或利润 　　　　　　——转作资本的利润等

任务实施

任务实施一：利润分配的核算

江苏环宇公司 2018 年年初未分配利润为贷方余额 50 000 元,本年实现净利润 600 000 元,本年提取法定盈余公积 60 000 元,宣告发放现金股利 20 000 元。假定不考虑其他因素,环宇公司会计处理如下：

步骤一：结转净利润：

步骤二：根据规定编制并审核法定盈余公积计提表,对计提法定盈余公积进行账务处理：

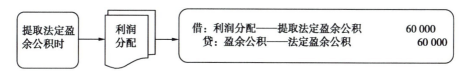

步骤三：经股东大会或类似机构决议,分配给股东或投资者现金股利或利润,董事会宣告分配现金股利,对宣告分配现金股利进行账务处理：

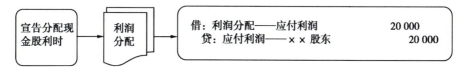

步骤四：结转利润分配其他明细：

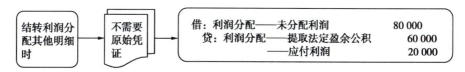

任务实施二：利润及利润分配的综合练习

江苏环宇公司 2018 年年末各损益类账户余额如下：

账户名称	借方余额	贷方余额
主营业务收入		2 500 000
主营业务成本	1 300 000	
销售费用	8 000	
税金及附加	20 000	
管理费用	5 000	
财务费用	1 000	
资产减值损失	1 000	
信用减值损失	1 000	
其他业务收入		150 000
其他业务成本	100 000	
投资收益		3 000
营业外收入		8 000
资产处置收益		2 000
营业外支出	5 000	

该企业全年投资收益中含国库券利息收入10 000元;营业外支出中含税收滞纳金3 000元。所得税税率为25%。

步骤一：根据损益类账户余额表进行账务处理：

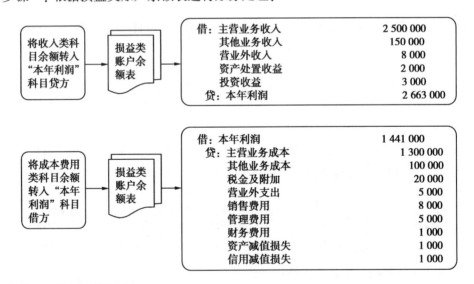

步骤二：计算利润总额。
利润总额 = 2 663 000 − 1 441 000 = 1 222 000(元)
步骤三：计算并结转所得税费用,编制所得税费用计算表。
应纳税所得额 = 税前会计利润 + 纳税调整增加额 − 纳税调整减少额
　　　　　　 = 1 222 000 + 1 000 + 1 000 + 3 000 − 10 000 = 1 217 000(元)
应交所得税 = 应纳税所得额 × 所得税税率 = 1 217 000 × 25% = 304 250(元)

步骤四：根据所得税费用计算表进行账务处理：

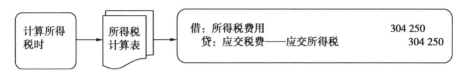

步骤五：将所得税费用转入"本年利润"：

步骤六：计算企业净利润：
净利润 = 1 222 000 - 304 250 = 917 750(元)
步骤七：将净利润转入利润分配：

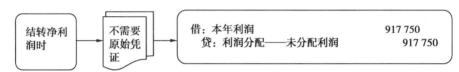

步骤八：根据规定编制并审核法定盈余公积计提表。
步骤九：对计提法定盈余公积进行账务处理：

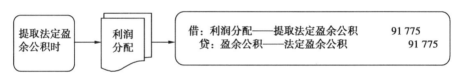

步骤十：经股东大会或类似机构决议，分配给股东或投资者现金股利或利润，董事会宣告分配现金股利。

步骤十一：对宣告分配现金股利进行账务处理：

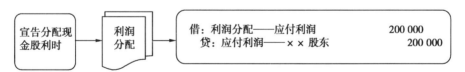

步骤十二：结转利润分配其他明细：

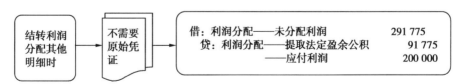

【企业案例研究】

中国证监会行政处罚决定书
（康得新复合材料集团股份有限公司、钟玉）（〔2021〕57号）（节选）

当事人：康得新复合材料集团股份有限公司（以下简称康得新）；住所：江苏环保新材料产业园晨港路北侧、港华路西侧。

钟玉，男，1950年3月出生，时任康得新董事长、实际控制人；住址：北京市海淀区。

经查明，康得新存在以下违法事实：

2017年至2018年间，康得新在中国银行间市场交易商协会（以下简称交易商协会）注册并向银行间市场合格机构投资者公开发行债务融资工具，包括2期中期票据"17康得新MTN001"和"17康得新MTN002"，共募集金额20亿元，以及2期超短期融资券"18康得新SCP001"和"18康得新SCP002"，共募集金额15亿元。经查，发行和存续期康得新披露的2015年至2018年财务报告存在虚假记载。2015年至2018年，康得新通过虚构销售业务，虚构采购、生产、研发费用及产品运输费用等方式，虚增营业收入、营业成本、研发费用和销售费用，导致2015年财务报告中虚增利润总额2 242 745 642.37元，占当期披露的经审计的利润总额的136.22%；2016年财务报告中虚增利润总额2 943 420 778.01元，占当期披露的经审计的利润总额的127.85%；2017年财务报告中虚增利润总额3 908 205 906.90元，占当期披露的经审计的利润总额的134.19%；2018年财务报告中虚增利润总额2 436 193 525.40元，占当期披露的经审计的利润总额的711.29%。

根据康得投资集团有限公司（以下简称康得集团）与北京银行股份有限公司（以下简称北京银行）西单支行签订的《现金管理业务合作协议》，康得新及其合并财务报表范围内3家子公司在北京银行西单支行尾号为3796、3863、4181、5278账户（以下简称北京银行账户组）的资金被实时、全额归集到康得集团北京银行西单支行尾号为3258的账户。康得新北京银行账户组各年末实际余额为0。康得新2015年至2018年财务报告中披露的银行存款余额分别为9 571 053 025.20元（其中北京银行账户组余额为4 599 634 797.29元）、14 689 542 575.86元（其中北京银行账户组余额为6 160 090 359.52元）、17 781 374 628.03元（其中北京银行账户组余额为10 288 447 275.09元）、14 468 363 032.12元（其中北京银行账户组余额为12 209 443 476.52元）。康得新2015年至2018年财务报告中披露的银行存款余额存在虚假记载。

上述违法事实，有交易商协会注册通知书、发行公告文件、存续期信息披露文件、虚构业务工作底稿、虚构业务资金平账记录、合同文件、工作台账、电子邮件、货运提单、财务账册及凭证、董事会决议、相关情况说明、相关人员笔录、《现金管理业务合作协议》、银行账户资料、银行流水等证据证明，足以认定。

我会认为，康得新的上述行为违反《银行间债券市场非金融企业债务融资工具管理办法》（中国人民银行令〔2008〕第1号）第七条："企业发行债务融资工具应在银行间债券市场披露信息。信息披露应遵循诚实信用原则，不得有虚假记载、误导性陈述或重大遗漏"的规定。钟玉作为实际控制人、时任董事长，领导、策划、组织并实施了上述全部违法事项，是直接负责的主管人员。

讨论分析：康得新公司虚增营业收入、营业成本的方法有哪些？如何构建遏制会计信息造假的系统制度？如何处罚相关当事人？

行业发展动态——
财务共享之合同管理系统

职业能力提升——
流程管理思维

项目十三

编制会计报表、呈现经营状况

学习目标

能力目标
- 能写出财务会计报告的组成部分;
- 能说出资产负债表的基本结构;
- 能分析计算资产负债表中的有关项目,编制资产负债表;
- 能辨析资产负债表与利润表的区别;
- 能写出利润表的五大项目;
- 能根据有关项目计算净利润,编制利润表;
- 能说出现金流量的类型和现金流量表的格式;
- 能说出所有者权益变动表的格式;
- 能说出附注的概念。

素养目标
- 坚持会计准则,客观公正披露会计信息;
- 训练系统会计思维,把握报表数据生成逻辑。

会计岗位职责——报表综合岗

会计文化——解读资产负债表

财务会计报告是指企业对外提供的反映企业某一特定日期的财务状况和某一会计期间的经营成果、现金流量等会计信息的文件。财务报告(又称财务会计报告)包括财务报表和其他应当在财务报告中披露的相关信息和资料。财务报表是对企业财务状况、经营成果和现金流量的结构性表述,是财务报告的核心。财务报表至少应当包括下列组成部分(四表一注):

(1) 资产负债表;
(2) 利润表;

(3) 现金流量表；

(4) 所有者权益（或股东权益，下同）变动表；

(5) 附注。

按财务报表编报期间的不同，可以分为中期财务报表和年度财务报表。中期财务报表是以短于一个完整会计年度的报告期间为基础编制的财务报表，包括月报、季报和半年报等。中期财务报表至少应当包括资产负债表、利润表、现金流量表和附注。与年度财务报表相比，中期财务报表中的附注披露可适当简略。

财务报表
9大风险

任务一 编制资产负债表

资产债表(微课)

任务导入

资产负债表简表

编制单位：　　　　　　　2019 年 9 月 30 日　　　　　　　单位：元

资产		负债及所有者权益	
流动资产合计	1 932 000	流动负债合计	267 000
非流动资产合计	7 034 000	长期负债合计	1 295 000
		实收资本	6 500 000
		盈余公积	50 000
		未分配利润	854 000
资产总计	8 966 000	负债及所有者权益总计	8 966 000

上面是一张某公司资产负债表的简表，观察这些数据，请思考：我们可以了解该公司哪些方面的信息？该公司的财务状况如何？作为财务人员，如何为信息使用者提供资产负债表中的相关信息呢？

知识准备

一、资产负债表的认知

（一）资产负债表的概念

资产负债表是反映企业在某一特定日期（如月末、季末、年末）的财务状况的报表。资产负债表是根据"资产 = 负债 + 所有者权益"这一会计等式，按照一定的分类标准和顺序，将企业在一定日期的资产、负债、所有者权益各项目进行适当排列，对大量数据进行整理汇总后编制的。

(二)资产负债表的作用

资产负债表主要提供有关企业财务状况方面的信息,即某一特定日期关于企业资产、负债、所有者权益及其相互关系。资产负债表的作用包括:

(1)可以提供某一日期资产的总额及其结构,表明企业拥有或控制的资源及其分布情况,使用者可以一目了然地从资产负债表上了解企业在某一特定日期所拥有的资产总量及其结构。

(2)可以提供某一日期的负债总额及其结构,表明企业未来需要用多少资产或劳务清偿债务以及清偿的时间。

(3)可以反映所有者所拥有的权益,据以判断资本保值、增值的情况以及对负债的保障程度。

(三)资产负债表的结构

根据我国《企业会计制度》的规定,我国企业的资产负债表采用账户式结构。账户式资产负债表,是将资产负债表分为左右两方,资产项目列在报表的左方,负债和所有者权益项目列在报表的右方,使资产负债表左右两方数额平衡。资产和负债分别流动资产和非流动资产、流动负债和非流动负债列示。资产负债表的结构如下:

资产负债表的结构

资产		负债及所有者权益	
流动资产	货币资金 交易性金融资产 应收及预付款 存货	流动负债	短期借款 应付及预收款项 应付职工薪酬 应交税费
		非流动负债	长期借款 应付债券 长期应付款
非流动资产	债权投资 其他债权投资 其他权益工具投资 长期股权投资 固定资产 无形资产	所有者权益	实收资本(或股本) 资本公积 其他综合收益 盈余公积 未分配利润

二、资产负债表各项目的填列方法

(一)"年初余额"的填列

本表中的"年初余额"栏通常根据上年末有关项目的期末余额填列,且

会计报表
新格式

与上年末资产负债表"期末余额"栏相一致。如果本年度资产负债表规定的各个项目名称和内容同上年度不一致，应对上年年末资产负债表各项目的名称和内容按本年度的规定进行调整，按调整后的数字填入本表"年初余额"栏内。

（二）"期末余额"的填列

1. 资产项目的填列

（1）"货币资金"项目，反映企业库存现金、银行结算户存款、外埠存款、银行汇票存款、银行本票存款、信用卡存款、信用证保证金存款等的合计数。本项目应根据"库存现金""银行存款""其他货币资金"科目期末余额的合计数填列。

"货币资金"项目 = "库存现金"科目期末余额 + "银行存款"科目期末余额 + "其他货币资金"科目期末余额

（2）"交易性金融资产"项目，反映资产负债表日企业分类为以公允价值计量且其变动计入当期损益的金融资产，以及企业持有的直接指定为以公允价值计量且其变动计入当期损益的金融资产的期末账面价值。该项目应根据"交易性金融资产"科目的相关明细科目期末余额分析填列。自资产负债表日起超过一年到期且预期持有超过一年的以公允价值计量且其变动计入当期损益的非流动金融资产的期末账面价值，在"其他非流动金融资产"项目反映。

"交易性金融资产" = "交易性金融资产——成本"科目期末余额 + "交易性金融资产——公允价值变动"科目借方期末余额（或 –"交易性金融资产——公允价值变动"科目贷方期末余额）

（3）"应收票据"项目，反映资产负债表日以摊余成本计量的，企业因销售商品、提供服务等收到的商业汇票，包括银行承兑汇票和商业承兑汇票。该项目应根据"应收票据"科目的期末余额，减去"坏账准备"科目中相关坏账准备期末余额后的金额分析填列。

"应收票据"项目 = "应收票据"科目的期末余额 – "坏账准备"科目中有关应收票据计提的坏账准备期末余额

（4）"应收账款"项目，反映资产负债表日以摊余成本计量的，企业因销售商品、提供服务等经营活动应收取的款项。该项目应根据"应收账款"科目的期末余额，减去"坏账准备"科目中相关坏账准备期末余额后的金额填列。

"应收账款"项目 = "应收账款"科目所属各明细科目的期末借方余额 + "预收账款"科目所属各明细科目的期末借方余额 – "坏账准备"科目中有关应收账款计提的坏账准备期末余额

（5）"预付账款"项目，反映企业按照购货合同规定预付给供应单位的款项等。本项目应根据"预付账款"和"应付账款"科目所属各明细科目的期末借方余额合计数，减去"坏账准备"科目中有关预付款项计提的坏账准备期末余额后的金额填列。如"预付账款"科目所属各明细科目期末有贷方余额的，应在资产负债表"应付账款"项目内填列。

"预付账款"项目 = "预付账款"科目所属各明细科目的期末借方余额 + "应付账款"科目所属各明细科目的期末借方余额 – "坏账准备"科目中有关预付款项计提的坏账准备

（6）"其他应收款"项目，反映企业除应收票据、应收账款、预付账款等经营活动以外的其他各种应收、暂付的款项。本项目应根据"应收利息""应收股利"和"其他应收款"科目的期末余额合计数，减去"坏账准备"科目中相关坏账准备期末余额后的金额填列。

"其他应收款"项目＝"其他应收款"科目的期末余额＋"应收利息"科目的期末余额＋"应收股利"科目的期末余额－"坏账准备"科目中有关"其他应收款、应收利息、应收股利"计提的坏账准备

（7）"存货"项目，反映企业期末在库、在途和在加工中的各种存货的可变现净值。本项目应根据"材料采购""原材料""低值易耗品""库存商品""周转材料""委托加工物资""委托代销商品""生产成本"等科目的期末余额合计，减去"受托代销商品款""存货跌价准备"科目期末余额后的金额填列。材料采用计划成本核算，以及库存商品采用计划成本核算或售价核算的企业，还应按加或减材料成本差异、商品进销差价后的金额填列。

"存货"项目＝（"材料采购""原材料""周转材料""委托加工物资"等科目的期末余额）＋（"生产成本"科目的期末余额）＋（"库存商品""委托代销商品""发出商品"科目的期末余额）－"受托代销商品款"科目期末余额－"存货跌价准备"科目期末余额±材料成本差异科目期末余额

（8）"持有待售资产"项目，反映资产负债表日划分为持有待售类别的非流动资产及划分为持有待售类别的处置组中的流动资产和非流动资产的期末账面价值。该项目应根据"持有待售资产"科目的期末余额，减去"持有待售资产减值准备"科目的期末余额后的金额填列。

（9）"一年内到期的非流动资产"项目，反映企业将于一年内到期的非流动资产项目金额。本项目应根据有关科目的期末余额填列。

（10）"其他流动资产"项目，反映企业除货币资金、交易性金融资产、应收票据、应收账款、存货等流动资产以外的其他流动资产。本项目应根据有关科目的期末余额填列。

（11）"债权投资"项目，反映资产负债表日企业以摊余成本计量的长期债权投资的期末账面价值。该项目应根据"债权投资"科目的相关明细科目期末余额，减去"债权投资减值准备"科目中相关减值准备的期末余额后的金额分析填列。自资产负债表日起一年内到期的长期债权投资的期末账面价值，在"一年内到期的非流动资产"项目反映。企业购入的以摊余成本计量的一年内到期的债权投资的期末账面价值，在"其他流动资产"项目反映。

（12）"其他债权投资"项目，反映资产负债表日企业分类为以公允价值计量且其变动计入其他综合收益的长期债权投资的期末账面价值。该项目应根据"其他债权投资"科目的相关明细科目期末余额分析填列。自资产负债表日起一年内到期的长期债权投资的期末账面价值，在"一年内到期的非流动资产"项目反映。企业购入的以公允价值计量且其变动计入其他综合收益的一年内到期的债权投资的期末账面价值，在"其他流动资产"项目反映。

（13）"长期股权投资"项目，反映企业持有的对子公司、联营企业和合营企业的长期股权投资。本项目应根据"长期股权投资"科目的期末余额，减去"长期股权投资减值准备"科目期末余额后的金额填列。

（14）"其他权益工具投资"项目，反映资产负债表日企业指定为以公允价值计量且其变动计入其他综合收益的非交易性权益工具投资的期末账面价值。该项目应根据"其他权益工具投资"科目的期末余额填列。

（15）"其他非流动金融资产"项目，反映企业融资租赁产生的应收款项、采用递延方式

具有融资性质的销售商品和提供劳务等产生的长期应收款项等。本项目应根据"长期应收款"科目的期末余额,减去相应的"未实现融资收益"科目和"坏账准备"科目所属相关明细科目期末余额后的金额填列,还要减去将于一年内到期的长期应收款。

(16)"投资性房地产"项目,反映企业持有的投资性房地产。企业采用成本模式计量投资性房地产的,本项目应根据"投资性房地产"科目的期末余额,减去"投资性房地产累计折旧(摊销)"和"投资性房地产减值准备"科目期末余额后的金额填列;企业采用公允价值模式计量投资性房地产的,本项目应根据"投资性房地产"科目的期末余额填列。

(17)"固定资产"项目,反映资产负债表日企业固定资产的期末账面价值和企业尚未清理完毕的固定资产清理净损益。该项目应根据"固定资产"科目的期末余额,减去"累计折旧"和"固定资产减值"科目的期末余额后的金额,以及"固定资产清理"科目的期末余额填列。

"固定资产"项目="固定资产"科目的期末余额-"累计折旧"科目期末余额-"固定资产减值准备"科目期末余额+"固定资产清理"科目的期末余额。

(18)"在建工程"项目,反映资产负债表日企业尚未达到预定可使用状态的在建工程的期末账面价值和企业为在建工程准备的各种物资的期末账面价值。该项目应根据"在建工程"科目的期末余额,减去"在建工程减值准备"科目的期末余额后的金额,以及"工程物资"科目的期末余额,减去"工程物资减值准备"科目的期末余额后的金额填列。

"在建工程"项目="在建工程"科目的期末余额-"在建工程减值准备"科目的期末余额+"工程物资"科目的期末余额-"工程物资减值准备"科目的期末余额

(19)"无形资产"项目,反映企业持有的无形资产,包括专利权、非专利技术、商标权、著作权、土地使用权等。本项目应根据"无形资产"科目的期末余额,减去"累计摊销"和"无形资产减值准备"科目期末余额后的金额填列。

(20)"开发支出"项目,反映企业开发无形资产过程中能够资本化形成无形资产成本的支出部分。本项目应根据"研发支出"科目中所属的"资本化支出"明细科目期末余额填列。

(21)"商誉"项目,反映企业合并中形成的商誉的价值。本项目应根据"商誉"科目的期末余额,减去相应减值准备后的金额填列。

(22)"长期待摊费用"项目,反映企业已经发生但应由本期和以后各期负担的分摊期限在一年以上的各项费用。长期待摊费用中在一年内(含一年)摊销的部分,在资产负债表"一年内到期的非流动资产"项目填列。本项目应根据"长期待摊费用"科目的期末余额减去将于一年内(含一年)摊销的数额后的金额填列。

(23)"递延所得税资产"项目,反映企业确认的可抵扣暂时性差异产生的递延所得税资产,本项目应根据"递延所得税资产"科目的期末余额填列。本项目应根据有关科目的期末余额填列。

(24)"其他非流动资产"项目,反映企业除长期股权投资、固定资产、在建工程、工程物资、无形资产等资产以外的其他非流动资产。

2. 负债项目的填列

(1)"短期借款"项目,反映企业向银行或其他金融机构等借入的期限在一年以内(含一年)的借款。本项目应根据"短期借款"科目的期末余额填列。

(2)"交易性金融负债"项目,反映企业承担的以公允价值计量且其变动计入当期损益的为交易目的所持有的金融负债。本项目应根据"交易性金融负债"科目的期末余额填列。

(3)"应付账款"项目,反映资产负债表日企业因购买材料、商品和接受服务等经营活动应支付的款项。该项目应根据"应付账款"和"预付账款"科目所属的相关明细科目的期末贷方余额合计数填列。

"应付账款"项目 = "应付账款"科目所属各明细科目的期末贷方余额 + "预付账款"科目所属各明细科目的期末贷方余额

(4)"应付票据"项目,反映资产负债表日以摊余成本计量的,企业因购买材料、商品和接受服务等开出、承兑的商业汇票,包括银行承兑汇票和商业承兑汇票。该项目应根据"应付票据"科目的期末余额填列。

"应付票据"项目 = "应付票据"科目的期末余额

(5)"预收款项"项目,反映企业按照购货合同规定预付给供应单位的款项。本项目应根据"预收账款"和"应收账款"科目所属各明细科目的期末贷方余额合计数填列。如"预收账款"科目所属各明细科目期末有借方余额,应在资产负债表"应收账款"项目内填列。

"预收款项"项目 = "预收账款"科目所属各明细科目的期末贷方余额 + "应收账款"科目所属各明细科目的期末贷方余额

(6)"应付职工薪酬"项目,反映企业根据有关规定应付给职工的工资、职工福利、社会保险费、住房公积金、工会经费、职工教育经费、非货币性福利、辞退福利等各种薪酬。外商投资企业按规定从净利润中提取的职工奖励及福利基金,也在本项目列示。

(7)"应交税费"项目,反映企业按照税法规定计算应交纳的各种税费,包括增值税、消费税、营业税、所得税、资源税、土地增值税、城市维护建设税、房产税、土地使用税、车船使用税、教育费附加、矿产资源补偿费等。企业代扣代交的个人所得税,也通过本项目列示。企业所交纳的税金不需要预计应交数的,如印花税、耕地占用税等,不在本项目列示。本项目应根据"应交税费"科目的期末贷方余额填列;如"应交税费"科目期末为借方余额,应以"－"号填列。

(8)"其他应付款"项目,反映企业除应付票据、应付账款、预收款项、应付职工薪酬、应交税费等经营活动以外的其他各项应付、暂收的款项。本项目应根据"其他应付款"科目、"应付利息"科目、"应付股利"科目的期末余额填列。

"其他应付款"项目 = "其他应付款"科目期末余额 + "应付利息"科目期末余额 + "应付股利"科目期末余额

(9)"持有待售负债"项目,反映资产负债表日处置组中与划分为持有待售类别的资产直接相关的负债的期末账面价值。该项目应根据"持有待售负债"科目的期末余额填列。

(10)"一年内到期的非流动负债"项目,反映企业非流动负债中将于资产负债表日后一年内到期部分的金额,如将于一年内偿还的长期借款。本项目应根据有关科目的期末余额填列。

(11)"其他流动负债"项目,反映企业除短期借款、交易性金融负债、应付票据、应付账款、应付职工薪酬、应交税费等流动负债以外的其他流动负债。本项目应根据有关科目的期末余额填列。

(12)"长期借款"项目,反映企业向银行或其他金融机构借入的期限在一年以上(不含一年)的各项借款。本项目应根据"长期借款"科目的期末余额填列,还要减去将于一年内到期的长期借款。

（13）"应付债券"项目，反映企业为筹集长期资金而发行的债券本金和利息。本项目应根据"应付债券"科目的期末余额列，还要减去将于一年内到期的应付债券。该项目要区分优先股与永续债。

（14）"长期应付款"项目，反映企业除长期借款和应付债券以外的其他各种长期应付款项。本项目应根据"长期应付款"科目的期末余额，减去相应的"未确认融资费用"科目期末余额后的金额填列，有时还要减去将于一年内到期的长期应付款。

（15）"预计负债"项目，反映企业确认的对外提供担保、未决诉讼、产品质量保证、重组义务、亏损性合同等预计负债。本项目应根据"预计负债"科目的期末余额填列。

（16）"递延收益"项目，反映与资产相关的政府补助中确认为递延收益的金额。
本项目应根据"递延收益"科目的期末余额填列。

（17）"递延所得税负债"项目，反映企业确认的由应纳税暂时性差异产生的所得税负债。本项目应根据"递延所得税负债"科目的期末余额填列。

（18）"其他非流动负债"项目，反映企业除长期借款、应付债券等负债以外的其他非流动负债。本项目应根据有关科目的期末余额减去将于一年内（含一年）到期的偿还数后的余额填列。非流动负债各项目中将于一年内（含一年）到期的非流动负债，应在"一年内到期的非流动负债"项目内单独反映。

3. 所有者权益项目的列报说明

（1）"实收资本（或股本）"项目，反映企业各投资者实际投入的资本（或股本）总额。本项目应根据"实收资本"（或"股本"）科目的期末余额填列。

（2）"资本公积"项目，反映企业资本公积的期末余额。本项目应根据"资本公积"科目的期末余额填列。

（3）"库存股"项目，反映企业持有尚未转让或注销的本公司股份金额。本项目应根据"库存股"科目的期末余额填列。

（4）"盈余公积"项目，反映企业盈余公积的期末余额。本项目应根据"盈余公积"科目的期末余额填列。

（5）"其他综合收益"项目，反映企业其他综合收益的期末余额。本项目应根据"其他综合收益"科目的期末余额填列。

（6）"未分配利润"项目，反映企业尚未分配的利润。本项目平时应根据"本年利润"科目和"利润分配"科目的余额计算填列；年末根据"利润分配——未分配利润"余额填列。未弥补的亏损在本项目内以"－"号填列。

企业会计准则第3号——财务报表列报

 任务实施

资产负债表相关项目的分析、计算

（1）某企业2019年12月31日结账后的"库存现金"科目余额为5 000元，"银行存款"科目余额为2 000 000元，"其他货币资金"科目余额为500 000元。

该企业2019年12月31日资产负债表中的"货币资金"项目金额为：

5 000＋2 000 000＋500 000＝2 505 000（元）

(2) 某企业 2019 年 12 月 31 日结账后有关科目所属的明细科目借、贷方余额如下表所示(设"应收票据"没有计提"坏账准备";"坏账准备"科目中为应收账款计提的坏账准备是 1 500 元):

单位:元

科目名称	明细科目借方余额合计	明细科目贷方余额合计
应收票据	1 000 000	
应收账款	800 000	50 000
预付账款	400 000	30 000
应付票据		2 000 000
应付账款	200 000	900 000
预收账款	300 000	700 000

该企业 2019 年 12 月 31 日资产负债表中"应收票据"项目的金额为:
1 000 000(元)

该企业 2019 年 12 月 31 日资产负债表中的"应收账款"项目金额为:
800 000 + 300 000 − 1 500 = 1 098 500(元)

该企业 2019 年 12 月 31 日资产负债表中的"预付账款"项目金额为:
200 000 + 400 000 = 600 000(元)

该企业 2019 年 12 月 31 日资产负债表中的"应付票据"项目金额为:
2 000 000(元)

该企业 2019 年 12 月 31 日"应付账款"项目金额为:
900 000 + 30 000 = 930 000(元)

该企业 2019 年 12 月 31 日资产负债表中的"预收账款"项目金额为:
700 000 + 50 000 = 750 000(元)

(3) 某企业采用计划成本核算材料,2019 年 12 月 31 日结账后有关科目余额为:"材料采购"科目余额为 70 000 元(借方),"原材料"科目余额为 1 200 000 元(借方),"周转材料"科目余额为 900 000 元(借方),"库存商品"科目余额为 800 000 元(借方),"生产成本"科目余额为 300 000 元(借方),"材料成本差异"科目余额为 60 000 元(贷方),"存货跌价准备"科目余额为 105 000 元。

该企业 2019 年 12 月 31 日资产负债表中的"存货"项目金额为:
70 000 + 1 200 000 + 900 000 + 800 000 + 300 000 − 60 000 − 105 000 = 3 105 000(元)

(4) 某企业 2019 年 12 月 31 日结账后的"固定资产"科目余额为 500 000 元,"累计折旧"科目余额为 45 000 元,"固定资产减值准备"科目余额为 100 000 元。"固定资产清理"科目余额为 200 000 元。

该企业 2019 年 12 月 31 日资产负债表中的"固定资产"项目金额为:
500 000 − 45 000 − 100 000 + 200 000 = 555 000(元)

(5) 某企业 2019 年 12 月 31 日结账后的"无形资产"科目余额为 244 000 元,"累计摊销"科目余额为 24 400 元,"无形资产减值准备"科目余额为 46 500 元。

该企业 2019 年 12 月 31 日资产负债表中的"无形资产"项目金额为:

244 000 − 24 400 − 46 500 = 173 100(元)

（6）某企业 2019 年 12 月 31 日应付管理人员工资 150 000 元，应计提福利费 21 000 元，应付车间工作人员工资 28 500 元，无其他应付职工薪酬项目。

企业 2019 年 12 月 31 日资产负债表中"应付职工薪酬"项目金额为：

150 000 + 21 000 + 28 500 = 199 500(元)

（7）某企业 2019 年 10 月末有关总账如下："本年利润"期末余额为 10 000 元（贷方），"利润分配"期末余额为 7 500 元（借方）。

企业 2019 年 10 月末资产负债表中"未分配利润"项目金额为：

10 000 − 7 500 = 2 500(元)

任务二　编制利润表

任务导入

纵横国际草地机械分公司为完成 2000 年的利润目标，将 1 716 台草地机（已开票未发货，发票抵扣联仍保留在公司）移库至公司租赁的仓库中，商品的所有权未转移。纵横国际公司将上述未销售出的草地机记作销售收入，由此虚构该分公司销售收入 1 953 万元，由此纵横国际虚构 2000 年利润 703 万元。这种虚构利润的行为会给信息使用者带来虚假的信息，导致错误的判断甚至使其遭受损失。什么是利润表？财务人员该如何正确编制利润表呢？

知识准备

利润表（微课）

一、利润表的认知

（一）利润表的概念

利润表又称损益表，是反映企业在一定会计期间经营成果的报表。通过利润表可以了解企业某一期间实现净利润或发生亏损的情况，分析企业利润计划的执行情况及利润增减变化的原因，判断企业的盈利能力以及未来一定时期内的盈利趋势。

（二）利润表的格式

利润表正表的格式一般有两种：单步式利润表和多步式利润表。单步式利润表是将当期所有的收入列在一起，然后将所有的费用列在一起，两者相减得出当期净损益。多步式利润表是通过对当期的收入、费用、支出项目按性质加以归类，按利润形成的主要环节列示一些中间性利润指标，分步计算当期净损益。

财务报表列报准则规定,企业应当采用多步式列报利润表,将不同性质的收入和费用类进行对比,从而可以得出一些中间性的利润数据,便于使用者理解企业经营成果的不同来源。

二、利润表各项目的填列方法

(一)利润表各项目的列报说明

(1)"营业收入"项目,反映企业经营主要业务和其他业务所确认的收入总额。本项目应根据"主营业务收入"和"其他业务收入"科目的发生额分析填列。

(2)"营业成本"项目,反映企业经营主要业务和其他业务所发生的成本总额。本项目应根据"主营业务成本"和"其他业务成本"科目的发生额分析填列。

(3)"税金及附加"项目,反映企业经营业务应负担的消费税、城市维护建设税、资源税、土地增值税和教育费附加等。本项目应根据"税金及附加"科目的发生额分析填列。

(4)"销售费用"项目,反映企业在销售商品过程中发生的包装费、广告费等费用和为销售本企业商品而专设的销售机构的职工薪酬、业务费等经营费用。本项目应根据"销售费用"科目的发生额分析填列。

(5)"管理费用"项目,反映企业为组织和管理生产经营而发生的管理费用。本项目应根据"管理费用"的发生额扣除"研发费用"后的金额分析填列。

(6)"研发费用"项目,反映企业进行研究与开发过程中发生的费用化支出。该项目应根据"管理费用"科目下的"研发费用"明细科目的发生额分析填列。

(7)"财务费用"项目,反映企业筹集生产经营所需资金等而发生的筹资费用。本项目要区分为利息费用和利息收入两个项目。

"财务费用——利息费用"项目,反映企业为筹集生产经营所需资金等而发生的应予费用化的利息支出。该项目应根据"财务费用"科目的相关明细科目的发生额分析填列。

"财务费用——利息收入"项目,反映企业确认的利息水平收入。该项目应根据"财务费用"科目的相关明细科目的发生额分析填列。

(8)"资产减值损失"项目,反映企业各项资产发生的减值损失。本项目应根据"资产减值损失"科目的发生额分析填列。

(9)"信用减值损失"项目,反映企业各项金融资产发生的减值损失。本项目应根据"信用减值损失"科目的发生额分析填列。

(10)"其他收益"项目,反映计入其他收益的政府补助等。该项目应根据在损益类科目中新设置的"其他收益"科目的发生额分析填列。

(11)"投资收益"项目,反映企业以各种方式对外投资所取得的收益。本项目应根据"投资收益"科目的发生额分析填列。如为投资损失,本项目以"-"号填列。

(12)"公允价值变动收益"项目,反映企业应当计入当期损益的资产或负债公允价值变动收益。本项目应根据"公允价值变动损益"科目的发生额分析填列,如为净损失,本项目以"-"号填列。

(13)"资产处置收益"项目,反映企业出售划分为持有待售的非流动资产(金融工具长期股权投资和投资性房地产除外)或处置时确认的处置利得或损失以及处置未划分为持有待售的固定资产、在建工程、生物性资产及无形资产而产生的处置利得或损失。债务重组中因处置非流动资产产生的利得或损失和非货币性资产交换产生的利得或损失也包括在此项目中。该项目根据"资产处置损益"科目的发生额分析填列。

（14）"营业利润"项目，反映企业实现的营业利润。如为亏损，本项目以"-"号填列。

（15）"营业外收入"项目，反映企业发生的除营业利润以外的收益，主要包括债务重组利得、与企业日常活动无关的政府补助、盘盈利得、捐赠利得（企业接受股东或股东的子公司直接或间接的捐赠，经济实质属于股东对企业的资本性投入的除外）等。该项目应根据"营业外收入"科目的发生额分析填列。

（16）"营业外支出"项目，反映企业发生的除营业利润以外的支出，主要包括债务重组损失、公益性捐赠支出、非常损失、盘亏损失、非流动资产毁损报废损失等。该项目应根据"营业外支出"科目的发生额分析填列。

（17）"利润总额"项目，反映企业实现的利润。如为亏损，本项目以"-"号填列。

（18）"所得税费用"项目，反映企业应从当期利润总额中扣除的所得税费用。本项目应根据"所得税费用"科目的发生额分析填列。

（19）"净利润"项目，反映企业实现的净利润。本项目区分为"（一）持续经营净利润"和"（二）终止经营净利润"项目，分别反映净利润中与持续经营相关的净利润和与终止经营相关的净利润；如为净亏损，以"-"号填列。该两个项目应按照《企业会计准则第42号——持有待售的非流动资产、处置组和终止经营》的相关规定分别列报。

（二）上期金额栏的填列方法

利润表中"上期金额"栏内各项数字，应根据上年该期利润表"本期金额"栏内所列数字填列。如果上年该期利润表规定的各个项目的名称和内容同本期不相一致，应对上年该期利润表各项目的名称和数字按本期的规定进行调整，填入利润表"上期金额"栏内。

（三）本期金额栏的填列方法

项　目	填列方法
一、营业收入	="主营业务收入"+"其他业务收入"科目发生额
减：营业成本	="主营业务成本"+"其他业务成本"科目发生额
税金及附加	="税金及附加"科目发生额
销售费用	="销售费用"科目发生额
管理费用	="管理费用"科目发生额-费用化的"研发支出"
研发费用	=费用化的"研发支出"
财务费用	="财务费用"科目发生额
其中：利息费用	=确认的费用化的利息
利息收入	=确认的利息收入
资产减值损失	="资产减值损失"科目发生额
信用减值损失	="信用减值损失"科目发生额
加：其他收益	="其他收益"科目发生额
公允价值变动净收益（净损失以"-"号填列）	="公允价值变动损益"科目发生额

续表

项　目	填列方法
资产处置收益	＝"资产处置收益"科目发生额
二、营业利润(亏损以"－"号填列)	计算认定
加：营业外收入	＝"营业外收入"科目发生额
减：营业外支出	＝"营业外支出"科目发生额
三、利润总额(亏损总额以"－"填列)	计算认定
减：所得税费用	＝"所得税费用"科目发生额
四、净利润(净亏损以"－"填列)	计算认定
（一）持续经营净利润(净亏损以"－"号填列)	
（二）终止经营净利润净亏损以"－"号填列)	

小知识 基本每股收益仅考虑当期实际发行在外的普通股股份，按照归属于普通股股东的当期净利润除以当期实际发行在外普通股的加权平均数计算确定。

稀释每股收益是以基本每股收益为基础，假设企业所有发行在外的稀释性潜在普通股均已转换为普通股，从而分别调整归属于普通股股东的当期净利润以及根据发行在外普通股的加权平均数计算而得的每股收益。

任务实施

江苏环宇公司2019年度有关损益类科目的本年累计发生净额见下表：

损益类科目2019年度累计发生净额

单位：元

科目名称	借方发生额	贷方发生额
主营业务收入		5 000 000
主营业务成本	3 000 000	
其他业务收入		625 000
其他业务成本	375 000	
税金及附加	100 000	
销售费用	600 000	
管理费用	678 550 (其中：费用化的研发支出 200 000)	
财务费用	620 750 (其中：利息费用 650 000；利息收入 29 250)	
资产减值损失	10 000	
信用减值损失	5 450	
其他收益		50 000
投资收益		15 750

续表

科目名称	借方发生额	贷方发生额
公允价值变动损益		84 250
资产处置收益		250 000
营业外收入		25 000
营业外支出	9 850	
所得税费用	138 780	

根据上述资料,编制江苏环宇公司2019年度利润表。

利 润 表

会企02表

编制单位:江苏环宇公司　　　　　　2019年12月　　　　　　　　　单位:元

项　　目	本期金额	上期金额(略)
一、营业收入	5 625 000	
减:营业成本	3 375 000	
税金及附加	100 000	
销售费用	600 000	
管理费用	478 550	
研发费用	200 000	
财务费用	620 750	
其中:利息费用	650 000	
利息收入	−29 250	
资产减值损失	10 000	
信用减值损失	5 450	
加:其他收益	50 000	
投资收益	15 750	
公允价值变动损益	84 250	
资产处置收益	250 000	
二、营业利润(亏损以"−"号填列)	635 250	
加:营业外收入	25 000	
减:营业外支出	9 850	
三、利润总额(亏损总额以"−"号填列)	650 400	
减:所得税费用	138 780	
四、净利润(净亏损以"−"号填列)	511 620	

任务三 编制现金流量表

> **任务导入**
> 现金是企业经营的血液,是企业最基本的流动资产之一,一个盈利丰厚的企业可能因为现金不足而陷入困境甚至破产倒闭。基于人们对现金流量的重视,现金流量表应运而生。这里的现金是广义概念。通过现金流量表的编制,投资者可以了解企业现有的支付能力、偿债能力和资金周转能力,预测企业未来的现金流量,分析企业收益质量及影响现金净流量的因素。

知识准备

一、现金流量表的认知

(一)现金流量表的概念

现金是指企业库存现金以及可以随时用于支付的存款。不能随时用于支付的存款不属于现金。

现金等价物是指企业持有的期限短、流动性强、易于转换为已知金额现金、价值变动风险很小的投资。期限短,一般是指从购买日起三个月内到期。现金等价物通常包括三个月内到期的债券投资等。权益性投资变现的金额通常不确定,因而不属于现金等价物。

现金流量表是指反映企业在一定会计期间现金和现金等价物流入和流出的报表。

(二)现金流量的分类

现金流量是指现金和现金等价物的流入和流出,可以分为三类,即经营活动产生的现金流量、投资活动产生的现金流量和筹资活动产生的现金流量。

1. 经营活动产生的现金流量

经营活动,是指企业投资活动和筹资活动以外的所有交易和事项。包括销售商品或提供劳务、购买商品或接受劳务、收到的税费返还、支付职工薪酬、支付的各项税费、支付广告费用等。

2. 投资活动产生的现金流量

投资活动,是指企业长期资产的购建和不包括在现金等价物范围内的投资及其处置活动。包括取得和收回投资、购建和处置固定资产、购买和处置无形资产等。

3. 筹资活动产生的现金流量

筹资活动,是指导致企业资本及债务规模和构成发生变化的活动。包括发行股票或接受投入资本、分派现金股利、取得和偿还银行借款、发行和偿还公司债券等。

二、现金流量表的格式

现 金 流 量 表

201×年

编制单位：

会企03表

单位：元

项　　目	本期金额	上期金额
一、经营活动产生的现金流量		（略）
销售商品、提供劳务收到的现金		
收到的税费返还		
收到其他与经营活动有关的现金		
经营活动现金流入小计		
购买商品、接受劳务支付的现金		
支付给职工以及为职工支付的现金		
支付的各项税费		
支付其他与经营活动有关的现金		
经营活动现金流出小计		
经营活动产生的现金流量净额		
二、投资活动产生的现金流量		
收回投资收到的现金		
取得投资收益收到的现金		
处置固定资产、无形资产和其他长期资产收回的现金净额		
处置子公司及其他营业单位收到的现金净额		
收到其他与投资活动有关的现金		
投资活动现金流入小计		
购建固定资产、无形资产和其他长期资产支付的现金		
投资支付的现金		
取得子公司及其他营业单位支付的现金净额		
支付其他与投资活动有关的现金		
投资活动现金流出小计		
投资活动产生的现金流量净额		
三、筹资活动产生的现金流量		
吸收投资收到的现金		
取得借款收到的现金		
收到其他与筹资活动有关的现金		
筹资活动现金流入小计		
偿还债务支付的现金		

续表

项　　目	本期金额	上期金额
分配股利、利润或偿付利息支付的现金		
支付其他与筹资活动有关的现金		
筹资活动现金流出小计		
筹资活动产生的现金流量净额		
四、汇率变动对现金及现金等价物的影响		
五、现金及现金等价物净增加额		
加：期初现金及现金等价物余额		
六、期末现金及现金等价物余额		

三、现金流量表的填列方法

现金流量表主表中各项目的填列

现金流量表主表中各项目填列的方法一般是采用直接法。具体工作中又分为工作底稿法、T形账户法和分析调整法。使用较多的是分析调整法。

分析调整法：根据本期发生的全部经济业务，通过对利润表和资产负债表中的全部项目进行调整编制现金流量表。

1. 经营活动产生的现金流量

（1）"销售商品、提供劳务收到的现金"项目。销售商品、提供劳务收到的现金＝当期销售商品、提供劳务收到的现金＋当期收回前期的应收账款和应收票据＋当期预收的款项－当期销售退回支付的现金＋当期收回前期核销的坏账损失

"销售商品、提供劳务收到的现金"项目，反映企业销售商品、提供劳务实际收到的现金（含销售收入和应向购买者收取的增值税额）。主要包括：本期销售商品和提供劳务本期收到的现金，前期销售商品和提供劳务本期收到的现金，本期预收的商品款和劳务款等。本期发生销货退回而支付的现金应从销售商品或提供劳务收入款项中扣除。

销售商品、提供劳务收到的现金＝销售商品、提供劳务产生的"收入和增值税销项税额"＋应收账款本期减少额（期初余额－期末余额）＋应收票据本期减少额（期初余额－期末余额）＋预收款项本期增加额（期末余额－期初余额）±特殊调整业务

> ☞ **相关链接**
>
> 　　分析调整法的基本思路是先假设，后调整。如上述公式，就是先假设本期销售商品、提供劳务产生的"收入和增值税销项税额"全部收到现金，而后再分析这一假设是否正确，即从企业确认收入的对应科目应收账款、应收票据、预收款项增减变动情况来分析调整，如期初余额＞期末余额（就是应收账款本期减少了），则表明不仅本期的收入都收到了现金，而且还把以前的应收款项也收回了，就要加上去。

（2）收到的税费返还。该项目反映企业收到返还的各种税费，包括收到返还的增值税、

消费税、关税、所得税、教育费附加等。本项目可以根据"库存现金""银行存款""营业外收入""其他应收款"等科目的记录分析填列。

（3）收到的其他与经营活动有关的现金。

（4）"购买商品、接受劳务支付的现金"项目。"购买商品、接受劳务支付的现金"项目，反映企业购买商品、接受劳务支付的现金（包括支付的增值税进项税额）。主要包括：本期购买商品接受劳务本期支付的现金，本期支付前期购买商品、接受劳务的未付款项和本期预付款项。本期发生购货退回而收到的现金应从购买商品或接受劳务支付的款项中扣除。

购买商品、接受劳务支付的现金＝购买商品、接受劳务产生的"销售成本和增值税进项税额"＋应付账款本期减少额（期初余额－期末余额）＋应付票据本期减少额（期初余额－期末余额）＋预付款项本期增加额（期末余额－期初余额）＋存货本期增加额（期末余额－期初余额）±特殊调整业务

（5）支付给职工以及为职工支付的现金。不包括支付给离退休人员的各项费用及支付给在建工程人员的工资及其他费用。

（6）支付的各项税费。包括计入"税金及附加"的消费税、资源税、城市维护建设税、应交教育费附加；计入"所得税费用"的所得税；计入"管理费用"中的房产税、车船使用税、土地使用税、印花税、矿产资源补偿费；在"应交税费——应交增值税（已交税额）"中反映的增值税。我们要从"税金及附加""所得税费用""管理费用"及所对应的"应交税费"账户方面进行分析调整。值得注意的是，它不包括计入固定资产价值的实际支付的耕地占用税，也不包括本期退回的增值税、所得税。

（7）支付的其他与经营活动有关的现金。该项目反映企业除上述各项目外所支付的其他与经营活动有关的现金，如经营租赁支付的租金、支付的罚款、差旅费、业务招待费、保险费等。若有关费用后的净额，如所收回的现金净额为负数，则应在"支付其他与投资活动有关的现金"项目反映。本项目可以根据"固定资产清理""库存现金""银行存款"等科目的记录分析填列。

2. 投资活动产生的现金流量

（1）收回投资收到的现金。该项目反映企业出售、转让或到期收回除现金等价物以外的对其他企业的权益工具、债务工具和合营中的权益等投资收到的现金。收回债务工具实现的投资收益、处置子公司及其他营业单位收到的现金净额不包括在本项目内。

（2）取得投资收益所收到的现金。该项目反映企业除现金等价物以外的对其他企业的权益工具、债务工具和合营中的权益等投资分回的现金股利和利息等，不包括股票股利。本项目可以根据"库存现金""银行存款""投资收益"等科目的记录分析填列。

（3）处置固定资产、无形资产和其他长期资产而收到的现金净额。注意：如所收回的现金净额为负数，则在"支付的其他与投资活动有关的现金"项目中反映。

（4）处置子公司及其他营业单位收到的现金净额。

（5）收到的其他与投资活动有关的现金。如收回购买股票和债券时支付的已宣告但尚未领取的现金股利或已到付息期但尚未领取的债券利息。

（6）购建固定资产、无形资产和其他长期资产支付的现金。

注意：不包括为购建固定资产而发生的借款利息资本化的部分，以及融资租入固定资产支付的租赁费。

(7) 投资支付的现金。

(8) 取得子公司及其他营业单位支付的现金净额。

(9) 支付的其他与投资活动有关的现金。如企业购买股票和债券时,实际支付的价款中包含的已宣告但尚未领取的现金股利或已到付息期但尚未领取的债券利息。

3. 筹资活动产生的现金流量

(1) 吸收投资收到的现金。

(2) 取得借款收到的现金。

(3) 收到的其他与筹资活动有关的现金。

(4) 偿还债务支付的现金(只含本金,不含利息部分)。

(5) 分配股利、利润和偿付利息支付的现金。该项目反映企业实际支付的现金股利、支付给其他投资单位的利润或用现金支付的借款利息、债券利息等。本项目可以根据"应付股利""应付利息""财务费用""库存现金""银行存款"等科目的记录分析填列。

(6) 支付的其他与筹资活动有关的现金。

4. 汇率变动对现金的影响额

该项目反映外币现金流量以及境外子公司的现金流量折算为人民币时,所采用的现金流量发生日的即期汇率或按照系统合理的方法确定的、与现金流量发生日即期汇率近似的汇率折算的人民币金额与"现金及现金等价物净增加额"中外币净增加额按期末汇率折算的人民币金额之间的差额。

任务实施

(1) 某企业 2019 年 12 月 31 日的资产负债表有关资料如下:① 应收账款项目:年初数 100 万元,年末数 120 万元;② 应收票据项目:年初数 40 万元,年末数 20 万元;③ 预收款项项目:年初数 80 万元,年末数 90 万元;④ 主营业务收入 6 000 万元;⑤ 应交税费——应交增值税(销项税额)1 020 万元;⑥ 其他有关资料如下:本期计提坏账准备 5 万元(该企业采用备抵法核算坏账损失),收到客户用 11.7 万元商品(货款 10 万元,增值税 1.7 万元)抵偿前欠账款 12 万元。

销售商品、提供劳务收到的现金

= (6 000 + 1 020) + (100 − 120) + (40 − 20) + (90 − 80) − 5 − 12 = 7 013(万元)

值得说明的是,若题目中的资料给定的是"应收账款"账户的余额,而不是报表中"应收账款"项目的余额,则在计算"销售商品、提供劳务收到的现金"项目金额时,应将"本期发生的坏账回收"作为加项处理,将本期实际发生的坏账作为减项处理,本期计提或冲回的"坏账准备"不需做特殊处理。

(2) 某企业 2019 年 12 月 31 日的资产负债表有关资料如下:① 应付账款项目:年初数 100 万元,年末数 120 万元;② 应付票据项目:年初数 40 万元,年末数 20 万元;③ 预付款项项目:年初数 80 万元,年末数 90 万元;④ 存货项目的年初数为 100 万元,年末数为 80 万元;⑤ 主营业务成本为4 000 万元;⑥ 应交税费——应交增值税(进项税额)600 万元;⑦ 其他有关资料如下:用固定资产偿还应付账款 10 万元,生产成本中直接工资项目含有本期发生的生产工人工资费用 100 万元,本期制造费用发生额为 60 万元(其中消耗的物料为 5 万元),工程项目领用的本企业产品10万元。

购买商品、接受劳务支付的现金
= (4 000 + 600) + (100 - 120) + (40 - 20) + (90 - 80) + (80 - 100) - (10 + 100 + 55)
+ 10 = 4 435(万元)

(3)某企业2019年度职工薪酬有关资料如下:

单位:元

项 目		年初数	本期分配或计提数	期末数
应付职工薪酬	生产工人工资	100 000	1 000 000	80 000
	车间管理人员工资	40 000	500 000	30 000
	行政管理人员工资	60 000	800 000	45 000
	在建工程人员工资	20 000	300 000	15 000

本期用银行存款支付离退休人员工资500 000元。假定应付职工薪酬本期减少数均以银行存款支付,应付职工薪酬为贷方余额。假定不考虑其他事项。

要求计算:①支付给职工以及为职工支付的现金;
② 支付的其他与经营活动有关的现金;
③ 购建固定资产、无形资产和其他长期资产所支付的现金。

① 支付给职工以及为职工支付的现金 = (100 000 + 40 000 + 60 000) + (1 000 000 + 500 000 + 800 000) - (80 000 + 30 000 + 45 000) = 2 345 000(元)。

② 支付的其他与经营活动有关的现金 = 500 000(元)。

③ 购建固定资产、无形资产和其他长期资产所支付的现金 = 20 000 + 300 000 - 15 000 = 305 000(元)。

(4)某企业2019年有关资料如下:① 2019年利润表中的所得税费用为500 000元(均为当期应交所得税产生的所得税费用);②"应交税费——应交所得税"科目年初数为20 000元,年末数为10 000元。假定不考虑其他税费。

要求:根据上述资料,计算"支付的各项税费"项目的金额。

支付的各项税费 = 20 000 + 500 000 - 10 000 = 510 000(元)

(5)甲公司2019年度发生的管理费用为2 200万元,其中:以现金支付退休职工统筹退休金350万元和管理人员工资950万元,存货盘亏损失25万元,计提固定资产折旧420万元,无形资产摊销200万元,其余均以现金支付。

要求:计算"支付的其他与经营活动有关的现金"项目的金额。

"支付的其他与经营活动有关的现金"项目的金额 = 2 200 - 950 - 25 - 420 - 200 = 605(万元)

(6)某企业2019年有关资料如下:①"交易性金融资产"科目本期贷方发生额为100万元,"投资收益——转让交易性金融资产收益"贷方发生额为5万元;②"长期股权投资"科目本期贷方发生额为200万元,该项投资未计提减值准备,"投资收益——转让长期股权投资收益"贷方发生额为6万元。假定转让上述投资均收到现金。

收回投资所收到的现金 = (100 + 5) + (200 + 6) = 311(万元)

（7）某企业2019年度"短期借款"账户年初余额为120万元，年末余额为140万元；"长期借款"账户年初余额为360万元，年末余额为840万元。2019年借入短期借款240万元，借入长期借款460万元，长期借款年末余额中包括确认的20万元长期借款利息费用。除上述资料外，债权债务的增减变动均以货币资金结算。要求计算：借款收到的现金和偿还债务支付的现金。

① 借款收到的现金 = 240 + 460 = 700（万元）。

② 偿还债务支付的现金 =（120 + 240 − 140）+ [360 + 460 −（840 − 20）] = 220（万元）。

（8）某企业2019年度"财务费用"账户借方发生额为40万元，均为利息费用。财务费用包括计提的长期借款利息25万元，其余财务费用均以银行存款支付。"应付股利"账户年初余额为30万元，无年末余额。除上述资料外，债权债务的增减变动均以货币资金结算。

要求：计算分配股利、利润和偿付利息支付的现金。

分配股利、利润和偿付利息支付的现金 =（40 − 25）+ 30 = 45（万元）

（9）某企业当期净利润为600万元，投资收益为100万元，与筹资活动有关的财务费用为50万元，经营性应收项目增加75万元，经营性应付项目减少25万元，固定资产折旧为40万元，无形资产摊销为10万元。假设没有其他影响经营活动现金流量的项目，该企业当期经营活动产生的现金流量净额为多少？

企业当期经营活动产生的现金流量净额 = 600 − 100 + 50 − 75 − 25 + 40 + 10 = 500（万元）

任务四　编制所有者权益变动表

任务导入

新会计准则下会计报表体系的一大亮点就是引入了所有者权益变动表。所有者权益变动表要求至少应当单独列示反映以下信息：净利润；直接计入所有者权益的利得和损失项目及其总额；会计政策变更和差错更正的累积影响金额；所有者投入资本和向所有者分配利润；按照规定提取的盈余公积；实收资本（或股本）、资本公积、盈余公积、未分配利润的期初和期末余额及其调节情况。

知识准备

一、所有者权益变动表的认知

（一）所有者权益变动表的定义

所有者权益变动表是反映构成所有者权益各组成部分当期增减变动情况的报表。所有者权益变动表应当全面反映一定时期所有者权益变动的情况，不仅包括所有者权益总量的增减变动,还包括所有者权益增减变动的重要结构性信息,特别是要反映直接计入所有者权益的利得和损失,让报表使用者准确理解所有者权益增减变动的根源。

(二)所有者权益变动表在一定程度上体现了企业综合收益

综合收益是指企业在某一期间与所有者之外的其他方面进行交易或发生其他事项所引起的净资产变动。综合收益的构成包括两部分:净利润和其他综合收益扣除所得税影响后的净额。其中,前者是企业已实现并已确认的收益,后者是企业未实现但根据会计准则的规定已确认的直接计入所有者权益的利得和损失。用公式表示如下:

综合收益 = 净利润 + 其他综合收益税后净额

其中:净利润 = (收入 – 费用 + 直接计入当期损益的利得和损失) × (1 – 所得税税率)

在所有者权益变动表中,通过"其他综合收益""未分配利润""盈余公积"单列项目反映体现了企业综合收益的构成。

即学即思 企业的资产负债表、现金流量表和利润表都是反映企业一定会计期间的会计报表吗?有没有反映企业某一时点的会计报表?

三、所有者权益变动表格式

所有者权益变动表

会企04表

编制单位： 年度 单位：元

项目	本年金额											上年金额										
	实收资本（或股本）	其他权益工具			资本公积	减：库存股	其他综合收益	专项储备	盈余公积	未分配利润	所有者权益合计	实收资本（或股本）	其他权益工具			资本公积	减：库存股	其他综合收益	专项储备	盈余公积	未分配利润	所有者权益合计
		优先股	永续债	其他									优先股	永续债	其他							
一、上年年末余额																						
加：会计政策变更																						
前期差错更正																						
其他																						
二、本年年初余额																						
三、本年增减变动金额（减少以"-"号填列）																						
（一）综合收益总额																						
（二）所有者投入和减少资本																						
1. 所有者投入的普通股																						
2. 其他权益工具持有者投入资本																						
3. 股份支付计入所有者权益的金额																						

续表

项目	本年金额											上年金额										
	实收资本（或股本）	其他权益工具			资本公积	减：库存股	其他综合收益	专项储备	盈余公积	未分配利润	所有者权益合计	实收资本（或股本）	其他权益工具			资本公积	减：库存股	其他综合收益	专项储备	盈余公积	未分配利润	所有者权益合计
		优先股	永续债	其他									优先股	永续债	其他							
4. 其他																						
（三）提取盈余公积																						
1. 对所有者（或股东）的分配																						
3. 其他																						
（四）所有者权益内部结转																						
1. 资本公积转增资本（或股本）																						
2. 盈余公积转增资本（或股本）																						
3. 盈余公积弥补亏损																						
4. 设定受益计划变动额结转留存收益																						
5. 其他综合收益结转留存收益																						
6. 其他																						
四、本年年末余额																						

三、所有者权益变动表的填列方法

(一)"上年年末余额"栏

该栏反映企业上年资产负债表中实收资本(或股本)、资本公积、盈余公积、未分配利润的年末余额。

(二)"会计政策变更"和"前期差错更正"栏

该两栏反映企业采用追溯调整法处理的会计政策变更的累积影响金额和采用追溯重述法处理的会计差错更正的累积影响金额。

(三)"本年增减变动额"栏

1. 所有者权益变动表各项目的列报说明

(1)"上年年末余额"项目,反映企业上年资产负债表中实收资本(或股本)、资本公积、盈余公积、未分配利润的年末余额。

(2)"会计政策变更"和"前期差错更正"项目,分别反映企业采用追溯调整法处理的会计政策变更的累积影响金额和采用追溯重述法处理的会计差错更正的累积影响金额。

为了体现会计政策变更和前期差错更正的影响,企业应当在上期期末所有者权益余额的基础上进行调整得出本期期初所有者权益,根据"盈余公积""利润分配""以前年度损益调整"等科目的发生额分析填列。

(3)"本年增减变动金额"项目:

①"综合收益总额"项目,反映净利润和其他综合收益扣除所得税影响后的净额相加后的合计金额。其中:

"其他综合收益"项目,反映企业直接计入所有者权益的利得与损失的税后金额。例如其他权益工具投资的公允价值变动税后金额应在该项目反映。

②"所有者投入和减少资本"项目,反映企业当年所有者投入的资本和减少的资本。其中:

"所有者投入的普通股"项目,反映企业接受投资者投入形成的实收资本(或股本)和资本溢价或股本溢价。

"其他权益工具持有者投入资本"项目,反映企业发行的除普通股以外分类为权益工具的金融工具的持有者投入资本的金额。

"股份支付计入所有者权益的金额"项目,反映企业处于等待期中的权益结算的股份支付当年计入资本公积的金额。

③"利润分配"项目,反映企业当年的利润分配金额。

④"所有者权益内部结转"项目,反映企业构成所有者权益的组成部分之间当年的增减变动情况,包括资本公积转增资本(或股本)、盈余公积转增资本(或股本)、盈余公积弥补亏损等各项金额。为了全面反映所有者权益各组成部分的增减变动情况,所有者权益内部结转也是所有者权益变动表的重要组成部分,主要指不影响所有者权益总额、所有者权益的各组成部分当期的增减变动。其中:

"资本公积转增资本(或股本)"项目,反映企业当年以资本公积转增资本或股本的金额。

"盈余公积转增资本(或股本)"项目,反映企业当年以盈余公积转增资本或股本的金额。

"盈余公积弥补亏损"项目,反映企业当年以盈余公积弥补亏损的金额。

2. 上年金额栏的列报方法

所有者权益变动表"上年金额"栏内各项数字,应根据上年度所有者权益变动表"本年金额"栏内所列数字填列。如果上年度所有者权益变动表规定的各个项目的名称和内容同本年度不相一致,应对上年度所有者权益变动表各项目的名称和数字按本年度的规定进行调整,填入所有者权益变动表"上年金额"栏内。

3. 本年金额栏的列报方法

所有者权益变动表"本年金额"栏内各项数字一般应根据"实收资本(或股本)""资本公积""盈余公积""利润分配""库存股""以前年度损益调整"等科目的发生额分析填列。

企业的净利润及其分配情况作为所有者权益变动的组成部分,不需要单独设置利润分配表列示。

任务五 编写附注

☞ **任务导入**

会计报表是企业财务状况、经营成果和现金流量等信息的高度综合,如果不明确企业的前提假设和采用的会计政策,报表使用者很难直接用于分析,可能导致依据会计信息数据分析的最终结果大相径庭。此外,企业还存在大量无法用数字衡量的内容,也需向投资者进行解释和说明。会计报表附注是会计报告的一个重要组成部分,是对会计报表本身无法或难以充分表达的内容和项目所做的必要补充说明和详细解释。

知识准备

一、附注的认知

(一)附注的概念

附注是财务报表不可或缺的组成部分,是对在资产负债表、利润表、现金流量表和所有者权益变动表等报表中列示项目的文字描述或明细资料补充,以及对未能在这些报表中列示项目的说明等。

财务报表中的数字是经过分类与汇总后的结果,是对企业发生的经济业务高度简化和浓缩的数字,如没有形成这些数字所使用的会计政策、理解这些数字所必需的披露,财务报表就不可能充分发挥效用。因此,附注与资产负债表、利润表、现金流量表、所有者权益变动表等报表具有同等的重要性,是财务报表的重要组成部分。报表使用者要了解企业的财务状况、经营成果和现金流量,应当全面阅读附注。

(二) 附注披露的基本要求

(1) 附注披露的信息应是定量、定性信息的结合,从而能从量和质两个角度对企业经济事项完整地进行反映,也才能满足信息使用者的决策需求。

(2) 附注应当按照一定的结构进行系统合理的排列和分类,有顺序地披露信息。由于附注的内容繁多,因此更应按逻辑顺序排列,分类披露,条理清晰,具有一定的组织结构,以便于使用者理解和掌握,也更好地实现财务报表的可比性。

(3) 附注相关信息应当与资产负债表、利润表、现金流量表和所有者权益变动表等报表中列示的项目相互参照,以有助于使用者联系相关联的信息,并由此从整体上更好地理解财务报表。

二、附注披露的内容

附注应当按照如下顺序披露有关内容:

(一) 企业的基本情况

(1) 企业注册地、组织形式和总部地址。

(2) 企业的业务性质和主要经营活动,如企业所处的行业、所提供的主要产品或服务、客户的性质、销售策略、监管环境的性质等。

(3) 母公司以及集团最终母公司的名称。

(4) 财务报告的批准报出者和财务报告批准报出日。

(二) 财务报表的编制基础

企业一般是在持续经营基础上编制财务报表,清算、破产属于非持续经营基础。

(三) 遵循企业会计准则的声明

企业应当声明编制的财务报表符合企业会计准则的要求,真实、完整地反映了企业的财务状况、经营成果和现金流量等有关信息,以此明确企业编制财务报表所依据的制度基础。如果企业编制的财务报表只是部分地遵循了企业会计准则,附注中不得做出这种表述。

(四) 重要会计政策和会计估计

根据财务报表列报准则的规定,企业应当披露采用的重要会计政策和会计估计,不重要的会计政策和会计估计可以不披露。

1. 重要会计政策的说明

由于企业经济业务的复杂性和多样化,某些经济业务可以有多种会计处理方法,也即存在不止一种可供选择的会计政策。例如,存货的计价可以有先进先出法、加权平均法、个别计价法等;固定资产的折旧,可以有平均年限法、工作量法、双倍余额递减法、年数总额法等。

企业在发生某项经济业务时,必须从允许的会计处理方法中选择适合本企业特点的会计政策,企业选择不同的会计处理方法,可能会极大地影响企业的财务状况和经营成果,进而编制出不同的财务报表。为了有助于报表使用者理解,有必要对这些会计政策加以披露。

需要特别指出的是,说明会计政策时还需要披露下列两项内容:

(1)财务报表项目的计量基础。会计计量属性包括历史成本、重置成本、可变现净值、现值和公允价值,这直接显著影响报表使用者的分析。这项披露要求便于使用者了解企业财务报表中的项目是按何种计量基础予以计量的,如存货是按成本还是可变现净值计量等。

(2)会计政策的确定依据。主要是指企业在运用会计政策过程中所做的对报表中确认的项目金额最具影响的判断。比如,企业如何判断持有的金融资产是债权投资而不是交易性金融资产;又比如,对于拥有的持股不足50%的关联企业,企业如何判断拥有控制权因此将其纳入合并范围;再比如,企业如何判断与租赁资产相关的所有风险和报酬已转移给企业从而符合融资租赁的标准,投资性房地产的判断标准是什么;等等。这些判断对在报表中确认的项目金额具有重要影响。因此,这项披露要求有助于使用者理解企业选择和运用会计政策的背景,增加财务报表的可理解性。

2. 重要会计估计的说明

财务报表列报准则强调了对会计估计不确定因素的披露要求,企业应当披露会计估计中所采用的关键假设和不确定因素的确定依据,这些关键假设和不确定因素在下一会计期间内很可能导致对资产、负债账面价值进行重大调整。

在确定报表中确认的资产和负债的账面金额过程中,企业有时需要对不确定的未来事项在资产负债表日对这些资产和负债的影响加以估计。例如,固定资产可收回金额的计算需要根据其公允价值减去处置费用后的净额与预计未来现金流量的现值两者之间的较高者确定,在计算资产预计未来现金流量的现值时需要对未来现金流量进行预测,并选择适当的折现率,应当在附注中披露未来现金流量预测所采用的假设及其依据、所选择的折现率为什么是合理的,等等。又如,为正在进行中的诉讼提取准备时最佳估计数的确定依据等。这些假设的变动对这些资产和负债项目金额的确定影响很大,有可能会在下一个会计年度内做出重大调整。因此,强调这一披露要求,有助于提高财务报表的可理解性。

(五)会计政策和会计估计变更以及差错更正的说明

企业应当按照《企业会计准则第28号——会计政策、会计估计变更和差错更正》及其应用指南的规定,披露会计政策和会计估计变更以及差错更正的有关情况。

(六)报表重要项目的说明

企业应当以文字和数字描述相结合、尽可能以列表形式披露报表重要项目的构成或当期增减变动情况,并且报表重要项目的明细金额合计,应当与报表项目金额相衔接。在披露顺序上,一般应当按照资产负债表、利润表、现金流量表、所有者权益变动表的顺序及其项目列示的顺序。

(七)其他需要说明的重要事项

这主要包括或有和承诺事项、资产负债表日后非调整事项、关联方关系及其交易等,具体的披露要求须遵循相关准则的规定。

【企业案例研究】

瑞幸：幸或不幸？
——瑞幸咖啡财务造假案

瑞幸咖啡是一家现代主题连锁咖啡店，2017年6月正式注册成立，总部设在中国厦门，以咖啡饮料、轻食为主要经营范围。瑞幸咖啡自创立以来，一直保持高速发展的状态，从2018年1月1日起陆续在北京、上海、天津等13个城市营业，服务用户超过130万。2019年5月17日，瑞幸咖啡登陆纳斯达克，融资6.95亿美元，成功赴美上市，创造概念股"最快"上市纪录。截至2019年年底，瑞幸咖啡在中国的门店数量已经高达4 910家，成为中国发展最快的咖啡连锁品牌，被誉为"中国星巴克"。2020年4月2日瑞幸咖啡公告承认财务报告造假交易22亿元，股价暴跌。造假事件曝光后创始人兼执行总裁卸任。

讨论分析： 结合财务报表和做空报告具体剖析财务造假手段，分析瑞幸咖啡财务造假的动因及企业内部问题所在。

行业发展动态——
华为报表的秘密
（微课）

职业能力提升——
财务报表分析
（微课）

项目十四

明晰非货币性资产交换、了解债务重组

 学习目标

能力目标
- 能对非货币性资产交换进行认定；
- 能对换入的非货币性资产的入账价值进行确认和计量；
- 能对不同情况下的非货币性资产交换进行正确的会计核算；
- 能站在债权人和债务人角度对不同方式下的债务重组业务进行正确的会计核算。

素养目标
- 领会债务重组，领悟经营有道；
- 领会非货币资产交换，创新商业模式；
- 涵养工匠精神，坚持终身学习，持续提升职业能力。

会计人员
胜任素质模型

会计部经理
岗位职责

新的企业会计准则体系包括：基本准则、具体准则（共42个具体准则）、企业会计准则应用指南和解释公告。在42个具体准则中，按业务的通用性又划分为一般业务准则（如存货、长期股权投资、固定资产、无形资产、金融工具确认和计量、职工薪酬、收入、所得税等）、特殊行业或特定业务准则（债务重组、非货币性资产交换、股份支付、套期保值等）和报告准则（财务报表列报、现金流量表、中期财务报告、合并财务报表、金融工具列报等）。随着经济的发展、交易的创新，债务重组、非货币性资产交换等交易方式越来越成为企业取得资产、偿还债务的路径之一。

任务一 核算非货币性资产交换

☞ 任务导入

为盘活企业的闲置资产,江苏环宇公司与江苏红星公司协商,用一批库存积压商品与对方进行交换,换入一生产设备。这样的交易,没有涉及资金的流动,应确认为什么?如何判断该项交易是否非货币性资产交换?换入的非货币性资产的入账价值如何确认计量?不同方式下的非货币性资产交换业务如何进行会计核算?

知识准备

一、基本概念的认知

货币性资产,是指企业持有的货币资金和将以固定或可确定的金额收取的资产,包括现金、银行存款、应收账款和应收票据以及准备持有至到期的债券投资等。

非货币性资产是指货币性资产以外的资产,包括存货、固定资产、在建工程、工程物资、无形资产、长期股权投资、不准备持有至到期的债券投资等。

非货币性资产有别于货币性资产的最基本特征是其在将来为企业带来的经济利益,即货币金额是不固定的或不可确定的。

非货币性资产交换是指交易双方主要以存货、固定资产、无形资产和长期股权投资等非货币性资产进行的交换。该交换不涉及或只涉及少量的货币性资产(即补价)。

非货币性资产交换不包括以下两种:一是与所有者或所有者以外方面的非货币性资产的非互惠转让;二是在企业合并、债务重组和发行股票中取得的非货币性资产。

☞ 扩展知识

非互惠转让是指企业将其所拥有的非货币性资产无代价转让给其所有者或其他企业,或由其所有者或其他企业将非货币性资产无代价地转让给企业。

二、非货币性资产交换的认定

非货币性资产交换一般不涉及货币性资产或只涉及少量货币性资产,即涉及少量的补价。非货币性资产交换准则规定:以补价占整个资产交换金额的比例是否低于25%作为判断标准。也就是说,支付的货币性资产占换入资产公允价值(整个资产交换金额)的比例,或者收到的货币性资产占换出资产公允价值(整个资产交换金额)的比例低于25%的视为非货币性资产交换;高于25%(含25%)的,视为货币性资产交换,即以货币性资产取得非货币性资产。

即:补价÷整个资产交换金额<25%→非货币性资产交换

补价÷整个资产交换金额≥25%→货币性资产交换

即学即思 南京长江公司发生的下列经济业务中,属于非货币性资产交换的有( )。
A. 以公允价值30万元的电子设备换取一辆小汽车,同时支付15万元的补价
B. 以公允价值50万元的原材料换取一项专利权
C. 以公允价值500万元的长期股权投资换取一批原材料
D. 以公允价值100万元的A车床换取B车床,同时收到12万元的补价

三、非货币性资产交换的确认和计量

(一)非货币性资产交换的账务处理模型

非货币性资产交换一方面减少换出的资产,另一方面增加换入资产,一般会计分录为:
借:××换入资产(换出资产的公允价值+相关税费)
　贷:××换出资产(账面价值)

在上述会计分录中,换出资产的计量应按其账面价值计量,是已知的,我们要搞清楚的是,换入资产的入账价值如何确认?换出资产的账面价值与换入资产的入账价值的差额如何处理?

(二)换入资产的入账价值确定方法

一般来说,取得资产的成本应当按所放弃资产的对价来确定。

在非货币性资产交换的情况下,不论是一项资产换入一项资产、一项资产换入多项资产、多项资产换入一项资产,还是多项资产换入多项资产,换入资产的入账价值确认和计量分两种情况:一是按公允价值计量;二是按账面价值计量。

计量方法	适用条件	换入资产的入账价值
按公允价值计量	①该项交换具有商业实质;②换入资产或换出资产的公允价值能够可靠地计量	以换出资产的公允价值和应支付的相关税费作为换入资产的成本,公允价值与换出资产账面价值的差额计入当期损益
按账面价值计量	不具有商业实质或交换涉及资产的公允价值均不能可靠计量	按照换出资产的账面价值和应支付的相关税费作为换入资产的成本,无论是否支付补价,均不确认损益;收到或支付的补价作为确定换入资产成本的调整因素,其中,收到补价方应当以换出资产的账面价值减去补价加上应支付的相关税费作为换入资产的成本;支付补价方应当以换出资产的账面价值加上补价和应支付的相关税费作为换入资产的成本

小知识 非货币性资产交换是否具有商业实质的判断:当换出资产和换入资产预计未来现金流量或其现值两者之间的差额较大时,表明交易的发生使企业经济状况发生了改变,可确认非货币性资产交换具有商业实质。同时,在确定非货币性资产交换交易是否具有商业实质时,应当关注交易各方之间是否存在关联方关系。关联方关系的存在可能导致发生的非货币性资产交换不具有商业实质。

公允价值(Fair Value)亦称公允市价、公允价格,是指熟悉市场情况的买卖双方在公平交易的条件下和自愿的情况下所确定的价格,或无关联的双方在公平交易的条件下一项资产可以被买卖或者一项负债可以被清偿的成交价格。

属于以下三种情形之一的,公允价值视为能够可靠计量:

(1) 换入资产或换出资产存在活跃市场。
(2) 换入资产或换出资产不存在活跃市场,但同类或类似资产存在活跃市场。
(3) 换入资产或换出资产不存在同类或类似资产可比市场交易,但可采用估值技术确定的公允价值。

四、非货币性资产交换的会计处理

(一) 以换出资产公允价值计量的非货币性资产交换的会计处理

非货币性资产交换具有商业实质且换入资产或换出资产的公允价值能够可靠地计量的,应当以换出资产的公允价值和应支付的相关税费作为换入资产的成本。换出资产的账面价值与公允价值之间的差额计入当期损益。

换出资产的类别	换出资产的账面价值与公允价值之间的差额处理
存货	按换出资产的公允价值确认收入,按账面价值结转成本,差额在利润表中作为营业利润的构成部分予以列示
固定资产、无形资产	视同资产处置,计入"资产处置损益"
长期股权投资、其他权益工具投资	视同长期股权投资处置,计入"投资收益"
投资性房地产	按换出资产公允价值确认其他业务收入,按换出资产的账面价值结转其他业务成本

☞ 提醒你

换入资产与换出资产涉及相关税费的,如换出存货视同销售计算的销项税额,换入资产作为存货应当确认的可抵扣增值税进项税额,以及换出固定资产、无形资产视同转让应交纳的增值税等,按照相关税收规定计算确定。

(二) 涉及补价非货币性资产交换的会计处理

非货币性资产交换准则规定,在以公允价值确定换入资产成本的情况下,发生补价的,支付补价方和收到补价方应当分别情况处理:

涉及补价情况	换入资产的入账价值
支付补价的企业	换出资产的公允价值 + 支付的补价 + 为取得换入资产所支付的相关税费 – 可以抵扣的增值税进项税额
收到补价的企业	换出资产的公允价值 – 收到的补价 + 为取得换入资产所支付的相关税费 – 可以抵扣的增值税进项税额

项目十四 明晰非货币性资产交换、了解债务重组

> **☞ 提醒你**
>
> 支付补价方:换入资产成本与换出资产账面价值加支付的补价、支付的相关税费之和的差额,应当计入当期损益。
>
> 收到补价方:换入资产成本加收到的补价之和与换出资产账面价值加应支付的相关税费之和的差额,应当计入当期损益。

任务实施

任务实施一:不涉及补价的非货币性资产交换

2019年9月,A公司以生产经营过程中使用的一台设备交换B公司生产的一批打印机,换入的打印机作为固定资产管理。设备的账面原价为1 500 000元,在交换日的累计折旧为450 000元,公允价值为900 000元。打印机的账面价值为1 100 000元,在交换日的公允价值为900 000元,计税价格等于公允价值。B公司换入A公司的设备作为固定资产管理。

A公司没有为该项设备计提资产减值准备,整个交易过程中,除支付运费15 000元、增值税1 350元外,没有发生其他相关税费。B公司也没有为库存打印机计提存货跌价准备,销售打印机的增值税税率为13%,其在整个交易过程中没有发生除增值税以外的其他税费。

第一步,分析判断:整个资产交换过程没有涉及收付货币性资产,因此,该项交换属于非货币性资产交换。

第二步,确认换入资产的入账价值:

换入资产的入账价值=换出资产的公允价值+为取得换入资产所支付的相关税费

A公司换入打印机的入账价值=900 000(元)

B公司换入设备的入账价值=900 000(元)

第三步,进行账务处理:

A公司的账务处理:

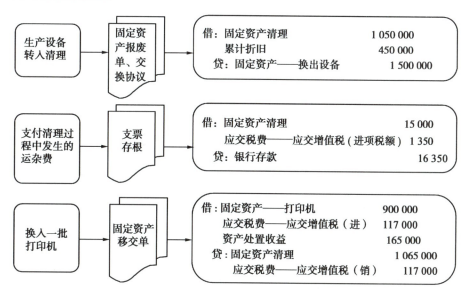

B 公司的账务处理：

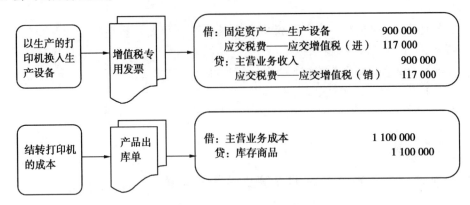

任务实施二：涉及补价的非货币性资产交换

甲公司与乙公司经协商，甲公司以其拥有的全部用于经营出租目的的一幢公寓楼与乙公司持有的用于交易目的的股票投资交换。甲公司的公寓楼符合投资性房地产定义，公司未采用公允价值模式计量。在交换日，该幢公寓楼的账面原价为 400 万元，已提折旧 80 万元，未计提减值准备，在交换日的公允价值为 472.5 万元（含增值税）；乙公司持有的交易目的的股票投资账面价值为 300 万元，乙公司对该股票投资采用公允价值模式计量，在交换日的公允价值为 400 万元，乙公司支付了 72.5 万元给甲公司。乙公司换入公寓楼后仍然继续用于经营出租目的，并拟采用公允价值计量模式，甲公司换入股票投资后仍然用于交易目的。设该公寓楼是在 2016 年 5 月 1 日前取得的，按简易征税办法征税。

第一步，分析判断：该项资产交换涉及收付货币性资产，即补价 50 万元。

对甲公司而言：收到的补价 50 万元 ÷ 换入资产的公允价值 450 万元（换入股票投资公允价值 400 万元 + 收到的补价 50 万元）= 11.11% < 25%，属于非货币性资产交换。

对乙公司而言：支付的补价 50 万元 ÷ 换入资产的公允价值 450 万元 = 11.11% < 25%，属于非货币性资产交换。

第二步，确认换入资产的入账价值：

换入资产的入账价值 = 换出资产的公允价值 ± 支付或收取的补价 + 为取得换入资产所支付的相关税费 − 可以抵扣的增值税进项税额

甲公司换入股票的入账价值 = 4 725 000 − 725 000 = 4 000 000（元）

乙公司换入公寓楼的入账价值 = 4 000 000 + 725 000 = 4 725 000（元）

第三步，进行账务处理：

甲公司的账务处理：

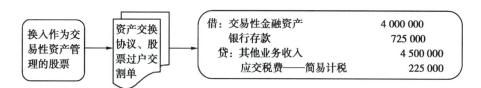

乙公司的账务处理：

任务二　核算债务重组

📖 任务导入

在企业激烈的市场竞争中，一些企业因经营管理不善，或受到不利因素的影响，导致经营困难，资金短缺，难以按期偿还债务。在申请破产的形势下，很难有效解决债务的问题，难以保证债权人的债权如数收回。债务重组成了解决债权债务纠纷的有效方式，债务重组业务也成为企业常见的业务。如何理解债务重组？存在哪些债务重组的方式？不同债务重组方式下，债权人和债务人如何进行账务处理呢？这些都是会计人员应掌握的知识。

知识准备

一、债务重组的认知

（一）债务重组的定义

债务重组，是指在不改变交易对方的情况下，经债权人和债务人协定或法院裁定，就清偿债务的时间、金额或方式等重新达成协议的交易。经法院裁定进行债务重整并按持续经营进行会计核算的，也属于债务重组。

债务重组涉及的债权和债务，是符合金融资产和金融负债定义的债权和债务，针对合同资产、合同负债、预计负债等进行的交易安排，不属于债务重组，导致租赁应收款和租赁应付款终止确认的交易安排，属于债务重组。

（二）债务重组的方式

债务重组的方式主要包括：债务人以资产清偿债务、将债务转为权益工具、修改其他条款，以及前述一种以上方式的组合。这些债务重组方式都是通过债权人和债务人重新协定或者经法院裁定达成的,与原来约定的偿债方式不同。

1. 债务人以资产清偿债务

债务人以资产清偿债务,是债务人转让其资产给债权人以清偿债务的债务重组方式。债务人用于偿债的资产通常是已经在资产负债表中确认的资产,如现金、应收账款、长期股权投资、投资性房地产、固定资产、在建工程、生物资产、无形资产等。债务人以日常活动产出的商品或服务清偿债务的,用于偿债的资产可能体现为存货等资产。

2. 债务人将债务转为权益工具

债务人将债务转为权益工具,这里的权益工具,是指能证明拥有某个企业在扣除所有负债后的资产中的剩余权益的合同,会计处理上体现为股本、实收资本、资本公积等科目。

3. 修改其他条款

修改债权和债务的其他条款,是债务人不以资产清偿债务,也不将债务转为权益工具,而是改变债权和债务的其他条款的债务重组方式,如调整债务本金、改变债务利息、变更还款期限等。经修改其他条款的债权和债务分别形成重组债权和重组债务。

4. 组合方式

组合方式,是债务人采用以资产清偿债务、债务人将债务转为权益工具、修改其他条款三种方式中一种以上方式的组合清偿债务的债务重组方式。例如,债权人和债务人约定,由债务人以机器设备清偿部分债务,将另一部分债务转为权益工具,调减剩余债务的本金,但利率和还款期限不变;再如,债务人以现金清偿部分债务,同时将剩余债务展期等。

讲练结合 某股份有限公司清偿债务的下列方式中,属于债务重组的有(　　)。

A. 以低于债务账面价值的非金融资产清偿债务
B. 根据转换协议将可转换债券转为资本
C. 延长债务偿还期限并加收利息
D. 以低于债务账面价值的银行存款偿还债务

二、债务重组的会计核算

(一)以金融资产清偿债务

债务人以单项或多项金融资产清偿债务的,借记"应付账款""长期借款"等科目,贷记"库存现金""银行存款""交易性金融资产""债权投资""其他债权投资""其他权益工具投资""应收账款"等科目,偿债金融资产已计提减值准备的,应结转已计提的减值准备,借记"债权投资减值准备""坏账准备"等科目,债务的账面价值与偿债金融资产账面价值的差额,借记或贷记"投资收益"科目。

债权人受让包括现金在内的单项或多项金融资产的,金融资产初始确认时应当以其公允价值计量,借记"库存现金""银行存款""交易性金融资产""债权投资""其他债权投资""其他权益工具投资"等科目,转销债权账面价值,借记"坏账准备"等科目,贷记"应收账款"等科目,金融资产确认金额与债权终止确认日账面价值之间的差额,借记或贷记"投资收益"科目。

债务人以金融资产清偿债务	债权人受让金融资产
借记"应付账款""长期借款"等科目； 借记或贷记"投资收益"（债务的账面价值与偿债金融资产账面价值的差额）； 贷记"库存现金"、"银行存款"、"交易性金融资产"、"债权投资"、"其他债权投资"（借记"债权投资减值准备"）、"其他权益工具投资"、"应收账款"（借记"坏账准备"）	借记"库存现金" 　　"银行存款" 　　"交易性金融资产"　按公允 　　"债权投资"　　　价值计量 　　"其他债权投资" 　　"其他权益工具投资" 借记或贷记"投资收益"（金融资产确认金额与债权终止确认日账面价值之间的差额） 借记"坏账准备" 贷记"应收账款"

（二）以非金融资产清偿债务

债务人以单项或多项非金融资产（如固定资产、日常活动产出的商品或服务等）清偿债务，或者以包括金融资产和非金融资产在内的多项资产清偿债务的，借记"应付账款""长期借款"等科目，贷记"固定资产清理""无形资产""库存商品"等科目；偿债资产已计提减值准备的，应结转已计提的减值准备，借记"资产减值准备""存货跌价准备"等科目；不需要区分资产处置损益和债务重组损益，也不需要区分不同资产处置损益的，应将所清偿债务账面价值与转让资产账面价值之间的差额，借记或贷记"其他收益——债务重组收益"科目。

债权人初始确认受让的金融资产以外的资产时，应当借记"原材料""长期股权投资""投资性房地产""固定资产""生物资产""无形资产"等科目，转销债权账面价值，借记"坏账准备"等科目，贷记"应收账款"等科目，放弃债权的公允价值与账面价值之间的差额，借记或贷记"投资收益"科目。受让非金融资产的入账按放弃债权的公允价值，加上使该资产达到当前位置和可使用状态所发生的可直接归属于该资产的税金、运输费、装卸费、保险费等其他成本（相关税费，其中增值税符合条件是可以抵扣的）。

债务人以非金融资产清偿债务	债权人受让非金融资产
借记"应付账款""长期借款"等科目； 借记或贷记"其他收益——债务重组收益"（债务的账面价值与转让资产账面价值的差额）； 贷记"原材料"、"库存商品"（借记"存货跌价准备"）、"固定资产清理"（借记"固定资产减值准备"）、"无形资产"（借记"无形资产减值准备"）、"投资性房地产"（借记"投资性房地产减值准备"）	借：存货 　　长期投资成本 　　投资性房地产　　取得资产的成本按放 　　固定资产　　　　弃资产的对价即放弃 　　无形资产　　　　债权的公允价值确认 借记或贷记"投资收益"（放弃债权的公允价值与账面价值之间的差额） 借记"坏账准备" 贷记"应收账款"

(三)修改其他条款

债务重组采用修改其他条款方式进行的,如果修改其他条款导致债务终止确认,债务人应当按照公允价值计量重组债务,借记"应付账款""长期借款"等科目,贷记"应付账款""长期借款"等科目;终止确认的债务账面价值与重组债务确认金额之间的差额,借记或贷记"投资收益"科目。

债务重组采用修改其他条款方式进行的,如果修改其他条款导致全部债权终止确认,债权人应当按照修改后的条款以公允价值初始计量重组债权,借记"应收账款"等科目转销债权账面价值,借记"坏账准备"等科目,贷记"应收账款"等科目,重组债权的确认金额与债权终止确认日账面价值之间的差额,借记或贷记"投资收益"科目。

修改债务条件	修改债权条件
借:应付账款(原债务账面价值) 　　长期借款(原债务账面价值) 　贷:应付账款(新债务公允价值) 　　长期借款(新债务公允价值) 借或贷:投资收益	借:应收账款(新债权的公允价值) 　　坏账准备(重组债权计提的准备) 　贷:应收账款(重组债权的账面余额) 借或贷:投资收益

(四)将债务转为权益工具

债务重组采用将债务转为权益工具方式进行的,债务人初始确认权益工具时,应当按照权益工具的公允价值计量,权益工具的公允价值不能可靠计量的,应当按照所清偿债务的公允价值计量,借记"应付账款""长期借款"等科目,贷记"股本""资本公积"等科目;所清偿债务账面价值与权益工具确认金额之间的差额,借记或贷记"投资收益"科目。债务人因发行权益工具而支出的相关税费等,应当依次冲减资本公积、盈余公积、未分配利润等。

对债权人而言,就是受让非金融资产中的长期股权投资。

任务实施

任务实施一:用金融资产(银行存款)清偿债务

甲企业于2020年1月20日销售一批材料给乙企业,不含税价格为200 000元,增值税税率为13%,按合同规定,乙企业应于2020年4月1日前偿付货款。由于乙企业发生财务困难,无法按合同规定的期限偿还债务,经双方协商于7月1日进行债务重组。债务重组协议规定,甲企业同意减免乙企业30 000元债务,余额用现金立即偿清。甲企业已于7月10日收到乙企业通过转账偿还的剩余款项。甲企业已为该项应收债权计提了20 000元的坏账准备。

债务人乙企业的账务处理:

7月10日,收集、整理、审核债务重组协议、银行付款凭证,对债务重组业务进行账务处理:

债权人甲企业的账务处理:

7月10日,收集、整理、审核债务重组协议、银行收款凭证,对债务重组业务进行账务处理:

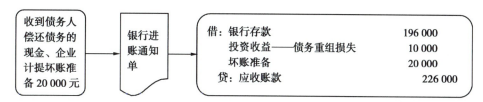

任务实施二:以非金融资产(库存商品)偿还债务

甲公司欠乙公司购货款350 000元。由于甲公司财务发生困难,短期内不能支付已于2019年4月1日到期的货款。2019年4月10日,经双方协商,乙公司同意甲公司以其生产的产品偿还债务。该产品的公允价值为200 000元,实际成本为120 000元。甲公司为增值税一般纳税人,适用的增值税税率为13%。乙公司于2019年4月10日收到甲公司抵债的产品,并作为产成品入库;乙公司对该项应收账款计提了50 000元的坏账准备。重组日该应收账款的公告价值为200 000元。

甲公司的账务处理:

4月10日,收集、整理、审核债务重组协议、销售发票(记账联)、商品出库单,对债务重组业务进行账务处理:

乙公司的账务处理:

4月10日,收集、整理、审核债务重组协议、销售发票、商品入库单,对债务重组业务进行账务处理:

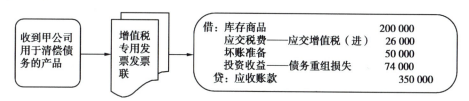

任务实施三：以固定资产清偿债务

甲公司于 2018 年 6 月 2 日销售给乙公司一批材料，价值 500 000 元（包括应收取的增值税税额），按购销合同约定，乙公司应于 2018 年 12 月 31 日前支付货款，但至 2019 年 3 月 31 日乙公司尚未支付货款。由于乙公司发生财务困难，短期内不能支付货款，2019 年 4 月 3 日，经过协商，甲公司同意乙公司以一台设备偿还债务。该项设备的账面原价为 350 000 元，已提折旧 50 000 元，设备的公允价值为 360 000 元（增值税税率 13%）。甲公司对该项应收账款提取坏账准备 20 000 元，设备的公允价值 360 000 元。设备已于 2019 年 4 月 10 日运抵甲公司。假定不考虑与该项债务重组相关的税费。

乙公司的账务处理：

2019 年 4 月 10 日，收集、整理、审核债务重组协议、固定资产处置通知书等单据，对债务重组业务进行账务处理：

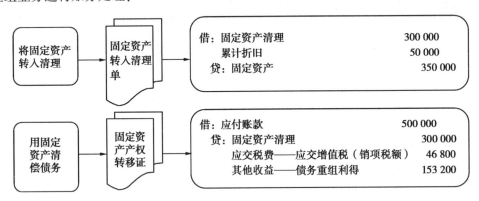

甲公司的账务处理：

2019 年 4 月 10 日，收集、整理、审核债务重组协议、固定资产移交使用书等单据，对债务重组业务进行账务处理：

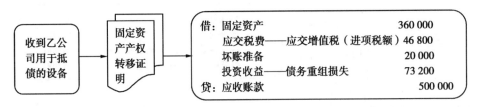

任务实施四：以金融资产（交易性金融资产）清偿债务

甲公司于 2018 年 7 月 1 日销售给乙公司一批产品，价值 450 000 元（包括应收取的增值税税额），乙公司于当日开出六个月承兑的商业汇票。乙公司于 2018 年 12 月 31 日尚未支付货款。由于乙公司发生财务困难，短期内不能支付货款，经与甲公司协商，甲公司同意乙公司以其所拥有并作为以公允价值计量且其变动计入当期损益的某公司股票抵偿债务。该股票的账面价值 400 000 元（为取得时的成本，公允价值未发生变动），公允价值 380 000 元，乙公司将该股票作为交易性金融资产。假定甲公司为该项应收账款提取了坏账准备 40 000 元。用于抵债的股票已于 2019 年 1 月 22 日办理了相关转让手续；甲公司将取得的某公司股票作为以公允价值计量且其变动计入当期损益的金融资产。甲公司已将该项应收票据转入应收账款;乙公司已将应付票据转入应付账款。

乙公司的账务处理:

2019年1月22日,收集、整理、审核债务重组协议、股票交割单等单据,对债务重组业务进行账务处理:

甲公司的账务处理:

2019年1月22日,收集、整理、审核债务重组协议、股票交割单等单据,对债务重组业务进行账务处理:

任务实施五:债务转为资本

2018年7月1日,甲公司应收乙公司账款的账面余额为60 000元,由于乙公司发生财务困难,无法偿付该应付账款。经双方协商同意,乙公司以其普通股偿还债务。假定普通股的面值为1元,乙公司以20 000股抵偿该项债务,股票每股市价为2.5元。甲公司对该项应收账款计提了坏账准备2 000元。股票登记手续已于2018年8月9日办理完毕,甲公司将其作为长期股权投资核算。重组日,甲公司债权的公允价值为50 000元。

乙公司的账务处理:

2018年8月9日,收集、整理、审核债务重组协议、股权转移证书等单据,对债务重组业务进行账务处理:

甲公司的账务处理:

2018年8月9日,收集、整理、审核债务重组协议、股权转移证书等单据,对债务重组业务进行账务处理:

【企业案例研究】

雨润债务重整方案落定：立足主业，始终践行社会责任

雨润集团创立于1993年，总部位于江苏南京，是一家以食品加工、农产品物流和商业零售为核心主业的大型民营企业集团，旗下拥有雨润食品、中央商场两家上市公司，曾是江苏省首批冲击世界500强的知名民营企业。2014年，雨润集团实现销售收入约1 500亿元，员工人数达13万人，综合实力位列中国民营企业500强第7位，中国企业500强第110位。不过从2015年以来，受创始人突发事件影响，雨润集团接连遭受金融债务违约、诉讼仲裁、资产查封冻结等打击，企业发展陷入困境。为解决债务危机，帮助企业盘活资产和脱困重生，在江苏省、南京市政府及相关部门支持下，雨润集团于2020年11月16日正式拉开债务重整的序幕。

雨润集团重整方案将122家公司纳入重组范围的逾800亿元债务，予以全部妥善解决，以"现金清偿+留债分期清偿+以股抵债清偿"阶梯式偿债方式，做到债权本金和利息全覆盖，不打折清偿、不逃废债，最大程度保护全体债权人利益。具体清偿方式包括：30万元以下一年内一次性现金清偿完毕；30万~300万元五年内现金清偿完毕；300万元以上按17.8元每股价格实施"债转股"。转股完成后，雨润精选股权结构为：转股债权人占股37.29%，雨润控股占股33%，战略投资人中国华融占股7%，另有22.71%预留股份用于业绩对赌下的优先债权清偿和实施股份补偿。

经过一年多的努力，2022年1月29日，雨润集团重整方案最终得以高票通过，并由南京市中级人民法院裁定生效，避免了破产清算的最坏结局。雨润集团现有3万名员工和上下游产业链共10多万人保住了饭碗，数万家依附于雨润产业链的中小微企业（生猪养殖农户、菜农果农等基地种植户、农批市场经营商户、雨润专卖店加盟商等）保住了市场主体。雨润集团相关人士表示，随着重整计划的执行，将向社会提供更多就业岗位，带动更多市场主体，承担更大社会责任。

启示——雨润重整成功将有三方面显著的社会意义：

一是有利于保护3万名员工和产业链上下游共10多万人就业，有助于践行中央"六稳""六保"尤其是保就业、保民生、保市场主体的要求；

二是有利于全体债权人避免"硬着陆"而造成600亿元巨额损失（破产清算状态下，普通债权清偿率只有6.62%，有抵质押的优先债权清偿率不足四成，全体债权人将蒙受巨额损失），防止国有金融资产流失，坚守住不发生区域性重大金融风险的底线；

三是有利于雨润集团继续发挥国家级农业产业化重点龙头企业带动农民增收致富的作用，全面助力乡村振兴事业。

企业会计准则第 7 号——非货币资产交换

 企业会计准则第 12 号——债务重组

 职业能力提升——优秀财务的养成